中华学术·有道

# 唐代科举与文学

傅璇琮——著

中华书局

**图书在版编目(CIP)数据**

唐代科举与文学/傅璇琮著. —北京:中华书局,2024.10. —
(中华学术·有道). —ISBN 978-7-101-16795-5

Ⅰ. D691.3;I206.42

中国国家版本馆 CIP 数据核字第 2024TG3875 号

| | |
|---|---|
| 书　　名 | 唐代科举与文学 |
| 著　　者 | 傅璇琮 |
| 丛 书 名 | 中华学术·有道 |
| 责任编辑 | 李碧玉 |
| 装帧设计 | 刘　丽 |
| 责任印制 | 管　斌 |
| 出版发行 | 中华书局 |
| | (北京市丰台区太平桥西里 38 号　100073) |
| | http://www.zhbc.com.cn |
| | E-mail:zhbc@zhbc.com.cn |
| 印　　刷 | 北京盛通印刷股份有限公司 |
| 版　　次 | 2024 年 10 月第 1 版 |
| | 2024 年 10 月第 1 次印刷 |
| 规　　格 | 开本/920×1250 毫米　1/32 |
| | 印张 16¼　插页 2　字数 380 千字 |
| 印　　数 | 1-4000 册 |
| 国际书号 | ISBN 978-7-101-16795-5 |
| 定　　价 | 88.00 元 |

# 目　录

# 2002年重印题记

我的第一部关于唐代文学研究著作《唐代诗人丛考》，完成于1978年底，后于1980年1月由中华书局出版。此书对唐初至肃宗、代宗时期的一些诗人事迹做了考索，重点则在大历时期。在这以后，我想把研究延伸于中晚唐，但鉴于中晚唐的史事较为复杂，不少文献资料又真伪难辨，因此与友人合作，于1979至1980年间编制一部百余万字的《唐五代人物传记资料综合索引》，此书后于1982年4月由中华书局出版。这部索引编成以后，确对查阅唐代人物带来不少方便，由此我转入李德裕与牛李党争的研究，并于1982年12月写成《李德裕年谱》一书。这三部书重点还在于史料辨析，在写完《李德裕年谱》之后，我想把笔放开一些，做一部稍具文采、略带感情的轻松之作，于是又花两年的时间写了《唐代科举与文学》，约37万字。我是想通过科举来展示唐代知识分子的生活道路与心理状态，以进而探索唐代文学的历史文化风貌。

此书于1986年由陕西人民出版社出版，出版以后，反应尚可，得到学界的首肯。使我感到欣慰的是，好几位中青年学者，仿我的写作格局，撰写类似的选题。如兰州大学中文系王勋成教授花了好几年的时间，写有《唐代铨选与文学》（中华书局2001年4

月出版);南京师范大学文学院薛亚军博士以《唐代进士与文学》为题写作学位论文;有一位原在东北某大学执教的博士生,拟在已完成其有关宋代官制论文之后,写一部《宋代科举与文学》;郑州大学中文系陈飞教授正在博士学位论文基础上,撰写唐代策文研究。我在原书的序言中曾提道:"我只是把科举作为中介环节,把它与文学沟通起来。"我这样做,只能说是开了一个头,实际上唐代科举制牵涉的面很广,其本身也有不少细节需要弄清,我处于80年代前期,限于种种条件,不可能做细致的考索。而上面提到的这几部论著,应当说比我更为深入,有些地方所论述的比我更为确切。科学研究是不断深化、不断发展的认识运动,后来者居上,这是学术研究自身发展的正常现象。学术道路就是靠众人的努力不断往前延伸的。我自己感到安慰的,一是不做重复的事,总想摸索一些新路;二是不做虚浮的事,尽可能务实。我总想把学术工作归结于"有用"一点上。我们最好把自己所做的化成为阶梯,使人可以循级而上,达到更高一级的境地。

这里还应一提的是,台北的台湾大学中文研究所有位学者徐志平,他曾对我的这部书写一书评,刊于台湾的《汉学研究》第十卷第一期(1992年6月)。文中详细介绍这部书十七章的每章内容,以便当地读者有具体的了解。文中指出,当时海峡两岸隔阂,学术不流通,其实台湾学者在这方面已有相当的成果,他举出了十一种,其中如罗龙治《进士科与唐代的文学社会》(《台大文史丛刊》)、台静农《论唐代士风与文风》(《中国文学史论文选集》三)、罗联添《唐代进士科试诗赋的开始及其相关问题》(收入《唐代文学论集》)等,都与我的这部书内容相切,但当时我都未看到。我于去年6月为陈友冰先生《海峡两岸唐代文学研究史》所作的序言中也提到,在我写此书前,台湾学者王梦鸥先生《晚唐举业与诗赋格样》等都已发表，但我未见。这都是很可惜的。可见两岸学者学术交流确甚必要，现在已有很大改进。不过徐志平君的这篇书评仍认为："但以上所列，对唐代科举都只有片面的讨论，没有一本论文能较全面地对整个唐代科举加以说明，即使将这些论文集合起来，也无法一窥唐代科举的全貌。而傅先生此书，不但对唐代科举有完整的讨论，更将其与当时的文学、社会结合起来说明，使读者读后不只是对唐代科举有抽象的了解而已，更能非常形象化地认识其真实面貌，这一点，实在是本书极为可贵的价值与特色之一。"这几句话固然是对本书的赞誉，我读了后更感受到，两岸学者确能体现我们中华文明的雍容之识与谦和之情。

我是很感谢陕西人民出版社的。陕西人民出版社处于汉唐古都的历史文化名城，很注意文化积累。该社于20世纪的80年代初即已建立"唐代文学研究丛书"，出版好几部极有水平的专著（如郁贤皓先生《李白丛考》、朱金城先生《白居易研究》），拙著也厕列其中。中国唐代文学学会于1982年成立后，《唐代文学研究年鉴》与《唐代文学研究》开始也是由陕西人民出版社承担每年出书，为我们唐代文学学会业绩开了一个好头。出版社后来又策划新编全唐文、全唐诗，并给予经济上的切实支持。我曾说过，出版社当然要考虑经济效益，但从长远来看，一个出版社之能在历史上站得住，还是要有文化学术意识，出版好书。中国的出版社，与外国一些纯粹商业店家不同，我们是带有一定文化学术机构性质的。这也是我们社会的可贵之处。

我的这本书出版已有16年，当时印数也不多，这十余年来一直有人向我索书，我只好一本本送去，现在手头只有一本，外面书店也买不到。我向陕西人民出版社提出重印，社领导很快就同意，并立即安排于当年出书计划。我想，这次重印，一面可以适应读者的需求，一面也可借此机会改正原书的一些错失。出书后，有些友人在翻阅中也曾向我提及错字，我自己也有所发现，这次就通盘做了改正。具体就不一一说明，不过有些错字涉及有关内容的，这里就稍举数例，以供已有书的同志们参阅。如原书第130页第二行引裴廷裕《东观奏记》，文中云"（李）珏字待价"，"价"误作"阶"。李珏，《旧唐书》卷一七三、《新唐书》卷一八二有传。又第144页引《全唐文》卷四二○常衮《叔父故礼部员外郎墓志铭》，"衮"误作"衮"。常衮是代宗时翰林学士，后又为宰相，在任福建观察使时，兴办学校，对福建士人科举应试做出很大的贡献，两《唐书》亦有传。又第170页记进士试诗赋题，开元二十二年（734）诗赋各一，即《武库诗》、《梓材赋》，但年份却排成"开元二十年"，这与公元734年也不符。又如序言第5页，正文第204页，均引有《唐摭言》卷八所记举子公乘亿多年应试未第，长期居住在长安，与妻子相隔已十多年，其妻乃自河北来寻询，公乘亿则偶然在路上"见一妇人，粗缞跨驴"。原书的两处引文中均将"缞"误作"衰"。按缞为丧服，《唐摭言》记其妻因多年不得音讯，"乡人误传已死"，故穿上丧服。如作"粗衰"，就不合原意。又第291页第二十行记知贡举事，原书作"开元二十四（736）年以后，改由礼部员外郎知贡举"，大误。按开元二十四年以前，贡举试是由考功员外郎主持的，因开元二十四年主持者李昂出事，此后就改由礼部侍郎主持，即官位提高；后虽也有由他官主持，但官阶相似，绝不能再由员外郎一级来担任。此在第九章《知贡举》中已详作考述。

有些不但改正错字，还可补事的。如第八章《进士出身与地区》，论述唐代进士应举，其出身较为广泛，原书第202页述及外国籍应进士举，云："如宣宗大中二年（848），大食国（即阿拉伯）

人李彦，得宣武军(汴州)节度使卢钧的荐奏，以进士及第。"此处有注40，谓"见《全唐文》卷七六七"。这样的注出处是不合规格的，凡见于《全唐诗》、《全唐文》等总集，除卷次外，还应注明著者及篇名。今经查核，此乃见于《全唐文》卷七六七陈黯《华心》一文。可以注意的是，原书第202页的"李彦"，应作"李彦昇"，缺一"昇"字。不只如此，陈黯此文所记，对了解外籍人士在中国应举子试，对了解中外文化交流颇有意思。文记云："大中初年，大梁连帅范阳公得大食国人李彦昇，荐于阙下，天子诏春司考其才。二年，以进士第，名显，然常所宾贡者不得拟。或曰：'梁，大都也。帅，硕贤也。受命于华君，仰禄于华民，其荐人也，则求于夷，岂华人不足称也耶？夷人独可用也耶？吾终有惑于帅也。'曰：帅真荐才而不私其人也。苟以地言之，则有华夷也，以教言，亦有华夷乎？"文末又云："俾日月所烛，皆归于文明之化。"这里提出文化对于中外人士交融合流所起的作用，是很值得研究的。又据《旧唐书》卷一七七《卢钧传》，钧于宣宗大中元年至四年(847—850)为宣武节度使、宋亳汴颍观察等使(又见郁贤皓《唐刺史考全编》卷五五"河南道·汴州")。为保持原书原貌，这里的史事补充就不写于文内，特在此叙述。

又如第十七章《吏部铨试与科举》，其中第501页述及博学宏词科应先在州府举试，然后荐送中央，这一点过去的文献材料没有明确的记载，我根据与韩愈同时的欧阳詹《怀州应宏词试片言折狱论》及韩愈《答崔立之书》加以论证。但这皆为中唐时材料，今查王昌龄有《送刘眘虚归取宏词解》诗(《全唐诗》卷一四〇)，云："太清闻海鹤，游子引乡眄。"据拙编《唐才子传校笺》(中华书局1987年5月版)卷一刘眘虚条，刘籍为奉新县(洪州所属，今江西南昌市西)。据此，则博学宏词先在州府应试取解，在盛唐开元时就有。

第七章《进士考试与及第》，原书第 172 页，述及进士考试的榜次，说举子试帖经，如不合格，被落，仍可再试以诗，引明胡震亨《唐音癸签》所记："帖经被落，仍许诗赎，谓之赎帖。"胡氏所记，未明确时期。今查《封氏闻见记》卷三，有记："天宝初，达奚珣、李岩相次知贡举，进士文名高而帖落者，时或试诗放过，谓之赎帖。"据徐松《登科记考》卷九，达奚珣于天宝二至五载知贡举，李岩于天宝六至八载知贡举。由此，则不独韩愈时，即玄宗天宝时已能以试诗补帖经。

又第九章《知贡举》论及知举者与录取者的亲密关系，此为唐代科举取士的一大特色。原书第 241 页曾引及柳宗元文《与顾十郎书》："凡号门生而不知恩之所自出者，非人也。"今按晚唐诗人郑谷有《舟次通泉精舍》（《全唐诗》卷六七四），诗末自注云："时谷将之泸州省拜恩地。"郑谷为僖宗光启三年（887）进士及第，座主为柳玭。据《新唐书》卷一六三，昭宗时柳玭为御史大夫，因受宦官之潜，贬为泸州刺史。郑谷于昭宗景福二年（893）入蜀，特地赴泸州去拜见柳玭，并作此诗，可见当时录取之门生对知举者恩情之重，特称恩地。又徐松《登科记考》卷二三将郑谷登第年误记为乾符三年（876），岑仲勉《读全唐诗札记》曾有所辨，《唐才子传校笺》卷九吴在庆同志所作笺证对此更有详考。

1984 年我所写的序言中，比较满意的是文后描叙从兰州至敦煌一段路程的见闻与感想，至今读来觉得仍有诗意。那时我们在兰州参加唐代文学学会第二届年会，会后坐火车去敦煌，车开得快，日夜走，因此对河西走廊并无很深印象，久已闻名的嘉峪关，我也只是在火车上"晨曦中远望"。2001 年 6 月，我有幸再游河西走廊。6 月上旬，我与《文学遗产》副主编陶文鹏去银川，应邀至宁夏大学中文系参加研究生论文答辩，答辩后陶先生先去兰州西北师范大学，我则去西安，参加全国政协文史资料专门委员会安排的陕西、甘肃文物保护考察。在西安停留数天，于6月17日坐火车赴天水，参观麦积山石窟及附近古迹。6月19日夜至兰州，20日晨即坐中巴汽车从兰州出发，中午至武威，饭后参观雷台，有东汉晚期出土之飞马模型。下午三时离武威，赴张掖，两边皆沙漠，至张掖附近，则为绿地，树木亦多，类似于我国东部齐鲁一带的农村。在张掖住一夜，第二天早晨先至附近大佛寺参观，此寺建于西夏王朝时，有卧佛一座，身长34米多，类似于浙江新昌南朝时所建的大佛。由张掖赴酒泉，中间一大段又是沙漠、碱地，而至酒泉附近，则忽然又是树木葱郁，绿地极多。午饭后赴嘉峪关，途中曾参观两座魏晋古墓壁画。据云此附近有200余座魏晋古墓，但大多已被盗。傍晚时到嘉峪关，我们就上城楼仔细一游，不像我上次在火车上依稀远望，这次总算了却一头心事。

这次的河西走廊之行，给我印象最深的是，这汉唐时期的中西交通要道，确与自然地理与人文环境有关，这条长达千余里的通道，南北两边各是雪山、荒漠，就是这条路上有绿地，特别是几座名城。另一印象较深的是，西北地区的现代化发展确实很快，武威市的人口已达100万，张掖市内高楼大厦林立，广场精致，出租车也相当多。敦煌更是发展成旅游热点，80年代初我至敦煌，看到的多是农居小舍，颇有古朴之感，现在则是满街灯火辉耀，商店招牌炫目。

最使我有感触的是在天水。天水古称秦州，杜甫在肃宗乾元二年(759)七月离开长安，西行至秦州，住了几个月，于冬天离去赴蜀。他在秦州写了二三十首诗，那时的秦州还是很荒凉的，所谓"莽莽万重山，孤城石谷间"(《秦州杂诗二十首》)。现在天水则不同,市内马路平坦,高楼林立,商业繁荣,有几处图书馆、博物馆也建得不错。但有一个遗憾,著名的渭水本是由秦州向东,流经长安的,而现在的渭水,却成为干枯的河道,河道中只不过零零散散有些小泥沼。杜甫在秦州所作的诗中,有好几处描及渭水的,如"清渭无情极"、"羌童看渭水"、"远水兼天净"、"黄云高未动,白水已扬波"等等。一天清晨,我在渭水岸边,眺望北岸的秦岭,俯视满是石块的河道,吟诵杜甫的这些诗句,真不知身在何处。

不仅如此,在西安时,6月13日,与几位友人,坐车西去游户县、周至县。我提出要去看一看户县西边的渼陂湖,因杜甫于天宝时应岑参兄弟之邀曾去渼陂一游,写有名篇《渼陂行》,写得很美,我很想去观赏一下杜甫所写的这一美境。那时的渼陂,湖面是相当大的,杜甫曾有"波涛万顷堆琉璃"之句。但没有想到,我们那天去看,渼陂湖却是一片干枯。我们后去周至县。周至县南有一座很有名的仙游寺,白居易在任周至县尉时,曾与友人陈鸿、王质夫同游仙游寺,唱和闲谈,其有名的《长恨歌》即由此而作。仙游寺应是文学上的名地胜景。但现在的仙游寺却已杳然无存,据云因建水库,已将仙游寺沉于库底,当地拟在附近新建一仙游寺。白居易如有知,恐不会再有"自嫌恋著未全尽,犹爱云泉多在山"(《游仙游山》)了。

这篇重印题记,主要是向读者交代这次修订的情况,但我对唐代是有感情的,而长安及秦州、河西,又是多位诗人的经历之地,故信笔所至,略抒情怀,我想当不至于如李商隐所说的"此情可待成追忆,只是当时已惘然"(《锦瑟》)吧。

2002 年元月于北京六里桥寓舍

# 1986 年版序

　　这本书把唐代的科举与唐代的文学结合在一起,作为研究的课题,是想尝试运用一种方法。这种方法,就是试图通过史学与文学的相互渗透或沟通,掇拾古人在历史记载、文学描写中的有关社会史料,做综合的考察,来研究唐代士子(也就是那一时代的知识分子)的生活道路、思维方式和心理状态,并努力重现当时部分的时代风貌和社会习俗,以作为文化史整体研究的素材和前资。

　　巴尔扎克曾说:"我也许能够写出一部史学家们忘记写的历史,即风俗史。"①《人间喜剧》就是这样一部内容丰赡的巨著。说它是一部历史巨著,主要是这位艺术大师写出了那个特定时期的整体形象,这整体形象包含了这个社会的思想史、情感史、风尚习俗,而这些又是通过生动形象的各种人物来体现的。

　　同样,"十八世纪末德国的状况完全反映在康德的《实践理性批判》中"②。《实践理性批判》是思维性极强的哲学著作,但十八世纪德国那种普鲁士式的经济和政治发展,通过思想的折光,在这本书上反映出来,而且反映得是那样的完整和深刻。这也昭示

---

① 《中国大百科全书·外国文学》(Ⅰ),第 95 页引。
② 《马克思恩格斯全集》第三卷,第 211 页。

我们，文化是一个整体，为了把握一个时代、一个民族的历史活动，需要从文学、历史、哲学等等的著作中，以及遗存的文物群体中，做广泛而细心的考察，把那些最足以说明生活特色的材料集中起来，并尽可能做立体交叉的研究，让我们所研究的对象（不管是一个人、一群人，或是一个社会），站起来，活起来。使我们仿佛走进了那个时代，迎面所接触的是那个社会所特有的色彩和音响。

如果说《欧根·奥涅金》是俄罗斯社会生活的"百科全书"的话，那么，从诗歌反映现实的广度和深度来说，杜甫的诗正是唐朝安史之乱前后几十年生活的"百科全书"。在杜诗中，集中地出现了大唐帝国由盛到衰这一转变时期社会生活的许多重要问题。杜诗描绘了这个社会的多样而曲折的过程，充分地反映了这个过程的复杂性；而与此同时，诗人又把生活本身的丰富多样的面貌，精细地描画出来，使我们看到盛唐时代从通都大邑到乡野镇落各不相同的生活场景。杜诗被称为"诗史"，就是因其深邃的历史内容和多彩的世态人情。李商隐生活在与杜甫不同的年代，那是一个"夕阳无限好，只是近黄昏"，使人眷恋而又充满失望的年代。李商隐的诗充分发展了主观抒情的特点，但我们通过他那瑰丽奇伟而又带有浓厚感伤情调的诗句，可以真切地感受到政治斗争的脉搏。中晚唐腐朽势力的猖獗，革新派的被扼杀，唐朝廷的一蹶不振，腐败的风气弥漫朝野，是李商隐悲剧的根源。作为李商隐沉博绮丽而又扑朔迷离的富有悲剧色彩的诗歌的背景，正是大唐帝国在激烈的自我斗争中从腐败走向灭亡的历史。在同时代找不到任何一部历史著作，能够像玉溪生诗集所揭橥的那样，使人们可以从中感受到时代情绪的真谛。

从研究一个作家、学者，或者政治人物着手，来展示一个时代，已经成为许多著作者所采用的方法了，其中还曾产生过一些杰作。但是,是否可以抓住某一历史时期带有普遍性的问题,作为叙述的线索,把一些零散的社会现象和人物行迹串连起来,使内容的覆盖面更大一些呢?

鉴于社会是在不断地发展,社会生活又是如此的纷繁多彩,研究方式也应有所更新,要善于从经济、政治与文化的相互关系中把握住恰当的中介环节。

由此,我想到了科举制度。科举制度产生于七世纪初,一直存在到二十世纪的头几年,足有一千三百年的历史。有哪一项政治文化制度像科举制度那样,在中国历史上,如此长久地影响知识分子的生活道路、思想面貌和感情形态呢?读过《儒林外史》的人,难以忘却周进这个老童生。他受了大半辈子屈辱,后来跟随一些买卖人到贡院观看,一阵心酸,一头撞在号板上,不省人事。往前推七八百年,我们看唐代人的一则记载:

> 苗给事子缵应举次,而给事以中风语涩,而心中至切。临试,又疾亟。缵乃为状,请许入试否。给事犹能把笔,淡墨为书曰:"入!入!"其父子之情切如此。(《刘宾客嘉话录》)

这真是一则传神的小品。苗给事为苗粲,是个老练世故的官僚,在官场中混了许多年。他懂得科举入仕对保持门风家世是何等的重要,因此即使得了中风病,连话也说不出来,但一听说儿子要进考,就急忙叫人给他一枝笔,淡墨写了两个"入"字。有其父乃有其子,苗粲的儿子也顾不得侍奉病情危急的老父亲,赶紧入闱应试。苗粲与周进,时代不同,身份地位不同,但他们的精神状态与思维方式却又何其相似!

不妨再举一例。北宋初年人钱易,写了一部名为《南部新书》

的笔记,多记中晚唐情事,其中有一则说:

> 杜羔妻刘氏,善为诗。羔累举不第,将至家,妻先寄诗与之曰:"良人的的有奇才,何事年年被放回?如今妾面羞君面,君若来时近夜来。"羔见诗,即时回去。(丁卷)

看来这位"善为诗"的刘氏,真是酸腐得厉害。在她眼中,丈夫的才奇不奇,是以是否及第为标准的。这不禁使人想起了《儒林外史》第十一回所写的鲁小姐。这位小姐自幼禀承庭训,把八股制艺一套弄得很熟,不想招来一个女婿蘧公孙却是自名风流的名士,不把举业放在心上。家里人见她平时"愁眉泪眼,长吁短叹",就劝她,说这位新姑爷真是"少年名士",不想她却说:"自古及今,几曾看见不会中进士的人可以叫做个名士的。"这真是既可悲可叹,又令人忍俊不禁。

唐代人有时不免带着浪漫主义的情调来称颂进士试,他们把进士及第比为登龙门,说一个读书人登科后,"十数年间"就能"拟迹庙堂","台阁清选,莫不由兹"。张籍所谓"二十八人初上牒,百千万里尽传名",这是说一旦金榜题名,就能名扬天下。而孟郊的"春风得意马蹄疾,一日看遍长安花",则是写寒士中举后的喜悦心情。但是在这些得意、喜悦的背后,却不知道有多少屡试不第的悲酸,请看贫寒士人夫妻的遭遇:

> 公乘亿,魏人也,以辞赋著名。咸通十三年,垂三十举矣。尝大病,乡人误传已死,其妻自河北来迎丧。会亿送客至坡下,遇其妻。始,夫妻阔别积十余岁,亿时在马上,见一妇人,粗缞跨驴,依稀与其妻类,因眰之不已。妻亦如是。乃

令人诘之，果亿也。亿与之相持而泣，路人皆异之。(《唐摭言》卷八)

这是极有代表性的唐代进士考试中的悲剧，这种悲剧对于一些出身贫寒的读书人来说，并非绝无仅有。而以往这类具有典型意义的材料，却多被忽视。

唐代进士科所取的人数，前后期有所不同，但大致在三十人左右。据唐宋人的统计，录取的名额约占考试人数的百分之二三。明经科较多，约一百人到二百人之间。进士、明经加起来，也不过占考试者总人数的十分之一。可以想见，风尘仆仆奔波于长安道上的，绝大部分是落第者。公乘亿考了将近三十次，还有的则是终生不第。这种落第的失望与悲哀，屡见于唐人的诗文中。韩愈在回忆屡试不利、困居长安时，发出了极为沉痛的叹息：

当时行之不觉也，今而思之，如痛定之人思当痛之时，不知何能自处也。(《与李翱书》)

五代人王定保说："三百年来，科第之设，草泽望之起家，簪绂望之继世。孤寒失之，其族馁矣；世禄失之，其族绝矣。"(《唐摭言》卷九)科举制度的发展，使得争取科举及第成为获得政治地位或保持世袭门第的重要途径，它牵连着社会上各个阶层知识分子的命运。研究科举在唐朝的发展，事实上就研究了当时大部分知识分子的生活道路。

我在研究唐朝文学时，每每有一种意趣，很想从不同的角度，探讨有唐一代知识分子的状况，并由此研究唐代社会特有的文化面貌。我想，从科举入手，掌握科举与文学的关系，或许可以从更广的背景来认识唐代的文学。如果可能,还可以从事这样两个专题的研究,一是唐代士人是怎样在地方节镇内做幕府的,二是唐代的翰林院和翰林学士。这两项专题的内容,其重点也是知识分子的生活。我想,研究中国封建社会,特别是研究其文化形态,如果不着重研究知识分子的历史变化,那将会遇到许多障隔。魏晋时期的知识分子与唐代不同,我的老师林庚先生曾以饮酒作为比喻,说"魏晋人好酒,酒似乎专为人可以忘掉一切","酒对于魏晋人是消极的,是中年人饮闷酒的方式;唐人的饮酒却是开朗的,酒喝下去是为了更兴奋更痛快的歌唱,所以杜甫有'李白斗酒诗百篇'的名句"(《中国文学简史》第259—260页,上海文艺联合出版社1954年版)。同样,宋代知识分子的气质又与唐人不同,宋代的作家更带有学者的气质与修养。明代的知识分子,清人批评他们不学无术,游谈无根,但明代中后期文人的某种狂放不羁却也非清代士人拘守于繁琐饾饤之学所能及。我们闭眼一想,就会自然地想到各个历史时期的文化风貌,与当时文人的生活方式和心理状态有密不可分的联系。知识分子既然可以作为文学作品描写的对象,为什么不可以作为学术研究的对象呢?

当然,运用这种综合研究的方法,是有一定难度的。以唐代的科举与文学来说,首先遇到的是现有的成果极少。唐代文学的研究,可资利用的成果还比较多一些,科举的研究几乎需要白手起家。新中国成立以来,我们还没有一部能称得上学术著作的中国科举史,当然更没有专题论著性的唐代科举史。研究唐代的科举制,还不得不以一个半世纪前写成的《登科记考》作为基本的材料。因此,我努力从头建立资料的基地,这是研究工作的出发点。在研究工作中,我们不能忘记恩格斯的话,科学研究必须"从最顽强的事实出发"①。

基于一定的考虑，我决定本书采取描述的方式，而不是主要采取考证或论述的方式。我想尽可能地引用有关的材料，将这些材料按各专题加以介绍。科举制牵涉的面太广，其本身也有不少细节需要弄清，我的史学修养不够，在涉猎中感到有些问题很棘手。我期待着有真正专题研究性质的唐代科举史著作的产生。我只是把科举作为中介环节，把它与文学沟通起来，来进一步研究唐代文学是在怎样的一种具体环境中进行的，以及它在整个社会习俗的形成过程中起着什么样的作用。

本书的一小部分内容，曾以专题论文的形式，在一些学术刊物上发表，它们是《历史研究》、《文学遗产》、《文史》、《中华文史论丛》、《草堂》、《北方论丛》、《学林漫录》等。在收入书中时，则经过材料的补充和内容的增删。

唐代是中国古代社会的一个充分发达的时期。唐代文化是有着强烈的吸引力的。今年八九月间，笔者在兰州参加中国唐代文学学会第二届年会，而后又随会议的代表一起去敦煌参观。车过河西走廊，在晨曦中远望嘉峪关的雄姿，一种深沉、博大的历史感使我陷于沉思之中，我似乎朦胧地感觉到，我们伟大民族的根应该就在这片土地上。在通往敦煌的路上，四周是一片沙碛，灼热的阳光直射于沙石上，使人眼睛也睁不开来。但就在一大片沙砾中间，竟生长着一株株直径仅有几厘米的小草，虽然矮小，却顽强地生长着，经历了大风、酷热、严寒以及沙漠上可怕的干旱。这也许就是生命的奇迹，同时也象征着一个古老民族的历史道路吧。来到敦煌，我们观看了从北魏到宋元的石窟佛像，那种种奇

---

① 《马克思恩格斯选集》第二卷，第120页。

彩异姿，一下子征服了我们。我们又在暮色苍茫中登上鸣沙山，俯瞰月牙泉，似乎历史的情景与现实融合为一。敦煌学的先驱者之一向达先生，在1956年初，结集其一生的心血，刊出论文集《唐代长安与西域文明》。这位老学者结合自身的经历，叙述了敦煌学艰难曲折的发展历程，他在自序中说："回想以前埋首伏案于伦敦、巴黎的图书馆中摸索敦煌残卷，以及匹马孤征，仆仆于惊沙大漠之间，深夜秉烛，独自欣赏六朝以及唐人的壁画，那种'摛埴索涂'、'空山寂历'的情形，真是如同隔世！"这几句饱含感情的话语诉说了半世沧桑。到过敦煌的人，会更真切地感到敦煌学以及我们整个人文科学，变化是多么巨大。我又想，敦煌在当时虽被称为丝绸之路上的一颗明珠，但它终究还处于西陲之地，敦煌的艺术已经是那样的不可逾越，那么那时的文化中心长安与洛阳，该更是如何辉煌绚丽！但俯仰之间，已成陈迹。除了极少的文物遗留外，整个文化的活的情景已不可复见了。作为一个伟大民族的后人，我们在努力开辟新的前进道路的同时，尽可能重现我们祖先的灿烂时代的生活图景，将不至于被认为是无意义的历史癖吧。

程千帆先生为本书封面题签，陕西人民出版社对本书的出版给予了很大的关怀和帮助，南京大学中文系周勋初同志和西北大学中文系阎琦同志曾对本书提出过宝贵的意见，谨此一并致谢。

1984年11月写于北京
1984年12月修改于厦门

# 第一章　材料叙说　唐登科记考索

　　有关唐代科举制的研究材料,最基本的应当是唐人的登科记。但唐代的登科记,无论是唐朝人所作,还是宋朝人所作,今天都已不可得见。从总的科举史来说,特别是在登科记方面,唐代比起以后的几个朝代来,材料是最少的了。我们从《宋会要辑稿》中可以看到不少宋代科举制的原始材料,好几种宋元方志保存有宋人历年登科的名单。明清的有关材料更为繁多,《明清进士题名碑录》,及乾隆十一年(1746)所刊的《国朝历科题名碑录初集》,都可给我们提供详细的登科人姓名。上千卷的《大清会典》及《会典事例》与清代实录,关于礼部贡举、职官铨选、学校措施等,都有分门别类的档案记录。

　　可以庆幸的是,在一百多年以前,也就是清朝道光年间,有一位学问面很宽广的学者徐松,编撰了一部唐代科举史的专著,给这门学科填补了空白,也给后人提供了不少进一步研究的线索。在有关唐代科举考试的重要史料——登科记完全散失的情况下,徐松对大量的史料进行搜集、整理、排比和考证,著成《登科记考》一书。《登科记考》作为一部内容丰富的唐代科举编年史,向人们提供了唐五代科举考试的发展演变,以及有关人物的具体活动。徐松并不以选拣几条干巴巴的正史有关条文为满足,他以其渊博的学识，注目于唐宋时期众多的杂史、笔记、诗文、小说，他想用当时生活的具体记述，来重现唐三百年间对于文人生活和文学艺术有重大影响的科举考试几个重要方面的历史情景。这是一项开拓性的工作，应当看作是清代勃兴的考据学应用于学术史的一种积极尝试。

在徐松《登科记考》已经达到的基础上，让我们回溯一下唐宋时期有关唐人登科记记载的情况，探索一下学术史上前人走过的足迹，正好像我们在饱览长安的汉唐名胜之后再去观看半坡遗址，使我们可以对历史发展的链条看得更加清楚。

一

本书对所用材料的叙述，就先从对唐宋人所作的登科记的考索入手。

首先应当说明一下，唐代所谓设科取士，究竟有哪些科目。《新唐书·选举志》说："其科之目，有秀才，有明经，有俊士，有进士，有明法，有明字，有明算，有一史，有三史，有开元礼，有道举，有童子。而明经之别，有五经，有三经，有二经，有学究一经，有三礼，有三传，有史科。此岁举之常选也。"所谓岁举之常选，就是国家对考试的科目和要求有固定的规定，并按时举行。但《新唐书·选举志》所载，虽然详细，却较凌乱。《唐六典》、《通典》则将常贡之科大要分为六项，即秀才、明经、进士、明法、明书、明算。又徐松《登科记考》的"凡例"中说，明法、明字、明算、史科、道举、开元礼、童子科都算是诸科，五经、二经、三经、学究一经、三礼、三传应入明经科。这方面，还是清人王鸣盛讲得较为有头绪，他在

《十七史商榷》中说:"其实若秀才则为尤异之科,不常举。若俊士与进士,实同名异。若道举,仅玄宗一朝行之,旋废。若律、书、算学,虽常行,不见贵。其余各科不待言。大约终唐世为常选之最盛者,不过明经、进士两科而已。"①常选之外有制科。制科的具体名目更加繁多,常见的有贤良方正直言极谏、才识兼茂明于体用、孝弟力田闻于乡里、详明吏理达于教化等科,据宋朝人统计,有唐一代,制科的名目大约有八十六个②。

记录以上各科登第者,称登科记③。据封演《封氏闻见记》卷三《贡举》条说,从中宗神龙(705—707)时起,就有人逐年记载登第进士的姓名,称做《进士登科记》。封演在玄宗天宝时曾入长安太学读书④,他在天宝末登进士第⑤,太学的同学诸生就将他的姓名续记在已有的《进士登科记》之末。当时有一个叫张緟的读书人,也应进士举,初落第,出于对进士及第的羡慕,就用两手把那本《登科记》捧在头顶上,说:"此'千佛名经'也!"从封演的记载中可以知道,从中宗时起,就有登科记一类的书,而且可以逐年增添。由于进士科尤为特出,当时就有人专记进士登科的,这种进士登科记被视为光荣簿,因而也就有可能在社会上流传。如诗人张籍《赠贾岛》诗中说:"蹇驴放饱骑将出,秋卷装成寄与谁? ……姓名未上登科记,身屈惟应内史知。"(《张籍诗集》卷四,上海古

① 王鸣盛《十七史商榷》卷八一《取士大要有三》。
② 王应麟《困学纪闻》卷一四《考史》。
③ 徐松在《登科记考》的"凡例"中,谓唐人登科记中不载明经及第的人名。这只是推论,有待进一步查考。
④ 见《封氏闻见记》卷二《石经》。
⑤ 《新唐书·艺文志》编年类著录有封演《古今年号录》一卷,下注云:"天宝末进士第。"徐松《登科记考》即据以定封演为天宝十五载(756)进士第。

籍出版社点校本)张籍是中唐时人,可见当时登科记已盛行于社会,士人能以姓名上登科记为荣。

又据宋人《蔡宽夫诗话》所记,谓:"故事,放榜后,贡院小吏多录新及第人姓名,以献士大夫子弟之求者举者(琮按,此"求者举者"疑当作"求举者")。"(郭绍虞《宋诗话辑佚》卷下,第418页,系辑自《苕溪渔隐丛话》后集卷二一)这当是礼部贡院小吏因职务所近,将当年的新及第进士姓名记录下来,以献于士大夫子弟,备他们应酬交际及将来应试的参考,有其实用的目的。这样历年积累,也就自然成为登科记一类的材料。可见在唐代,登科记材料的纂集是相当普遍的。

说到进士登科记,应该先约略谈一下唐代进士的放榜情况。关于这方面的详细情节,本书第十一章《进士放榜与宴集》有专章论述,但为叙述方便起见,把有关情况先在这里谈一下还是有好处的。

唐代的进士榜,大致有两种,一种是张榜,开元二十四年(736)以后进士归礼部试,就用大字书写贴于礼部南院东墙,详情可参见五代时人王定保《唐摭言》一书。晚唐诗人黄滔有《送人明经及第东归》诗,中云:"亦从南院看新榜,旋束春关归故乡。"(《唐黄御史公集》卷三)似乎明经放榜也在礼部南院。另一种是所谓榜帖,类似后世的"题名录",又与"捷报"相仿佛。唐人王仁裕《开元天宝遗事》中的《泥金帖子》条载:"新进士才及第,以泥金书帖子附家书中,用报登科之喜。"又《喜信》条载:"新进士每及第,以泥金书帖子附于家书中,至乡曲亲戚,例以声乐相庆,谓之喜信。"所谓泥金,就是用金箔和胶水制成的金色颜料,榜上贴有这种金花,所以榜帖又称金花帖子。据王仁裕所记,则这种金花帖子至少在开元、天宝时就已经盛行了。又据宋赵彦卫所记,这种金花帖子在北宋初仍还流行，其所著《云麓漫钞》（卷二）中有具体的记述："国初循唐制，进士登第者，主文以黄花笺长五寸许，阔半之，书其姓名，花押其下，护以大帖，又书姓名于帖面，而谓之榜帖，当时称为金花帖子。"另外，南宋人洪迈也有这方面的记载①，他曾获得北宋真宗咸平元年（998）孙仅榜的盛京榜帖，说这种榜帖"犹用唐制，以素绫为轴，贴以金花"，上面写知举者姓名、年岁、生辰，以及父祖名讳，其后写本榜状元姓名、籍贯及同科登第人。在唐代，这种榜帖有专人差送至及第进士的家乡或所在地，如《玉泉子》记赵琮进士及第，人还未回家，榜已送至所属州府。又如曹希干于咸通十四年（873）登第，这时其父曹汾为忠武节度使（治许州），"榜至镇，开贺宴日，张之于侧"②。这种榜帖备载登第者姓名、籍贯、同榜状元及同年名次，又载本科知贡举者的姓名、年岁、父祖名讳、私忌等等，其本身已经具备成为唐人登科记的原始材料。唐代前期一些私人所编的登科记，其材料来源主要当即是通行于社会上的这种榜帖。

唐人所编的登科记，在穆宗长庆（821—824）以前，就有十几种③。大抵在宣宗以前的登科记，都系私人所编④。这些私人编录，在《新唐书·艺文志》中只记载了三种，那就是：崔氏《唐显庆登科记》五卷，姚康《科第录》十六卷，李奕《唐登科记》二卷。

《显庆登科记》的著者崔氏，《新唐书·艺文志》注云"失名"，生平事迹无从考知。《文苑英华》卷七三八收有赵儋《李奕登科记

①洪迈《容斋随笔》卷一三《金花帖子》。
②参见《唐摭言》卷三。
③见《玉海》卷一一五《选举》引姚康《科第录叙》。
④《唐语林》卷四载郑颢于大中十年（856）上登科记表，中云："自武德以后，便有进士诸科，所传前代姓名，皆是私家记录。"

序》，末云："自武德至乎贞元，阅崔氏本记，前后嗣续者在我公为多焉。顾惟寡昧，获与斯文，因濡翰而为之序。贞元七（原注一作十七）年春三月丁亥序。"同一篇文章，《全唐文》卷五三六，则变成作序者为李奕，篇名为《登科记序》。其实《文苑英华》与《全唐文》都有错误。《玉海》卷一一五《选举》引《中兴书目》载有《崔氏登科记》，下云："贞元十七年三月丁亥校书郎赵儋序曰：'武德五年，诏有司特以进士为选士之目，仍古道也。'"南宋人洪适还收藏有崔氏书，他说"贞元中校书郎赵儋为之序"（《盘洲文集》卷三四《重编唐登科记序》）。由此可见，这篇序确是赵儋作的，而他所序之书则为崔氏的《显庆登科记》，而不是李奕的《登科记》。据赵儋序，崔氏书所录为唐高祖武德至德宗贞元时的进士登第者，显庆原是唐高宗的年号，崔氏所作为什么叫做《显庆登科记》，殊不可解。或显庆非指年号，泛指为喜庆之意。又，崔氏书，《新唐书·艺文志》作五卷，而《玉海》引《中兴书目》作一卷，可见宋时已亡佚大半。据《玉海》所记，其书本来是专载进士登科的，后有续之者，则"自元和方列制科，起武德五年，迄周显德六年"。

《文苑英华》和《玉海》都说是赵儋为《显庆登科记》作序，但有些书上则说赵儋自己撰有《进士登科记》一书。如《唐摭言》卷一《述进士上篇》谓："永徽已前，俊、秀二科犹与进士并列；咸亨之后，凡由文学一举于有司者，竞集于进士矣。由是赵儋等尝删去俊、秀，故目之曰《进士登科记》。"另外，南宋吴曾说他家有"唐赵儋撰《唐登科记》"，并记贞元七年、八年（791—792）知举者、登第者姓名，及所试诗赋题目。其所著《能改斋漫录》卷四《林藻欧阳詹相继登第》条记：

予家有唐赵儆撰《唐登科记》。尝试考之，德宗贞元七年，是岁辛未，刑部杜黄裳知贡举，所取三十人，尹枢为首，林藻第十一人……赋题《珠还合浦》，诗题《青云干吕》。次举贞元八年，是岁壬申，兵部侍郎陆贽知贡举，所取二十三人，贾稜为首，欧阳詹第三人。……赋题《明水》，诗题《御沟新柳》。

同书同卷《闽人登第不自林藻》条也言及赵儆之书，说"唯《唐登科记》，神龙元年第五十四人有薛令之"。很可能王定保、吴曾所看到的这一《进士登科记》仍是崔氏所作，而赵儆为之序，或有所补正，因此五代和宋朝人刻书时就把赵儆也作为编撰者了，《唐摭言》说是"赵儆等"，当是这个意思。赵儆为南阳人，其祖赵骃，京兆士曹参军；父赵涉，侍御史①。赵儆于贞元三年（787）进士及第，受到德宗的赏识，由监察御史里行、浙东观察判官特授京畿高陵县令②。赵儆为赵璘的伯父，赵璘于宣宗大中间曾替郑颢编修登科记，赵氏中外姻亲中知名者甚众，因此赵儆为崔氏书作补正或另撰一书，都是有可能的。

《新唐书·艺文志》在著录姚康《科第录》十六卷时，注云："字汝谐，南仲孙也，兵部郎中、金吾将军。"姚南仲，两《唐书》有传，见《旧唐书》卷一五三、《新唐书》卷一六二。南仲为华州下邽人，大历时任谏官，曾上疏论代宗贞懿皇后独孤氏陵墓事，直言为世所称。德宗时任义成节度使，对监军的宦官薛盈珍有所抵制，为薛盈珍诬告，后来其部将曹文洽杀身以救南仲，此事也是传闻

_____

①《新唐书》卷七三下《宰相世系表》。
②赵璘《因话录》卷一。《唐语林》卷一说赵儆为贞元六年进士第，误。徐松《登科记考》卷八即据《因话录》加以驳正。

于一时的①。姚康元和十五年(820)登进士第,能诗②。敬宗宝历
元年(825)在京兆府司录任上③。据《新唐书·归融传》,文宗朝,
姚康在任左司员外郎判户部案时,曾因赃罪贬岭南尉。后还朝,
宣宗时任太子詹事。他的著作,除《科第录》外,还有《帝王政纂》
十卷,《统史》三百卷,后者所记,"上自开辟,下尽隋朝,帝王美政、
诏令、制置、铜盐钱谷损益、用兵利害,下至僧道是非,无不备载,
编年为之"(《旧唐书·宣宗纪》大中五年十一月)④。可见姚康在
史书的编纂上有一定的素养。《科第录》是姚康的早年著作,《玉
海》卷一一五《选举》曾载其长庆二年(822)序,云:"自武德已来,
登科名氏编记凡十余家,皆不备具。康录武德至长庆二年,列为
十一卷。"据此,则其书所载登科人名,至长庆二年为止,而且只是
十一卷。《玉海》又注云:"自三年毕天祐丙寅,续为五卷,合十六
卷。"则自长庆三年到唐末天祐三年(906)的五卷,为后人所补,非
姚康作,姚康原书为十一卷。其书北宋时尚存,《崇文总目》仍作
十六卷。南宋人洪兴祖作韩愈年谱⑤,曾有好几处引述《科第
录》。洪皓于南宋初出使金国,在云中、燕都等地居留了十多年,
回南宋时带来在北地获得的姚康书的前五卷,所载为唐高祖、太
宗两朝进士、秀才两科(洪适《盘洲文集》卷三四《重编唐登科记

①柳宗元有《曹文洽韦道安传》(《柳河东集》卷一七),其文已佚。
②见计有功《唐诗纪事》卷五〇。
③《刘禹锡集》卷二《高陵县令刘君遗爱碑》。
④《新唐书·艺文志》史部类著录姚康复《统史》三百卷,下注云"大中太子詹
　事"。这当是与《旧唐书·宣宗纪》大中五年十一月著《统史》三百卷的太
　子詹事姚康为同一人,《新志》衍"复"字。我与张忱石、许逸民同志合编的
　《唐五代人物传记资料综合索引》(中华书局1982年4月版),把姚康复与
　姚康分为二人,即沿袭《新志》之误,应加改正。
⑤洪兴祖《韩子年谱》,见宋魏仲举《五百家音注昌黎先生集》附录。

序》)。则《科第录》在南北宋之际已非全书。南宋的两大藏书家晁公武与陈振孙都没有著录过姚康的书，大约南宋中叶其书已不存，而《宋史·艺文志》(史部传记类)却载有姚康《唐登科记》十五卷，书名、卷数都与《新志》《玉海》所载不符，似不足为据。

《新唐书·艺文志》又载李奕《唐登科记》二卷。按《新唐书·宰相世系表》有二李奕，一为秘书少监李益子，一为慈州别驾李沇子。后者时代过晚，作《唐登科记》者恐是李益子李奕，但此李奕的事迹也不详，陈振孙已说"李奕书亦不存"[1]。大约其书亡于北宋时。

为《新唐书·艺文志》所不载的还有一部官修登科记。《册府元龟》卷六四一《贡举部·条制》三记载道："(大中)十年四月，礼部侍郎郑颢进诸家科目记十三卷，敕付翰林，自今放榜后，仰写及第人姓名及所试诗赋题目进入内，仍付所司逐年编次。"实际上，郑颢所进的登科记，具体是由赵璘编次的，《唐语林》(卷四)对此有稍为详细的记述："宣宗尚文学，尤重科名。大中十年，郑颢知举，宣宗索登科记，颢表曰：'自武德以后，便有进士诸科，所传前代姓名，皆是私家记录。臣寻委当行祠部员外郎赵璘，采访诸科目记，撰成十三卷，自武德元年至圣朝。'敕翰林，自今放榜后，仰写及第人姓名及所试诗赋题目进入。仰所司逐年编次。"[2]由此可知：一、此次编登科记，系出于宣宗的动议，由大中十年(856)郑颢知贡举时委托祠部员外郎赵璘编纂，进呈于宣宗。二、此次所编之十三卷登科记，起自唐高祖武德，直至宣宗时，系纂辑前此私家所编的几种登科记而成，因此又称"诸家科目记"；其所辑集的，

---

①陈振孙《直斋书录解题》卷七传记类洪适《唐登科记》下注。
②关于此事，又可参见《唐会要》卷七六《缘举杂录》。

除进士科以外，还有其他科目。三、从此以后，命令翰林院逐年编次及第人姓名及所试诗赋题目，由政府统一进行此项工作。

郑颢为宪宗时宰相郑绹之孙，史称绹"践历华显，出入中外者逾四十年"（《旧唐书》卷一五九《郑绹传》）。郑颢尚宣宗女万寿公主，拜驸马都尉，宣宗时曾两次知礼部贡举，"恩宠无比"①。由他出面来编录登科记，而又由赵璘担任实际的编纂工作，自是理想的人选。赵璘是德宗时宰相赵宗儒的侄孙，父伉，曾任昭应尉。其中外姻亲，多为显族。赵璘本人登大和八年（834）进士第，又开成三年（838）博学宏词登科，历任汉州、衡州刺史等职。他的《因话录》六卷，记中唐士族及社会习俗，详赡可据。

按理说，赵璘所编的登科记，以官府之力，又集诸家之长，而且此后又由翰林院逐年编次，这样的资料，后世是应当可得保存完整的。但其书不见载于《新唐书·艺文志》，《崇文总目》也未见著录，洪适在《重编唐登科记序》中只引《唐会要》提了一下书名，又说"今多亡矣"。只有北宋末年以"广蓄异书"见称的董逌，才藏有残存的六卷，起开元二十三年（735），至贞元九年（793），"其间亦又有缺剥，不可伦序，或遗去十年，或少三四年，在姓名中又泯灭过半"②。可见郑颢、赵璘所编的这部官修的登科记，命运也不见佳，大约经两宋之际的兵火，连这六卷的残本也不复存世了。

唐朝晚年，大约还有一些登科记流散于各地。如《因话录》卷四曾记载一则笑话："京兆庞尹及第后，从事寿春。有江淮举人，

①《新唐书》卷一六五《郑绹传》附。又《唐语林》卷四云："崔起居雍，少有令名，进士第，与郑颢齐名。士之游其门者，多登第。时人语为崔雍、郑颢世界。"
②董逌《广川书跋》卷八《赵璘登科记》。

姓严，是登科记误本倒书庞严姓名，遂赁舟丐食就谒。时郡中止有一判官，亦更不问其氏，便诣门投刺，称从侄。庞之族人甚少，览刺极喜，延纳殷勤，便留款曲，兼命对举匕箸。久之，语及族人，都非庞氏之事，庞方讶之。因问：'止竟郎君何姓？'曰：'某姓严。'庞抚掌大笑曰：'君误矣！余自姓庞，预君何事？'揖之令去。其人尚拜谢叔父，从容而退。"这里所说的登科记，当是私人传抄的一种，极为简陋，不仅把姓名抄颠倒了，而且没有注明籍贯，害得这位江淮举人错认同宗，弄明真相后还装作不知，真是绝妙的讽刺。可见当时社会上流传的登科记，是详略粗细，各式各样都有的。又有专记某一年进士同年姓名的，如昭宗于天祐元年（904）为朱温所胁迫，迁都洛阳，春二三月在陕州，放进士榜，北宋初陕郡开元寺还有这一年的进士登科题名（见宋尹洙《河南先生文集》卷四《王氏题名记》）。一些地方志中也还保留唐人登科记的材料，如翁承赞于乾宁二年（895）登进士第，他在杏园宴时曾做过探花使①，莆阳县的县学登科记就记有他的登第名次（见宋王迈《臞轩集》卷六《谢陈侍郎立县学续登科记并书启》）。又如徐松《登科记考》卷二四昭宗乾宁四年进士第韦象下，据《永乐大典》引《池州府志》，谓"唐登科记"云云。又据宋叶梦得《石林燕语》卷十载，王禹玉作庞籍神道碑，庞家送润笔，除金帛外，还有古书名画三十种，其中就有晚唐诗人杜荀鹤及第时试卷一种②。这也是唐代进士登科的珍贵材料。

宋人所作唐代登科记，值得提出的有二人，一是北宋人乐史，

①见《全唐诗》卷七〇三翁承赞《擢探花使三首》，又参本书第十一章《进士放榜与宴集》。
②王珪字禹玉，其所著《华阳集》卷三五有《庞庄敏公籍神道碑》。

一是南宋人洪适。《玉海》卷一一五《选举》载："雍熙三年（986）正月，乐史上《登科记》三十二卷，《唐登科文选》五十卷，《贡举事》、《题解》各十二卷，以为著作郎、直史馆。"又见《玉海》卷五四《艺文》，及《宋史·乐黄目传》，《十国春秋》卷一一五《拾遗》。《郡斋读书志》卷九著录为三十卷，谓其书"记进士及诸科登名者，起唐武德迄天祐末"。乐史是由五代入宋的人，当时他看到的唐人科举材料当还不少，因此除了编登科记三十卷以外，还有文选五十卷，其他有关材料四十卷，可见他在这方面做了不少的工作。明万历时陈第据其所藏书编《世善堂藏书目录》，卷二有《唐登科记》三十卷，疑即乐史之书，则其书当亡于明后期①。另外是洪适的《重编唐登科记》，据其自序（《盘洲文集》卷三四），他根据姚康《科第录》的前五卷（即唐高祖、太宗两朝），其后又据崔氏《显庆登科记》及续书，再参考《唐会要》、《续通典》及唐人文集加以补正，故名"重编"，共十五卷。他的做法类似于徐松的书，体例是较为完善的。据《玉海》卷一一五《选举》条，此书编成于高宗绍兴三十年（1160）十月，但此后除了《直斋书录解题》（卷七）著录以外，就再也未有记载，可能南宋后期即已经亡佚。

　　这里应当提到的是，《文献通考》卷二九《选举考》二曾有一份《唐登科记总目》，载唐初至昭宗天祐四年（907）历年登科的人

①按陈第《世善堂书目》自序有云："吾性无他嗜，惟书是癖，虽幸承世业，颇有遗本，然不足以广吾闻见也。自少至老，足迹遍天下，遇书辄买，若惟恐失，故不择善本，亦不争价值。又在金陵焦太史、宣州沈刺史家得未曾见书，抄而读之。积三四十余年，遂至万有余卷，纵未敢云汗牛充栋，然以资闻见，备采择，足矣足矣。今岁闲居西郊，伏去凉生，课儿仆辈晒晾入篋，粗为位置，以类相从，因成目录，得便查检。"可见《世善堂书目》所著录的书，都是陈第平生于各地搜辑抄录所得，为实有其书。

数,末谓"右唐二百八十九年逐岁所取进士之总目"。这里说的是"进士之总目",实际所载却不限于进士,如高祖武德元年就记载"上书拜官一人",这或者可以用武德初未设进士科来解释,但在这之后也仍有上书拜官的记载,如太宗贞观十九年(645),高宗显庆五年(660)等。又如唐初至高宗永徽元年(650),大多载有秀才登第的人数,至永徽二年注明"其年始停秀才举",在这之后就未载秀才登第人数,而增载诸科,但所载诸科的人数却甚少,如高宗显庆三年(658)一人,麟德元年(664)二人,仪凤元年(676)四人,其中武后垂拱四年(688)为三十人,睿宗景云二年(711)为五十六人,宪宗元和元年(806)为三十六人,穆宗长庆元年(821)为三十八人,敬宗宝历元年(825)为三十二人,文宗大和二年(828)为三十六人,算是较多的,大多数则每年不超过十人。显然这所谓诸科并非指明经,因为唐代每年所取的明经人数要比进士多好几倍。另外,除高宗乾封元年(666)载有幽素举十二人外,其他都未载制科名目。则这个所谓登科记总目,当是以进士科为主,并包括秀才、诸科(不含制科和明经)在内的登科人数的记录。马端临在这份总目之后有一个按语,其中说:

> 按昌黎公《赠张童子序》言:"天下之以明二经举,其得升于礼部者,岁不下三千人,谓之乡贡,又第其可进者属之吏部,岁不及二百人,谓之出身。"然观登科记所载,虽唐之盛时,每年礼部所放进士及诸科,未有及五七十人者,与昌黎所言不合。又开元十七年限天下明经,进士及第每年不过百人,又大和敕进士及第不得过四十人,明经不得过百一十人,然记所载逐年所取人数如此,则元未尝过百人,固不必为之限也。又明经及第者姓名尤为寥寥,今日不得过百一十人,

则是每科尝过此数也。岂登科记所载未备而难凭耶?《唐史》《摭言》载华良夫为京兆解不第,以书让考官曰:"圣唐有天下垂二百年,登进士科者三千余人。"以此证之,则每岁所放不及二十人,登科记不误矣。

这里有好几处提到登科记如何如何,则马端临是看到过唐登科记的,他的这个总目即根据他所看到的唐登科记而编制。在《文献通考》自序中,马端临说,所谓"文"者,"凡叙事,则本之经史,而参之以历代会要,以及百家传记之书,信而有证者从之,乖异传疑者不录";所谓"献"者,"凡论事,则先取当时臣僚之奏疏,次及近代诸儒之评论,以至名流之燕谈,稗官之记录,凡一话一言可以订典故之得失,证史传之是非者,则采而录之"。这就是说,他在书中所征引的史料,皆有根据,绝非杜撰。事实上像唐登科记总目那样的材料,也是杜撰不出来的。因此,马端临所看到的唐登科记,一定是宋元之际尚传存于世的。但据前面所说,见于著录的唐代三种私家编撰的登科记和一种官府所编的郑颢登科记,到南宋中期都已不存,洪适的一种至南宋末是否传存也未可必,独乐史所撰的,明人陈第还有著录,且其书卷帙也不算小,马端临看到的唐登科记,很可能就是乐史的一种①。

　　另外,元人辛文房作有《唐才子传》一书,共十卷,其自序谓"顷以端居多暇,害事都捐,游目简编,宅心史集,或求详累帙,因备先传,撰拟成篇,斑斑有据"。《唐才子传》所列诗人是按时代先

————————

①徐松《登科记考》卷首"凡例"中说:"宋人著述,每引登科记,而不言某氏本。其总目载马端临《通考》,进士之外,统曰诸科。按《读书志》云乐史《登科记》记进士及诸科登名者,是《通考》用乐史本也。"据此,则徐松也认为《文献通考》所载的《唐登科记总目》即根据乐史的《唐登科记》而编纂的。

后编排的,其特点之一是对绝大多数人注明进士登第年,有时并说明那一年知举者姓名,或状元姓名(这些材料往往为徐松所吸收)。显然,辛文房也必定有一份唐人的登科记。根据同样的理由,我认为辛文房所看到并作为依据的,当也是乐史所撰的一种。

岳珂《宝真斋法书赞》卷九载有北宋诗人林和靖曾向人借咸通中登科记一册。《文苑英华辨证》中好几处提到唐登科记,并用以考证唐人诗赋篇名及人名。明人徐应秋的《玉芝堂谈荟》,卷二有《历代状元》条,虽有错误①,但其材料来源,当有所本。这些大约也是唐宋人留存的散见的登科记,但现在已不能考知其作者及卷帙。

唐代制科名目与登科者姓名是另有专书记载的,中唐时就有人专门编录制科策文以供应试者阅读揣摩②。《郡斋读书志》卷九曾著录有《唐制举科目图》一卷,作者不详(《宋史·艺文志》谓蔡元翰作),其书列七十六科,不仅列人名,而且注明后来哪些人当了宰相。此书已亡佚。至于现在所见记载制科名目的,则有好几种,如《唐会要》卷七六《贡举中·制科举》,宋赵彦卫《云麓漫钞》卷六,王应麟《困学纪闻》卷一四,高似孙《纬略》卷三,马端临《文献通考》卷三三。内容不再详举,可参见本书第六章《制举》。

---

①陆以湉《冷庐杂识》卷一《玉芝堂谈荟》条谓:"徐应秋《玉芝堂谈荟》,类摭故实,累牍连章,可称华缛。然其书有二失,一则搜罗未遍,即正史犹有所遗;一则援引昔人文辞,每不标明某书。前之失犹可言也,后之失既乖体要,且蹈攘善之愆矣。"《四库全书总目》卷一二三子部杂家类对其得失的评价为:"是书亦考证之学,而嗜博爱奇,不免兼及琐屑之事。其例立一标题为纲,而备引诸书以证之,大抵采自小说杂记者为多。……然其捃摭既广,则兼收并蓄者不主一途,轶事旧闻,往往而在,故考证掌故、订正名物者,亦错出其间,披沙拣金,集腋成裘,其博洽之功,颇足以抵冗杂之过,在读者别择之而已。"
②参见元稹《酬翰林白学士代书一百韵》(《元稹集》卷十)。

唐代还有一种记载科举考试的有关事项或轶事的,当也保存了登科记的材料。《新唐书·艺文志》著录有《文场盛事》一卷,未注撰者姓名,《玉海》卷五一《艺文》对其内容有些说明:"载唐人世取科第,及父子兄弟门生座主同时者。"晁《志》卷九著录《唐宋科名分定录》,谓不题撰人姓名,晁公武谓此当是北宋哲宗元符年间(1098—1100)所著之书,并略引其序云:"己卯岁得张君房所志唐朝科场故事,今续添五代及本朝科名分定事,迄于李常宁云。"己卯即元符二年(1099),晁《志》所谓元符间书,当即据此。由此可见《文场盛事》为张君房所作,其书于宋哲宗时又为人编入《唐宋科名分定录》。《唐诗纪事》卷六六记李质事,谓"质字公干,襄阳人。……质登第后二十年,廉察豫章,时大中十二年也"。即注谓据《科名分定录》。

类似的还有称为《讳行录》的,《玉海》卷一一五《选举》著录为一卷,云:"以四声编登科进士族系名字、行第、官秩,及父祖之讳、主司名氏。起兴元元年尽大中七年。"洪兴祖于北宋徽宗宣和时作韩愈年谱,于韩愈世系的叙述中,有几处引及《讳行录》,如记韩昶,谓:"《讳行录》云长庆四年李宗闵下擢进士第,时试《金用砺赋》、《震为苍筤竹诗》,中第六。字有之,行第十一。"记韩湘云:"《讳行录》云长庆三年擢进士第,行第二十一。"记韩绾云:"《讳行录》云咸通四年第进士,时右常侍萧仿知举,试《谦光赋》、《澄心如水诗》,中第八,行第二十五。"则尚在大中之后。又据洪迈《容斋随笔》卷一三《赒子录》条,说其父适自燕都归,带回《赒子录》一书,其中载唐咸通七年卢子期撰作《初举子》一书,书中详细记载举子应试时的各种注意事项(如如何避讳等等)①。限于

①《初举子》一书,又可参见《北梦琐言》卷四。

篇幅,这里就不作详细介绍①。

如上所述,可见唐宋时期,有关唐代登科记的材料是不少的,甚至可以说是十分丰富的。可惜随着时间的推移,这些材料差不多都散失亡佚了。在这些原始材料亡失的情况下,徐松广泛搜罗有关资料,编纂成一部包括唐五代三百多年中进士、明经、制科及其他科目在内的登第人名及有关事迹,共三十卷,凡六七十万言,其功确不可没。


二


在徐松已取得的成就的基础上,我们应该再往前进一步。这里且不说观点方面的问题,我们今天无论对唐代科举制度的看法,或者是对唐代文学发展及其与科举关系的看法,从总的方面说是应该超过了徐松的。就是从史料的运用上说,我们也可以比徐松看得更全面,可以把过去为人忽视的材料,用新的观点和方法,做出合乎历史实际的联系。就是说,我们今天完全有条件,在一个更高的起点上来研究唐代的科举制度,以及这个制度给予当时的文学发展、文人生活、社会风气等等深刻而广泛的影响。

如果从这点出发,那么,在我们面前,材料的面可以说是相当

---

① 根据清《咸宁县志》所载,还有一种叫《广人物志》的,也与唐科举有关,其书卷一五经籍志子部载:"《广人物志》十卷,乡贡进士京兆杜周士撰。《文献通考》:陈氏曰唐乡贡进士京兆杜周士撰,叙武德至贞元选举荐进人物事实,凡五十五科。"杜周士的事迹,见《新唐书》卷五九,又柳宗元《送杜留后诗序》旧注谓贞元十七年(801)进士第;又见《全唐诗》卷七八〇,《全唐文》卷六九三。

宽广的；"唐代科举与文学"这一专题的材料学,有它深厚的基础。

首先是一些正式的史书。两部政书——作于唐代中期的《通典》和作于宋末元初的《文献通考》,都有专门的章节论述科举与学校,以及官员的铨试。作为有见识的史学家,杜佑把封建社会几个重要的制度放在历史发展的过程中加以叙述,从远古时期起,直到唐玄宗天宝末①——而安史之乱正是明显地划分了中国古代封建社会的前后期。杜佑而且不无自觉地意识到社会经济发展对其他一些制度来说,是有首要的作用,因此在全书的结构安排上,把"食货"放在第一,他在自序中说:"夫理道之先在乎行教化,教化之本在乎足衣食。"这种"足衣食"的思想当然是得之于先秦的某些思想家的启发,但杜佑把它运用于社会制度的全面研究上,这在中国古代历史学上还是第一次。有意义的是,《通典》在"衣食"部分之后,紧接着的则是"选举","选举"之后是"职官",其次是"礼"、"乐"、"兵"、"刑"、"州郡"、"边防"。杜佑对这几方面的关系,他是这样表达的:"夫行教化在乎设职官,设职官在乎审官才,审官才在乎精选举;制礼以端其俗,立乐以和其心,此先哲王致治之大方也。"(《通典》自序)杜佑历任中央和地方要职,他对社会问题的看法当然不能越出封建臣僚的范围。他认为对百姓施行教化,必须依靠大大小小的官员,因此就必须设职官,而设职官就先要有一套审察官员才德的办法,而这种办法就在于对选举制度要有严密合理的规定。杜佑把选举制度作为实施封建政教的前提加以叙述,有着强烈的实用目的。他把占六卷篇幅的"选举"分成两大类,一是制度沿革的叙述,二是对历代制度得失的评论。他的这种著作体例大体为以后的同类著述所沿袭,像

①唐李翰《通典序》谓《通典》叙事,"上自黄帝至于有唐天宝之末"。

马端临《文献通考》在记叙"选举"、"学校"、"职官"等时,就明确声称:"俱效《通典》之成规,自天宝以前,则增益其事迹之所未备,离析其门类之所未详,自天宝以后,至宋嘉定之末,则续而成之。"(《通考》自序)

《唐会要》与《册府元龟》都有关于科举的专章,显然是受《通典》的影响;《新唐书》的志的部分专设《选举志》,在断代正史中是体例上的创举,实际上是承袭了在它之前的几部大的史书的作法。另外,像《唐六典》中的礼部与吏部部分,我们可以参见开元以前有关科举的正式规定;而《唐大诏令集》的一些诏令文书,提供了不少科场事件的公开法令记录。

以上是所谓正式的、带有官方档案性质的史书。我们要较为全面地探讨科举制,当然不能仅限于此,虽然就篇幅来说,以上这几部书加起来已经有好几百卷,够一个研究者花相当的时间去阅览的了。另有一部分材料,我们姑且名之曰"史料笔记",是非常值得探讨的地域,只要我们稍作努力,就会有所收获。其中较著名的如《唐摭言》、《唐语林》、《封氏闻见记》、《隋唐嘉话》、《朝野佥载》、《大唐新语》、《刘宾客嘉话录》、《因话录》、《剧谈录》,等等。这些书一般是当时人记当时事,可信性较大。科举制对唐朝人来说是新事物,又是与读书人出处攸关的大事,因此不少笔记的作者对此感兴趣,他们结合社会风尚、文人生活对科举制作了不同侧面的记述,可以极大地丰富我们的认识。

另有一部分是唐代新兴的传奇小说,单本如《玄怪录》、《续玄怪录》、《独异志》、《博异志》等,总集如《太平广记》五百卷。这不但是我国古小说宝库中的佳品,也是我们研究唐代科举与文人生活的真切而生动的材料。别看它们是小说,透过一些虚构的神鬼怪异的情节,可以看到当时社会的新鲜的生活。对于现实生活的多方面的记述,对社会情景的浮雕般的刻画和人与人之间关系的细致描写,都是正式的史书所不能及的。

唐人众多的有特色的诗文,当然更应该是极好的材料。前人在论述时也曾注意于此,并加以引用。除了别集外,《全唐诗》和《全唐文》都是极为方便的和有用的文献。本书较多地引用了这些作品,目的是想从更广的社会历史背景中向读者提供唐代科举与文学的具体联系。

宋代与唐代,不但时间上接近,而且无论就科举来说,或文学的发展来说,关系实在太密切了。在中国诗史上,唐诗之后人们接着就会想到宋诗;以古代散文来说,说到韩、柳的古文,难道可以不提欧阳修和苏东坡吗?"唐宋八大家",几乎成为古文写作的楷模。同样,宋代的科举,不少方面也是对唐代的继承和发展,我们往往从宋人的著述中更容易理解唐代科举的某些变化。因此本书是尽可能引用一些宋人的材料。当然,宋人的材料实在是太多了,而且不像唐代的集中,因此搜辑甚为困难,本书引用时难免会有挂一漏万之失(由此可以推想,如果效徐松之书的体例,编撰一部《宋登科记考》,材料一定会是更丰富,但搜辑和排比的功夫一定会更繁重)。宋以后的材料,也间有征引,那就更有疏漏了;其实清人的评论和考证是很可以探寻的,这方面的材料还有待于开发。

近人的材料,虽然从数量上说,没有上面所说的那几部分多,但近人的研究成果是弥足珍贵的。因为科举史的研究本来是刚兴起的学科,而以科举与文学作为研讨的对象,则似乎是介于史学与文学之间的边缘科学,涉足的人就更为少了。我们应当尊重前辈学者的建树,同时对当今学者做出的新成就更应有足够的重视。如陈寅恪、岑仲勉等老先生在建国以前的著作,虽然在科举方面未有专文论述,但他们有时涉及这方面的问题所表示的见解,是很足使人启发的。当今几位文史前辈学者,如唐长孺、王仲荦、启功、程千帆等先生的著述,都给笔者以启迪。我觉得,应当有人来做这样的工作,把近代学者有关唐代科举史研究的成果加以明晰的综述,做出充分的肯定;当然,也可以在肯定的基础上指出进一步研究的线索和方向。

本书就是希望以上述的材料为依据,做出自己一点微小的努力。

# 第二章　总论唐代取士各科

## 一

所谓科举,也就是设科取士的意思。封建朝廷按照不同的行政管理的需要,规定不同的考核内容,设置一定数量的科目,使地主阶级文人根据各人不同的文化程度和志趣,分别选择一项科目,进行考试,并通过考试而进入仕途。

关于唐代的取士各科,《新唐书·选举志》有一个概括的叙述,这一段文字也是为历来论唐代科举者所经常援引的:

> 唐制,取士之科,多因隋旧,然其大要有三。由学馆者曰生徒,由州县者曰乡贡,皆升于有司而进退之。其科之目,有秀才,有明经,有俊士,有进士,有明法,有明字,有明算,有一史,有三史,有开元礼,有道举,有童子。而明经之别,有五经,有三经,有二经,有学究一经,有三礼,有三传,有史科。此岁举之常选也。其天子自诏者曰制举,所以待非常之才焉。

《新唐书》的这一段话,虽然多为人所援引,但其叙述的逻辑很不清楚。譬如,它首先说取士之科大要有三,这应当说的是取士的科目,那么这三个科目是什么呢?没有回答。接下去说的却是应试者的来源,说应试者由学馆荐送的称做生徒,由州县荐送的称做乡贡。这两种,合起来叫"岁举之常选",就是说每年定期举行的考试。"岁举之常选"与所谓"天子自诏"的制举是相对而言的;与常选不同,制举科的考试项目与考试时间都不固定。这样说来,制举与常选是并列的两种,并非如《新唐书》所说的那样"大要有三"。至于常选中,有从秀才到童子凡十二科,其中明经又再分为七科;制科,据唐宋人的记载,则有多至八九十科的。因此《新唐书·选举志》所说的唐代的取士之科大要三,可以说无从着落。从上下文意推测,《新唐书·选举志》说的"大要有三"可能指的是生徒、乡贡和制举,但这三者实际上不是同一类别,因而也是不能相比而言的。

清人王鸣盛在《十七史商榷》中对《新唐书·选举志》上述的一段话也有过类似的分析,他说:

> 《新·选举志》:唐制,取士大要有三……愚谓虽大要有三,其实惟二,以其地言,学馆、州县异,以其人言,生徒、乡贡异,然皆是科目,皆是岁举常选,与制举非常相对。(卷八一《取士大要有三》)

王氏接着又论述各科的具体情况说:

> 其实若秀才则为尤异之科,不常举。若俊士与进士,实同名异。若道举,仅玄宗一朝行之,旋废。若律、书、算学,虽常行,不见贵。其余各科不待言。大约终唐世为常选之最盛

者,不过明经、进士两科而已。(同上)

王鸣盛从大处着眼,指出《新唐书·选举志》的不够确切之处,显示出清朝汉学家思考问题确较前人为精密。他所归纳的各科兴废的大概和地位的轻重,有些虽不尽符合于实际,但大致是可信的。

如果进一步观察,《新唐书·选举志》所说的各科,还有使人可怀疑之处。今列表如下:

常选中的一史、三史是与明经并列的,而明经中又有史科,这其间的关系怎样?没有说明。同样是礼,开元礼是常科,三礼又属于明经,实际情况恐非如此。根据现在所见唐人的记载,如《唐六典》《通典》,则将常选分为六科,即秀才、明经、进士、明法、明书、明算,都较《新唐书》为明白简括。

通常所说的唐代科举项目,主要是指进士、明经和制举,尤其是进士科,更为人所称道,唐人所谓"国家取士,远法前代,进士之科,得人为盛"①,宋人说:"某尝谓李唐设科举以网罗天下英雄豪杰,三百年间,号为得人者,莫盛于进士。"②关于进士、明经、制举,本书各有专章论述③,为叙述方便起见,这里拟大致依《新唐书·选举志》所列的次序,介绍秀才等科的情况。

## 二

秀才之称,唐以前就有,但与科举无关。关于唐代以前秀才含义的变化,清人赵翼《陔余丛考》有一个概述,颇可作为参考,其书卷二八《秀才》说:

> 《礼记》有秀士。《汉书·贾谊传》,河南守吴公闻谊秀才,召置门下。秀才之名,始见于此。公孙宏奏博士弟子,内有秀才异等,辄以名闻。是皆谓才之秀者,非竟以为士子之专称也。晋世始有秀才之举,永宁初,王接举秀才,报友人书

---

① 《全唐文》卷九六六,大和九年十二月中书门下奏:《请更定三考奏改并及第人数奏》)。
② 华镇《上门下许侍郎书》(《云溪居士集》卷二四)。据《宋史》卷三四三《许将传》,将于徽宗崇宁时为门下侍郎。
③ 《唐六典》卷二《吏部·考功员外郎》:"凡诸州每岁贡人,其类有六,一曰秀才,二曰明经,三曰进士,四曰明法,五曰书,六曰算。"又卷四《礼部》:"凡举试之制,每岁仲冬率与计偕,其科有六,一曰秀才,二曰明经,三曰进士,四曰明法,五曰书,六曰算。……凡此六科,求人之本,必取精究理实,而升为第。"又《通典》卷一五《选举》三《历代制》:"其常贡之科,有秀才,有明经,有进士,有明法,有书,有算。"

曰:"非荣斯行,实欲极陈所见,冀有觉悟耳。"此士子专称秀才之始。元帝时,所举秀才皆不能试经,尚书孔坦请展限五年,听其讲习,诏许之,则秀才有不能试经者矣。后魏令中正掌选举,其秀才对策第居中上者表叙之。北齐令中书策秀才,滥劣者有罚墨汁之例。南朝亦重此科,王融、任昉俱有策秀才文,载《文选》,可考也。

苏鹗《苏氏演义》卷上说,唐代的秀才科与进士科,同置于唐高祖武德四年(621):"近代以诸科取士者甚多,武德四年,复置秀才、进士两科,秀才试策,进士试诗赋。其后秀才合为进士一科。"按《函海》本《苏氏演义》有清李调元序,谓:"苏鹗字德祥,秦之武功人,唐光启二年(886)进士,作《苏氏演义》一编。陈振孙称其考究书传,订正名物,辨讹正误,有益见闻。"《四库全书总目》也称苏鹗此书"于典制名物,具有考证"(卷一一八子部杂家类)。《文献通考》卷二九《选举考》二所载《唐登科记总目》,记唐高祖武德二年、三年、四年皆不贡举,武德五年始载"秀才一人,进士四人"。则苏鹗说秀才科设置于武德四年,当大致可信,即武德四年决定立秀才科,第二年即正式开科取士。但《苏氏演义》这段话有两点不确:一、唐初进士也试策,非试诗赋,试诗赋是在武后以后,这时秀才科已经停止。二、秀才科并不是合于进士科,而是由于一定的原因而废止。

修成于开元时的政书《唐六典》,记载秀才科说:"其秀才试方略策五条,文理俱高者为上上,文高理平、理高文平者为上中,文理俱平者为上下,文理粗通者为中上,文劣理滞者为不第。"又说:"此科取人稍峻,自贞观后遂绝。"(卷二《吏部·考功员外郎》)后来《通典》也说:"初秀才科等最高,试方略策五条,有上上、上中、上下、中上,凡四等。贞观中有举而不第者,坐其州长,由是废绝。"（卷一五《选举》三《历代制》）由此可知，第一，在唐初，秀才科在各种科目中是名望最高的。第二，考试是试方略策五条，即是说与进士试同样试策文。所谓方略策，具体何所指，由于没有策文传下来，已不能确知其详情，如作望文生义的推测，或者是陈述对国家大政方略的主张。第三，秀才科"自贞观后遂绝"，至于废绝的原因，《唐六典》说是由于所定的标准太高，《通典》说是如有举送而落第，则州的长官要受责罚。这二者是可以统一起来的，就是说，秀才科所定的标准高，标准高则录取的人少，人们就畏而不敢求试，而且州郡长官怕受连累，也就不敢举送，这样，就使得秀才科应试的人逐渐稀少，遂至废止。

《旧唐书》卷一九〇上《文苑·张昌龄传》谓："张昌龄，冀州南宫人。弱冠以文词知名，本州欲以秀才举之，昌龄以时废此科已久，固辞，乃充进士贡举及第。"据徐松《登科记考》卷一，张昌龄为太宗贞观二十年（646）进士及第，则冀州要想将他以秀才科举送，当在贞观二十年以前。据《文献通考》所载《唐登科记总目》，贞观十一年、十二年、十三年、十四年、十五年、十八年、十九年皆有秀才登科，因此不能说"时废此科已久"，但登第者每年只一二人，要求太高，这就使人望而却步，张昌龄固辞以此科举送，是有其时代的原因的。

《新唐书·选举志》又说："高宗永徽二年，始停秀才科。"《玉海》所记更为明确，说："按登科记，永徽元年犹有秀才刘鉴一人，二年始停秀才举。"（《文献通考》所载《唐登科记总目》同）永徽二年为651年，距张昌龄登进士第之贞观二十年（646），晚五六年。这当是：贞观时，秀才科虽应举者和录取者寥寥，但仍时断时续，如永徽元年就有刘鉴登第（《玉海》所据登科记，当系唐末五代人所存，是可信的），至永徽二年，则索性正式下令停举，从此，作为科目之一的秀才科，就在历史上终止。过了六年，也就是高宗显庆二年(657)，刘祥道拜相，任黄门侍郎，主管吏部官员的选拔，曾经向皇帝上奏，论当时吏部铨注之失，其中第四条论到秀才科，他极力主张恢复秀才科，说："国家富有四海，已四十年，百姓官僚，未有秀才之举。岂今人之不如昔人，将荐贤之道未至？宁可方称多士，遂间斯人。望六品已下，爰及山谷，特降纶言，更审搜访，仍量为条例，稍加优奖。不然，赫赫之辰，斯举遂绝，一代盛事，实为朝廷惜之。"(《旧唐书》卷八一《刘祥道传》)①刘祥道说唐开国四十年来，"未有秀才之举"，这是夸张其辞，事实是秀才科登第者虽少，但还是有一些的，如据《文献通考》中《唐登科记总目》，贞观十八年一人，十九年三人，二十年一人。但比起进士、明经来，确是少得可怜，已处于难以为继的状态。而刘祥道的主张，又因"公卿已下惮于改作，事竟不行"，因而秀才科也终于未能恢复。

《通典》论秀才科时又说道："开元二十四年以后复有此举，其时进士渐难，而秀才科本无帖经及杂文之限，反易于进士。主司以其科废久，不欲收奖，应者多落之，三十年来无及第者。至天宝初，礼部侍郎韦陟始奏请有堪此举者令官长特荐，其常年举送者并停。"《通典》的这段话，说的是秀才科自永徽二年停举后的余响。它说开元二十四年(736)以后，进士应试者增多，竞争加剧，考试场次中又有帖经及诗赋等项目，而秀才科只试策文，反而容易，因此又曾一度恢复。但主考者对此兴趣不大，"不欲收奖"，故而实际上应试者也甚寥落，以致三十年来并未有一人及第。到天宝初，韦陟就索性奏请再度停常年举送，所谓"有堪此举者令官长特荐"，也不过是虚应故事罢了。

①刘祥道此奏，又见《通典》卷一七《选举》五《杂论议》中。

在唐代科举史上，秀才科的施行时间虽然不长，但在唐代前期，也就是开元以前，它的声望确实是高出于进士科的。这种情况我们可以从玄宗时的两道判词中看出。《全唐文》卷二九六载有权寅献的《对乡贡进士判》，判词的问头是："乡举（一作贡）进士，至省求试秀才，考功不听，求诉不已。"判词中说："进士以铺翰振藻，见举于乡闾，文丽笔精，允光于省闼。据才虽称片玉，无状须依一名。出敬梓之乡，但论进士；入握兰之署，旋求茂才。名异奏名，事便迁僻。……请依乡举，谓充公途。"《全唐文》卷三九八又载赵昍的同题判词，中云："文艺小善，进士之能；访对不休，秀才之目。……以穷乡之莫知，徒举其小；庶会府之达识，即致其大。"权寅献与赵昍都是开元时人，从开头所谓"考功不听"一句来看，这两道判文还是作于开元二十四年知贡举者由考功员外郎改为礼部侍郎之前。这里说的是，有一个应进士试的举人，到礼部报到后，请求改考秀才，考功员外郎不准，而举人仍"求诉不已"，因此作此判词，断析这种情况。权寅献与赵昍都倾向于考功的意见，认为秀才的规格要比进士高，举子不能临时改易科目；赵昍说得更明确，他认为进士偏重于文艺，只不过是"小善"，而对秀才的要求则是"访对不休"、"会府之达识"。这大约代表唐代前期相当一部分人的看法。

　　这里要注意的是，在这以后，也就是开元、天宝以后，凡是称秀才的，一般就是称进士科（有时也指明经），或者泛指一般的读书人。这种情况初唐就有，如《全唐诗》卷三八载孔绍安《别徐永元秀才》诗，孔绍安为越州山阴人，南朝陈尚书孔奂之子，隋末任监察御史，入唐为内史舍人。这首诗泛叙别离之情，称徐永元为秀才，并非送徐应秀才科，只是一种泛称罢了。这种情况在初唐似乎只偶一为之，天宝以后就相当普遍了。如权德舆《唐故扬州兵曹参军萧府君（惟明）墓志铭》谓："天宝中举秀才，数上，行过乎谦，竟不得居甲乙科。"（《权载之文集》卷二五）此处所谓举秀才，即指进士，因为进士及第是分甲乙科的（详后）。又如独孤及《唐故朝散大夫中书舍人秘书少监顿丘李公墓志》（《毗陵集》卷一一），此顿丘李公为李诚，卒于天宝七载（748），年五十三，其子二人，长曰兴，次曰殷，"殷举秀才甲科"。这里的秀才甲科也就是进士甲科。《毗陵集》卷一八还有《策秀才问三道》，也是进士策试的试题。因为唐代前期秀才科是美称①，自从进士及第被誉为登龙门以后，于是有些人就以秀才来称呼进士科了。更多的场合，则是以秀才来称呼一般的读书人或应试举子。如《玄怪录》卷一《郭代公》篇，说"代国公郭元振，开元中下第，自晋之汾，夜行阴晦失道"。后来见一大宅，"公使仆前曰：'郭秀才见'"。宅内主人前来相见，问："秀才安得到此？"小说这里所写的，无论是郭元振自称，或主人相问，"秀才"一词都是读书人的意思。至于如权德舆《送郑秀才贡举》、《送裴秀才贡举》（《权载之文集》卷五），显然都是指一般举子而言。这类例子甚多，不一一列举。


三


　　明法、明字、明算，都是考核专门人才的。虽如赵翼所说，这

---

①顾炎武《日知录》卷一六"秀才"条，中云："玄宗御撰《六典》，言凡贡举人，有博识高才、强学待问、无失俊选者为秀才，通二经以上者为明经，明闲时务、精熟一经者为进士。《张昌龄传》，本州欲以秀才举之，昌龄以时废此科已久，固辞，乃充进士贡举及第。是则秀才之名，乃举进士者之所不敢当也。"

几科都"不见贵",它们之列入科举项目,却也为唐代所独有,因此在一定程度上也促使了这几门学科的发展。

正因为是考核专门人才,所以明法、明字、明算三者多从学馆中培养。关于他们学习和考试的具体办法,放到后面"学校"一章中去讲,这里只讲明法的一般情况。

《旧唐书》卷五〇《刑法志》,记叙高宗即位后,命太尉长孙无忌等撰定律令格式,永徽三年(652)下诏:"律学未有定疏,每年所举明法,遂无凭准。"由此可见,明法考试当也是每年举行的,至少唐代前期是如此。但到唐末五代,情况就大不一样,和凝《请减明法科选限奏》中说:"臣窃见明法一科,久无人应。今应令请减其选限,必当渐举人,谨案考课令,诸明法试律令十条,以识达义理、问无疑滞者为通,所贵悬科待士,自勤讲学之功;为官择人,终免旷遗之咎。况当明代,宜举此科。"(《全唐文》卷八五九)和凝于五代后唐时历任礼部、刑部二员外郎,后知贡举[1]。由和凝这一奏议,可知至少在五代时明法一科,已"久无人应",这当是与社会动乱、吏治败坏有关。中晚唐情况如何,限于材料,不得而知。

明法及第,也有任地方上县一级基层官员的,如张说为他的父亲所作的《府君墓志》,称:"年十九,明法擢第,解褐饶阳尉。"(《张说之文集》卷二〇)另为其父所作的《唐赠丹州刺史先府君碑》中也说:"以明法,历饶阳、长子二尉,介休主簿,洪洞丞。"(卷同上)唐代进士、明经及第后,有时也授以县尉、县丞之职,从这点来说,明法与明字、明算不同,而与进士、明经相近。

据《旧唐书·穆宗纪》,三史科设置于长庆三年(823),《穆宗

---

① 见《旧五代史》卷一二七《和凝传》。

纪》长庆三年二月载:"谏议大夫殷侑奏礼部贡举请置三传、三史科,从之。"此事在《唐会要》卷七六《贡举中·三传(三史附)》中有较详的记载,据所载殷侑奏,所谓三史,是指司马迁《史记》、班固《汉书》、范晔《后汉书》,称之为"音义详明,惩恶劝善,亚于六经,堪为世教"。考试的办法是:"每史问大义一百条,策三道,义通七、策通二以上为及第。"从殷侑的奏疏中,还可知道,在此之前已有一史科;所谓一史,就是从《史记》、《汉书》、《后汉书》、《三国志》中选其一史而通之。

徐松《登科记考》卷二三,咸通七年(866)诸科及第中有幸轩,引《瑞阳志》(辑自《永乐大典》):"幸南容之孙名轩,咸通七年中三史科。"又《新唐书》卷一八三《朱朴传》:"以三史举,由荆门令进京兆府司录参军。"朱朴为昭宗时人。由此可见,三史科自长庆三年设置以后,直至唐末仍有人应试,且及第后也有担任地方官的。至于一史的情况,则不得而详。

唐玄宗开元十四年(726),应通事舍人王嵒所请,修开元礼,后于开元二十九年(741)修成颁发,共一百五十卷,全名为《大唐开元礼》①。但作为科举取士的项目之一,试开元礼起于何时,史无明文。《唐会要》卷七六《开元礼举》载:

> 贞元二年六月十一日敕:开元礼,国家盛典,列圣增修,今则不列学科,藏在书府,使效官者昧于郊庙之仪,治家者不达昏冠之义,移风固本,合正其源。自今已后,其诸色举人中,有能习开元礼者,举人同一经例,选人不限选数许习,但

--------

① 据《唐会要》卷三七《五礼篇目》。

问大义一百条、试策三道,全通者超资与官,义通七十条、策通两道已上者,放及第,已下不在放限。其有散官能通者,亦依正官例处分。至贞元九年五月二十日敕:其习开元礼人,问大义一百条、试策三道,全通者为上等,大义通八十条已上、策两道已上为次等,余一切并准三礼例处分,仍永为常式。

从这条文字看来,则开元礼设科似即在贞元二年(786)以后,至贞元九年(793)又重申考核办法,就已经固定化了。又据《唐会要》同卷所载,元和八年(813)四月吏部奏,把开元礼与"学究一经"并提。"学究一经"是属于明经科的,可见开元礼的考核实与明经相近,而凡应开元礼及第的,大多授予太常寺的官职。太常寺乃掌管朝廷的礼乐、郊庙、社稷之事(可参见两《唐书》的《职官志》、《百官志》)。

李唐王朝本来攀附老子为本家,借以抬高其身价,因此立国之初,即崇尚道教。这种风气到玄宗后期更盛。开元末、天宝初,由于玄宗的倡导,整个社会对道教的尊崇以及与此有关的迷信活动,使得整个社会乌烟瘴气,道举就是在这种情况下开始设置的。据说开元二十九年(741)正月,玄宗在一个晚上做了个梦,梦见老子(在唐代尊称他为"玄元皇帝")告诉他说:"吾有像在京城西南百余里,汝遣人求之,吾当与汝兴庆宫相见。"李耳的托梦,使得玄宗的活动掀起又一个高潮,于是派人从长安西南的盩厔山谷间求得老子像,迎置于城内的兴庆宫,当年五月,"命画玄元真容,分置诸州开元观"(《通鉴》卷二一四)。也就在这同时,设置了道举科。

《旧唐书·玄宗纪》开元二十九年正月载:"丁丑,制两京、诸州各置玄元皇帝庙并崇玄学,置生徒,令习《老子》、《庄子》、《列子》、《文子》,每年准明经例考试。"《新唐书·选举志》也载:"(开元)二十九年,始置崇玄学,习《老子》、《庄子》、《文子》、《列子》,亦曰道举。其生,京、都各百人,诸州无常员。官秩、荫第同国子,举送、课试如明经。"

开元二十九年九月,玄宗还在兴庆门亲试应道举科的举人,规格如同制科,已经超出进士、明经等科(进士、明经只是礼部试,从无皇帝亲试的)。这头一年的道举科,应试对策的有五百多人,后来代宗时的宰相元载就是这次及第的。晚唐人高彦休《唐阙史》说:"明皇朝,崇尚玄元圣主之教,故以道举入仕者岁岁有之。"(卷下《太清宫玉石像》)事实确实如此,如天宝七载(748)还再一次下诏:"道教之设,淳化之源,必在弘阐,以敦风俗,须列四经之科,将冠九流之首。……天下诸色人中,有通明《道德经》及《南华》等四经,任于所在自举,各委长官考试申送。"(《唐大诏令集》卷九《天宝七载册尊号敕》)我们现在回过头来看这段历史,当然会觉得这实在是荒唐的举动,但在时代风气之下,那时的人们对此却是一本正经、不以为怪的。如著名诗人岑参就写有与此有关的一首诗:

> 云送关西雨,风传渭北秋。孤灯燃客梦,寒杵捣乡愁。滩上思严子,山中忆许由。苍生今有望,飞诏下林丘。

这首诗的题目是《宿关西客舍寄东山严许二山人时天宝初七月初三日在内学见有高道举征》(《岑参集校注》卷一)。这就是说,诗作于天宝元年,岑参在关中,因见朝廷有道举之征召,就特地写了这一首诗,希望隐居在嵩山的严、许二位山人出来应试。"苍生今有望,飞诏下林丘",我们的诗人竟如此天真地抱着诚挚的期望,可见时代的风气给予人的影响的强烈。

除了岑参,还有大诗人李白。他有《送于十八应四子举落第还嵩山》诗(《李白集校注》卷一七)。这里所谓的四子举,就是开元二十九年设置的《老》《庄》《列》《文》。詹锳先生认为此诗系天宝三载(744)春作,那时李白还在长安任供奉翰林之职。李白似乎也把老子当成他的始祖,而且真诚地信奉:"吾祖吹橐籥,天人信森罗。归根复太素,群动熙元和。"于十八应道举落第,李白安慰他,让他宽心:

> 劝君还嵩丘,开酌盼庭柯。三花如未落,乘兴一来过。

李白虽然对道举科未予否定,但他认为于十八下第,返归嵩山,更能领略大自然的乐趣与真谛,这是他与当时道教迷信的崇奉者与制造者不同的地方。

前面所引的王鸣盛《十七史商榷》的一段话,说:"若道举,仅玄宗一朝行之,旋废。"从现有材料看来,王鸣盛的这一论断并不确切。如权德舆的文集中就有《道举策问三道》《道举策问二道》《道举问(一道)》等(《权载之文集》卷四〇)。这当是权德舆在德宗贞元年间知贡举时所作。又如皮日休有《请〈孟子〉为学科书》,其中说:"今有司除茂才、明经外,其次有熟庄周、列子书者亦登于科。其诱善也虽深,而悬科也未正。夫庄、列之文,荒唐之文也,读之可以为方外之士,习之可以为鸿荒之民,有能汲汲以救时补教为志哉?伏请命有司去庄、列之书,以《孟子》为主,有能精通其义者,其科选视明经。"(《皮子文薮》卷九)从皮日休的这一段文中,可以见出以《庄》、《列》为核心内容的道举科,到晚唐时仍还举行。

《新唐书·选举志》谈童子科说:"凡童子科,十岁以下能通一经,及《孝经》、《论语》,卷诵文十,通者予官;通七,予出身。"童子科的首要条件,是年龄须在十岁以下,这是唐朝廷多次重申的,如《唐会要》卷七六《贡举》中记广德二年(764)五月二十四日敕,说"童子仍限十岁以下者",大历三年(768)四月二十五日敕,"童子举人取十岁以下者"。宣宗大中十年(856)三月,中书门下奏,就曾批评当时应童子科者超过年龄的规定,说是:"其童子科近日诸道所荐送者,多年齿已过,伪称童子,考其所业,又是常流。"(《旧唐书·宣宗纪》)唐代前期,从童子科中确实出了一些人才,如杨炯十岁及第①,裴耀卿八岁及第②,刘晏七岁及第③,等等。但后来因产生伪报年龄、学业不修等弊病,就时行时停,如广德二年停,大历三年又复,大历十年(775)再停,开成三年(838)下令今后不得更有闻荐。但正如马端临所说:"虽有是命,而以童子为荐者比比有之。"(《文献通考》卷三五《选举考》八)至五代时张允又有《请罢童子科奏》,其中说:"童子每当就试,止在念书背经,则虽似精详,对卷则不能读诵,及名成贡院,身返故乡,但刻日以取官,更无心而习业,滥蠲徭役,虚占官名。其童子一科,亦请停废。"(《全唐文》卷八五五)张允的奏议,不只在年龄上发议论,而是揭示童子科考试本身的弊端,而且指出,童子科一旦得第,又能豁免徭

---

① 参见拙著《唐代诗人丛考·杨炯考》,中华书局1980年1月版。
② 见孙逖《裴公德政颂》(《全唐文》卷三一二),王维《裴仆射遗爱碑》(赵殿成《王右丞集笺注》卷二一)。
③ 《旧唐书》卷一四九《刘晏传》。

役,享受特权,减少国家的收入,增加社会的负担。可能在这之后,童子科遂即停止。

除了《新唐书·选举志》所载的科目以外,还有两种顺便在这里说一说,一是日试百篇科,一是日试万言科。

日试百篇科见于白居易《日试诗百首田夷吾、曹璠等授魏州、兖州县尉制》:

> 敕:乃者魏、兖二帅,以田夷吾、曹璠善属文,贡置阙下。有司奏报,明试以诗,五言百篇,终日而毕。藻思甚敏,文理多通。贤侯荐延,宜有升奖。因其所贡郡县,各命以官。而倚马爱来,衣锦归去,以文得禄,亦足为荣。可依前件。

此见于《白居易集》卷五二中书制诰。按白居易于元和十五年(820)十二月任主客郎中、知制诰,长庆元年(821)十月授中书舍人,长庆二年七月自中书舍人外出为杭州刺史。这首制词当是作于长庆元年至二年七月以前。从制词中可知,这所谓日试百篇,皆非岁举之常科,而是由藩镇临时向朝廷举荐,再由朝廷加以考核,也不经过吏部试,就直接授以官职。可能田、曹二人本来就是魏州、兖州两节度使幕府中的人物,因此朝廷考试及第后再回原来的节镇。但这种考试又与制举不同,制举主要是考策文,而且名义上又由皇帝亲试,而这所谓日试百篇科却试的是诗歌,这点又与进士科相近。

另一是日试万言科。据《唐诗纪事》卷六六载:

> 长沙日试万言王璠,词学富赡,崔詹事廉问表荐于朝。先试之使廨,璠请十书吏,皆给笔札,璠口授,十吏笔不停辍。

首题《黄河赋》三千字,复为《鸟散余花落》诗二十首,援笔而就。时忽风雨暴至。数幅为回飙所卷,泥滓沾渍。璘曰:"勿取,但将纸来。"复纵笔一挥,斯须复十余篇矣。时未停午,已七千余言。时路岩方当钧轴,遣一介召之。璘曰:"请俟见帝。"岩大怒,亟命奏废万言科。璘杖策而归,放旷杯酒间,虽屠沽无间然矣。璘与李群玉相遇于岳麓寺,群玉曰:"公何许人?"璘曰:"日试万言王璘!"

路岩拜相是在懿宗咸通五年(864)至十二年(871),王璘应日试万言即在这一时期之内。试的是诗赋,也与进士科相同。王璘虽然落第了,但却以曾应此科而自负。可以注意的是,王璘也是由湖南观察使向朝廷推荐的(据吴廷燮《唐方镇年表》卷六,咸通六年至八年崔黯为湖南观察使),这与田夷吾、曹璠由魏、兖两镇举荐相同。这两科既与进士、明经等常科不同,也与制举有别,无所归属,因此放在这一章中附带叙述,可以看出唐代科举项目的繁多。

## 四

从以上的叙述中可以得出两点认识:

第一,秀才、明法、开元礼、道举等科,在唐代,就其重要性来说,都比不过进士、明经和制科。秀才在唐初为尤异之科,但时间极短,只不过三四十年,而且所取的人也寥寥无几,未有什么名人。道举在玄宗天宝年间盛极一时,但也不过聊作点缀。三史、开元礼都始于中唐,明法、明字、明算都偏于一隅,与当时政局都很少关涉。在唐代,做到宰相和六部大员及地方州郡长官的,很多是通过进士、明经和制科而逐步得到升迁;进士、明经和制科代表了唐代科举制的主要特点,也是唐代高级官员入仕的重要途径。

第二,唐代科举项目的众多,说明了两方面的问题:一方面,经过隋末农民大起义的打击,世族门阀地主在经济和政治上的控制权基本上被剥夺,大批非士族出身的地主在掌握了一定的文化知识以后,也要求取得一定的政治地位,他们希望通过各种渠道取得大小官职,而不同要求的科目正好适合这种需要。另一方面,对于地主阶级国家来说,在全国大一统的局面下,设置众多的科目,通过考试来选拔管理人才,是团结地主阶级的大多数、巩固其统治的一种有效的办法。科目的多样性,考试办法、考试内容的相对灵活性,反映了唐代作为中国封建社会充分发展时期的历史特点。

# 第三章　乡　贡

五代词人牛希济写道：

> 郡国所送，群众千万，孟冬之月，集于京师，麻衣如雪，纷
> 然满于九衢。
>
> ——《荐士论》（《全唐文》卷八四六）

这些集中于长安通道的士子们，他们是从哪里来的呢？他们又是
通过什么样的考试途径，经历了什么样的悲喜遭遇，风尘仆仆，来
到这座"复道斜通鸹鹊观，交衢直指凤凰台。小堂绮帐三千户，大
道青楼十二重"（骆宾王《帝京篇》）、"玉辇纵横过主第，金鞭络绎
向侯家。……百丈游丝争绕树，一群娇鸟共啼花"（卢照邻《长安
古意》）的繁华帝都的呢？

从本章开始，我们将按照科举考试的顺序，对举子们的活动，
作一些具体的介绍。

一

前面说过，唐代的常科一般是每年举行的，因此也叫岁举。

举子的来源有两种途径,由中央和地方的各类学馆,经过规定的学业考试,选拔送到尚书省的,叫生徒;"而举选不由馆、学者,谓之乡贡,皆怀牒自列于州、县"(《新唐书·选举志》)。关于唐代的各级各类学校,后面有专章论述,这里不作细讲。关于乡贡的情况,韩愈在一篇《赠张童子序》中说:

> 始自县考试定其可举者,然后升于州若府,其不能中科者,不与是数焉。州若府总其属之所升,又考试之如县,加察详焉,定其可举者,然后贡于天子而升之有司,其不能中科者,不与是数焉——谓之乡贡。(《韩昌黎文集校注》卷四)

这就是说,乡贡是先由县一级考试,经过淘汰,选取若干名送到州、府;州、府再经过考试,又经过一番淘汰,选拔若干名报送到中央,然后会同生徒一起参加尚书省的有关机构考试(前期是吏部考功司,开元以后是礼部,详后)。乡贡是唐代选拔官吏制度有别于过去时代察举制和九品中正制的主要的标志,这就是:一是经过逐级考试,凭考试成绩决定取舍和名次高低,二是所谓"怀牒自列于州、县",不分门第高下,不问士族寒门,都可以按照正常条件报名投考,因此中唐时的李肇,在其所著《国史补》中,就简单明了地说"投刺谓之乡贡"(卷下)。这在封建国家政体的演进上应该说是一个飞跃,因为它从法律上规定了国家行政机构的组成是向着整个地主阶级成员开放的,这就把地主阶级各个阶层吸引到政权的周围,扩大和巩固了统治的基础,打破了一小部分豪门世族霸占政权的垄断局面。这在当时来说,应该说是一次人才的解放。唐朝文化的空前繁荣与发达,与人才解放这一历史性事件的出现是有直接关系的。

我们可以再进一步看看学校与乡贡的地位轻重,在唐代前后期的变化。

学校的具体情况,本书在后面将有叙述,这里只简单提一下。唐代的国子监共分六学,即国子学、太学、四门学、律学、书学、算学。就读的生徒,有着明显的出身等级的差别。如据《新唐书·选举志》所载,国子学生徒三百人,"以文武三品以上子孙若从二品以上曾孙及勋官二品、县公、京官四品带三品勋封之子为之";太学生五百人,"以五品以上子孙、职事官五品期亲若三品曾孙及勋官三品以上有封之子为之";四门学生一千三百人,其中五百人"以勋官三品以上无封、四品有封及文武七品以上子为之",八百人"以庶人之俊异者为之";律学生五十人,书学生三十人,算学生三十人,"以八品以下子及庶人之通其学者为之"。律、书、算都是专门之学,这方面的人才在政治上起不了多大作用,因此不仅人数少,而且对于家庭出身的等级要求也不高。国子学、太学、四门学各有差次,它们与弘文、崇文两馆的生徒,是通向科举入仕的主要学馆,往往品级越高的子弟就更易取得入仕的机会。

《唐摭言》说:"开元以前,进士不由两监者,深以为耻。"(卷一《两监》)所谓两监,就是西监和东监,西监是西京长安的国子监,东监是东都洛阳的国子监。国子监是当时的最高学府。《唐摭言》卷一"进士归礼部"条又说:"永徽之后,以文儒亨达,不由两监者稀矣。于时场籍,先两监而后乡贡。"永徽是唐高宗的年号(650—655)。这就是说,高宗、武则天统治时,以及玄宗的开元前期,进士及第而享文名的,大多从东西两京国子监生徒出身,如不经两监就学,则"深以为耻"。而主考官在取舍中,也有意偏重生徒。《唐摭言》曾举例说,高宗咸亨五年(674),考功员外郎覆试十一人,其中只张守贞一人为乡贡;开耀二年(682),考官刘思立所取五十一人，只雍思泰一人为乡贡；永淳二年（683），刘廷奇取五十五人，只元求仁一人为乡贡；武则天光宅元年（684），刘廷奇重试所取十六人，只康廷芝一人为乡贡；长安四年（704），崔湜取四十一人，只李温玉称苏州乡贡（卷一《乡贡》）。《唐摭言》的作者王定保似乎对这种重两监的情况颇为向往，他不无感慨地说："洎乎近代，厥道寖微，玉石不分，薰莸错杂。长我之望殊缺，远方之来亦乖。"（卷一《进士归礼部》）王定保是五代人，他所说的近代，时代的概念并不十分明确，似乎应该指的是晚唐，但书中所举乡贡与学校地位轻重变化的例子又是玄宗的天宝开始，他说："尔后物态浇漓，稔于世禄，以京兆为荣美，同、华为利市，莫不去实务华，弃本逐末；故天宝十二载（753）敕天下举人不得言乡贡，皆须补国子及郡学生。广德二年（764）制京兆府进士，并令补国子生，斯乃救压覆者耳。奈何人心既去，虽拘之以法，犹不能胜，矧或执大政者不常其人，所立既非自我，则所守亦不坚矣。"（卷一《两监》）

玄宗的开元、天宝时期，是唐朝社会的一个转折点。这时唐朝立国已一百多年，随着封建经济的发展，豪强地主对于土地的兼并日益加剧，均田制也就终于破坏。随着土地制度这一根本情况的变化，兵农合一的府兵制也逐步为募兵制所代替。与此同时，租庸调法也逐渐流于形式，中唐时终于代之以两税法。再加上对外战争以及内乱，这一切，都促成人口的流动，使不少人徙居不定，不能长期在本籍居住。天宝以后，社会的不安和动乱，又使得政府缺乏足够的经济力量来兴办学校，不少学校徒具名义，教员资粮不充，又人非其材，学生不安于学，这在韩愈的《进学解》中也可窥见一二。宪宗时的宰相李绛《请崇国学疏》说："自羯胡乱华，乘舆避狄，中夏凋耗，生人流离，儒硕解散，国学毁废，生徒无鼓箧之志，博士有倚席之讥，马厩园蔬，殆恐及此。"（《全唐文》卷六四五）《通鉴》永泰元年（765）十二月也记载："自安史之乱，国子监室堂颓坏，军士多借居之。"而中唐以后，地方经济又有所发展，尤其是长江流域以及两广、福建一带，经济上升，随之而来的就有大批中小地主阶级文人兴起，他们缺乏资格就读于两都的国子监，而又想要通过科举来开拓仕途。这样，乡贡重于国学的情况就在客观形势的变化中确立。

从天宝开始，唐朝政府在正式文告中，曾好几次重申须由国子学生徒应科举试，如：

> （天宝十二载）七月壬子，天下齐人不得乡贡，须补国子学生然后贡举。（《旧唐书·玄宗纪》）
>
> 举人旧重两监，后世禄者以京兆、同、华为荣，而不入学。（天宝）十二载，乃敕天下罢乡贡，举人不由国子及郡、县学者，勿举送。……十四载，复乡贡。（《新唐书·选举志》）
>
> 天宝十二载七月十三日诏，天下举人，不得充乡赋，皆须补国子学士及郡县学生，然后听举。至至德元年（756）已后，依前乡贡。（《唐会要》卷七六《贡举中·缘举杂录》）
>
> 文宗大和七年（833）敕节文，应公卿士族子弟取来年正月已后不先入国学习业者不在应明经、进士之限。（《文献通考》卷四二《学校考》二）
>
> （会昌五年〔845〕三）月，中书门下奏，贡举人并不许于两府取解，仰于两都国子监就试。（《唐会要》卷七六《贡举中·进士》）

文告的屡次申明举人须经国子监就学方能应试，禁止乡贡，恰好从反面说明,从天宝开始,由乡贡入试者的比重已大大超过国子监生徒,登第者也已非高宗、武后时那样乡贡只占一两个名额。如果乡贡不成为大势所趋,唐朝政府就根本没有必要做出这些敕令的。乡贡比起学馆来,对于门第的要求相对来说较为宽一些。天宝以后由乡贡应举者超过学馆,说明一般非身份地主(大多为中小地主)在科举中所占比重的提高。这一历史性的变化是值得重视的。


## 二

唐代乡贡,由各州、府向中央报送的人数是多少呢?

《通典》有一个记载,说:"大唐贡士之法,多循隋制,上郡岁三人,中郡二人,下郡一人,有才能者无常数。"又说:"其不在馆学而举者谓之乡贡。旧令诸郡虽一二三人之限,而实无常数。"(卷一五《选举》三《历代制》下)《唐摭言》则进一步确认这项规定的时间是在开元二十五年(737):"开元二十五年二月敕,应诸州贡士,上州岁贡三人,中州二人,下州一人;必有才行,不限其数。"(卷一《贡举厘革并行乡饮酒》)而根据《新唐书·地理志》,唐太宗贞观十三年(639)定簿,当时州府共三百五十八,县一千五百五十一。开元、天宝之际为唐代疆域的极盛时期,据开元二十八年(740)户部账,当时凡郡(即州)府三百二十八,县一千五百七十三。如大致按开元二十八年所定郡府计算,再据《通典》、《唐摭言》所记上中下州郡贡士的规定,则每年的举子最多不超过一千人,或者只有六七百人。

这里应当注意两点:第一,《通典》、《唐摭言》所说的,只是指进士和明经,并不包括制举和其他科目。第二,两书都说:必有才行,不限其数。这就是说,如果确有文才和德行,就可不受一二三数字的限制(这在玄宗之前就已是如此,如《全唐文》卷一九载睿宗《申劝礼俗敕》中说:"每年贡明经、进士,不须限数,贵在得人")。有了这一补充规定,贡士的数字也就必然增加。实际上,单是明经和进士,每年报送到京都的绝不止一千人。柳宗元《送辛殆庶下第游南郑序》中曾说:

> 朝廷用文字求士,每岁布衣束带,偕计吏而造有司者,仅半孔徒之数。(《柳宗元集》卷二三)

照此说来,则每年集合于长安的举子,大约有一千六百人左右。而韩愈的估计则更多,他说当时长安的人口达百万,前来考试的读书人,连同其仆人,占长安人口的百分之一(《论今年权停举选状》,作于贞元十九年秋)。按照韩愈的说法,应试者就有五七千人。韩愈的话可能有夸张,而且他是连同制举等科而言的,但无论如何,在正常年份,每年到长安应试的,二三千人是会有的。这一点,我们只要看一下武宗会昌五年(845)的一个规定,就可更加清楚。《唐摭言》卷一有《会昌五年举格节文》,具体地限定国子监及各节镇所送明经、进士的人数,很有参考价值,今抄录于下:

> 公卿百寮子弟及京畿内士人寄客外州府举士人等修明经、进士业者,并隶名所在监及官学,仍精加考试。所送人数:其国子监明经,旧格每年送三百五十人,今请送三百人;进士,依旧格送三十人;其隶名明经,亦请送二百人;其宗正寺进士,送二十人;其东监、同、华、河中所送进士,不得过三十人,明经不得过五十人。其凤翔、山南西道、东道、荆南、鄂

岳、湖南、郑滑、浙西、浙东、鄘坊、宣商、泾邠、江南、江西、淮南、西川、东川、陕虢等道,所送进士不得过一十五人,明经不得过二十人。其河东、陈许、汴、徐泗、易定、齐德、魏德、泽潞、幽、孟、灵夏、淄青、郓曹、兖海、镇冀、麟胜等道,所送进士不得过一十人,明经不得过十五人。金汝、盐丰、福建、黔府、桂府、岭南、安南、邕、容等道,所送进士不得过七人,明经不得过十人。其诸支郡所送人数,请申观察使为解都送,不得诸州各自申解。

会昌年间,重学校而轻乡贡,因此国子监所送生徒,占了很大的比数。现在按照这段文字的记载,含学校与各地所送,凡明经一千三百九十人,进士六百六十三人,总计为二千零五十三人,比柳宗元《送辛殆庶下第游南郑序》所说的多四百余人,而比韩愈所说的要少一二千人。要注意的是,会昌五年举格所说的数字,是极限,就是说最多不得超过这些数目,由此可见,在这之前,一定是较多地超过这些数目的,因此才有这次的限额。

## 三

本节论士人举送的时间和礼节。

《唐摭言》卷一《统序科第》条载唐高祖武德四年(621)四月一日敕,诸州有"明于理体,为乡里所称者,委本县考试,州长重覆,取其合格,每年十月随物入贡"。就是说,经过县和州两级考试合格,于十月间随贡物一起送到京都。但《新唐书·选举志》却说是"每岁仲冬,州、县、馆、监举其成者送之尚书省"。仲冬是十一月。徐松在《登科记考》卷一"武德四年"条已注意到两书所记月份的差异,说《新志》所记,"与《摭言》言十月者异"。但徐松没有作出案断。前面所引牛希济《荐士论》也说是"孟冬之月,集于京师"。孟冬即十月。

《新唐书·选举志》当是本杜佑的《通典》,《通典》记举送的时间与礼节说:

> 每岁仲冬,郡、县、馆、监课试其成者,长吏会属僚,设宾主,陈俎豆,备管弦,牲用少牢,行乡饮酒礼,歌《鹿鸣》之诗,征耆艾,叙少长而观焉。既饯而与计偕。(卷一五《选举》三《历代制》下)

《通典》说仲冬时才设饯送行,举行乡饮酒礼,时间是太晚了,与唐人的其他记载不合。欧阳詹有《泉州刺史席上宴邑中赴举秀才于东湖亭序》,说:"贞元癸酉岁,邑有秀士八人,公将首荐于阙下。秋八月,与八人者乡饮之礼既修,遂有东湖亭之会。"(《欧阳行周文集》卷九)贞元癸酉是贞元九年(793)。欧阳詹是贞元八年进士及第的,这篇文章当是他在进士及第后回福州,第二年参与泉州刺史饯送举士时所作。因为是当时人写当时事,应该说是可信的。从文中可知,行乡饮酒礼与饯送都是在八月。这当是因为泉州离长安路程较远,根据那时的交通条件,起程是要早一些的,以便十月间赶到京都。欧阳詹另外还有一首送人赴举诗,题为《赋得秋河曙耿耿送郭秀才赴举杂言》(《欧阳行周文集》卷二),其中的两句说:

> 月没天欲明,秋河尚凝白。

看来这也是在八月间。另外，《新唐书》卷一·六六《令狐绹传》曾经记载一事，说令狐绹在宣宗时任宰相，他的儿子令狐滈避嫌不得举进士，但令狐绹极想令狐滈能早日进士及第。因此等到宣宗死，懿宗即位，令狐绹就马上辞去相位，并且请求让滈应进士试，得到了皇帝的允许，令狐滈果然就在当年进士及第，这中间自然还有种种请托、舞弊等关节，引起了当时舆论的非议。《新唐书》的传中说："谏议大夫崔瑄劾奏绹以十二月去位，而有司解牒尽十月，屈朝廷取士法为滈家事，请委御史按实其罪。"令狐绹的事以后再谈，这牵涉到唐代科举中的弊病；这里可以注意的是"有司解牒尽十月"，就是说京兆府举送到十月为止（《册府元龟》卷六五一《贡举部·谬滥》载崔瑄奏议，亦谓"伏以举人文卷皆须十月已前送纳"）。从这些情况看来，则是各地将举子于十月送到京都的说法是较为可靠的，而行乡饮酒之礼又在此之前，譬如泉州，如欧阳詹的文中所说，就是在八月。

关于乡饮酒礼，前面所引欧阳詹的文中曾经提到。《新唐书·选举志》说："试已，长吏以乡饮酒礼，会属僚，设宾主，陈俎豆，备管弦，牲用少牢，歌《鹿鸣》之诗，因与耆艾叙长少焉。"大约是州的刺史主持，邀约州中有声望有文名的人物参与，举行礼乐，送本州所贡的举士。《通典》卷一三〇《礼》九〇《乡饮酒》一节有详细的记载，其礼至为繁缛，如说："乡饮酒之礼，刺史为主人（小注：此为贡人之中有明经、进士出身兼德行孝悌灼然明著德表门间及有秀才，皆刺史为主人；若无，上佐摄行事）。先召乡之致仕有德者谋之，贤者为宾，其次为介，又其次为众宾，与之行礼而宾举之。"以下叙述具体细节，繁琐之极，为省篇幅，不再引述，这里仅引《通鉴》卷二一二开元六年（718）八月"颁乡饮酒礼于州县"条胡三省注，以见其大概：

唐乡饮酒之礼,刺史为主人,先召致仕乡有德者谋之,贤
者为宾,其次为介,其次为众宾,与之行礼。县则令为主人,
乡之老人年六十以上有德望者一人为宾,次一人为介,又其
次为三宾,又其次为众宾。年六十者三豆,七十者四豆,八十
者五豆,九十者及主人皆六豆。主、宾、介、三宾、众宾既升,
即席,工持瑟升自阶就位,鼓《鹿鸣》。卒歌,笙入立于堂下北
面,奏《南陔》。乃间歌,歌《南有嘉鱼》,笙《崇丘》,乃合乐
《周南·关雎》、《召南·鹊巢》。司正升自西阶,赞礼,扬觯,
而戒之以忠孝之本,主、宾、介以下皆再拜。莫酬既毕,乃行
无算爵,无算乐。

胡注是从《通典》概括出来的,省去不少层次,但即以此而论,繁文
缛节也已很可观了(据《唐会要》卷二六所载,乡饮酒礼的颁行,始
于太宗贞观六年〔632〕,此年诏曰:"可先录乡饮酒礼一卷,颁行天
下,每年令州县长官,亲率长幼,齿别有序,递相劝勉,依礼行之,
庶乎时识廉耻,人知敬让。"但实际上并未贯彻施行,唐隆元年
〔710〕七月十九日敕中就说"乡饮酒礼之废,为日已久";开元十八
年〔730〕裴耀卿为宣州刺史时上疏,也说"窃见以乡饮酒礼颁于天
下,比来唯贡举之日,略用其仪,闾里之间,未通其事"。至开元二
十五年则又重申:"其所贡之人,将申送一日,行乡饮酒礼")。当
时举送士子时,是否即按照这种仪式施行,是大可怀疑的,至少要
打很大的折扣。睿宗景云元年(710)七月十九日诏令,就已经指
出,"乡饮之礼,废日已久"[1]。晚唐人刘蜕在一篇文章中还专论
此事,说:"昨日送贡士堂上,得观大礼之器,见笾豆破折,尊盂穿

---

①参徐松《登科记考》卷四引《文苑英华》、《唐大诏令集》。

漏,生徒倦怠,不称其服,宾主向背,不习其容。呜呼,天下所以知尊君敬长,小所以事大者,抑非其道乎？天下之用其道不过于一日,尚犹偷惰如此,况天下尊君敬长能终日者乎？"(《刘蜕集》卷六《江南论乡饮酒礼书》)唐代前期,如睿宗时,已经说乡饮酒礼废日已久,晚唐时军阀割据,战乱频仍,这种不急之务当然更不为人所重视,刘蜕说的是江南的情况,江南在当时还算是社会较为安定、经济较为发达的,尚且已是如此,北方就更不足论了。

唐人及后世所称道的唐人饯送举子行乡饮酒礼,在大多数场合,恐怕只不过是具文而已。

# 四

据《宋史》卷一五五《选举志》一,真宗景德四年(1007),曾订定《考校进士程式》,颁各地施行。其中规定:"士不还乡里而窃户他州以应选者,严其法。每秋赋,自县令佐察行义保任之,上于州,州长贰复审察得实,然后上本道使者类试。"这就是说,士人必须还本籍应乡试,不能"窃户他州以应选",否则要严加惩办。清人赵翼《陔余丛考》卷二九《寄籍》一条,曾引宋人《闲居诗话》记当时发生的一件事情:福州人周总,真宗天禧二年(1018)应乡试,来不及还本州,恰好有故人为谯郡太守(宋代应为知州),就前去投奔,"而国家申严条约,不许寄籍",周总就认当地的一个郡吏周吉为父,其祖上三代的名字也写上周吉的。乡试果然考中了,而周总的父亲闻知其事,寄了一首诗给他,说:"文章不及林洪范,德行全亏李坦然。若拜他人为父母,直须焚却《蓼莪》篇。"周总接到诗后,"遂郁郁以卒"。这大约是实有其事的,从这件事情中我们可以知道天禧二年仍施行景德四年还本籍乡试的规定。周总之所以冒认周吉为父，因为周吉既是同姓，又是谯郡本地人氏，这也算是冒籍，在那时是非法的。

这是宋代的情况，唐代的情况怎样呢？前面引述过的《唐摭言》卷一所载武德四年四月一日敕，说诸州有"明于理体、为乡里所称者，委本县考试，州长重覆"云云，似也是举本地籍贯。《旧唐书》卷八四《郝处俊传》载："郝处俊，安州安陆人也。……贞观中，本州进士举。吏部尚书高士廉甚奇之，解褐授著作佐郎。"这是唐代初期由本州举送的例子。中唐时孟郊有《湖州取解述情》诗（《孟东野诗集》卷三），中说："雪水徒清深，照影不照心。白鹤未轻举，众鸟争浮沉。因兹挂帆去，遂作归山吟。"孟郊是湖州武康人，故于湖州举送取解①，时为贞元七年（791）。但自中唐时起，有更多的材料记载士人不限于本州举送，而可以在别州应试而入举。如大诗人白居易籍贯为太原下邽，出生于郑州，父亲死后，奉母居于洛阳。贞元十四年（798）春，其兄幼文任饶州浮梁县主簿，他的叔父季康这时又在宣州的溧水做官。饶州与宣州为邻州，溧水又为宣州属县，大约由于这些缘故，白居易就在贞元十五年秋从洛阳赶赴宣州应乡试，又从宣州荐送到长安应进士试②。又如沈亚之是吴兴人，他于元和五年（810）到长安应举，考了十年，才得一第。他有《与同州试官书》（《沈下贤文集》卷八），说："今年秋，亚之求贡于郡，以文求知己于郡之执事。凡三易郡，失

---

① 请详参华忱之《孟郊年谱》（华忱之校订《孟东野诗集》附录，人民文学出版社出版）。

② 《白居易集》卷四三《送侯权秀才序》："贞元十五年秋，予始举进士，与侯生俱为宣城守所贡。"又参朱金城先生《白居易年谱》（上海古籍出版社1982年出版）。

其知,辄去。"可见他至少曾在三个州郡应试。《沈下贤文集》同卷又有《与京兆试官书》,题下注"七年冬作",也是他求举于京兆府的例证。

又如张籍为和州人,他于贞元十五年(799)登进士第(见南唐张泊《张司业集序》及元辛文房《唐才子传》卷五),贞元十四年韩愈在徐州节度使张建封幕下,向张建封推荐了张籍,张籍乃自徐州解送。他有《徐州试反舌无声》诗(《张籍诗集》卷三),就是徐州乡试的试题。到了晚唐,国内战争更为频繁,士无定居,自他州举送的情况更为普遍,江南因为相对安定,因此北方士人有远至江南求举的,如《唐摭言》卷二"争解元"条说:"国朝自广明庚子之乱,甲辰,天下大荒,车驾再幸岐梁,道殣相望,郡国率不以贡士为意。江西钟传令公起于义聚,奄有疆土,充庭述职,为诸侯表式,而乃孜孜以荐贤为急务。……时举子有以公卿关节,不远千里而求首荐者,岁常不下数辈。"又如晚唐诗人黄滔,于昭宗乾宁二年(895)登进士第,但在这之前二十多年,曾屡试不第,他的诗集中有《广州试越台怀古》、《襄州试白云归帝乡》、《河南府试秋夕闻新雁》等(《唐黄御史公集》卷四),可见他应试于南北州府,跋涉千里,也可见出当时读书人求举的艰辛。

由沈亚之上同州试官书,可见士人在应州试前,也如同省试时一样,宜先向考试官投文,以文才自显,而求荐送。这在唐代前期就已如此。如骆宾王《上兖州崔长史启》,先颂扬崔之政绩,接着说:

> 方今玉琯缠秋,金风动籁。……窃不揆于庸识,辄轻拟于扬庭。所冀曲逮恩波,时留咳唾,倘能分其斗水,济濡沫之枯鳞,惠以余光,照嫭栖之寒女,得使伏枥驽骞,希骐骥而蹀

足，窜棘翩翻，排鸳鸯而刷羽，则捐躯匪吝，碎首无辞。（陈熙晋《骆临海集笺注》卷七）

在《上兖州张司马启》中又说：

> 方今凉秋届节，严飙扇序。……弓旌之礼斯及，辟聘之际是期。不揆庸愚，轻斯自炫。所冀分其末照，惠以余波，得预观光，全由咳唾。（同上）

这些投启之文，初唐时用高华典丽的骈文写成，中唐以后则用古文散体，剀切直陈，这也可见出文体的变化给予科举风习的不同的影响①。

# 五

从开元时起，礼部试进士，大抵分三场，即帖经、杂文（诗赋各一）及时务策五条。州府所试（包括京兆府），则与此相应，如《唐六典》卷二《吏部·考功员外郎》记谓："诸州每岁贡人……其进士帖一小经及《老子》，试杂文两首，策时务五条。"帖经有时可以用诗来代替，叫"赎帖"，如吕温于贞元时应河南府试，一为《赋得失群鹤》，另一即为《河南府试赎帖赋得乡饮酒》（《吕和叔文集》

---

① 也有用诗篇投献的，如李频《投京兆府试官任文学先辈》（《全唐诗》卷五八九）："高兴每论诗，非才独见推。应当明试日，不比暗投时。出口人皆信，操心自可知。孤单虽有托，际会别无期。取舍知由己，穷通断在兹。贱身何足数，公道自难欺。泽国违甘旨，渔舟积梦思。长安未归去，为倚鉴妍媸。"按李频大中八年（854）进士第。

卷二），这后一首诗即以诗来代替帖经的。所谓杂文，当时即指诗赋（详后）。如前面说过，白居易于贞元十五年由宣州取解，他在宣州所试的诗赋题即为《宣州试射中正鹄赋》、《窗中列远岫诗》，赋题下原注云："以'诸侯立诚众士知训'为韵，任不依次用韵，限三百五十字已上成。"这一规定也与省试相同。当时所试的赋都是律赋，用古语一句八字为韵，有依次序为韵的，也可不依次序为韵的，白居易的这首赋就注明"任不依次用韵"。又如刘知几有《京兆试慎所好赋》（《全唐文》卷二七四），注明以"重译献珍信非宝也"为韵，约三百九十字；李子卿有《府试授衣赋》（《全唐文》卷四五四），注明以"霜降此时女工云就"为韵，也是三百九十多字。大约赋的字数在三百五十至四百之间。县一级的考试，所见的材料有吕铸《万年县试金马式赋》（《全唐文》卷五九四），注明以"汉朝铸金为名马式"为韵，三百九十六字。吕铸为贞元十四年（798）进士及第。《全唐文》卷六四三又有王起《万年县试金马式赋》，韵同，当是同年所试，字数为四百零六字，稍多一些。

试诗则一般为五言律诗十二句，如李频《府试丹浦非乐战》、《府试风雨闻鸡》、《府试观兰亭图》、《府试老人星见》等（皆为《全唐诗》卷五八九），马戴《府试水始冰》（《全唐诗》卷五五五），吴融《府试雨夜帝里闻猿声》（《全唐诗》卷六八七）。这些诗大多是千篇一律，比较死板。当然偶尔也有写得较为有个性的，如中唐时刘得仁，他本是公主之子，却屡试不第，记载上说他出入举场三十年，终于无成，死后引得不少人的同情（《全唐诗》中收有一些诗僧悼念他的篇什）。他有一首《京兆府试目极千里》诗（《全唐诗》卷五四五）：

　　　　献赋多年客，低眉恨不前。此心常郁矣，纵目忽超然。

送骥登长路，看鸿入远天。古墟烟幂幂，穷野草绵绵。树与金城接，山疑桂水连。何当开霁日，无物翳平川。

这首诗用"目极千里伤春心"的典，寄寓身世的感慨，竟使人不觉得是试律诗了。又如卢肇《江陵府初试澄心如水》诗（《全唐诗》卷五五一）：

> 丹心何所喻，唯水并清虚。莫测千寻底，难知一勺初。内明非有物，上善本无鱼。澹泊随高下，波澜逐卷舒。养蒙方浩浩，出险每徐徐。若灌情田里，常流尽不如。

这首诗有哲理，也有明净雅洁的景物描写，不落试律诗的俗套。卢肇为武宗会昌年间进士第，是李德裕贬袁州刺史时所赏识的当地读书人，在武、宣时以文才见称。

至于时务策，则所出的试题与考试官本人的思想识见很有关系。我们可以举出几个与现实时事联系较密切的试题，以供研究。大家知道，元结是肃、代时关心民瘼的优秀诗人，他的《舂陵行》《贼退示官吏》两诗，反映了安史乱后湖南一带的民生疾苦，被杜甫赞誉为"两章对秋月，一字偕华星"（《同元使君舂陵行》）。元结于广德元年（763）九月敕授道州刺史，广德二年五月到任。永泰元年（765）夏罢守道州，永泰二年即大历元年（766）再守道州①。他有《问进士》五道（《元次山集》卷九），题下注"永泰二年道州问"，就是他再任道州时所出的时务策的试题。如第一道问：

> 天下兴兵，今十二年矣，杀伤劳辱，人似未厌。控强兵、

---

① 关于元结任道州刺史的年月，参孙望先生《元次山年谱》（中华书局上海编辑所出版）。

据要害者,外以奉王命为辞,内实理车甲,招宾客,树爪牙。国家亦因其所利,大者王而相之,亚者公侯,尚不满望。今欲散其士卒,使归乡里,收其器械,纳之王府,随其才分,与之禄位,欲临之以威武,则力未能制,欲责之以辞让,则其心未喻;若舍而不问,则未睹太平。秀才通明古今,才识杰异,天下之兵须解,苍生须致仁寿,其策安出,子其昌言。

这表面看来是一篇试题,实则可以说是借题发挥,是元结对强藩擅命、称兵割据的斥责。

元结所出试题的第二道是清吏道,问何以"得侥幸路绝"。第三道问如何使百姓安生乐业,而这又与方镇称兵割据联系起来,说是:"太仓空虚,雀鼠犹饿,至于百姓,朝暮不足,而诸道聚兵,百有余万,遭岁不稔,将何为谋。今欲劝人耕种,则丧亡之后,人自贫苦,寒馁不救,岂有生资;今欲罢兵息戍,则又寇盗犹在,尚须防遏。使国家用何策,得人安俗阜。"第四道问粟帛估钱情况。第五道问三礼、三传、儒、墨等古代文献的基本知识。从这里我们可以见出州试时务策的基本情况。

又如杜甫于肃宗乾元元年(758)六月由左拾遗出为华州司功参军,同年秋,撰《华州试进士策问五道》(《杜诗详注》卷二五)。按上一年十一月肃宗始还长安,唐军对安史叛军的战争仍在河南、河北一带进行,因此杜甫策问的第一道说:"欲使军旅足食,则赋税未能充备矣;欲将诛求不时,则黎元转罹疾苦矣。"安史之乱是开元、天宝年间积累起来的深刻的社会矛盾的总爆发,战争固然由安史集团挑起,但以唐玄宗为首的上层统治集团所执行的腐朽的对内对外政策是它的总根子;安史叛军对人民实行烧杀抢掠,固然不得人心,遭到人民的反对,但唐朝廷对安史集团的斗争,归根结底是为了恢复李唐王朝的统治,他们对人民所实行的也仍是压迫和统治,有时唐朝的军队在他们所到之处,也同样是掠夺和践踏,而且由于唐朝统治集团的昏庸无能、争权夺利,几次造成指挥的失当,使这场战争不必要地延长了好几年。杜甫在那时当然还不可能明确认识到这一点,但他凭对人民的同情和对实际情况的体察,在策问中写出了唐王朝在平叛战争中捉襟见肘的困难处境,是有很大的现实意义的。

杜甫所作策问的第二道,是讲华州情况的,说华州地当要冲,但平日素无蓄积,"欲使辒轩有喜,主客合宜,闾阎罢杼轴之嗟,官吏得从容之计,恻仁新语,当闻济时"。这算是本地风光,问治华州之策。另外,第三道问华阴的漕渠以如何开筑为宜,第四道问兵卒如何轮休,第五道问钱弊,都有强烈的现实针对性。

白居易于元和二年(807)秋从盩厔尉调充京兆府进士考试官,盩厔为京兆府的属县,因此京兆府试时是可以将属县的职官调充试官的。《白居易集》卷四七《进士策问五道》,就是此时所作①。这五道策问,前两道问经书文义,第四、五两道,一问百官职田取俸之制,一问如何解决当时社会上出现的农贫商富之弊,也是从现实出发的。

由此可见,当时州府的进士考试,除了诗赋外,时务策五道是对当时士人识见的考核;有些关心民瘼的试官,往往在试题中表现出关心现实政治的积极态度。有些书上把州府试的采取与否说成仅仅取决于个别诗句境界的高下,恐怕不一定符合于当时的

①按,沈亚之有《京兆府试进士策问三道》(《沈下贤文集》卷十)。沈亚之曾于元和六年、七年应京兆府试,与白居易充京兆府试官的时间相近,但其答策只有三道,未知何故,待考。

实际。如所谓徐凝与张祜争解元的故事,就是一例。《唐摭言》卷二《争解元》条记:

> 白乐天典杭州,江东进士多奔杭取解。时张祜自负诗名,以首冠为己任。既而徐凝后至,会郡中有宴,乐天讽二子矛盾。祜曰:"仆为解元,宜矣。"凝曰:"君有何嘉句?"祜曰:"甘露寺诗有'日月光先到,山河势尽来',又金山寺诗有'树影中流见,钟声两岸闻'。"凝曰:"善则善矣,奈无野人句云'千古长如白练飞,一条界破青山色'。"祜愕然不对。于是一座尽倾,凝夺之矣。

这段记载,如果作为艺术鉴赏来看,不无参考价值,但如果看作是当时州试的实录,就大错特错了。因为如上所说,州试进士也同省试那样,是要考帖经、诗赋及时务策的,有严格规定的程序(如《唐摭言》卷一《会昌五年举格节文》载:"诸州府所试进士杂文,据元格并合封送省。……今诸州府所试,各须封送省司检勘,如病败不近词理,州府妄给解者,试官停见任用缺")。虽然唐人重诗赋,但也不能在宴席上以旧作的某些诗句定名次。这只不过是诗人的轶事佳话,并不能信以为真,我们不能把它作为科举考试的确切史料,也不能据此来考述徐凝或张祜的生平事迹(按,皮日休有《论白居易荐徐凝屈张祜》一文,见《皮子文薮》,又见《全唐文》卷七九七。皮日休从张祜、徐凝诗风的不同,论述白居易荐徐凝、抑张祜的原因,说"乐天方以实行求才,荐凝而抑祜,其在当时,理其然也"。由皮日休的这篇文章,可知徐凝与张祜到杭州求试的事情是有的,但如《唐摭言》所写的以两人的几句诗来当场定留放,则是出于后人的附会,在当时是不可能发生的)。

# 六

在乡贡中,长安的京兆府举送占据特殊的地位。《唐摭言》卷一《两监》说开元以前,举士以出身于西京和洛阳的国子监为荣,后来就发生了变化,即"以京兆为荣美,同、华为利市"。又据卷二《京兆府解送》、《元和元年登科记京兆等第榜叙》等条所载,这种变化大约发生在开元、天宝之际,如果属于京兆府所送前十名的,称等第(从宪宗元和时起,京兆府前十名的举子,就仿进士登科记之例,每年编为《神州等第录》),凡列于等第的,登科的希望就"十得其七八"。如果京兆府所送前十名有好几个落第的,京兆府可以移文书于贡院,请考试官回复这些举子落第的原因。这些都是外地州府所不能望其项背的。如《太平广记》卷一五四《陆宾虞》条引《前定录》,说吴郡人陆宾虞,累举不第,困居京师,宝历二年(826)春,想回南方,有一僧人名惟瑛的劝他不要走,预测他明年可以成名,惟瑛说:"但取京兆荐送,必在高等。"可见在当时人心目中,但能得京兆府考试合格,省试及第就大致有望了。柳宗元《送辛生下第序略》中也说:

> 京兆尹岁贡秀才,常与百郡相抗。登贤能之书,或半天下。取其殊尤以为举首者,仍岁皆上第,过而就黜,时谓怪事,有司或不问能否而成就之。(《柳宗元集》卷二三)

柳宗元说,凡京兆府荐送名列前茅而礼部试落第的,会被人视为怪事,甚至省试时不问实际成绩如何,只要京兆府荐送在前数名的,一概录取。柳宗元是以当时人论当时事,他的话更可证实前面所引《唐摭言》、《前定录》等记载的可靠性。甚至是京兆府举送首名所谓解头,更为人所称道,如中唐诗人赵嘏在《赠解头贾嵩》一诗中说:

贾生名迹忽无伦,十月长安看尽春。(《全唐诗》卷五五〇)

又据《唐诗纪事》所载,京兆府第一名解送而被省试落下的,整个唐代只有九个人(卷六五"平曾"条)。因此,抢夺京兆解头,就成为唐代士子们的一场激烈的争斗。这里,不妨举所传王维举解头的故事,帮助我们具体了解那一时代的社会风习。《集异记》卷二《王维》篇:

　　王维右丞,年未弱冠,文章得名。性闲音律,妙能琵琶。游历诸贵之间,尤为岐王之所眷重。时进士张九皋声称籍甚,客有出入于公主之门者,为其致公主邑司牒京兆试官,令以九皋为解头。维方将应举,具其事言于岐王,仍求庇借。岐王曰:"贵主之强不可力争,吾为子画焉。子之旧诗清越者可录十篇,琵琶之新声怨切者可度一曲,后五日当诣此。"维即依命如期而至。岐王谓曰:"子以文士请谒贵主,何门可见哉。子能如吾之教乎?"维曰:"谨奉命。"岐王则出锦绣衣服,鲜华奇异,遣维衣之,仍令赍琵琶,同至公主之第。岐王入曰:"承贵主出内,故携酒乐奉宴。"即令张筵,诸伶旋进。维妙年洁白,风姿都美,立于前行。公主顾之,谓岐王曰:"斯何人哉?"答曰:"知音者也。"即令独奏新曲,声调哀切,满座动容。公主自询曰:"此曲何名?"维起曰:"号《郁轮袍》。"公主大奇之。岐王曰:"此生非止音律,至于词学,无出其右。"公主尤异之,则曰:"子有所为文乎?"维即出献怀中诗卷。公主览读惊骇曰:"皆我素所诵习者,常谓古人佳作,乃子之为乎?"因令更衣,升之客右。维风流蕴藉,语言谐戏,大为诸贵之所钦瞩。岐王因曰:"若使京兆今年得此生为解头,诚为国华矣。"公主乃曰:"何不遣其应举?"岐王曰:"此生不得首荐,义不就试。然已承贵主论托张九皋矣。"公主笑曰:"何预儿事!本为他人所托。"顾谓维曰:"子诚取解,当为子力。"维起谦谢。公主则召试官至第,遣宫婢传教。维遂作解头,而一举登第。

这则记载为后世所传称,明人传奇中有《郁轮袍》,即敷演此事。论王维生平行迹者也往往引用此事。实际上《集异记》的这则记事,具体情节是不符合历史事实的。张九皋为开元时名相张九龄之弟,新旧《唐书》的《张九龄传》载张九皋事甚为简略,未能为我们提供可据以论证的材料。但我们可以查到萧昕所作的张九皋神道碑,载于《文苑英华》卷八九九和《全唐文》卷三五五,碑文题目全称为《唐银青光禄大夫岭南五府节度经略采访处置等使摄御史中丞赐紫金鱼袋殿中监南康县开国伯赠扬州大都督长史张公神道碑》。碑文载张九皋以天宝十四载(755)四月二十日卒于长安,年六十六。据此推算,其生年应为武后天授元年(690)。碑文中又谓张九皋"弱冠孝廉登科",就是说,二十岁时明经登第。二十岁为中宗景龙三年(709)。王维进士登第的年岁,过去有两说,一是开元十九年,一是开元九年,以开元九年为确。开元九年为公元721年,已在张九皋明经登第之后十二年。因此,《集异记》所说王维与张九皋争解头的事,是不可能发生的。但,《集异记》所记仍有其浓厚的生活气息和独有的时代风貌,它写出了当时文士争京兆府解头的活动,写出了贵戚之家对科举考试的干涉,堂堂的京兆府试官,只要公主传话,即奔赴其府第,并且遵命将原定的解头换与别人。从这点来说,《集异记》所写的,又合乎历史的真实。

正由于经京兆府举荐就易于登第,因此一方面有外地士人争来考试,如前面所引,沈亚子本为吴兴人,却前来京兆应试;又如徐申"东海郯人,永泰元年(765)寄籍京兆府举进士"①;许稷本闽人,后在终南山读书三年,"出就府荐",遂于贞元十七年(801)进士及第②。另一方面,托人情、通关节等事也就随之而起,前所引《集异记》是一例(类似情况,外地州府也有,如晚唐时钟传镇江西,"时举子有以公卿关节,不远千里而求首荐者,岁常不下数辈",见《唐摭言》卷二《争解元》;又如牛希济《荐士论》说:"诸侯所荐,率皆应权幸之旨,承交游之命,取其虚名奏署,谓之借听,取其谬举之说,谓之横荐。"见《全唐文》卷八四六。不过京兆府试的情况更为严重),今再摘抄两条,以见概况:

> 秘书监刘禹锡,其子咸允,久在举场无成。禹锡愤惋宦途,又爱咸允甚切,比归阙,以情诉于朝贤。大和四年(830),故吏部崔群与禹锡深于素分,见禹锡蹭蹬如此,尤欲推挽咸允。其秋,群门生张正谟充京兆府试官,群特为禹锡召正谟,面以咸允托之,觊首选焉。及榜出,咸允名甚居下。群怒之,戒门人曰:"张正谟来,更不要通!"(《太平广记》卷一五六引《续定命录》)

---

①李翱《岭南节度使徐公(申)行状》(《李文公集》卷一一)。
②参徐松《登科记考》卷一五。

唐尚书持,大和六年(832)尉渭南,为京兆府试进士官。杜宰相悰时为京兆尹,将托亲知间等第(自注:时重十人内为等第),召公从容,兼命茶酒。及语举人,则趋而下阶,俯伏不对,杜公竟不敢言而止。(唐赵璘《因话录》卷三商部下。此事又见《新唐书》卷八九《唐俭传》附《唐持传》)

当然,有时也有例外,如宋言于大中十一年(857)京兆府试为解头,后京兆尹张毅夫发觉试官有私,于是复试,宋言就从第一名退为第六十五名①。又如黄颇、刘纂等都属于京兆府试的等第,即在前十名荐送之内的,但黄颇十三年后及第,刘纂竟于二十一年后及第②。这些都算是特殊的事例,因此过去的记载中就特为提出③。

---

① 见范摅《云溪友议》卷下《去山泰》。
② 见《唐摭言》卷二《为等第后久方及第》。
③ 徐松《登科记考》卷一四贞元十四年进士第李翱、张仲素名下云:"按《广川书跋》载李翱慈恩题名,云李翱第一,张仲素次之,十人解送而九人入等,盖李、张皆上年为京兆等第也。"又中晚唐时,京兆试也有废等第之说的,如《唐摭言》卷二《废等第》条载:"开成二年(837),大尹崔珙判云:'选文求士,自有主司,州府送名,岂合差等?今年不定高下,不锁试官,既绝猜嫌,暂息浮竞。'差功曹卢宗回主试。除文书不堪送外,便以所下文状为先后。试杂文后,重差司录侯云章充试官,竟不列等第。"但只施行了一年,"明年,崔珙出镇徐方,复置等第"。又如《唐语林》卷一《政事》上,载:"京兆府进士、明经解送,设殊、次、平等三级,以甄行能,其后挠于权势而不行。宣宗时,韦澳为尹,榜曰:'礼部旧格,本无等第,京府解送,不当区分。今年所送省进士、明经等,并以纳策试前后为定,更不分等第之限。'"但大中以后仍有等第的记载,则看来韦澳之废等第也行之未有多久。

# 七

现在我们来讨论所谓"以同、华为利市",也就是州府荐送较易得第的,除了京兆府外,其次就要数到同州和华州。

根据新旧《唐书》的《地理志》记载,同、华二州本无特别的出产,农业生产并不发达,这两个州在关中算是并不富裕的地区。如《旧唐书》卷一四六《卢征传》载卢征于德宗贞元年间历任华州、同州刺史,"故事,同、华以近地人贫,每正至、端午、降诞,所献甚薄;征遂竭其财赋,每有所进献,辄加常数,人不堪命"。可见同、华二州,本已贫瘠,再加上州官进奉有加,诛求无已,人民所受的负担十分沉重。据李吉甫《元和郡县志》卷二所载,华州开元时户三万七百八十七,元和时降至一千四百三十七,同州开元时户五万六千五百九,元和时降至四千八百六十一,户口减少的情况相当严重。同、华地位的重要性当与其地理位置有关,据《元和郡县志》,华州西至长安一百八十里,东至洛阳六百八十里,潼关即在州境之东,是长安通向关东的门户;同州在长安东北二百五十里,是关中通河东(山西)的要道。在唐代,宰相有时因故免职,就暂时任命为华州或同州刺史,由于同、华离长安近,他们可以随时召回。大约由于这些政治上的原因,使得这两个州在举子的解送中占有特殊的地位。《唐摭言》卷二《争解元》条说:"同、华解最推利市,与京兆无异,若首送,无不捷者。"就是指此而言。《续玄怪录》卷三《窦玉妻》说的是鬼怪的故事,但其中写举子们竞赴同州求举送,以至同州的旅店有人满之患,是写得相当真实的:

> 进士王胜、盖夷,元和中求荐于同州。其时客多,宾馆颇溢,二人闻郡功曹王嚣私第空闲,借其西廊,以俟郡试。既而他室皆有人,唯正堂以小绳系门……

这些人当中,有不少是拿着朝廷贵官的书启来通关节、走门路的。宪宗元和时,令狐楚守华州,秋试时帖榜说:"特加置五场。"由于悬格高,试题难,这些"常年以清要书题求荐者","其年莫有至者,虽不远千里而来,闻是皆寝去"(见上《唐摭言》卷二)。令狐楚只是特殊的例子,从这里我们倒可以见出,在一般情况下,华州秋试时,一定有不少人"以清要书题求荐"。

比起同、华来,作为东都的洛阳河南试,其重要性则是差多了。河南府试也是先经过所属县的考试,然后再加甄录。韩愈于元和五年(810)任河南令,曾作《燕河南府秀才》诗,记其事云:"元和五年冬,房公尹东京(琼按,房公指房式,元和四年十二月为河南尹)。功曹上言公,是月当登名。乃选二十县,试官得鸿生。"(钱仲联《韩昌黎诗系年集释》卷七)又德宗贞元时与柳宗元、刘禹锡交好,政治思想也接近的吕温,早年即以文才著称。他的文集《吕和叔文集》卷三有一篇《上族叔齐河南书》,这个齐河南为齐抗(据岑仲勉《读全唐文札记》)。书中说齐抗"前岁罢镇南服,入侍东掖",指齐抗由湖南观察使入为给事中,又据《旧唐书·德宗纪》,齐抗于贞元十年(794)二月由给事中出为河南尹。吕温之应河南府试也就是在这一年。吕温集卷二有《河南府试赎帖赋得乡饮酒》、《赋得失群鹤》二诗,即为府试时所作。刘禹锡所作吕温文集序,称温"以文学震三川,三川守以为贡士之冠"(《刘禹锡集》卷一九《唐故衡州刺史吕君集纪》),则吕温是以河南府试第一名举送的,但省试时却未及第,吕温《送薛大信归临晋序》(《吕和叔文集》卷三)中说:"予被乡曲之誉,赋于阙下,以文乖时体,行失俗誉,再为有司所黜。"以吕温这样的人才,又为河南府首荐,却未能于礼部试登科,则河南府试之地位也可想见。

州府试的诗,一般为五言律诗十二句,但现在李贺集中有《河南府试十二月乐词》(王琦《李长吉歌诗汇解》卷一),体例却很特别。此诗从正月写起,每月一首,到十二月,再加闰月,共十三首;非律诗,句子长短不齐,有三言、五言、七言的。现选录二月、八月的两首于下:

> 饮酒采桑津,宜男草生兰笑人,蒲如交剑风如薰。劳劳胡燕怨醑春,薇帐逗烟生绿尘。金翘峨髻愁暮云,沓飒起舞真珠裙。津头送别唱《流水》,酒客背寒南山死。(二月)
>
> 孀妾怨长夜,独客梦归家。傍檐虫缉丝,向壁灯垂花。帘外月光吐,帘内树影斜。悠悠飞露姿,点缀池中荷。(八月)

清人方扶南《李长吉诗集批注》卷一说此诗"皆言宫中,犹古《房中乐》",又说"诗亦深思,但非试帖所宜,有唐人诗帖行世,可鉴也"。王琦注引朱卓月之说,谓"诸诗大半闺情多于宫景"。诗中所写的具体内容,是一般民间的闺情还是宫景,前人的说法虽有不同,但这组诗大致是通过描叙十二个月季节寒暑的变化,反映妇女的思念之情。这样的内容与情调,与正式的州府试诗的要求应该说是不合的,至于体制句法,也与一般的规定大为悬殊。此诗是否即为河南府试时所作,如诗题所标者,很可怀疑;如确为所试"杂文",则贞元时河南府所试真是相当自由,可以说是科举试诗的别格。

# 第四章　举子到京后活动概说

据前面一章所述,我们已经知道,各地州府所贡的举子,在秋冬之际(最迟在十月),陆续集中于京都,他们与两都的国子监学生相汇合,形成一支上千人的颇为不小的队伍,出现在长安的街巷和里坊。"麻衣如雪,纷然满于九衢"(牛希济《荐士论》),确是非常形象地描绘了举子们汇聚的盛况。唐代一位落第的士子,感叹其不遇的遭际,也写到过麻衣,说:

> 麻衣未掉浑身雪,皂盖难遮满面尘。(李山甫《下第卧疾卢员外召游曲江》)①

在本章中,将叙述这批尚未脱掉麻衣的士子们在京都的一些活动。士子们的活动是多种多样的,如他们为了取得榜上有名,便多方结交名公贵人,向他们投献诗文,叫做行卷;在考试前又须向礼部交纳习作,称为纳卷;举子们又互通声气,甚至结成朋党,造成声势,唐代习称叫做棚(或朋);也有眠花醉柳,游宿于倡伎之

①《全唐诗》卷六四三。《唐诗纪事》卷七〇载李山甫事谓:"咸通(860—874)中,数举进士,被黜。依魏博乐彦祯幕府。"其事迹见《唐才子传》卷八。

家,直等到把钱财花尽为止,甚至有流落为乞丐的,真是各色各样,本书在后面将各有专章论述。这里只对举子们到京以后,应办的手续,应参加的活动,以及考试中的一般性规定与情况,向读者作一概括的介绍。


一


应当先交代一下中央考试的地点。唐代的科举考试,并不一定就固定在京都长安举行,有时在东都洛阳,有时则长安与洛阳同时并试。

《唐摭言》有一则记载说:"永泰元年,始置两都贡举,礼部侍郎官号皆以'知两都'为名,每岁两地并放及第。自大历十一年停东都贡举,是后不置。"(卷一《两都贡举》)永泰、大历都是代宗年号,永泰元年为公元765年,大历十一年为公元776年。按照《唐摭言》的说法,则唐代于长安与洛阳同时设置贡举试,都是在代宗时期。

《唐摭言》的这一说法并不确切。

据徐松《登科记考》卷三载,武后永昌元年(689),进士及第的,神都(洛阳当时称神都)六人,西京二人。永昌元年较永泰元年早七十多年。因此徐松说:"按《摭言》以两都贡举始于永泰元年者误。"《登科记考》在天授元年(690)下又载本年进士及第者,神都十二人,西京四人。就是说,在永昌元年以后,接着第二年又是东西两都并试。但在这之后,徐松的书中就未有记载,这大约是材料缺失之故。按武则天于光宅元年(684)称帝,改国号为周,就长期居住在洛阳。既然以洛阳为政治中心,当然开科取士也要在洛阳举行,同时照顾到传统的做法,在长安也加考试,而所取则较洛阳为少,以显示其差别。显然,武则天时的两都并试,是由于政治上的原因。

代宗时的两都试举人,则是唐代历史上的第二次。这一次与上一次不同,是出于经济上的考虑。《旧唐书》卷一九〇中《文苑中·贾至传》:"广德二年,转礼部侍郎。是岁,至以时艰岁歉,举人赴省者,奏请两都试举人,自至始也。"广德二年为764年。这时长达八年的安史之乱平定不久,长期战争所带来的经济创伤还未能得到修复,政府的财政甚为困难,大批举子集中长安,影响京都的供应,因此唐朝廷不得不做出两都贡举的决定。我们可以举出另一个例子来说明这种情况:德宗贞元十九年(803),这年关中地区自正月起,至七月,一直没有下雨。于是"秋七月戊午,以关辅饥,罢吏部选、礼部贡举"(《旧唐书·德宗纪》)。韩愈有《论今年权停举选状》,议论此事,说:"右臣伏见今月十日敕,今年诸色举选宜权停者,道路相传,皆云以岁之旱,陛下怜悯京师之人,虑其乏食,故权停举选以绝其来者,所以省费而足食也。"(《韩昌黎文集校注》卷八)有半年没有下雨,就要停来年的考试,则长期的战乱,财政支出、物资供应等,情况当更为严重。洛阳地近江淮漕运,有一部分举子在那里应试,也可减轻长安及关中的压力。广德二年九月做出决定,实行则是在明年,即永泰元年(765),一直到大历十年(775)五月,才又下令"罢两都贡举,都集上都",这其间一共有十一年。大历后期经济有一定的恢复,社会也出现相对安定的局面,因此唐政府又将贡举考试集中于首都。

唐代自玄宗开元二十五年(737)起以礼部侍郎知贡举,永泰元年的贡举试,洛阳由礼部侍郎杨琯主持,可见那时对东都试的重视①。

《唐摭言》说"自大历十一年停东都贡举,是后不置",也不确。事实是,在过了半个世纪以后,唐文宗时,又曾决定在洛阳考试,而且与上两次不同,不是两都并举,而只在洛阳置举。《旧唐书·文宗纪》大和元年(827)七月,"辛巳,敕今年权于东都置举"。为什么有这一决定,原因不甚清楚。敬宗于上一年十二月为宦官杀害,文宗即位。文宗即位之初,施行了一些善政,改变敬宗时紊乱无章法的朝政。但这时社会情况没有什么大的变化,似没有特别必要停长安举试,以改在洛阳一地举行。大和二年三月的《放制举人敕》中,有"朕以菲德,祗膺大统,岁属凶旱,人思底宁"的话(《唐大诏令集》卷一〇六),这"岁属凶旱"或许是原因之一。但大和时期的东都试只实行了一年,即大和二年(828),如果真的由于兵乱与饥荒之故,仅仅一年似也并不解决问题。

大和元年七月做出东都试的决定,在这之后尚有一些补充规定,就是凡长安的国子监的生徒及宗正寺、鸿胪寺举人,可以待主考官于东都试毕回京都后,在长安应试。十月间,京兆府的乡贡明经举人"孙延嗣等三百人进状,举大历六年、七年例,请同国子监生上都考试,从之"②。则有一小部分仍是在长安应试。但这只是在洛阳考试完毕之后的一次补充考试,大和二年知贡举者只礼部侍郎崔郾,并未如大历时那样在东西两都分别委派知贡举的官员。

---

① 《旧唐书·代宗纪》广德二年九月载:"尚书左丞杨绾知东京选,礼部侍郎贾至知东都举,两都分举选,自此始也。"东京即东都,对此徐松在《登科记考》卷十中曾加驳正,谓:"《本纪》之文夺误殊甚,当作礼部侍郎杨绾知东都举,尚书右丞贾至知上都举,两都分举自此始也。'选'字衍文。"
② 据《登科记考》卷二〇所载《册府元龟》文。

大和二年的东都试是很隆重的。《唐摭言》卷六《公荐》条载:"崔郾侍郎既拜命于东都试举人,三署公卿皆祖于长乐传舍,冠盖之盛,罕有加也。"就在饯送的宴席上,名士吴武陵向崔郾推荐了杜牧,当众朗读了杜牧的名作《阿房宫赋》,杜牧即在这一年登进士第。在《唐故平卢军节度巡官陇西李府君墓志铭》中,杜牧自称大和元年"乡贡上都,有司试于东都"(《樊川文集》卷九),则京兆府所解送的举人,也是往洛阳应试,与明经举人在长安考试者不同。关于这一年的东都试,杜牧有诗记之,云:

> 东都放榜未花开,三十三人走马回。秦地少年多酿酒,却将春色入关来。(《及第后寄长安故人》,见《樊川文集·外集》。又见《唐摭言》卷三《慈恩寺题名游赏赋咏杂记》)

可见礼部试虽在洛阳举行,但吏部过堂即所谓关试,仍须回长安。杜牧这一七绝写新进士及第的豪兴,很有特色。

关于大历时的东都试,据唐人所记,还可补充一些具体情节。阎济美是大历九年(774)进士及第的,他是在洛阳应试。《太平广记》卷一七九据《乾䐉子》载,这一次的考试提前在十二月上旬举行,试诗赋的那天,"其日苦寒"。阎济美所作获得初步通过,他的同考友人卢景庄前来相贺,但告诉他:"前与足下并铺试《蜡日祈天宗赋》,窃见足下用'鲁丘'对'卫赐'。据义,卫赐则子贡也,足下书卫赐作驷马字,唯以此奉忧耳。"阎济美听了,甚为惶骇。但榜出,济美却仍然登第,于是他与其他新及第者一同参谒座主:

> 座主曰:"诸公试日,天寒急景,写札杂文,或有不如法。今恐文书到西京,须呈宰相,请先辈等各买好纸,重来请印,如法写净送纳,抽其退本。"诸公大喜。

阎济美把他原来的试卷换下来，一看，果然写的是"驷"字，这"驷"字还有用朱笔加上一个大点，于是对座主感恩不尽。从这点可以看出几点：第一，当时东都试的及第者卷子，回京后要送呈宰相复阅。第二，主考官可自行作主，将试卷发还给举子，让其重新誊写，以改正错字（这算是特例，一般情况当是不可能这样的）。第三，誊写好以后的卷子，再送交盖印，则知唐代礼部试时，试卷上是要盖印的，以防有作弊等纰漏。《宋史》卷一五五《选举志》一"科目"条，曾载北宋州府试时，"试纸，长官印署面给之"；又载太宗端拱元年（988）知贡举宋白所定贡院故事，礼部试时，"进士具都榜引试，借御史台驱使官一人监门，都堂帘外置案，设银香炉，唱名给印试纸"。可见宋代无论州府试还是省试，试纸都加官印。唐代没有这方面的明确规定，但由《乾𦠆子》所载，可知至少省试时是要加印的。这项措施，一直沿用至明、清，办法则愈来愈严密。

## 二

举子们到京都后，第一道手续是到尚书省报到，结款通保，尚书省的有关机构（户部）则加以考核检查。

《通典》卷一五《选举》三："（举人）到尚书省，始由户部集阅，而关于考功课试，可者为第。"

《册府元龟》卷六三九《贡举部·总序》："其不在馆学而举者谓之乡贡。……到尚书省，始由户部集阅，而关于考功课试，可者为第。"

《新唐书·选举志》："既至省，皆疏名列到，结款通保及所居,始由户部集阅,而关于考功员外郎试之。"

这三处的记载,基本相同,详略可互为补充。三者说的是开元二十五年(737)前的情况,那时贡举考试由考功员外郎主持,举子们报到后,由户部集阅(户部是掌管户籍的),考功员外郎考试。开元二十五年后改由礼部侍郎知贡举,考试由礼部主持,则举子就向礼部纳家状。《唐会要》卷七六《贡举中·进士》载,开成元年(836)十月中书门下奏,有"举人于礼部纳家状"的话,则有关举子报到、核阅等一系列事项,可能都由礼部掌管了。

有关唐代科举的文字中,有"家状"、"文解"这样的词语。《唐会要》卷二四《诸侯入朝》条载:"建中二年(781)七月二十二日,敕诸州府,今年朝集使,宜且权停,其贡物及文解等,准例令考典赴上都。"这里的文解,显然是指各州府在送奉贡物的同时所献进的章表等文字。而在科举上,则所谓文解,当是各州府发给举子们的荐送证件,由举子向尚书省有关机构(先户部,后礼部)投送。如《文献通考》卷三〇《选举考》三,记载后唐庄宗同光三年(925)工部侍郎任赞奏请,说一般的举人须"各于本贯一例分明比试,如非通赡,不许妄给文解";又记载后周广顺三年(953)诏令,说是"今后举人须取本乡贯文解,若乡贯阻隔,只许两京给解"。五代时北方一带战争频繁,人户流徙的情况比较严重,上述的奏议与诏令大约是为了限定士人在本乡著籍、国家可以取得赋役来源而制定的,唐代则一般读书人可以在外地州府应试并加举送。但由此仍可见出,所谓文解,是由州府所发,交给举子,唐代应当也是这样的。

家状则是举子所写的本人家庭状况表,内容包括籍贯及三代名讳。如文宗大和八年(834)正月,中书门下曾奏请,说是根据惯例,礼部侍郎须先将及第人姓名呈宰相阅看,然后放榜,今年以后,就不必再呈榜,不过,"其及第人所试杂文,及乡贯、三代名讳,并当日送中书门下,便合定例"(《唐会要》卷七六《贡举中·进士》)。所谓"便合定例",就是说在这之前是一直这样做的。可见举子在应试前就须填写乡贯及三代名讳,向礼部交纳。家状的内容还包括哪些,史书上没有详细的记载。可知的有:后周广顺二年(952)规定,"有父母、祖父母亡殁未经迁葬者,其主家之长不得辄求仕进,所由司亦不得申举解送;如是卑幼在下者,不在此限"(《旧五代史》卷一一二《周书·太祖纪》)。要想赴举者,必须等葬礼事毕,或是卑幼在下的,这些情况都要在家状中写明,"不得罔冒"①。后唐天成三年(928)还规定,家状内要写明本人是曾为官还是不曾为官,改名不改名,曾经做过官的,先纳历任文书②。这是五代的情况,可以作为我们研究唐代时的参考。

家状的写法是有一定规格的,稍不合适,就要受到责骂,甚至被"驳放",即取消考试的资格。文宗朝当过宰相,后来不幸于大和九年(835)甘露之变时被宦官杀害的舒元舆,他于元和八年(813)登进士第,他在一篇题为《上论贡士书》(《全唐文》卷七二七)中,回忆他应试时的实际情况,说:

> 臣年二十三,学文成立,为州县察臣,臣得备下土贡士之数。到阙下月余,待命有司,始见贡院悬板样,立束缚检约之目,勘磨状书,剧责与吏胥等伦。臣幸状书备,不被驳放,得引到尚书试。

①据《登科记考》卷二六。
②据《登科记考》卷二五。

这里的所谓状书,当是包括家状在内的文件。礼部贡院门口挂有"板样",上面写着种种规定或须备检查的项目,有关的官员就据此来考查家状等所写是否合格,并加种种责难,简直把举子与衙门里的役吏一般对待。这里所谓的板样,也叫板榜,是高挂在贡院门口的,如唐末、五代初人王易简所说:"伏见礼部贡院逐年先书板榜,高立省门,用示举人,俾知状样。"(《全唐文》卷八六一《请颁示文解板样奏》)

交纳文解和家状后,就要结款通保并写明在长安寓居的地址。所谓通保,大约有两种,一种是举子互保,也叫合保,中唐时李肇所著《国史补》,卷下载科举试的各种习称,其中说:"将试各相保任,谓之合保。"又如《唐会要》所载开成元年(836)十月中书门下奏所说:"今日以后,举人于礼部纳家状后,望依前五人自相保,其衣冠则以亲姻故旧、久同游处者,其江湖之士则以封壤接近、素所谙知者为保。如有缺孝弟之行,资朋党之势,迹由邪径,言涉多端者,并不在就试之限。如容情故,自相隐蔽,有人纠举,其同举人并三年不得赴举。"(卷七六《贡举中·进士》)这里分衣冠与江湖之士两种。中唐以后,在唐代的官私文书中,正式出现了衣冠户这一名称,主要是指"前进士及登科有名闻",因而被免除课役的地主阶级的一部分,在中晚唐时有特定的含义①。但在一般情况下,衣冠则泛指官僚士大夫,如《旧唐书》卷一一三《苗晋卿传》说安史之乱起,"朝廷失守,衣冠流离道路,多为逆党所胁",这里的"衣冠",在《新唐书》卷一四〇的《苗晋卿传》里写成"揩

---

① 关于唐代的衣冠户,请参看张泽咸同志《唐代的衣冠户和形势户》(《中华文史论丛》1980年第3期)。这篇文章对唐代地主阶级等级构成及其发展衍变,有很好的分析。

绅",含义相同而更为贴切。《唐会要》这里所说的"衣冠"就是指做官的或已卸任的搢绅之士家庭出身。与之相对的,则所谓江湖之士,当是指未有官职的一般地主阶级。"如有缺孝弟之行"几句,是检查举子品德行为的几条准则。当然,在封建社会中,真正缺孝弟之行的未必能检查得出,至于"资朋党之势",则更是公开或半公开地在朝野上下进行着。这几项只是一些门面话,不过作为互保者的约束之辞。又,《册府元龟》卷六四一《贡举部·条制》三也载同样内容的奏议,时间却作会昌四年(844)十月,而且"五人自相保"作"三人自相保",未能断定以何者为是。《唐会要》的"其同举人并三年不得赴举",《册府元龟》作"其同保人并三年不得赴举",似以《册府》为是。

根据《唐会要》和《册府元龟》所记,以上通保的这些规定,须由礼部"明为戒励,编入举格"。格是什么意思呢?"格者,百官有司之所常行之事也。"(《新唐书》卷五六《刑法志》)这大约也是贡院门口所悬板样的内容。

通保的第二种情况,是从制举科中推寻出来的。天宝十载(751)九月,玄宗在勤政殿亲试怀才抱器举人,发现举人中有"私怀文策"者,于是"坐殿三举,并贬所保之官"①。可见制科举人是有做官的人相保的。像进士、明经等乡贡举人是否有所保之官,史无明文,但推想制举如此,则乡贡也当如此,如张鷟所作判文中,有《诸州贡举,悉有保明,及其简试,芜滥极多,若不量殿举主,或恐奸源渐盛,并仰折中处分》一道,判词中也有"贡人不充分数,举目自合征科,法有常刑,理难逃责"的话(《全唐文》卷一七二),此事尚待进一步论证。

————————

① 见《登科记考》卷九。

# 三

举子们在交纳文解和家状，并具结通保以后，到正式考试以前，还有一些活动须得参加。如北宋初人钱易在《南部新书》（丙卷）中说："每岁十一月，天下贡举人于含元殿前，见四方馆舍人当直者，宣曰：'卿等学富词雄，远随乡荐，跋涉山川，当甚劳止。有司至公，必无遗逸，仰各取有司处分。'再拜舞蹈讫退。"

《四库全书总目》称《南部新书》"皆记唐时故事，间及五代，多录轶闻琐语，而朝章国典，因革损益，亦杂载其中，故虽小说家言，而不似他书之侈谈迂怪，于考证尚属有裨"。关于贡举人于十一月见于含元殿前的记载，不见于其他唐五代人的著述，钱易所记当有所本，这是唐代科举史的一条有用的材料。

隋炀帝时，曾在长安建国门外设置四方馆，以待四方使者。所谓四方，据《通典》卷二一《职官》三《中书省·通事舍人》条，乃是指中国传统的对四周少数民族的称谓，即东夷、南蛮、西戎、北狄。正因如此，这个四方馆是属于鸿胪寺管辖的。唐代仍有四方馆，其职掌的官员称通事舍人，"掌通奏、引纳、辞见、承旨宣劳，皆以善辞令者为之"（见前《通典》卷二一）。因此现在出版的有些辞语工具书把唐朝的四方馆说成只是接待四周少数民族的官署。《唐会要》有一处也谈及四方馆，其书卷二四《受朝贺》条说："天宝六载十二月二十七日敕，中书门下奏：承前，诸道差使贺正，十二月早到，或有先见，或有不见，其所贺正表，但送省司，又不通进，因循日久，于礼全乖。望自今已后，应贺正使，并取元日，随京官例，序立便见，通事舍人奏知，其表直送四方馆，元日仗下候一时同进。敕旨,依。"唐朝各道各州府有贺正使的规定,各道各州府派出使臣,进献贡物及贺表,向皇帝祝贺元日。《唐会要》这里说,各地贺正使应在元旦那一天随京官例朝见,由四方馆的通事舍人奏知,而贺表则直接送往四方馆即可。由此可知,四方馆还负有接待各州府使臣的职责。从这点来看,《南部新书》所载举子于十一月在含元殿前见四方馆当直者,由当直者加以慰劳劝勉,当属可信。

接着是元日引见。原来在古代封建社会,各地荐送的举子,也是被看作为贡品由各地州府向朝廷进奉,并作为元日贺正的礼品,在元旦的那一天则由皇帝接见,表示收受。但在先前,举子们还不如物品,物品在元日陈列在"御前",也就是皇帝的跟前,而举子们则只能在外面朝堂拜列。于是在武则天称帝后,长寿二年(693)十月,左拾遗刘承庆上书,说:"岂得金帛羽毛升于玉阶之下,贤良文学弃彼金门之外,恐所谓贵财而贱义,重物而轻人。"他建议"贡人至元日引见,列在方物之前,以备充庭之礼"。这一建议得到武则天的许可,也就为以下各朝所遵行(见《唐会要》卷七六《缘举杂录》)。

元日引见的仪式,也有因战乱而停止的,最长的一次是安史之乱以后,有二十多年没有举行。《唐会要》卷二四《受朝贺》说:"建中元年十一月朔,御宣政殿,朝集使及贡士见。自兵兴以来,典礼废坠,州郡不上计、内外不会同者二十五年,至此始复旧典。二年正月朔,御含元殿,四方贡献,列为庭实,复旧例也。"德宗建中元年为公元780年,这时距天宝末年确是二十五年,可见整个肃宗、代宗两朝,都未举行过这种仪式。

元日引见的具体情况,唐人没有文字记载,不得其详。北宋中叶沈括倒有一则详细的记叙,写得很有风趣,虽然说的是北宋

的情况,但也很可以作为参考:

> 旧制,天下贡举人到阙,悉皆入对,数不下三千人,谓之群见。远方士皆未知朝廷仪范,班列纷错,有司不能绳勒。见之日,先设禁围于著位之前,举人皆拜于禁围之外,盖欲限其前列也。至有更相抱持,以望黼座者。有司患之。近岁遂止令解头入见,然尚不减数百人。嘉祐中,余忝在解头,别为一班,最在前列,目见班中唯从前一两行稍应拜起之节,自余亦终不成班缀而罢,每为阁门之累。常言殿廷中班列不可整齐者,唯有三色,谓举人、蕃人、骆驼。(《梦溪笔谈》卷九)

沈括把举人与骆驼并提,诙谐带有挖苦,把一些从远方来的读书人不识礼仪、抢先恐后的纷乱情状,描写得极为传神。唐代常贡的各科举人,也不下千人,中唐以后有至二三千人或更多的,这么多的人都要在御前引见,恐怕难以不发生《梦溪笔谈》所写的那种情况。

唐代的进士、明经试一般即在正二月举行,因此元日引见后,接着就要进考场考试了。不过在这中间还有一种活动,就是举子们到国子监拜谒孔子像,并听学官们讲经问难。现存的《唐大诏令集》卷一〇五有《令明经进士就国子监谒先师敕》,注明是开元五年(717);《唐摭言》卷一"谒先师"条也载这一诏令,说是开元五年九月,则实行当是在开元六年。《唐大诏令集》所载的敕文中说:

> 其诸州乡贡明经、进士,见讫,宜令引就国子监谒先师,学官为之开讲,质问其义。仍令所司优厚设食,两馆及监内得举人亦准此。其清资官五品以上及朝集使,并往观礼,即

为常式。

唐朝的五品官,在官品上是一个很重要的级别,五品与六品有着明显的政治地位的差异。《旧唐书》卷八二《李义府传》载李义府于高宗时受任修《姓氏录》,就订定:"皇朝得五品官者皆升士流。"五品以上官都算士流,全家可以免除赋役,六品以下则只能免除本人的赋役。又如在入学上,三品以上的子弟入国子学,五品以上的入太学,六品以下只能入四门学以及律、书、算学(《新唐书·选举志》)。又如唐代的官荫,三品以上荫曾孙,五品以上荫孙,五品以下没有恩荫特权(《唐六典》卷二《吏部》)。又如官吏的任命,"五品以上,以名上中书门下,听制授其官,六品以下,量资任定"(《旧唐书·职官志》)。现在规定五品以上的清资官(《文苑英华》卷四四〇玄宗时《优恤德音》说"五品以上清资官")参加国子监的听讲,是表示对举子们的看重。《通典》卷一五《选举》三记载此事时,说宰相也要参加:"宰辅以下皆会而观焉。"则朝廷中的高级官员几乎都参与这一盛典了。具体情况,我们可以从中唐时王起的一首诗中略见一二,王起《贡举人谒先师闻雅乐》:

> 蔼蔼观光士,来同鹄鹭群。鞠躬遗像在,稽首雅歌闻。度曲飘清汉,余音遍晓云。两楹凄已合,九仞杳难分。断续同清吹,洪纤入紫氛。长言听已罢,千载仰斯文。(《全唐诗》卷四六四)

王起写了举子们谒见孔子圣像时闻奏雅乐的一个场面,气氛肃穆庄重。不过整个说来,无论谒孔子像,还是听国子监学官讲经义,都是比较刻板枯燥的,引不起人们多大的兴趣,只不过虚应故事而已,一有事故,也就容易停废。唐末五代人崔棁就说过:"自经多故,其礼寖停。"(《全唐文》卷八五一《请贡举人复诣国子监谒先师奏》)

宋王辟之《渑水燕谈录》卷六《贡举》谓:"国初,诏诸州贡举人群见讫,就国子监谒先师,迄今行之,循唐制也。"王辟之是北宋中叶人。可见,谒孔子像的活动一直沿袭到宋代。


# 四

在叙述正式考试之前,先说一下唐代的"别头试"。

别头试是一种回避制,就是主考官的亲属移往别一指定机构考试。据《唐摭言》所载,这种别头试起始于高宗上元二年(675),其书卷二《别头及第》条说:"别头及第,始于上元二年钱令绪、郑人政、王恺、崔志恂等四人,亦谓之承优及第。"这时贡举考试还是由吏部考功员外郎主持,不知此时的别头试归哪一官署,从这寥寥数语中看不出更多的情况。

可以知道得较多情况的,是在玄宗的开元二十九年(741)。《唐会要》卷五八《尚书省诸司中·考功员外郎》载:"开元二十九年十一月十九日,礼部侍郎韦陟奏:'准旧例,掌举官亲族,皆于本司差郎中一人考试,有及第者,尚书覆定,然后附奏。臣本司今缺尚书,纵差郎官,是臣麾下,事在嫌疑,所望厘革。伏望天恩,许臣移送吏部,差考功员外郎试拣,侍郎覆定,任所司闻奏,即望浮议止息。'敕旨,依。"从韦陟的奏疏中可知,知举官的亲族避嫌别试,是旧例。开元二十五年起,由礼部侍郎知贡举,凡礼部侍郎的亲族,即在礼部内差一郎中另行考试,其中有及第的,再由礼部尚书覆核,然后一起闻奏。就是说,别头试也是在礼部的范围内进行。据此类推,则开元二十四年以前由考功员外郎知贡举,别头试当是由考功郎中主持,及第者则由吏部尚书覆核,即都在吏部的范围内进行。

现在再来说开元二十九年。那年科试时正好礼部尚书缺人,因此韦陟说,即使差礼部的郎中来主持别头试,这郎中也仍是礼部侍郎的下属。他建议索性将别头试"移送"吏部,即由考功员外郎主试,吏部侍郎覆核。从此就成为定制。应当说,这未始不是预防和杜绝考试作弊的一项措施。

但别头试在德宗贞元时曾一度停止,《旧唐书·德宗纪》载贞元十六年(800)"十二月戊寅,罢吏部覆考判官及礼部别头贡举"。据《新唐书·选举志》,这次之罢别头试,是出于中书舍人高郢的奏请,而两《唐书·齐抗传》,说是抗"奏罢之"。这是因为贞元十六年高郢以中书舍人知贡举,奏请罢别头试,而此时齐抗正好做宰相(参《新唐书·宰相表》),乃因高郢的建议而奏请皇帝,下令停止别头试,仍委礼部考试。至宪宗元和十三年(818)十月,应权知礼部侍郎庾承宣之请,又恢复吏部之别头试,中间停了十八年。庾承宣的理由也还是"臣有亲属应明经、进士举者,请准旧例送考功试";有些主考官为了避嫌,是宁肯实行别头试,以避免是非的。

但在封建社会中,再好的防弊之法也是有漏洞可钻的,别头试并不就能杜绝作弊行私。柳宗元《唐故秘书少监陈公行状》一文,记陈京曾任考功员外郎,公正无私,但当时的大多数情况却是:

> 初礼部试士,有与亲戚者,则附于考功,莫不阴授其旨意而为进退者。(《柳宗元集》卷八)

可见形式上虽然避嫌而就考功试，暗地里仍通关节，进退取舍，一本旨意而行。又譬如文宗大和三年（829），考功试后，取进士、明经郑齐之等十八人，但"榜出之后，语辞纷竞"，结果只好又进行一次复试，果然有不应取而取的。

另外，需要回避者的范围也并不十分明确。开元二十九年韦陟奏说是"掌举官亲族"，《新唐书·齐抗传》说是"礼部侍郎试贡士，其姻旧悉试考功"，《旧唐书·齐抗传》又作"亲故"（《新唐书·选举志》同），前引柳宗元的文章作"亲戚"（元和十三年庾承宣奏疏同）。亲戚、姻旧、亲故，其范围大小不等，也使人有隙可乘。譬如沈询知贡举，还未放榜，其母对他说："近日崔、李二侍郎皆与宗盟及第，汝于诸叶中放谁耶？"沈询回答说："莫如沈先、沈擢。"其母说："二子早有声价，科名不必在汝。沈儋孤寒，鲜有知者。"沈询不敢违拗其母之意，于是放沈儋及第。这里可以注意的是，沈询的母亲说"近日崔、李二侍郎皆与宗盟及第"，则在这之前礼部侍郎取亲族及第者已不鲜见，沈询也是如此，事先就在沈先、沈擢及沈儋中选取。清人赵翼在《陔余丛考》中曾怀疑沈询之取沈儋是在齐抗奏罢别头试之后（卷二九《科场回避亲族》）。但沈询知贡举在大中九年（855），这时候早已恢复了别头试。可见虽有回避的规定，不一定就能得到真正的贯彻和施行。

# 五

唐代礼部试的时间，究竟是在白天还是在夜间，宋人的说法不同。以博洽见长的洪迈，在其著名的《容斋随笔》中认为唐代的进士试是在夜间，他说：

唐进士入举场得用烛，故或者以为自平旦至通宵。刘虚白有"二十年前此夜中，一般灯烛一般风"之句，及"三条烛尽"之说。按《旧五代史·选举志》云："长兴二年，礼部贡院奏当司奉堂帖夜试进士，有何条格者。敕旨：秋来赴举，备有常程，夜后为文，曾无旧制。王道以明规是设，公事须白昼显行，其进士并令排门齐入就试，至闭门时试毕；内有先了者，上历画时，旋令先出。其入策亦须昼试，应诸科对策，并依此例。"则昼试进士，非前例也。清泰二年，贡院又请进士试杂文，并点门入省，经宿就试。至晋开运元年，又因礼部尚书知贡举窦贞固奏："自前考试进士，皆以三条烛为限，并诸色举人有怀藏书册，不令就试。"未知于何时复有更单。白乐天集中奏状云："进士许用书册，兼得通宵。"但不明言入试朝暮也。（《容斋三笔》卷十《唐夜试进士》）

在洪迈之前，北宋人王辟之已有类似的说法，他说：

唐制，礼部试举人，夜试以三鼓为定。无名子嘲之曰："三条烛尽，烧残学士之心；八韵赋成，笑破侍郎之口。"后唐长兴，改令昼试。侍郎窦贞固以短晷难成，文字不尽意，非取士之道，奏复夜试。本朝引校多士，率用白昼，不复继烛。（《渑水燕谈录》卷六《贡举》）

按照王辟之的理解，唐代的进士试是在夜间，五代时后唐长兴年间（930—933），改令昼试，后来又因窦贞固的奏请，复改为夜试，而至宋代本朝，则一般都用白天考试了。洪迈的意思与王辟之相近，因《容斋随笔》影响较大，于是唐人夜试进士之说也就为人所援引了。

宋代人也有不同的理解,如程大昌《考古编》卷七《唐试通昼夜》就说:

> 唐人尝有题诗试闱者曰:"三条烛尽钟初动,九转丹成鼎未开。残月渐低人扰扰,不知谁是谪仙才。"读此知其为夜试矣,而未知自夜以始耶,抑通昼夜也。《白乐天集》长庆元年《论重考试进士事宜状》:"伏准礼部试进士例,许用书策,兼得通宵。得通宵则思虑精,用书策则文字不错。然重试之日,书策不容一字,给烛只许两条,迫促惊忙,幸皆成就,与礼部所试不同,纵有瑕病,或可矜量。"其曰通宵,则知自昼达夜;前诗言尽三烛,而此止得两烛,皆可略存唐制也。

程大昌的另一部读书笔记《演繁露》卷七《进士试彻夜》中也有类似的记述。程大昌的说法是较为通达的,洪迈对五代史料的解释尚有问题。现在先不提五代时的记载,让我们来看看唐代人对此是怎么说的。

白居易有一首《早送举人入试》诗:"凤驾送举人,东方犹未明。自谓出太早,已有车马行。骑火高低影,街鼓参差声。可怜早朝者,相看意气生。日出尘埃飞,群动互营营。"诗的后半节感叹长安朝士"营营"者无非名利,诗人看不惯这种钻营的风气,向往早日"归山"隐遁。据朱金城先生《白居易年谱》,此诗约作于贞元二十一年(805),白居易三十四岁,任校书郎之职,是他刚刚步入仕途的时候。送举人入试,似并非校书郎的职责,或者是一种临时差遣,也或者所送举人是白居易友人,诗人只不过是由于个人情谊送他的朋友赴举场考试。这些且不去管他,总之,这首诗是较为具体地记述了送举人入试的途中所见,是当时人写当时事,应当是可信的。头两句说的就是黎明时分,太阳未出,东方依稀;以后又说上早朝人的车马,伴有骑火,人还看不清楚,只能见到一些高低参差不齐的影子;再以后则太阳出来,人群走动,长安街上尘埃飞扬。这几句层次分明,时间早晚的顺序是很清楚的。

在白居易之前,在武则天及玄宗开元时,其文才为士流所重、号为"青钱学士"的张鷟,在其《龙筋凤髓判》中有一道判,题为:《太学生刘仁范等省试落第,挝鼓申诉,准式卯时付问头,酉时收策,试日晚付问头,不尽经业,更请重试,台付法不伏》(《全唐文》卷一七三)。准式者,就是按照法令规定。卯时约是早晨五时至七时光景,酉时约是下午五时至七时。这就是说,清晨六时左右发考试题目,下午六时左右收考卷。这里所写举人入场考试的时间,与前面白居易的诗所写,是一致的。

前面第一节曾提到《太平广记》卷一七九引《乾馔子》文,记阎济美大历时在东都洛阳应进士试,这里也说到考试的时间。说那一年十一月下旬考试诗赋,十二月四日考帖经,阎济美于经文不熟,乃以诗赎帖,试《天津桥望洛城残雪》诗。他只作得"新霁洛城端,千家积雪寒。未收清禁色,偏向上阳残"四句共二十个字,"已闻主司催约诗甚急,日势又晚"。可见这时考试,待到太阳下山,就要收试卷的。

以上三条,一条记载的是唐代前期,两条是唐代中期,说的都是昼试。这是礼部常贡试明经、进士的,至于制举,也是白天考试,这方面的记载就更多,举不胜举。如天宝十三载(754)十一月试四科举人,"命有司供食,既暮而罢"①。大历六年(771)四月试制举人,"至夕,策未成者,令太官给烛,俾尽其才"(《旧唐书·代

①《登科记考》卷九引《册府》。

宗纪》）。这次考试，代宗亲临，"时方炎暑，帝具朝衣，永日危坐，读太宗《贞观政要》"①。唐代的制举试，很多次是皇帝亲临的，如是夜试，很难设想这些帝皇会陪坐大半夜甚至通夜的。

那么唐代有没有夜试呢？有，这就是白居易所说的"通宵"。长庆元年（821），钱徽知贡举，后来发现有行贿走私等情节，于是命当时任知制诰的白居易与王起复试，果然有一些大官的子弟落选，引起一场朝官之间的朋党纷争，这事在后面还要讲到。白居易在两派官僚中都有朋友，他为了不得罪人，并说明重考的情况，就于事后写了一篇《论重考试进士事宜状》（《白居易集》卷六〇），其中说："伏准礼部试进士，例许用书策，兼得通宵，得通宵则思虑必周，用书策则文字不错。昨重试之日，书策不容一字，给烛只许两条，迫促惊忙，幸皆成就。若比礼部所试，事较不同，虽诗赋之间，皆有瑕病，在与夺之际，或可矜量。"这里提到礼部试进士的例行规定，是可以通宵，还给烛三条。从以上所举昼试的事例，可知所谓通宵，则不应只是夜间考试，而是应当像上面提到过的程大昌所说的那样，是"自昼达夜"。也就是说，白天来不及完卷，可以延续到夜里，并许给木烛三条，烛尽为止，而长庆元年复试只许给烛两条，所以白居易认为是对待不公正了。

从这样的认识出发，对于唐人一些描写夜试的诗文，就可以容易理解得通，而不致有所窒碍。如《唐摭言》卷一五《杂记》：

韦承贻，咸通（琼案，通原作光，误，今改）中策试，夜潜记长句于都堂西南隅曰："褒衣博带满尘埃，独上都堂纳试回。蓬巷几时闻吉语，棘篱何日免重来？三条烛尽钟初动，九转丹成

---

① 《登科记考》卷十引《册府》。

鼎未开。残月渐低人扰扰,不知谁是谪仙才。"“白莲千朵照廊
明,一片升平雅颂声。才唱第三条烛尽,南宫风景画难成。”

韦承贻于懿宗咸通八年(867)登进士第;这里的“白莲千朵照廊
明”为薛能所作,见《全唐诗》卷五六一,薛能为会昌六年(846)进
士及第。《唐摭言》把它们作为一首诗,统归之于韦承贻名下,是
不对的。无论是韦诗或是薛诗,写的都是夜试,但都可以理解为
是昼试的延续。不过从韦承贻的诗中倒可以看出,唐人夜试的时
间是相当长的,待到第三条烛尽的时候,已经是“残月渐低”,恐怕
是快要天亮了。这种情况又见于咸通四年房珝考试的那一次。房
珝应试前,由于其中表兄弟是朝中要官,经过推荐请托,录取的名次
已定,但不料考试时,正在写录之际,屋檐间泥土落下来打翻砚台,
弄污了试纸,房珝请求重写,而这时已是“临曙”,主考官不允,他这
次就落了第(《唐摭言》卷九《防慎不至》)。可见是快到天亮的。

刘虚白的诗:“二十年前此夜中,一般灯烛一般风。不知岁月
能多少,犹着麻衣待至公。”(《唐摭言》卷四《与恩地旧交》)殷文
圭的诗:“烛然兰省三条白,山束龙门万仞青。”(《全唐诗》卷七〇
七《省试夜投献座主》)都是交纳试卷时向座主献纳的诗篇,这是
唐代考场的习俗,不能以此证明礼部试只是夜间而无白天。

现在我们来看一下五代史的材料。《旧五代史》卷一四八《选
举志》载:“(开运元年)十一月,工部尚书、权知贡举窦贞固奏:
‘进士考试杂文及与诸科举人入策,历代已来,皆以三条烛尽为
限,长兴二年,改令昼试。……若使就试两廊之下,挥毫短景之
中,视晷刻而唯畏稽迟,演词藻而难求妍丽,未见观光之美,但同
款答之由,既非师古之规,恐失取人之道。今欲考试之时,准旧例
以三条烛为限。……’”

此处所谓的历代,应当是包括唐朝的,指的是唐朝以来的历代皇帝。窦贞固意思是说,自唐以来,进士试杂文(即试诗赋),都是从白昼起,到夜晚以三条烛尽为止;后唐长兴二年(931),改为只限于昼试,废止夜试。他认为,如只限于白天,举子们惟恐时间稽迟,不能专心精研,也就未能尽其才,所以还应按照往例,仍旧延长到夜间,以三条烛尽为止。其原意应当如此,洪迈没有全面考察唐人的材料,即作出唐代夜试进士的论断,是不确的。即以洪迈所引《旧五代史·选举志》长兴二年的材料(按这一段文字为今辑本《旧五代史》所无)来看,敕旨云"王道以明规是设,公事须白昼显行",也说的是昼试。长兴二年说的就是停止夜试,限以白天,而并非改夜试为昼试。宋人李颀《古今诗话》说"唐制,举人试,日既暮,许烧烛三条"[①],虽简略,却是得其实的。而比较起来,宋袁文《瓮牖闲评》(卷八)、清赵翼《陔余丛考》(卷二九《科场给烛》)却说得很不明确。

# 六

唐代进士、明经等考试的地点在哪里? 这个问题,过去的记载似乎也有含混不清的地方。

《大唐传载》说:"开元中,进士第唱于尚书省,其策试者并集于都堂,唱其第于尚书省。"这里的开元中,没有分清是开元二十五年以前还是以后,因为开元二十四年以前贡试归吏部考功,开元二十五年起归礼部,有此分别,则考试地点当也不同。《大唐传

---

① 见郭绍虞《宋诗话辑佚》。

载》所说,似乎说考试是在都堂举行。后来《唐摭言》也说:"进士旧例于都省考试,南院放榜(原注:南院乃礼部主事受领文书于此,凡板样及诸色条流,多于此列之),张榜墙乃南院东墙也。"(卷一五《杂记》)照此说法,则似乎进士考试的地点在都省,而放榜在礼部南院,二者是分开的。

都堂、都省是尚书省的简称。礼部南院则是在尚书省以南的一个坊。宋程大昌《雍录》卷八《职官·礼部南院》载:"礼部既附尚书省矣,省前一坊别有礼部南院者,即贡院也。《长安志》曰'四方贡举所会',其说是也。"这里所说的《长安志》,就是北宋人宋敏求所作的《长安志》。宋著《长安志》卷七承天门街之东、第五横街之北为一坊,坊内"从西第一左领军卫,次东吏部选院,次东礼部南院(四方贡举人都会所也)"。据徐松《唐两京城坊考》及陆遹耀等所修《咸宁县志》,画其简图如下:

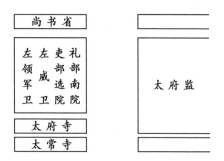

这都是在皇城之内,与一般的民居隔开。礼部南院的东墙,是进士放榜时贴榜的所在地,详细情况见本书后面论进士放榜与宴集一章。按照《大唐传载》与《唐摭言》的记载,似乎考试在北面尚书省,放榜在礼部南院东墙。

唐人诗中确是有提到都堂试贡士的,如唐文宗时人李景有《都堂试贡士日庆春雪》(《全唐诗》卷五四二),韦承贻有《策试夜潜记长句于都堂西南隅》(《全唐诗》卷六〇〇),问题在于都堂一词并不是一个有确定含义的地名。开元二十四年前,贡试在吏部举行,吏部属尚书省,因此可以称考试地点在都省或都堂;开元二十五年起贡试归礼部,礼部也属尚书省,则在礼部试也可以说在都省或都堂。

另外,前所引《雍录》明确地说"礼部南院者,即贡院也",这就是说,贡院是在礼部南院。《雍录》的话是否可靠呢? 让我们来考查一下。《唐摭言》谈到礼部南院时,加小注说:"南院乃礼部主事受领文书于此,凡板样及诸色条流,多于此列之。"这就是说,板样是列悬于礼部南院的。我们在本章第二节论板样时曾引舒元舆《上论贡士书》一文,文中有"始见贡院悬板样,立束缚检约之目"的话,这就是说,板样是挂在贡院门口的。从这两条材料来看,就应当得出这样的结论,贡院确是在礼部南院,《雍录》的记载是可靠的。贡院既是在礼部南院,则进士等科考试的地点也就容易解决,因为唐代进士试就是在贡院。在中国封建社会中,凡礼部试,自宋到清,考场都设在贡院,这一传统就是滥觞于唐代的。

《玄怪录》卷三曾记载一个苏州的士人吴全素,以明经荐送到长安,累试不第,元和中寓居于长安的永兴里。"十二月十三日夜既卧,见二人白衣执简,若贡院引牌来召者,全素曰:'礼闱行试,分甲有期,何烦夜引?'使者固邀,不得已而下床随行。"据这则故事所述,这二人实为阴间差吏。《玄怪录》所记整个说来当然是鬼怪无稽之谈,但具体所写则为当时社会的实际情事。这里说吴全素见贡院引牌来召,就回答"礼闱行试"如何如何,可见当时人是认为礼部考试就是设在贡院,这是当时生活中的常事,因此不烦解释。又如权德舆有《贡院对雪以绝句代八行奉寄崔阁老》诗(《权载之文集》卷三),说:"寓宿春闱岁欲除,严风密雪绝双鱼。"

权德舆曾于德宗贞元时知贡举,这首诗当是在贡试期间所作,地点在贡院,诗中又说及"春闱",春闱即礼闱,也就是礼部试。这都是礼部试设在贡院的确切的例证。到宋代,沈括就索性把礼部和贡院连在一起说,《梦溪笔谈》卷一就说道:"礼部贡院试进士日,设香案于阶前,主司与举人对拜,此唐故事也。"①

唐代贡院内的具体情况,限于材料,今天已不得详知。五代时窦贞固奏中有"就试两廊之下"的话(《旧五代史·选举志》),则贡院内大约如同后代一样是分东西两廊,举子们就分别按一定号数坐于廊下考试的。《唐诗纪事》卷四一就记有一则故事,说孟简于宪宗元和时应进士试,试前问一卜者,测一测运气如何,卜者对他说:"你一进去,靠近东门坐,这一科就可以及第了。"于是孟简"既入,即坐西廊。迫晚,忽得疾,邻坐请与终篇,见其姓,即'东门'也,乃擢上第"。此处所写的卜者云云,当然不可信,当时士人们为了预测自己的命运,在长安问卜者甚多,长安市上一些卜者一大笔生意是向着这些举子们做的,这在本书后面还要讲到,这里不作细谈。可以注意的是,卜者对孟简说,你一进考场靠东门坐,孟简果然坐在西廊,西廊即靠近东边的大门。可见唐代贡院确是分东西两廊的。李景《都堂试贡士日庆春雪》诗,也有"密雪分天路,群才坐粉廊"之句(《全唐诗》卷五四二)。这方面记载得最为详确的,还要算是舒元舆。前面已引述过舒元舆在《上论贡士书》中谈到举子们到京都后报到、磨勘等情形,他说经过种种检查苛责,幸而获得通过,可以允许考试了,接着就:

　　　　试之日,见八百人尽手携脂烛、水炭,洎朝晡餐器,或荷

————————
① 此又见范镇《东斋记事》卷一。

于肩,或提于席,为吏胥纵慢声,大呼其名氏。试者突入棘闱
重重,乃分坐庑下,寒余雪飞,单席在地。

舒元舆所说的庑下,也就是窦贞固所说的廊下,两者是一个意思。
李景《都堂试贡士日庆春雪》所谓"密雪分天路,群才坐粉廊",似
乎是富有诗意,其实是颇有掩饰的,舒元舆所记则为写实。礼部
试往往在正二月,那时长安天气还很冷,常常碰到下雪天,那种
"寒余雪飞,单席在地"的滋味是并不好受的,又加上进入考场时,
不仅手提肩背,照明用的脂烛,温饭取暖用的木炭,早晚吃饭的餐
具,都得齐备,进门时又受多种盘问,被吏胥大声呼喝,怪不得舒
元舆感叹道:"呜呼! 唐虞辟门,三代贡士,未有此慢易者也!"杜
牧就记载过一个举子,进考场时受不了这种屈辱,一气之下,跑出
贡院走了:

> 太和元年举进士及第,乡贡上都,有司试于东都,在二都
> 群进士中,往往有言前十五年有进士李飞自江西来,貌古文
> 高,始就礼部试赋,吏大呼其姓名,熟视符验,然后入。飞曰:
> "如是选贤邪? 即求贡,如是自以为贤邪?"因袖手不出,明日
> 径返江东。某曰:"诚有是人,吾辈不可得与为伍矣。"(《樊
> 川文集》卷九《唐故平卢军节度巡官陇西李府君墓志铭》)

这位李飞,就是后来赫赫有名的痛斥元稹、白居易诗为"淫言媟
语"、"纤艳不逞,非庄士雅人,多为其所破坏"的李戡。这大约是
一位愤世嫉时的人,孤高怪癖,他受不了贡院门口的种种屈辱,宁
可不要功名,负气出走了。

唐代举子入试时的检查大约是很严的,《通典》卷一五《选
举》三记载道:"礼部阅试之日,皆严设兵卫,荐棘围之,搜索衣服,

讯呵出入，以防假滥焉。"①贡院四周修起棘篱，主要是为了杜绝内外传递信息，但也有说是放榜时防止落第士子闹事的，清赵翼《陔余丛考》考证说："贡院四围重墙皆插棘，所以杜传递出入之弊，古制则非为此也。《五代史·和凝传》：'是时进士多浮薄，喜为喧哗以动主司，主司每放榜，则围之以棘，闭省门；凝知贡举，撤棘开门，而士皆肃然无哗，所取称为得人。'然则设棘乃放榜时以防士子喧哗耳。"（卷二八《棘闱》）此可备一说。至于搜身的制度，当起自唐代，宋代还较宽。据沈德符《万历野获编》所记，明代州府乡试的搜检是很严格的，如一经查出怀挟书册，就要"三木囊头，斥为编氓"。会试则明朝初年较宽，据说明太祖朱元璋说过："此已歌《鹿鸣》而来者，奈何以盗贼待之。"但到明朝中叶，因科场作弊太多，就变得十分严格了，甚至"解衣脱帽，且一搜再搜"（卷一六《科场·会场搜检》）。至于清代，则防范搜查更加严密，这里不再多说。

这里需要讨论一下唐代科试时举子能否带书册的问题，因为入试时的所谓搜检，主要就是搜查是否私藏书册。从史料来看，唐代的科举试，一律不许带书，规定很严格，一经查出，就要受罚，而且所保的官员也要受到贬责的处分。如《册府元龟》卷六四三《贡举部·考试》一记载道："（天宝）十载九月辛卯，御勤政楼试怀才抱器举人，命有司供食。有举人私怀文策，坐殿三举，并贬所保之官。"这说的是制举试。至于进士科等考试，前面提到过的五代时人窦贞固，他在奏论进士试的时间一疏中说道："其进士并诸色举贡人等，有怀藏书册入院者，旧例扶出，不令就试。近年以来，虽见怀藏，多是容纵。今欲振举弛紊，明辨臧否，冀在必行，庶

---

①此处所记，又见于《册府元龟》卷六四〇《贡举部·条制》二。

为定式。"(《全唐文》卷八六五《请贡举复限三条烛奏》)可见禁挟书策入试,虽屡有告示,但总是未能杜绝,而且还受到有关官员的纵容,因此窦贞固再次重申这一禁令。在这之前,后唐长兴四年(933),也已再次颁过条令,《文献通考》卷三〇《选举考》三记:"(后唐明宗)长兴四年,礼部贡院奏新立条件如后:……一、怀挟书策,旧例禁止,请自今后入省门搜得文书,不计多少,准例扶出,殿将来两举。"

问题在于是否禁止一切书籍带入。这里值得注意的是长庆元年(821)白居易复考科目奏状中的一段话,这段话前面论进士试的时间曾引用过,为说明问题,再引述于此:

> 伏准礼部试进士例,许用书策,兼得通宵,得通宵则思虑必周,用书策则文字不错。昨重试之日,书策不容一字,给烛只许两条,迫促惊忙,幸皆成就。若比礼部所试,事校不同,虽诗赋之间,皆有瑕病,在与夺之际,或可秤量。

这段文字中可注意的是:第一,礼部试进士,照惯例是可以用书策的。第二,用书策以后,文字可以不错;这里提文字,并不是指文义。第三,这次复试,命令不许用书策,虽说是严申禁令,想考核真才,但终不合往例,因此造成举子们试卷中的文字错误,是应当原谅的。从这三点看来,白居易所说的书策,是什么样的书呢?

这一点,我们可以从宋代的科试规定中找求答案。《文献通考》卷三〇《选举考》三讲到宋代科举考试的情况,也说"凡就试禁挟书为奸",但后面接着说:"进士试词赋,唯《切韵》、《玉篇》不禁。"同书卷三一《选举考》四又记载神宗熙宁三年(1070)亲试举人,"进士就席,有司犹循故事,给礼部韵"。《宋史》卷一五五《选举志》一也有同样内容的记载："凡就试,唯词赋者许持《切韵》、《玉篇》,其挟书为奸,及口相受授者,发觉即黜之。"这就是说,一方面仍严申挟书之禁,另一方面规定,凡进士考试诗赋时,允许带《切韵》、《玉篇》,熙宁的那一次,还由官方发给礼部韵书①。此事也见于宋人笔记,王栐《燕翼贻谋录》卷二载景德二年(1005)七月礼部贡院的通令,其中就说:"举人除书案外,不许将茶厨、蜡烛等入,除官韵外,不得怀挟书策。"可见在宋代,举子们带韵书是公然合法的事,是不算在所谓书策之内的。按照一般的情况,科试的规定,是愈到后代愈是严密,不可能设想,唐代不许带韵书,到宋代应考者更多了,录取更不容易,反而可以带韵书了。

《切韵》编成于隋代,著者陆法言斟酌当时南北的方言,并参照传统的读书音,分别四声,共分一百九十三韵。陆法言的分韵很精细,再照顾到南北的实际语音和传统书音,因此用起来十分方便,到唐代大为流行,唐人作诗赋,以及科举考试时试诗赋,都以《切韵》作押韵的标准②。生活在开元、天宝时期的封演就说过:"隋朝陆法言与颜、魏诸公定南北音,撰为《切韵》,凡一万二千一百五十八字,以为文楷式。"(《封氏闻见记》卷二《声韵》)封演称《切韵》是"为文楷式",中唐时人王仁昫《切韵序》说是"时俗共重,以为典规",可见此书为唐代士流所推崇。正由于《切韵》大行于世,因此唐代以此书为基础,又有不少种增修的韵书,见于记载的有二十余家,现在流传下来的写本或刻本,保存比较多的主要

①此当指《礼部韵略》,北宋仁宗景祐四年(1037)官修的韵书,主要备礼部考试之用。参见赵诚同志《中国古代韵书》,中华书局1979年10月出版。
②关于《切韵》的论述,这里所述系依据周祖谟先生《切韵的性质和它的音系基础》(《问学集》上册,中华书局1966年1月出版),及《〈广韵〉略说》(《文史知识》1983年第9期)。

是长孙纳言的笺注本(高宗仪凤二年〔677〕),王仁昫的《刊谬补缺切韵》(中宗神龙二年〔706〕),以及孙愐的《唐韵》(玄宗开元二十年〔732〕以后)①。唐人小说中曾有过这样一个故事:女仙吴彩鸾,自称是江西南昌西山吴真君之女。文宗大和时,应试进士文萧寓居南昌(唐时称钟陵),在中秋夜踏歌场中见到她,歌罢就跟踪她到西山,后来两人结成了夫妻。但文萧不善谋生,"彩鸾为小楷书《唐韵》一部市五千钱为糊口计,然不出一日间能了十数万字,非人力可为也。钱囊羞涩,复一日书之,且所市不过前日之数"。这则故事告诉我们,中唐时,社会上有从事于抄写韵书为生计的,抄完一部卖出后,还可再抄再卖②,再据以上所说唐代以《切韵》为基础的韵书有二十余种,可见当时社会上对这类书的需求之多,这种需求一大部分就是出于实际需要,即科场中的应用。

我们还可以举出一个例子。《太平广记》卷二六一《梅权衡》条引《乾𦠊子》,载:"唐梅权衡,吴人也,入试不持书策,人皆谓奇才。及府题出《青玉案赋》,以'油然易直子谅之心'为韵,场中竞讲论如何押谅字,权衡于庭树下,以短棰画地起草,日晡,权衡诗赋成,张季遐前趋,请权衡所纳赋押谅字,以为师模。权衡乃大言曰:'押字须商量,争应进士举?'"从这段记述中,可以看到,当时举子应进士试时,如何押韵,是个难题。科试时以《切韵》为依据,《切

————————

① 据周祖谟先生《唐五代韵书集存》(中华书局 1983 年出版),及《问学集》中《王仁昫切韵著作年代释疑》一文。

② 欧阳修《归田录》中曾提到吴彩鸾《唐韵》,《归田录》卷二云:"叶子格者,自唐中世以后有之。说者云,因人有姓叶号叶子青者撰此格,因以为名。此说非也。唐人藏书,皆作卷轴,其后有叶子,其制似今策子。凡文字有备检用者,卷轴难数después舒,故以叶子写之,如吴彩鸾《唐韵》、李郃《彩选》之类是也。"按此亦可用来解释白居易为什么称韵书之类叫书策,就是唐人抄写的韵书,以散叶而不装成卷轴的,称作策子。

韵》分类又极细，而且到唐代中期以后，语音又有所变化，韵脚就更不容易押得贴切，因此应试时允许携带《切韵》是完全可以理解的。像梅权衡那样，入试时不带"书策"，人就以为是奇才，可见不带书策是极个别的例子，而这所谓书策，从这篇故事所叙述的情节来看，就是韵书。再对照前面引过的白居易所说"用书策则文字不错"，就更证明这一点。《旧唐书》卷一二六《李揆传》也记载一事：

> 乾元初，兼礼部侍郎。揆尝以主司取士，多不考实，徒峻其堤防，索其书策，殊未知艺不至者，文史之囿亦不能摛词，深昧求贤之意也。其试进士文章，请于庭中设五经、诸史及《切韵》本于床，而引贡士谓之曰："大国选士，但务得才，经籍在此，请恣寻检。"由是数月之间，美声上闻。

李揆的做法虽然受到宋人朱翌的讥嘲①，但由此可证进士考试诗赋，为了避免用韵的错误，确实需要《切韵》作为工具书以备检用的。这是科举制度的初期阶段，到明清时，当然一概不准携带了。


# 七

唐代举子进入考场防范甚严，但在考场内却可以说相当自由，有些情况是明清时代所不能想象的。像前面提到过的，举子在夜间交纳试卷时，可以在试场的壁间题诗。又如前节讲到的

---

① 朱翌《猗觉寮杂记》卷下："李揆取士，不禁挟书，大陈书于庭，多得实才。和凝知举，撤棘围，大开门，士皆肃然无哗，上下相应，故可书。今为二公之所为，则不成礼闱矣。"

《太平广记》所载梅权衡事,他在所作诗赋完成以后,别的举子可以向他请教如何押韵,乃至"率数十人请益",梅权衡遂公然朗吟其所作,后来因其所作实在太不像样子,乃引起大家的哄笑。可能这是小说家言,有渲染夸张的成分,但如果没有一点现实生活的基础,也不可能作这样的描写。

又譬如《唐摭言》还记有这样一件事情:

> (郑)光业尝言及第之岁,策试夜,有一同人突入试铺,为吴语谓光业曰:"必先必先,可以相容否?"光业为辍半铺之地。其人复曰:"必先必先,咨伏取一杓水。"光业为取。其人再曰:"便干托煎一碗茶,得否?"光业欣然为之烹煎。居二日,光业状元及第,其人首贡一启,颇叙一宵之素。略曰:"既取水,更煎茶,当时之不识贵人,凡夫肉眼;今日之俄为后进,穷相骨头。"

这段描写十分生动,写这位吴人先是借郑光业的铺位,光业分一半给他;又请光业为之取水(这水当是各人自备,入试时携带进来的),又请光业为之煎茶(木炭也是举子自备而带入的),而这些,在考场中竟无人禁止或加干涉。据李肇《国史补》,唐人称已登第者为先辈;这里的必先,据胡震亨的解释,是说"名第必居先,与先辈同一推敬意"(《唐音癸签》卷一八诂笺三《进士科故实》)。必先是当时生活中的口语,这则记载整个说来生活气息是很浓厚的。

据说《宋稗类钞》中还记有一则故事,说唐时有一童子应试,赋题是《腐草为萤赋》,童子不知题目的出处,不好下笔,就问隔座一老于场屋者,这人就随口回答说:"这草就是古诗中'青青河畔草',《论语》里还说过,'君子之德风,小人之德草';萤就是《三字经》上说的'如囊萤'。"此人是随便乱说的,但这个童子却将这几句凑成一联:"昔年河畔,尝叨君子之风;今日囊中,复照圣人之典。"想不到这几句却为主司所赞赏,遂登科,而那位老于场屋者却依旧落第。这个故事真实性如何,尚可研究,因为《三字经》乃编成于南宋,唐代似还未有"三字经"这样的书。但考场中互相问答的情况仍可为我们研究唐代科试的参考。北宋也有类似的情形,为比较起见,我们不妨举一个例子如下,这种近于幽默小品的文字也可以增加我们对科举考试研究时的兴趣。王铚《默记》卷中:

> 王君辰榜,是时,欧公为省元。有李郎中,忘其名,是年赴试南宫。将迫省试,忽患疫,气昏愦。同试相迫,勉扶疾以入。既而疾作,凭案上困睡,殆不知人。已过午,忽有人腋下触之,李惊觉,乃邻座也。问所以不下笔之由,李具言其病,其人曰:"科场难得,已至此,切勉强。"再三言之。李试下笔,颇能运思。邻座者乃见李能属文,甚喜,因尽说赋中所当用事,及将己卷子拽过铺在李案子上,云:"某乃国学解元欧阳修,请公拆拽回互尽用之,不妨。"李见开怀若此,顿觉成篇,至于诗亦然。是日程试,半是欧卷,半是欧诗。李大感激,遂觉病去。论、策二场亦复如此。榜出,欧公作魁,李亦上列,遂俱中第云。

王铚在宋号称博洽多闻,且这里所写的李某与王铚的祖父曾为同官,这件事是李某亲口与王铚祖父讲的,当可信。没有想到道貌岸然的古文大家欧阳修,在考场中还偷偷将卷子给别人看,让人抄自己的试卷,而且还讲试题的出处文义。从这一富有戏剧性的情节中,我们知道北宋考场中防范也是不很严密的,则唐代恐更是如此。

而且唐末的《尚书故实》中还记载另一件事:有一名叫郭承嘏的,喜欢书法,他收藏有一卷好字帖,十分珍惜,总是随身携带。有一次在长安应试,也把这一卷字帖带进去了(可见当时搜检也不甚严,这卷字帖竟没有搜出来)。诗赋作好写毕,夜色犹早,就把字帖拿出来把玩把玩,临交卷时,想不到弄错了,把试卷裹在布袋内,把字帖交了上去。回到住处,在烛笼下又想把字帖拿出来观览,"则程试宛在篋中",大惊失色,计无所出,只得又往考场走去,在门口往来徘徊。忽见一老吏走来,问有什么事,他只好实告。老吏说:"某能换之。某家贫,倘换得,愿以钱三万见酬。"郭承嘏一口答应,这老吏果然把试卷拿进去,换了字帖出来。后面还有一些情节,说明这个老吏乃是死鬼。鬼当然是不可信,但如果现实生活中没有类似的情况,写故事的人也不可能凭空编排得出来的。

在结束本章时,我想较为详细地抄录宋人吴自牧《梦粱录》的一段文字,这段文字记载了南宋礼部省试的情况。宋代的情况有些与唐代不同,如考试的项目,试卷的弥封,考官的增多等等,但宋代毕竟距唐代时间较近,恐怕仍有不少唐代的遗风,为增加我们的感性认识,这段记载还是有参考价值的:

> 三月上旬,朝廷差知贡举、监试、主文考试等官……其知贡举、监试、主文,并带羞帽,穿执乘驭,同诸考试等官,迎引下贡院,然后锁院,择日放试。诸州士人,自二月间前后到都,各寻安泊待试,遂经部员呈验解牒,陈乞纳卷用印,并收

买试篮桌椅之类。试日已定，隔宿于贡院前赁房待试，就看坐图。其士人各引试三场：正日本经，次日论，第三日策。预试人照合试日分集于贡院竹门之外，伺候开门放试。士人各入院内，依坐位分廊占坐讫，知贡举等官于厅前备香案，穿秉而拜，诸士人皆答拜，方下帘幕，出示题目于厅额。题中有疑难处，听士人就帘外上请，主文于帘中详答之，讫，则各就位作文，随手上卷。至晡后开门，放士人出院，纳卷于中门外，书知姓氏，试卷入柜而出。其士人在贡院中，自有巡廊军卒赍砚水、点心、泡饭、茶酒、菜肉之属货卖。亦有八厢太保巡廊事。所纳卷子，径发下弥封所封卷头。……此科举试，三年一次，到省士人，不下万余人，骈集都城，铺席买卖如市，俗语云"赶试官生活"，应一时之需耳。(《梦粱录》卷二《诸州府得解士人赴省闱》)

# 第五章　明　经

　　唐代科举取士中,进士科占据主要的地位,其次是明经和制举。本书将以较多的篇幅论述进士试的各种情况,但为叙述方便起见,拟在这一章与下一章先集中讨论明经和制举两科。


一

　　唐代科举取士中,明经往往与进士并称,但不少的记载,却总是重进士而轻明经,明经的地位受到明显的压抑。突出的一个例子,是晚唐人康骈的《剧谈录》所记元稹于明经及第后去拜访李贺,为李贺拒见的故事,书中说:"元和中,进士李贺,善为歌篇,韩文公深所知重,于搢绅之间,每加延誉,由此声华藉甚。时元相国稹年老,以明经擢第,亦攻篇什,常愿交结于贺。一日,执贽造门。贺览刺不容,遽令仆者谓曰:'明经擢第,何事来看李贺!'相国无复致情,惭愤而退。"(卷下《元相国谒李贺》)后面还说元稹因此怀恨在心,在任礼部郎中时,"因议贺父名晋,不合应进士举",以为报复。应当说,这里记载元稹与李贺的关系,是不符合事实的,朱自清先生《李贺年谱》、卞孝萱先生《元稹年谱》等有关著作都曾指出,元稹明

105

经擢第,李贺还只有四岁;李贺于宪宗元和五年(810)冬以进士举赴长安,而元稹在此之前已贬为江陵府士曹参军;而且元稹也从来没有担任过礼部郎中的官职。《剧谈录》所写纯粹是小说家言,不足凭信。但是,书中记李贺的话"明经擢第,何事来看李贺",却非常生动而准确地反映了唐代相当一部分文人对明经的轻视心理,从这点来说,作为笔记小说的《剧谈录》,它所写的却是历史的真实。

然而另一方面,唐代的官私文书中,却又有一些劝奖明经的材料。如睿宗时(710—712)《申劝礼俗敕》,说:"县令字人之本,明经为政之先,不稍优异,无以劝奖。"(《全唐文》卷一九)中唐时权德舆在与柳冕讨论科举考试改革的一封信中,说"明经者,仕进之多数也"①。担任过科试主考官的顾少连,曾说:"伏以取士之科,以明经为首;教人之本,则义理为先。"(《全唐文》卷五一四《请以口问经义录于纸上以便依经疏对奏》)这些材料都肯定明经在科举取士中的十分重要的地位。在唐代,作为"常贡之科"(《通典》语),或"岁举之常选"(《新唐书·选举制》语)的,有六科,即秀才、明经、进士、明法、明字、明算。但正如清代经史考据学家王鸣盛所说,"终唐世为常选之最盛者,不过明经、进士两科而已"(《十七史商榷》卷八一《取士大要有三》)。明经也同进士科那样,出过不少人才。

既然这样,为什么明经又受到社会上一些人的轻视呢?而且我们还可发现一种矛盾现象,在唐代各项科目中,明经所取的人数是最多的,但据现在所见有关唐代登科记的材料②,这些登科记,却不记载明经登科的人数和姓名。徐松著《登科记考》一书,

①《权载之文集》卷四一。
②详见本书第一章。

记载明经及第的材料是最少的。如他记载唐初到天宝末将近一百四十年登科者的姓名,明经及第所能考出的,只有二十四人。实际数字当然远不止此,每年明经所取的人数,要比进士多好几倍、甚至十倍的,但徐松所能考见的却如此之少,就是因为受到材料的局限。徐松在《登科记考》的"凡例"中曾说:

> 《玉海》引《中兴书目》云,崔氏《登科记》一卷,载进士、诸科姓名。是诸科之名始于崔氏,乐史沿而不改。所谓诸科者,谓明法、明字、明算、史科、道举、开元礼、童子也,明经不在此数。何以明之?明经每岁及第将二百人,其数倍蓰于进士,而登科记总目所载诸科人数,皆少于进士。《玉海》云登科记专载进士,续之者自元和方列制科,言进士、制科对明经为义也。《韩文》五百家注每详科目,惟牛堪明经及第,注文一无征引,知明经为记所无矣。

徐松注意到唐人登科记不载明经及第者姓名,这是一大发现,很有价值。当然这只是一种现象,为什么会这样,就需要我们加以研究。在以往的有关记述中,论进士、制科的不少,而对于明经,记载十分零散,人们的认识也不甚清楚。这就造成研究中的一些困难。如果我们能从一些散见的材料中,勾稽明经试的有关情况,进行一些考索,这对于我们进一步了解唐代的科举制度,以及研究唐代的文人生活,都是会有帮助的。


二


　　同进士科是否起源于隋一样,明经科也有一个是否起源于隋的问题。《通鉴》唐高祖武德元年(618)载有"明经刘兰成",胡三省注谓:"刘兰成盖尝应明经科,因称之。《新唐书·(选举)志》曰唐制取士之科,多因隋旧,则明经科起于隋也。"徐松也注意到《通鉴》的这一条材料,他赞成胡三省的看法,并且补充说:"其时唐未贡举,是隋亦有明经矣。"关于隋有明经举,还可以补充两条材料:一是《旧唐书·孔颖达传》:"隋大业初,举明经高第,授河内郡博士。"(《新唐书》本传同)由此,则隋朝时无论炀帝或文帝,都是有明经举的。

但我们还要注意到《玉海》中的一条材料,《玉海》卷一一四有《汉明经》一节,记载东汉章帝时就有举明经的:"章帝元和二年五月戊申,令郡国上明经者,口十万以上五人,不满十万三人。"又说到质帝本初元年四月庚辰,令郡国举明经;又引《前汉书》,孔安国、平当、贡禹、夏侯胜、张禹并以明经为博士;《后汉书》,袁良举明经为太子舍人等。大家知道,两汉实行的是察举制,这里所说的明经,都是由郡国荐举的,可见在察举制度时就有明经之名。隋朝的明经,属于科举制度还是察举制度,仅凭以上所举两《唐书》和《通鉴》的材料,还不能作出肯定的回答。

作为科举制度的明经科,与进士科一样,在唐代,起始于高祖武德五年(622),也就是"函夏既清,干戈渐戢"①之际。《唐摭言》卷一五《杂记》载:"高祖武德四年四月十一日,敕诸州学士及白丁,有明经及秀才、俊士,明于理体、为乡曲所称者,委本县考试,

---

① 《全唐文》卷三《令诸州举送明经诏》,中云:"朕受命膺期,握图驭宇,思宏至道,冀宣德化,永言坟素,深存讲习。所以捃摭遗逸,招集散亡,诸生胄子,特加奖劝。而凋弊之余,湮替日久,学徒尚少,经术未隆,子衿之叹,无忘兴寝。方今函夏既清,干戈渐戢,搢绅之业,此则可兴。宜下四方诸州,有明一经已上未被升擢者,本属举送,具以名闻,有司试策,加阶叙用。"

州长重覆,取上等人,每年十月随物入贡。至五年十月,诸州共贡明经一百四十三人。"《唐摭言》卷一《统序科第》也略记此事,并且说:"斯我唐贡士之始也。"尽管这时进士、明经等科,与以后发达形态时的情况还有不同,多少还带有过去察举制的痕迹,但应当说,从考试的基本程序看,它们已经属于科举制度的范畴了。

在唐代,明经也有好几种称呼。与进士登第称"前进士"同样,明经及第也有称"前明经"的。如郑处海《明皇杂录》载:"(卢)从愿少家相州,应明经,常从五举,制策三等,授夏县尉。自前明经至吏部侍郎才十年,自吏部员外郎至侍郎只七个月。"《旧唐书》卷一〇〇《卢从愿传》载其"弱冠明经举",开元时为吏部侍郎。也有称秀才的,如《旧唐书》卷一八九下《儒学下·冯伉传》谓伉"少有经学,大历初登五经秀才科,授秘书郎"。徐松《登科记考》卷一〇大历二年按云:"按五经秀才即五经登第也。"通常则沿袭汉时旧称,以孝廉称明经,如孟浩然《送张参明经举兼向泾州省觐》诗(《孟浩然集》卷三):"孝廉因岁贡,怀橘向秦川。"又可参清人毛凤枝《关中金石文字存逸考》卷一西安府《泗州刺史王同人墓志铭》跋语。

武德五年十月,诸州贡明经、秀才、俊士、进士等举人,这一年的考试是十二月举行的。可能是早期属于草创阶段,十二月考试还不合乎唐代例行的做法。在唐代,制科考试是没有固定月份的,进士科则一般都在前一年秋天由各州县或学馆考试选拔,十月报送到京都,至第二年春天考试并放榜①。开元二十四年前由吏部考功员外郎主试,开元二十五年起则由礼部侍郎知贡举。从现有材料看,明经的考试时间与考试机构,都与进士科相同。唐

①请参本书第十一章《进士放榜与宴集》。

代进士例于十月下旬集中京都,然后到户部办理报到、交保等各种手续,然后是皇帝引见,之后又到国子监拜谒孔子像,国子监学官为举子开讲问义。这些礼节,明经举人与进士举人是一同进行的。如《唐大诏令集》卷一〇五开元五年《令明经进士就国子监谒先师敕》:"其诸州乡贡明经、进士,见讫,宜令引就国子监谒先师,学官为之开讲,质问其义,仍令所司优厚设食。两馆及监内得举人亦准此。其清资官五品以上及朝集使,并往观礼,即为常式。"①中唐时,王起还以《贡举人谒先师闻雅乐》为题,描写了这一礼节的具体情况②。可见,无论皇帝接见,或到国子监谒孔子像,学官讲经问义,明经与进士举人都是偕同的。

《册府元龟》卷六三九《贡举部·条制一》载:"(开元)二十四年三月诏曰:……自今已后,每岁诸色举人及斋郎等简试,并于礼部集;既众务烦杂,仍委侍郎专知。"这里说的是"诸色举人",当是包括明经在内的。《册府》于文宗大和四年(830)的记载中就更加明确:"十月,中书门下奏,应开元礼、学究一经、二礼、三史、明习律令科人等,准大和元年十月二十三日敕,散试官及白身人并于礼部考试。"这里的学究一经、二礼,即是属于明经科的。在这之前,穆宗长庆三年(823)二月,即已将明经的三传科归属礼部考试:"谏议大夫殷侑奏礼部贡举请置三传、三史科,从之。"(《旧唐书·穆宗纪》)直至唐末哀帝时,还下诏重申:"国子监、河南府所试明经,并依准常例解送礼部。"③可见明经由礼部试是常例,这方

①此又见《通典》卷一五《选举》三,《唐摭言》卷一《谒先师》条,《新唐书·选举志》。这一礼节,北宋时还有,如王辟之《渑水燕谈录》卷六《贡举》:"国初,诏诸州贡举人员群见讫,就国子监谒先师,迄今行之,循唐制也。"
②《全唐诗》卷四六四。
③《全唐文》卷九四哀帝《明经科准常例送礼部敕》。

面与进士科也是相同的。

　　徐松曾怀疑明经考试的时间是在进士放榜之后,他在《登科记考》的"凡例"中说:"(明经)其试期史无明文,《河东记》载韦丹举五经,元长史言于明年五月及第,疑试明经在进士放榜后。"《河东记》记韦丹事,今见于《太平广记》卷一一八,此为小说,不尽可据,且此处的"五月"可能即为"三月"之误。晚唐时诗人黄滔有《送人明经及第东归》诗,中云:"亦从南院看新榜,旋束春关归故乡。"(《唐黄御史公集》卷三)所谓南院,指礼部南院,进士及第后贴榜的所在地;春关,是进士及第后再经吏部试的习称,时间大约在四五月间。由黄滔的诗,可以推知明经放榜的地点和时间,与进士科是相同的,则其考试的时间当也接近,不会迟至进士放榜以后再由礼部举行一次明经考试。不过唐人关于明经考试的记载实在太少,我们关于这方面的推断也只能是一个大概。

## 三

　　明经试的一个特点,就是要求应举者熟读并背诵儒家的经典(包括其注疏)。

　　《新唐书·选举志》记明经考试的项目为:"凡明经,先帖文,然后口试,经问大义十条,答时务策三道。"就是说,明经考试分三场,第一场帖文,第二场口试,第三场试策文。实际上主要是第一场和第二场,第三场所谓答时务策,对明经来说恐怕只不过是虚应故事,唐代文献中没有一篇明经时务策的文章保留下来,连这方面稍为具体一点的记载也没有。

　　所谓帖文,照现在的说法,就是填充。《通典》卷一五《选举》

三有一个解释："帖经者,以所习经掩其两端,中间开唯一行,裁纸为帖,凡帖三字,随时增损,可否不一,或得四得五得六者为通。"就是说,每一道题,让应试者写出被帖没的三个字来。唐朝规定,经书分大中小三种,如《礼记》《左传》为大经,《诗》《周礼》《仪礼》为中经,《易》《尚书》《公羊》《穀梁》为小经。看来,大中小的区分是以其篇幅多寡而定的。明经科中还分通二经、三经、五经的,所谓通二经,就是大经、小经各一,或者中经二;通三经的,为大、中、小经各一;通五经的,大经都通,其他各一。《论语》《孝经》则无论是通二经、三经、五经,都须考试。当然,这只是就其大概而言。随着政治形势的变化,也有所增废。如上元元年(674)十二月,武则天为了迎合高宗的意旨,奏请王公百官都习《老子》,每年的明经举,《老子》也如《论语》《孝经》例一体考试(《旧唐书·高宗纪》)。而到了武则天称周后,就于长寿二年(693)下令停习《老子》,让应试者考她所作的《臣轨》;神龙元年(705)二月,中宗反正,又下令停考《臣轨》,复考《老子》,等等①。

具体说来,所谓帖文,就是每一经须考十帖,另外是《孝经》二帖,《论语》八帖(如上所述,有时还须加上《老子》或《臣轨》)。每帖试三个字。答案则通六以上为及格,分别不同情况区别为四等;只答对五或五以下的,为不通,就算落第。只有帖文及格(也就是通了),才能考第二场,因此明经考试的关键是帖文,也就是死背死记经书及其注疏的文字。后来因为考试的人数增多,而所取的名额有限,于是考官们就在试题上想主意,增加其难度,"至有帖孤章绝句、疑似参互者以惑之,甚者或上抵其注,下余一二

①以上参《唐六典》卷二《吏部·考功员外郎》、卷四《礼部·礼部侍郎》,《唐大诏令集》卷一〇六《条流明经进士诏》及《新唐书·选举志》。

字,使寻之难知,谓之倒拔";举子们的对付办法,则是揣摩考官们的心理,把一些孤绝幽隐的文句编为诗赋,加以诵习,"不过十数篇,则难者悉详矣,其于平文大义,或多墙面焉"①。又《通鉴》代宗广德元年(763)载杨绾议科举改革,又云"其明经则诵帖括以求侥幸",胡三省注谓:"帖括者,举人因试帖,遂括取粹会为一书,相传习诵之,以应试,谓之帖括。"赵翼《陔余丛考》卷二九《帖括策括》说举子搜索孤绝幽隐,编为诗赋,"即所谓帖括也"。这就触及到明经试的一个根本性的弊病,就是死背硬记,有时甚至只是记住一些不相连续的孤章绝句,以应付考试,而对于习常所见的经文本义,则往往茫然不知所对。

第二场是口试,即经问大义十条。徐松《登科记考》卷一武德七年,曾根据此年诏文中"诸州有明一经已上未被升擢者,本属举送,具以名闻,有司试策,加阶叙用"等语,说"是时秀才、进士、明经皆试策而已"。这可能是一个误会。其实诏文中的所谓"试策",就是经问大义,而不是一般意义的对策或策问,这方面有当时的文献例子可资证明。如《唐六典》卷二《吏部·考功员外郎》记叙明经试于第一场试帖文后,接着说:"通六已上,然后试策,《周礼》、《左氏》、《礼记》各四条,余经各三条,《孝经》、《论语》共三条,皆录经文及注意为问,其答者须辨明义理,然后为通。"这里所说的试策,就是指《周礼》等各经书的答问经义,而不是另写策文。天宝时人封演,在其所著《封氏闻见记》中也有"其后明经停墨策,试口义"的话②,墨策也就是用文字而不是用口试答问经文大义。

---

①《通典》卷一五《选举》三。
②《封氏闻见记》卷三《贡举》。

这个口试或墨试经文大义，具体情况如何，我们在权德舆的文集中可以见到试题的样式，《权载之文集》卷四〇有《明经诸经策问七道》，即《春秋第一问》、《礼记第二问》、《周易第三问》、《尚书第四问》、《毛诗第五问》、《穀梁第六问》、《论语第七问》。这是权德舆于贞元十七、十八、十九年(801—803)知贡举时所出的试题。现举《春秋第一问》与《毛诗第五问》的试题为例，引录于下，以见一斑：

> 问：孔圣属词，丘明同耻，裁成义类，比事系年。居体元之前，已有先传；在获麟之后，尚列余经。岂脱简之难征，复绝笔之云误。子产遗爱也，而赂伯石；叔向遗直也，而戮叔鱼。吴季札附子臧而吴衰，宋宣公舍与夷而宋乱。阵为鹅鹳，战岂捷于鱼丽；诅以犬鸡，信宁优于牛耳。子所习也，为予言之。

> 问：二南之化，六义之宗，以类声歌，以观风俗。列国斯众，何限于十四；陈诗固多，岂止于三百。颂编《鲁颂》，奚异于商周；风有《王风》，何殊于鄘卫。颇疑倒置，未达指归。至若以句命篇，义例非一，瓜瓞取绵绵之状，草虫序喓喓之声。斯类则多，不能具举。既传师学，一为起予。企闻博依之喻，当纵解颐之辨。

权德舆的文集中，只有试题，未有答文。除此之外，唐人有关这方面的资料还未见到。不过我们从《文献通考》卷三〇《选举考》三"举人"条中，可以看到一个大概情况。马端临说他曾见到浙江东阳吕氏家塾刊有吕夷简应本州乡举时的试卷，"因知墨义之式，盖十余条"。如：

> 有云："'作者七人矣'，请以七人之名对。"则对云："七

人某某也。谨对。"

有云:"'见有礼于其君者如孝子之养父母也',请以下文对。"则对云:"下文曰见无礼于其君者,如鹰鹯之逐鸟雀也。谨对。"

有云请以注疏对者,则对云:"经疏曰云云,谨对。"

有不能记忆者,则只云对未审。盖既禁其挟书,则思索不获者不容臆说故也。

吕夷简是北宋前期人,去唐五代未远,马端临根据他的乡举试卷,而推知"墨义之式",是大致不差的。《文献通考》所载的试卷,与权德舆知举时所拟的明经策问,有所不同。前者接近于填充式的回答,更偏重于记诵之功,而后者还较侧重于经文大义,注意于经书内容的前后照应。但总的看来,明经试的第二场经问大义,实际上仍不过是另一种方式的帖文,是考应试者对经书及其注疏的记诵功夫。无怪乎开元二十五年正月的诏文中说"明经以帖诵为功,罕穷旨趣"了①。

这种考试方法,也为唐代有识之士所不取。中唐时古文家柳冕曾与权德舆书信来往,讨论明经试问经文大义的弊病,保存在《权载之文集》卷四一中。柳冕的信中说:"自顷有司试明经,奏请每经问义十道,五道全写疏,五道全写注。其有明圣人之道,尽六经之义,而不能诵疏与注,一切弃之。恐清识之士无由而进,腐儒之生比肩登第,不亦失乎?"权德舆的答书中也说道:"明经问义,有幸中所记者,则书不停缀,令释通其义,则墙面木偶。"

当然,我们也还应当看到,这种对经书及其注疏的熟读记诵,

① 《册府元龟》卷六三九《贡举部·条制一》。

对于应试者也不是一件轻松容易的事。大家知道,中国古代的雕版印刷,虽然在唐玄宗时期就已开始,但在此后的很长时期内,只零散印一些日历、医书,以及佛道等书,印儒家的经书是在五代后唐长兴三年(932)"刻九经印板"开始的,这一工程至后周广顺三年(953)才得以完成。唐朝读书人念书,就只有靠手抄。宋人叶梦得就说过:"唐以前,凡书籍皆写本,未有模印之法,人以藏书为贵,不多有。"(《石林燕语》卷八)同时人邵博也说:"唐以前文字未刻印,多是写本。"(《邵氏闻见后录》卷五)可以想见,一个中等或中等以下的家庭,要置办这几种经书(包括分量大得多的注疏),是何等的不易,他们或者自己抄,或出钱雇人抄,都需要相当的时间或财力。宋朝已经有刻印经书文字了,但真宗景德二年(1005),当时担任国子监祭酒的邢昺还对皇帝说:"臣少时业儒,观学徒能具经疏者百无一二,盖传写不给。"①宋初尚且如此,唐代就更可想而知了。而得到经书以后,还须将这数量庞大的经文、注疏等背熟,这也不是一件易事。韩愈在一篇《赠张童子序》的文中对于明经试的艰难与辛酸,作过饱含感情的叙述:"二经章句,仅数十万言,其传注在外,皆诵之,又约知其大说,由是举者或远至十余年,然后与乎三千之数,而升于礼部矣。又或远至十余年然后与乎二百之数,而进于吏部矣,斑白之老半焉。昏塞不能及者,皆不在是限,有终身不得与者焉。"(《韩昌黎文集校注》卷四)这里"仅数十万言"的"仅",作"几及"讲。韩愈在另一篇文中又说:"以明经举者,诵数十万言,又约通大义,征辞引类,旁出入他经者,又诵数十万言,其为业也勤矣。"(同上卷四《送牛堪序》)不妨设想一下,要把数十万字的经书再加上注疏抄写下来,再熟读

①李焘《续资治通鉴长编》卷六〇。

背诵,该要耗费多少时间和精力! 韩愈说明经及第再通过吏部试入仕,有已年过半百的,更不用说那绝大多数辛苦一辈子而"终身不得与者",其坎坷经历和辛酸遭遇也就可想而知了。

经书既以抄写流传,文字就难免会有异同,甚至错误,而明经试又是要求背诵经书的文字,不许有差错,这就需要有经过校正的由官方颁发的统一的文本,孔颖达的《五经正义》就是根据这一需要而产生的。在这之前,太宗贞观七年(633)十一月,就由朝廷颁发过"新定五经"(《旧唐书·太宗纪》)。后来认为还不符合要求,就从贞观十六年(642)起命孔颖达等编定《五经正义》,所谓五经,就是《易》、《尚书》、《毛诗》、《礼记》、《春秋》。高宗永徽四年(653),修改完成,颁发于天下,"每年明经依此考试"①。但时间一久,传写难免仍有不同,于是在玄宗开元时,索性定了一个新办法,即:"省司将试举人,皆先纳所习之本;文字差互,辄以习本为定。义或可通,虽与官本不合,上司务于收奖,即放过。"②但这也不是个办法,最大的缺点是取舍无准,于是开元中又有《五经字样》,文宗开成中有《新加九经字样》等。可以推想,每一次字样的颁发,应试的举子们都需要用自己所习的本子一一与之对勘校正,这种现在看来是何等烦琐庸碌的事情,当时的读书人却是必须一本正经地去做,时代赋予人们的精神面貌有多么不同!

_____

① 《唐会要》卷七七《贡举下·论经义》:"贞观十二年,国子祭酒孔颖达撰五经义疏一百七十卷,名曰义赞,有诏改为五经正义。"又:"永徽二年三月十四日,诏太尉赵国公长孙无忌,及中书门下,及国子三馆博士、宏文学士,故国子祭酒孔颖达所撰五经正义,事有遗谬,仰即刊正。""至四年三月一日,太尉无忌、左仆射张行成、侍中高季辅及国子监官,先受诏修改五经正义,至是功毕,进之。诏颁于天下,每年明经依此考试。"
② 《封氏闻见记》卷二《石经》。

# 四

唐代人有"五十少进士,三十老明经"的说法,意思说五十岁进士及第,还算年轻,三十岁明经登科,就算老了。这在唐时往往用来形容进士及第的艰难。但这两句话也多少反映了实际情况。固然,明经登科也有年纪很老的,如前面所引述过的韩愈《赠张童子序》中所说的那样,有不少人已是年过半百,还有更多的人考了一辈子到老还未中举的。进士及第也有年轻的,如萧颖士十九岁登第①,陆贽十八岁登第②,另外还有一些例子可举出来。但比较起来,明经登第的年岁确实要小得多,而且例子相当普遍。见于徐松《登科记考》所引,随手可举的有:

> 徐浩(开元五年),十五岁。
>
> 卢涛(开元七年),十九岁。
>
> 白锽(开元十年),十七岁。
>
> 萧直(开元二十八年),十七岁。
>
> 郭揆(天宝元年),十七岁。
>
> 元稹(贞元九年),十五岁。
>
> 韦温(贞元十四年),十一岁。

又如张志和年十六明经及第(见《新唐书》卷一九六《隐逸·张志

---

①李华《扬州功曹萧颖士文集序》(《全唐文》卷三一五):"开元、天宝间词人……以文学著于时者,曰兰陵萧君颖士……十九进士擢第。"
②权德舆《翰苑集序》(《权载之文集》卷三三)。

和传》,又可参《颜鲁公文集》卷九《浪迹先生玄真子张志和碑》)。欧阳詹《送常熟许少府之任序》(《欧阳行周文集》卷九)谓:"君十三举明经,十六登第。"在唐人文集中,这种材料还有不少,这里不一一备举。

明经登第的年龄普遍要比进士轻,过去一向是从明经所取名额多,进士所取名额少去解释的,这只有部分的理由。现在看来,这其实是很简单明白的道理。明经考的是背诵,主要靠死记硬背,这种记忆的功夫,一个人在二十岁之前是最有成效的。二十岁以后,阅事渐多,理解力增强,记忆力就逐渐不如以前了。因此,考明经,要么在二十岁以前就考上,否则,年岁越大,考取的可能性就越小,不像进士或制科,随着年龄的增长,见解与文思也能伴随着有所增进。

正如权德舆所说,"明经者,仕进之多数也",在唐代科举取士中,明经所取人数确实是最多的。如上所引,武德五年的那一次,诸州所贡,秀才六人,俊士三十九人,进士三十人,惟独明经有一百四十三人。睿宗时虽曾规定"每年贡明经、进士不须限数,贵在得人"(《全唐文》卷一九《申劝礼俗敕》),但一般情况下无论诸州上贡或礼部录取,都规定数字,明经的人数总要比进士多。如武宗会昌五年(845),规定国子监可送明经三百人,进士只三十人;其他各州的,像凤翔、山南西道东道等大州,送明经二十人,进士十五人,河东、陈许等,明经十五人,进士十人,福建、岭南等,明经十人,进士七人①。至于录取人数,则明经与进士的比例,有多至十比一的,如《通典》(卷一五《选举》三)所记:"其进士,大抵千人得第者百一二,明经倍之,得第者十一二。"不过一般情况下,明经

---

① 《唐摭言》卷一《会昌五年举格节文》。

大约一百人左右，进士则二十到三十人不等（有时也有少至十几人，多至四十人的）。如贞元十八年（802）规定："明经、进士，自今以后，每年考试所拔人，明经不得过一百人，进士不得过二十人。"①贞元九年（793），明经登第的不到一百人②，而有时又在百人以上③，大和九年（835），又从原来的一百一十人中减少十人，进士则从原来的二十五人增加至四十人④。

明经从所取人数上不仅比进士多，而且在中唐以前，在官位的升迁速度上，有时也并不在进士之下。德宗贞元时欧阳詹就以此劝勉友人道："渔者所务唯鱼，不必在梁在笱，弋者所务唯禽，不必在矰在缴。……目睹进士出身，十年二十年而终于一命者有之；明经诸色入仕，须臾而践卿相者有之。"（《欧阳行周文集》卷八《与郑伯义书》）韩愈也有类似的说法，他说由明经"登第于有司者，去民亩而就吏禄，由是进而累为卿相者，常常有之，其为获也亦大矣"（《韩昌黎文集校注》卷四《送牛堪序》）。

明经的名声不及进士，但录取的名额却要比进士多，这是为什么呢？我想，是否可以从及第后授官的情况来加以解释。

从现有的材料看，大量的情况，是明经出身，经吏部试合格，大多被选授为县丞、县尉、县令，或州县的参军、主簿之类，就是说，普遍地为州县基层的地方官员。下面举一些例子：

①《唐会要》卷七六《贡举中·缘举杂录》，《册府元龟》卷六四〇《贡举部·条制二》。
②《欧阳行周文集》卷九《送李孝廉及第东归序》："贞元癸丑岁，明经登第者不上百人。"按贞元年间无癸丑，只有癸酉（贞元九年）、癸未（贞元十九年）。贞元十九年欧阳詹恐已卒，当为癸酉。
③如元稹于贞元十九年应制举才识兼茂明于体用科，对策中论明经科，有云"中第者岁盈百数"（《元稹集》卷二八）。
④《全唐文》卷九六六《请更定三考奏改并及第人数奏》。

陈子昂《临邛县令封君遗爱碑》(《陈子昂集》卷五):"以明经擢第,解褐守恒州参军。"

王维《故右豹韬卫长史赐丹州刺史任君神道碑》(《王右丞集笺注》卷二三):"以乡贡明经擢第,解褐益州新都县尉。"

常衮《咸阳县丞郭君墓志铭》(《全唐文》卷四二〇):"寻以明经擢第,历洺州平恩县尉。"

梁肃《舒州望江县丞卢公(同)墓志铭》(《全唐文》卷五二一):"弱冠举孝廉,授舒州望江县丞。"

梁肃《郑州新郑县尉安定皇甫君墓志铭》(同上):"弱冠以明经登科,始长安丞,又转新郑尉。"

梁肃《外王父赠秘书少监东平吕公神道表铭》(《全唐文》卷五二二):"二十举孝廉,补博昌主簿。"

独孤及《唐故尚书库部郎中荥阳郑公(宠)墓志铭》(《毗陵集》卷一一):"二十举明经高第,解褐邺尉。"

穆员《陕虢观察使卢公墓志铭》(《全唐文》卷七八四):"天宝末擢明经,调宋州襄邑主簿。"

穆员《京兆少尹李公墓志铭》(同上):"弱冠擢明经,调婺州武义县尉。"

韩愈《河南少尹李公(素)墓志铭》(《韩昌黎文集校注》卷六):"以明经选,主虢之弘农簿。"

韩愈《唐故江西观察使韦公(丹)墓志铭》(同上):"举明经第,选授峡州远安令。"

柳宗元《邕州李公墓志铭》(《柳宗元集》卷十):"公始以通经入崇文馆,登有司第,选同州参军。"

柳宗元《故襄阳丞赵君墓志铭》(同上):"由明经为舞阳主簿。"

刘禹锡《彭阳侯令狐氏先庙碑》(《刘禹锡集》卷二):"以明经居上第,调补阳安县主簿。"

白居易《襄州别驾府君事状》(《白居易集》卷四六):"天宝末,明经出身,解褐授萧山县尉。"

李翱《皇祖实录》(《李文公集》卷十):"明经出身,初授卫州参军。"

《集异记》卷一《蔡少霞》:"早岁明经得第,选蕲州参军。"

虽然也有像元稹,明经登第,后经吏部试书判拔萃得高第,授秘书省校书郎(新旧《唐书》本传),或如杜牧《唐故宣州观察使御史大夫韦公墓志铭》(《樊川文集》卷八)所说"以明经取第,为太常寺奉礼郎"那样,在中央朝廷取得官职,但毕竟是少数,大部分则是分发到各地州县为基层官吏。《通典》卷一七《选举》五《杂议论》中曾载洋州刺史赵匡举选议,中云:"明经读书,勤苦已甚,既口问义,又诵疏文,徒竭其精华,习不急之业,而当代礼法,无不面墙,及临人决事,取办胥吏之口而已,所谓所习非所用,所用非所习者也。故当官少称职之吏。"赵匡这里论述明经试的流弊,也是就明经及第后授地方基层州县官立论的,所以一则说此种考试办法,不能真正"临人(民)决事",只不过"取办胥吏之口",再则说"当官少称职之吏"。这里我们可以看到唐代科举取士选拔官吏的一个大致分工,即:在常科中,俊士、秀才很早就停止,不必论,明法、明算、明字,是选培专门人才,也可不论。剩下的就是进士、明经,以及非常科的制科。这三者,进士以试诗赋为主,讲究声律对偶,这与唐朝的制诰文体讲究四六骈俪、文藻华饰相适应,因此进士及第后往往授以校书郎、秘书郎之职,以后就逐步升迁进翰林院为学士,所谓"进士为士林华选"①,"朝廷设文学之科,以求髦俊,台阁清选,莫不由兹"②。制科则以待非常之士,适应朝廷政治的临时需要,及第后有授以谏官之职的。但对于封建国家的整体来说,大量需要的则是州县一级的官吏,他们需要懂得一定的儒家经书,但不强求具备较高的文学才能,而同时又要求有一定的数量(不像进士为培养起草制诰人才,人数不需要很多),明经就正好适合这些要求。就是说,对封建统治来说,明经是培养吏治人才的。从两《唐书》列传来看,至少在唐代前期,明经出身做到宰相的,为数不少,仅以高宗、武后朝而论,就有杨再思、祝钦明、王晙、张文瓘、徐有功、裴炎、李昭德、陆元方、狄仁杰、杜景俭、韦安石、唐休璟等十数人,至于任六部尚书、侍郎等大员的就更多。明经出身后来卓有名气的也不少,但有一个特点,就是成为著名文人的却极少,只有贾至、徐浩、元稹等寥寥几个。而唐朝的士人,却往往用文采来衡量人物,进士科中出文人又较多,唐代所谓重进士而轻明经的风气,就是这样造成的;就是说,贬抑明经科,是受进士科文人的影响。唐代中期以后,进士科出身而居高位的逐步增多,明经地位明显下降,当与这种舆论有关。这里可以看出进士、明经两科争夺权位斗争的一个侧面。唐代的登科记,重点是进士,从推崇进士的角度出发,自然就不记载明经及第的人数和姓名。

《文献通考》卷三五《选举考》八"输财得官"条记:"至德二年七月,宣谕使侍御史郑叔清奏:……又准敕纳钱百千文与明经出身,如曾受业、粗通帖策、修身谨行、乡曲所知者,量减二十千文;

---

①《通典》卷一五《选举》三。
②《唐会要》卷七六《贡举中·进士》,开成元年十月中书门下奏。

如先经举送、到省落第、灼然有凭、帖策不甚寥落者,减五十千文。"马端临于此按云:"时属幽寇内侮,天下多虞,军用不充,权为此制,寻即停罢。"至德二年(757)正是安史之乱时,当时唐朝廷税收不给,军费支出又大,因此暂时采取纳钱而授予明经出身的办法。但从这也可以看出,明经可以用纳钱而买得,进士则不能,则在唐朝统治阶层看来,明经的地位确是在进士之下的。

又清人王鸣盛在《十七史商榷》中论进士在明经之上,举出明经及第者不肯就吏部试,再应进士举作为例证,说:"彼时明经及第者,不肯即求吏部举选,往往舍去,仍应进士举。"(卷八一《偏重进士立法之弊》)这一论证并不确实。唐代固然有明经及第再应进士举的,如欧阳詹《送常熟许少府之任序》:"君十三举明经,十六登第,后三举进士。"(《欧阳行周文集》卷九)又《新唐书》卷一四三《王翃传》载翃兄翊之曾孙凝,"举明经、进士,皆中"。但也有进士及第后又应明经试的,如《新唐书》卷一六二《许孟容传》:"京兆长安人。擢进士异等,又第明经,调校书郎。"唐代在这方面,是较为自由的,也可以两应明经,如韩愈《唐故江西观察使韦公墓志铭》:"举明经第,选授峡州远安令,以让其庶兄,入紫阁山,事从父熊通,五经登科,历校书郎、咸阳尉。"(《韩昌黎文集校注》卷六)

唐人的记载中,往往用进士与明经相比较,而对明经加以轻贬和讥嘲。前面已经举出过李贺与元稹的故事,那是在中唐,现在还可举一个晚唐的事例。尉迟偓《中朝故事》载:

> 咸通中,辅相崔彦昭,兵部侍郎王凝,乃外表兄弟也。凝大中元年进士及第,来年彦昭下第,因访凝,凝衩衣见之,崔甚恚。凝又戏之曰:"君却好应明经举也。"彦昭忿怒而出,三

年乃登第。懿皇朝多自夏官侍郎判盐铁，即秉钧轴。一旦凝拜是官，决意入相，彦昭陷之。后数月之间，盐铁中有赃坏，凝罢职，朝廷以彦昭为之，半载而入相。彦昭母乃命多制鞋履，谓侍婢云："王氏妹必与王侍郎同窜逐，吾要伴小妹同行也。"彦昭闻之，泣拜其母，谢曰："必无此事。"王凝竟免其责也。

这则记载十分生动地记述了进士、明经两科的矛盾，以及封建统治高级阶层中钩心斗角之争。王凝进士及第后得意倨傲的神气，从他对崔彦昭以"衩衣见之"（据《通鉴》胡注，谓衩衣为"便服不具礼也"），后来又对彦昭说"君却好应明经举"，表现得惟妙惟肖。而崔彦昭也竟以这句话为奇耻大辱，一旦得权，就对王凝加以打击，蓄意报复。在这之前，裴庭裕《东观奏记》也曾记有："（李）珏字待价，赵郡赞皇人。早孤，居淮阴，事母以孝闻。弱冠，徒之举明经。李绛为华州刺史，一见谓人曰：'日角珠庭，非常人也，当掇进士科。明经碌碌，非子发迹之路。'"①李绛本人是进士出身，他认为李珏乃"非常人"，是应当举进士的，所以说"明经碌碌"。这里正可以看出中晚唐时两者之间的斗争。这种以进士轻明经的情况，也见于五代时和凝的例子。据《旧五代史》卷一二七《和凝传》载，称凝"少好学，书一览者咸达其大义。年十七举明经，至京师，忽梦人以五色笔一束以与之，谓曰：'子有如此才，何不举进士?'"

重进士而轻明经，似乎还表现在考试时对待的礼数上。沈括《梦溪笔谈》卷一记载道：

> 礼部贡院试进士日，设香案于阶前，主司与举人对拜，此

---

① 此事又见《唐语林》卷三《识鉴》。

唐故事也。所坐设位，供张甚盛，有司具茶汤饮浆。至试学究，则悉撤帐幕毡席之类，亦无茶汤，渴则饮砚水，人人皆黔其吻，非故欲困之，乃防毡幕及供应人私传所试经义，盖尝有败者，故事为之防。欧阳文忠有诗："焚香礼进士，彻幕待经生。"以为礼数重轻如此，其实自有谓也。

这条记载又见于范镇的《东斋记事》卷一，文字基本相同。范镇与沈括同是北宋神宗、哲宗时人，时代相近，此条文字未知何者为先。不过范、沈二人都以博洽见称于时，所记史事大多平实有据。这里关于明经考试时无茶汤等招待，渴时只能饮墨水，以至嘴唇都弄黑了，虽不免稍有夸张渲染，当大致可以信从。可见明经、进士二者轻重的区别，至北宋前期也是如此。

其实在唐代前期的议论中，论及进士与明经时，对二者的弊病是同时并举的，其间无所轩轾。如《唐会要》卷七五《贡举上·帖经条例》载开元二十五年敕，就说道："进士以声律为学，多昧古今；明经以帖诵为功，罕穷旨趣。"又如贾至于代宗时论科试改革，也说："试学者以帖字为精通，而不穷旨义，岂能知'迁怒''贰过'之道乎？考文者以声病为是非，唯择浮艳，岂能知移风易俗化天下之事乎？"（《旧唐书·贾至传》）稍后柳冕与权德舆书，也说："进士以诗赋取人，不先理道；明经以墨义考试，不本儒意。"（《权载之文集》卷四一）这些，都是以进士与明经相并论的。只是到后来，把明经的缺点夸大起来，连皇帝也讥讽明经是"鹦鹉能言"①，

———————

① 《南部新书》乙卷："大和中，上谓宰臣曰：'明经会义否？'宰臣曰：'明经只念经疏，不会经义。'帝曰：'只念经疏，何异鹦鹉能言！'"

明经的劣势就无可挽回了。因此,五代时就曾一度停明经举试①。到北宋初年,就明令停止,仁宗庆历时虽稍恢复,也不过是回光返照而已②,已经奄奄无生气了。

①参《全唐文》卷八五五张允《请罢明经科奏》,徐松《登科记考》卷二六晋天福五年。
②参叶梦得《避暑录话》卷上"唐制取士用进士明经二科"条。

# 第六章　制　举

对于制举在唐代科试中的地位，唐宋人的记述是有一些不同的。北宋初的诏令中说："有唐称治，由制策之科。"①把唐代致治的原因归结于制举科的实行。在此之前，唐德宗时穆质曾说："国家取贤之道，其礼部吏部，失之远矣，则制策之举，最为高科。"（《全唐文》卷五二四《对贤良方正能直言极谏策》）唐末人范摅在谈到制举时，又说"男子荣进，莫若兹乎"（《云溪友议》卷下《琅琊忤》）。但天宝年间人封演却说："制举出身，名望虽高，犹居进士之下。"又说："同寮迁拜，或以此更相讥弄。御史张瑰兄弟八人，其七人皆进士出身，一人制科擢第；亲故集会，兄弟连榻，令制科者别坐，谓之'杂色'，以为笑乐。"（《封氏闻见记》卷三《制科》）封演生活的玄宗时期，正是制举科得到极大发展的时期，而在他的记载中，当时人却将制举归之为"杂色"，进士们以此为讥嘲笑乐的对象。看法如此迥异，那么制举在唐代科举制度和士人生活中，到底占有什么样的位置呢？

以下拟就唐代制举的一些主要方面加以考察，以求对这一问

①《宋会要辑稿》第一一一册《选举》一〇载宋太祖乾德二年（964）正月十五日诏。

题得出较符合实际的结论。

## 一

徐松《登科记考》卷一于唐太宗贞观三年（629）下，据《册府元龟》《唐大诏令集》，载四月的一次诏令，然后加按语说："按此诏所言，即制举科目之始。"诏书中有这样的话："诸州官吏，或正直廉平、刑清讼息，或贪婪货贿、害政损人，宜令都督刺史以名封进。白屋之内，间阎之人，但有文武材能灼然可取，或言行忠谨堪理时务，或在昏乱而肆情，遇太平而克己，亦录名状，与官人同申。"徐松所谓"制举科目之始"，大约指这几句而言。但这几句话只是一般性的指令，用以督察州县官吏治绩的好坏，以及对非官职的地主阶级人士的举荐，与后来的制举设科似非一事。

其实，在唐代的史料中，在太宗之前，高祖时就有制举的记载。如《旧唐书》卷七四《崔仁师传》说："崔仁师，定州安喜人。武德初，应制举，授管州录事参军。"《新唐书》卷九九本传也有"武德初擢制举"的话。比起进士、明经等科来，制举的历史因袭性较大，它的渊源可以上溯到汉代的诏举；它在唐代，也有一个逐步发展的过程，武德时的制举，恐怕与过去的诏举相近似。《通典》卷一五《选举》三论制举时说："其制诏举人不有常科，皆标其目而搜扬之。"比较详明地记载制举科目，是从贞观十一年（637）开始的。《册府元龟》卷六四五《贡举部·科目一》记云：

> 唐太宗贞观十一年四月诏：其有孝悌淳笃兼闲时务、儒术该通可为师范、文词秀美才堪著述、明识治体可委字民并

志行修立为乡闾所推者,举送洛阳宫。(《旧唐书·太宗纪》)

贞观十五年(641)又有诏:

> 十五年六月诏,令天下士庶人之内,或识达公方、学综今古、廉洁正直、可以经国佐时,或孝悌淳笃、节义昭显、始终不移、可以敦风厉俗,或儒术通明、学堪师范,或文章秀异、才足著述,并宜荐举,具以名闻。

高宗于贞观二十三年(649)六月即位,九月即下诏说:

> 其有经明行修、谈讲精熟、具此师严、才堪教胄者,志节高妙、适用清通、博闻强记、终堪卿辅者,游情文藻、下笔成章、援心处事、端平可纪者,疾恶扬善、依忠履义、执持典宪、终始不移者,京司长官、上都督府及上州各举二人,中下州刺史各举一人。(以上皆《册府元龟》卷六四五)

这样到高宗显庆三年(658)二月志烈秋霜科韩思彦及第,就正式记录科目与及第人姓名,唐代制举科就开始有明确的文献记载。因此我们可以说,唐代初期高祖、太宗两朝,制举科是从沿袭传统到衍变为有唐代设科取士特色的发展时期,到高宗初,就与进士、明经科一样,成为科举的一部分,“而列为定科”(《新唐书·选举志》)。

制举的一个特点,就是它与进士、明经等常科不同,考试的科目与时间都不是固定的,即《新唐书·选举志》所说的“其为名目,随其人主临时所欲”。当然,这所谓“临时所欲”,也并非纯粹出于皇帝个人的灵机一动,而是根据一定时期的政治需要,制举比起进士、明经等科,与现实政治的联系要密切一些,这在下面将详细论述。从考试时间来说,进士、明经试,一般是在正、二月间,制举则春夏秋冬都有举行。我们不妨从徐松《登科记考》中摘录一些例子来看:

玄宗开元十五年(727),五月,九月又试。

开元二十六年(738),八月。

天宝元年(742),九月。

天宝九载(750),九月。

天宝十三载(754),十月。

肃宗乾元二年(759),五月。

宝应二年(763),五月。

代宗大历二年(767),十月。

大历六年(771),四月。

德宗贞元元年(785),九月。

贞元四年(788),四月。

贞元十年(794),十月。

宪宗元和元年(806),四月。

元和三年(808),三月。

穆宗长庆元年(821),十一月。

敬宗宝历元年(825),三月。

文宗大和二年(828),二月。

至于制举的科目,唐朝人封演说是"名目甚众"(《封氏闻见记》卷三《制科》),宋朝人赵彦卫说是"科目至繁"(《云麓漫钞》卷六),可见科目繁多是它的特点。今据《唐会要》卷七六《制科举》,从高宗显庆三年(658)到文宗大和二年(828),按时代先后,去其重复,总其科目,有:志烈秋霜科,幽素科,辞殚文律科,岳牧科,辞标文苑科,蓄文藻之思科,抱儒素之业科,临难不顾徇节宁邦科,长才广度沉迹下僚科,文艺优长科,绝伦科,拔萃科,疾恶科,龚黄科,才膺管乐科,才高位下科,才堪经邦科,贤良方正科,抱器怀能科,茂才异等科,文经邦国科,藻思清华科,寄以宣风则能兴化变俗科,道侔伊吕科,手笔俊拔超越流辈科,直言极谏科,哲人奇士逸沦屠钓科,良才异等科,文儒异等科,文史兼优科,博学通艺科,文辞雅丽科,将帅科,武足安边科,高才沉沦草泽自举科,才高未达沉迹下僚科,博学宏词科,多才科,王伯科,智谋将帅科,文辞秀逸科,风雅古调科,辞藻宏丽科,乐道安贫科,讽谏主文科,贤良方正能直言极谏科,文辞清丽科,经学优深科,高蹈丘园科,军谋越众科,孝弟力田闻于乡间科,博通坟典达于教化科,识洞韬略堪任将相科,清廉守节政术可称堪县令科,博通坟典通于教化科,详明政术可以理人科,才识兼茂明于体用科,达于吏治可使从政科,军谋宏达材任将帅科,详明吏治达于教化科,军谋宏达材任边将科,详明吏理达于教化科,军谋宏达堪任将帅科。共六十三个科目。显然,这六十三个科目,有些只不过文字上稍有差异(有的只一字之差),实际上并没有什么不同,如辞标文苑、蓄文藻之思、文艺优长、藻思清华、文辞雅丽、文辞秀逸、辞藻宏丽、文辞清丽等,都是试文艺辞藻的;如抱儒素之业、文儒异等、经学优深,都是试经学的;龚黄、才膺管乐、道侔伊吕、详明政术可以理人、达于吏治可使从政、详明吏治达于教化、详明吏理达于教化等,都是试吏治的;将帅、武足安边、智谋将帅、军谋越众、军谋宏达材任将帅、军谋宏达材任边将、军谋宏达堪任将帅等,都是试军事的;乐道安贫、高蹈丘园、孝弟力田闻于乡间等,都是试品行的。这些都只不过是名目的不同,并无实质的差异,历朝帝王只是稍变其文字,另立新目,以表示广收人才之意,也就是所谓"唐世取人,随事设科"(《文献通考》卷三三《选举考》三《贤良方正》)。因此,唐宋人的记载,有关制举科目的数字,多有分歧,如《玉海》卷一一五《选举》说是五十九科,高似孙《纬略》卷三《唐科》及《唐科名记》(《说郛》卷五一)同于《唐会要》作六十三,《困学纪闻》卷一四《考史》记有八十六①,而南宋人赵彦卫《云麓漫钞》卷六则记有一百零八个。不过《云麓漫钞》所列,有些是明显不属于制举的,如明三经、国子明经、五经、开元礼、学究、律令、明习律令、三礼、童子、三传、三史、明算等,都应算是常科,其他如词赡文华、词操文苑、孝弟梗直、韬钤等等,都与《唐会要》所载大同小异。《新唐书·选举志》举出四种,即贤良方正直言极谏、博通坟典达于教化、军谋宏达堪任将帅、详明政术可以理人,认为这四者"其名最著",是较符合于实际的。

## 二

制举是所谓"天子自诏"(《新唐书·选举志》)的,《通典》又说:"试之日或在殿廷,天子亲临观之。"(卷一五《选举》三)就是说,制举是以天子的名义,征召各地知名之士,由州府荐举前来京都应试,虽然阅文试官仍由朝廷委派,但名义上则是天子亲试,当时称为廷试或殿试。如张九龄所拟的《敕处分举人》中说:"卿等各膺推荐,副朕虚求,宜其悉心,各尽所见。"(《曲江文集》卷七)从太宗起,制举试士一直受到皇帝的重视,好几代皇帝都实行过所谓亲试。如高宗显庆四年(659)二月乙亥,"亲策试举人,凡九

---

① 又见顾炎武《日知录》卷一六《科目》,胡鸣玉《订讹杂录》卷九《科目》。

百人"(《旧唐书·高宗纪》上)。武则天时,制举应试者更盛,据中唐人刘肃所载,"则天初革命,大搜遗逸,四方之士应制者向万人"(《大唐新语》卷八《文章》)。玄宗时更进一步重视制举,所谓"开元以后,四海晏清,士无贤不肖,耻不以文章达,其应诏而举者,多则二千人,少犹不减千人,所收百才有一"(《通典》卷一五《选举》三)。据徐松《登科记考》统计,玄宗于开元、天宝年间约有七八次亲试举人。后来德宗不仅亲临,还亲自阅卷:"上(指德宗)试制科于宣政殿,或有词理乖谬者,即浓笔抹之至尾,如辄称旨者,必翘足朗吟,翌日,则遍示宰臣、学士曰:'此皆朕门生也。'"(苏鹗《杜阳杂编》卷上)①皇帝称制举登科者为门生,应制举考试的因而也有特殊的称呼,他们自称为"应制举人",如清代毛凤枝《关中金石文字存逸考》卷一,西安府,载《令史李延祚董□□等造像铭文》,注谓"范元哲撰,正书,长安四年六月",毛凤枝说范元哲题衔自称"应制举人"。

正因如此,考试时礼遇也较为隆重。试前先由皇帝赐食,"食讫就试"(见前引张九龄《敕处分举人》)。又如玄宗开元二十六年(738)八月甲申,"亲试文辞雅丽举人,命有司置食,敕曰:……并宜坐食,食讫就试"(《册府元龟》卷六四三《贡举部·考试一》)。这已成为一种惯例。又如元稹于贞元十九年(803)应制举才识兼茂明于体用科及第,后来他追忆这次考试的情景说:

> 延英引对碧衣郎,江砚宣毫各别床。天子下帘亲考试,宫人手里过茶汤。(《元稹集》外集卷七《自述》)

---

① 叶梦得《石林燕语》卷二谓:"唐以宣政殿为前殿,谓之正衙,即古之内朝也。"按唐宣政殿在大明宫,徐松《唐两京城坊考》卷一谓"宣政殿,天子常朝所也"。

唐末人范摅在其所著《云溪友议》中引了元稹的这一首诗，并且特别提到"男子荣进，莫若兹乎"（卷下《瑯琊忤》），以显示制举试的特殊礼遇。这种情况，宋代也是如此，如南宋史学家李心传记述南宋初期的制科考试，说："赴试人引见，赐坐殿廊，两厢设垂帘帷幕，青褥紫案……内侍赐茶果。"（《建炎以来朝野杂记》甲集卷一三《取士·制科》）此处所记与元稹的诗，大略相似。

大历时的一次制举试，代宗亲临，终日危坐，入夜，特令内官给烛："（大历）六年四月戊午，御宣政殿亲试讽谏主文、茂才异等、智谋经武、博学专门等四科举人。……时方炎暑，帝具朝衣，永日危坐，读太宗《贞观政要》。……将夕，有策未成者，命大官给烛，令尽其才思，夜分而罢。"（《册府元龟》卷六四三《贡举部·考试一》）有时考试过晚，还特命兵士护送举子们到光宅寺住宿："元和三年三月敕，制举人试讫，有逼夜纳策、计不得归者，并于光宅寺止宿。应巡检勾当官吏，并随从人等，待举人纳策毕，并赴保寿寺止宿。仍各仰金吾卫使差人监引，送至宿所。"（《唐会要》卷七六《贡举中·制科举》）①

这种种待遇，是进士、明经试所不能望其项背的。前面几章中曾引中唐时人舒元舆的《上论贡士书》，这篇文章对进士考试所受的屈辱待遇和辛酸情景，描述得十分真切，那种"分坐庑下，寒余雪飞，单席在地"的情况，与元稹诗中所写的"宫人手里过茶汤"，真可以说是有霄壤之别。怪不得盛唐诗人岑参在一首送人应制举的诗中，以赞许的笔调，称道其友人不屑于应进士、明经等"常调"，而去应制举试，说：

———————

① 又见《文献通考》卷三三《选举考》六。

夫子傲常调,诏书下征求。知君欲谒帝,秣马趋西周。逸足何骎骎,美声实风流。学富赡清词,下笔不能休。(《全唐诗》卷一九八《冀州客舍酒酣贻王绮寄题南楼》),题下岑参自注:"时王子欲应制举西上。")

# 三

制举登第后授官,与进士科也有不同。进士科及第后,还须经吏部考试,合格后才能授予官职,称释褐,意思是从此脱去麻衣,步入仕途。如韩愈进士登第后,三试于吏部皆不成,十年还是布衣,而制举则一经登第,即可授以官职。

按照唐代惯例,制举登第大致分五等,但第一、第二等是向来没有的,第三等就称甲科,或称敕头,如宋钱易《南部新书》丙卷载:"崔元翰晚年取应,咸为首捷,京兆解头,礼部状头,宏词敕头,制科三等敕头。"①也有称状元的,如白鸿儒《莫孝肃公诗集序》(《全唐文》卷八一六),称莫宣卿字仲节,大中五年(851)设科对策为第一;而柳珪又有《送莫仲节状元归省》诗(《全唐诗》卷五六六),中有"想到故乡应腊过,药栏犹有异花薰"之句,进士放榜在春日,回乡省亲绝不会迟至年底。可见当是制策入三等第一,当时人就称为状元。第四等以下称乙科或乙第。所授官职也有不同,第三等称优与处分,第四等、第五等只说即予处分。如《唐大诏令集》卷一〇六《政事·制举》类载《放制举人敕》,其中说:

①赵翼《陔余丛考》卷二八《三元》条也载此事。

才识兼茂明于体用科第三次等元稹、韦惇,第四等独孤郁、
白居易、曹景伯、韦庆复,第四次等崔韶、罗让、元修、薛存庆、韦
珝,第五上等萧俛、李播、沈传师、柴宿。……其第三次等人委
中书门下优与处分,第四等、第五上等,中书门下即与处分。

这是元和元年(806)的事。元稹、韦惇列第三次等,元稹就自称为
敕头①,刘禹锡则称元稹、韦惇"对策甲于天下"②。又如庞严于长
庆元年(821)应制举贤良方正能直言极谏科,《旧唐书》卷一六六
《庞严传》说他"策入三等,冠制科之首"。后来庞严死后,刘禹锡
《哭庞京兆》诗,说是"俊骨英才气褎然,策名飞步冠群贤",诗题
下自注谓:"少年有俊气,尝擢制科之首。"(《刘禹锡集》卷三〇)
又如杜牧于大和二年(828)应贤良方正直言极谏科,以第四等及
第,就称乙第③。这种情况,到宋代仍然如此,制科以第三等为首,
与进士第一名相等,第四等则与进士第二、第三等相等④。而北宋
自开国至仁宗嘉祐六年(1061),一百年中制科入三等的只吴育和
苏轼二人。叶梦得《石林燕语》卷二说:"故事,制科分五等,上二等
皆虚,惟以下三等取人,然中选者亦皆第四等,独吴正肃公(育)尝入
第三等,后未有继者,至嘉祐中苏子瞻、子由乃始皆入第三等,已而

①《元稹集》卷二八《才识兼茂明于体用策》,题下自注:"校书郎时应制,考入
　三次等,充敕头,授左拾遗。"
②《刘禹锡集》卷一九《唐故中书侍郎平章事韦公集纪》:"宪宗朝河南元公
　稹、京兆韦公淳以才识兼茂征……咸用对策甲于天下。"
③见《唐大诏令集》卷一〇六《放制举人敕》;又《旧唐书》卷一四七本传:"既
　以进士擢第,又制举登乙第。"
④《宋史·选举志》载宋仁宗时诏曰:"自今制科入第三等,与进士第一,除大
　理评事、签书两使幕职官……制科入第四等,与进士第二、第三,除两使幕
　职官……制科入第五等,与进士第四、第五,除试衔知县。"

子由以言太直,为考官胡武平所驳,欲黜落,复降为第四等。设科以来止吴正肃与苏子瞻入第三等而已,故子瞻谢启云'误占久虚之等'。"终北宋之世,入三等者只有四人①。可见北宋时制科取高等比唐时还严。南宋的制科,仍然沿袭唐和北宋,分为五等②。

唐代制举授官的情况,大致说来,列第三等即甲科的,如元稹、庞严,授左拾遗。按照官品来说,拾遗是从八品上,进士登第再经吏部试合格者,唐代一般是没有授予八品官的,而且拾遗是谏官,是亲近之职,其重要性非一般可比。至于制科第四等及第五等,大致说来也比进士稍高。如杜牧制举第四等,授弘文馆校书郎(《旧唐书》本传)。又据白居易所作《唐故通议大夫和州刺史吴郡张公神道碑铭》,张无择制举登第后也授弘文馆校书郎③。张说"对策乙第,授太子校书"(《旧唐书》卷九七本传)。常无名开元十年(722)文辞宏丽科乙第,为京畿鄠县尉(《全唐文》卷四二〇常衮《叔父故礼部员外郎墓志铭》)。当然,也有授以一般县尉的,如高宗时高某为永州湘源县尉④,武后时赵某为陕州陕县尉⑤,等等。不过制科及第,得官后升迁是很快的,南宋人王应麟曾将唐宋两代制举登科后仕至宰相的作过比较,说:"唐制举之名,多至八十有六,凡七十六科,至宰相者七十二人;本朝制科四十人,至宰相者富弼一人而已。"(《困学纪闻》卷一四《考史》)

---

①苏轼之后,有范百禄和孔文仲入三等。见聂崇岐先生《宋代制举考略》一文第六节《科分及待遇》(载《宋史丛考》,中华书局 1982 年出版)。
②见李心传《建炎以来朝野杂记》甲集卷一三《取士·制科》。
③见《白居易集》卷四一,云:"从乡赋登明经第,应制举中精通经史科,补弘文馆校书郎。"
④《陈子昂集》卷六《故宣议郎骑都尉行曹州离狐县丞高府君墓志铭》。
⑤邵说《唐故同州河西县丞赠虢州刺史太常卿天水赵公神道碑》(《全唐文》卷四五二)。

大约制举的名望高出于其他科目,在唐代,就有进士及第后又再应制举试的,有明经及第后应制举试的,有现任职官应制举试的,而相反的情况却没有,并无制举登第再去应进士、明经试的。白行简的传奇《李娃传》把唐朝人的这种心理写得很充分。《李娃传》写常州刺史之子郑生到长安应进士试,与娼女李娃相好,为李娃母所骗,资财耗尽,沦为乞丐,后得李娃的救护,两人重又和好。李娃勉以取科第,郑"遂一上登甲科(进士)",声名甚振。至此,李娃又对郑生说:"未也。今秀士苟获擢一科第,则自谓可以取中朝之显职,擅天下之美名。子行秽迹鄙,不侔于他士,当砻淬利器,以求再捷,方可以连衡多士,争霸群英。"郑生听了她的话,益自勤苦,后来应制举,以直言极谏科名列第一,授成都府参军①。当然,《李娃传》是小说,其中如李娃、郑生等人物是虚构的,但李娃的这番话却完全是唐朝士人心理的反映,是当时生活的现实。这说明,在那时候人看来,一个读书人,仅取得进士第,名声还不够大,真要"连衡多士,争霸群英",就得再争取制举及第。由此可见制举在唐人心目中的地位。

清人王鸣盛在《十七史商榷》中对这种情况,有一个归纳,可以参考,其书卷八一"得第得官又应制科"条说:

> 有得进士第后又中制科者,如《刘黄传》,黄擢进士第,又举贤良方正能直言极谏科;《儒学传》,马怀素擢进士第,又中文学优赡科;《文艺传》,阎朝隐连中进士、孝悌廉让科;《隐逸传》,贺知章擢进士、超群拔类科是也。有得明经第后又中制科者,如归崇敬擢明经,调国子直讲,举博通坟典科,对策第

① 《太平广记》卷四八四。

一，迁四门博士是也。有得官后又中制科者，如张鷟登进士第，授岐王府参军，以制举皆甲科，再调长安尉；殷践猷为杭州参军，举文儒异等科是也。

除王鸣盛所说的以外，我们还可再举出一些例子。如《通鉴》卷二三七，宪宗元和元年（806）四月载："丙午，策试制举之士，于是校书郎元稹，监察御史独孤郁，校书郎下邽白居易，前进士萧俛、沈传师出焉。"这里，元稹、独孤郁、白居易曾有官职，萧俛、沈传师是已登进士第的。又如陈子昂《唐水衡监丞李府君墓志铭》记李某先得进士第，历白水县尉、云阳尉、怀州司法，后"对策甲科，授益州大都督府录事参军"（按此所授官职，与前所述《李娃传》郑生于贤良方正能直言极谏登科后所授官职同）。陈子昂又有《周故内供奉学士怀州河内县尉陈君硕人墓志铭》，记陈于进士登第授官后，"其明年，制敕天下文儒，司属少卿杨守讷荐君应词殚文律科，对策高第，敕授茂州石泉县主簿。……垂拱四年，又应制学综古今，对策高第，敕授怀州河内县尉"[1]。又张说《河州刺史冉府君神道碑》："弱冠，文学生，进士擢第，遭家不造，府君捐馆。……服阕，调并州大都督府参军事。丁太夫人忧，过哀终丧，犹如前制。应八科举，策问高第，绵州司户参军，转扬州都督府仓曹参军。"（《张说之文集》卷一六）[2]中唐诗人皇甫冉有《送钱塘路少府

---

[1] 以上二文，皆为《陈子昂集》卷六。

[2] 类似者尚有独孤及《唐故秘书监赠礼部尚书姚公墓志铭》、《顿丘李公墓志》（《毗陵集》卷一一），孙逖《太子右庶子王公神道碑》（《全唐文》卷三一三）。又如王翰景云元年（710）进士及第，开元二年（714）又举贤良方正能直言极谏科、超群拔类科及第，孙逖开元二年进士及第，同年又应哲人奇士隐沦屠钓科及第（参见《唐才子传》），等等，不具列。

赴制举》诗(《全唐诗》卷二四九),说:"公车待诏赴长安,客里新正阻旧欢。迟日未能销野雪,晴花偏自犯江寒。东溟道路通秦塞,北阙威仪识汉官。共许郄诜工射策,恩荣请向一枝看。"这又是县尉应制举试的一个例子。

## 四

由上所述,可知封演所谓制举及第者名望犹在进士科之下的说法,不尽符合事实。诚如《新唐书·选举志》所说,制举是"待非常之才"的。明朝人胡震亨也说:"至于制举试策,元以罗非常之才。"(《唐音癸签》卷一八《诂笺》三《进士科故实》)所谓"非常之才",从唐代制举的实际情况来看,当是指制举考试与现实政治的密切关系,应试者往往通过对策表达对当时政治的看法,主持者有时也通过策问,有意引导举人申述政见,由此来发现人才,并用来体察舆情,改革弊政。北宋仁宗庆历时参知政事吴育,在一次奏疏中曾说:"至宪宗元和间,制科尤盛,有若元稹、白居易,皆特出之材。观当时策目,所访者皇王之要道,邦家之大务。"[1]可见与时事政治密切相关的"要道"与"大务",乃是制举试的主要内容。

前面说过,唐代制举的科目,见于文献记载的,少则六十几科,多则八十几科,也有一百多科的。这些科目,至少有一半是与政事有关的,尤其是贤良方正能直言极谏科,最足以代表制举应诏直言的特点。玄宗天宝十三载(754)试辞藻宏丽科,除策文外,

[1]《宋会要辑稿》第一一一册《选举》一〇。

还加试诗赋各一首,于是史称"制举试诗赋自此始"①。但这里所谓加试诗赋,仅限于辞藻宏丽一科,而且此后这一科是否仍试诗赋,史无明文。因此,我们仍可说,唐代制举以试策文为主,而很大一部分科目则与政事有关。张九龄《敕处分举人》(《曲江文集》卷七),其中说道:"顷年策试,颇成弊风,所问既不切于时宜,所对亦何关于政事。"把不切时宜、不关政事作为弊端提出来,可见制举试策中本来是应当切时宜、关政事的。

元和元年(806)四月,白居易与元稹应才识兼茂明于体用科,在此之前,元、白二人闭户累月,试作了不少篇策文。《白居易集》卷六二《策林序》说:"元和初,予罢校书郎,与元微之将应制举,退居于上都华阳观,闭户累月,揣摩当代之事。"所谓"当代之事",即前引宋庆历时吴育所说的"皇王之要道,邦家之大务"。元稹后来在回忆与白居易应制举时的情景,也说:"予与乐天,指病危言,不顾成败,意在决求高第。"(《元稹集》卷十《酬翰林白学士代书一百韵》自注)要想求得高第,就得在策文中"指病危言"。元稹还提到,在此之前,穆员、卢景亮在应制时"俱以辞直见黜",但元稹仍然"求获其策,皆手自写之,置在筐箧"②。可见辞直的策文,是

---

①《唐会要》卷七六《贡举中·制科举》:"天宝十三载十月一日,御勤政楼,试四科举人,其辞藻宏丽,问策外更试诗赋各一道(注:制举试诗赋从此始)。"《旧唐书·玄宗纪》天宝十三载,秋,"上御勤政楼试四科制举人,策外加诗赋各一首。制举加诗赋,自此始也"。《旧纪》这里未说明这次加试诗赋只是辞藻宏丽科,这是《旧纪》的疏漏之处。《册府元龟》卷六四三《贡举部·考试一》就与《唐会要》不同,说是"其词藻宏丽科,问策外更试律赋各一首"。

②按穆员,附见《旧唐书》卷一五五《穆赞传》,为德宗时穆赞弟,《旧唐书》仅载为:"员工文辞,尚节义,杜亚为东都留守,辟为从事、检校员外郎。早卒,有文集十卷。"《新唐书》卷一六三《穆赞传》也仅说"员字与（转下页）

应试举人学习作文的榜样。

我们不妨举一些对策和策问中涉及时事的例子。张说在武后永昌元年（689）词标文苑科策文中说："窃见今之俗吏，或匪正人，以刻为明，以苛为察，以剥下为利，以附上为诚。"又说："刑在必澄，不在必惨；政在必信，不在必苛。"又说："陛下日昃虽勤，守宰风化多缺。臣以为将行美政，必先择人。失政谓之虐人，失人谓之伤政，舍人为政，虽勤何为！"（《文苑英华》卷四七七）这是对武则天统治时任用酷吏的斥责，并且对武则天本人用人施政的缺失也提出了批评。这在当时是难能可贵的。

张九龄《曲江文集》卷一六载有《策问》一道，说："今欲均井田于要服，遵兵赋于革车，恐习俗滋深，虑始难就，揆今酌古，其衷若何？且惠在安人，政惟重谷。顷承平既久，居泰易盈，编户流亡，农桑莫赡，精求良吏，未之能补。遂其宽施，则莫惩游食，峻其科禁，则虑扰疲人，革弊适时，应有良术。子等明于国体，允应于旁求，式陈开物之宜，无效循常之对。"据《旧唐书》卷九九本传，张九龄于开元初为右拾遗，"当时吏部试拔萃选人及应举者，咸令九龄与右拾遗赵冬曦考其等第，前后数四，每称平允。开元十年，三迁司勋员外郎。……十一年，拜中书舍人"。张九龄的这篇策问，当是开元前期所作，反映了玄宗当政初期励精图治、要想有所作

---

（接上页）直，工为文章。杜亚留守东都，署佐其府，早卒"。都未记载其应制事。但新旧《唐书·穆赞传》都提到员兄穆质应制策文为人传诵事，《旧传》称："质强直，应制策入第三等，其所条对，至今传之。"《新传》谓："质性强直，举贤良方正，条对详切。"《全唐文》卷五二四有穆质《对贤良方正能直言极谏策（问陆贽作）》，所言皆时事。元稹所说的穆员，似应是穆质事。《全唐文》卷七八三至七八五载有穆员文，亦无应制举策文。卢景亮，《旧唐书》无传，《新唐书》卷一六四本传载："第进士，宏辞，授秘书郎。"未载其再应制举其他科目。《全唐文》卷四四五载卢景亮赋一篇，无对策。

为的政治抱负。

中唐以后，随着政治腐败的情况日益发展，举子们的制举对策更加直言其事，对朝廷的弊政抨击得更为尖锐。这里举三个例子。一是长庆元年（821）沈亚之对贤良方正能直言极谏文（《文苑英华》卷四九二），其中说："伏读睿问，周视圣旨，见陛下思天灾之病也，臣愚以为皆由尚书六曹之本坏而致乎然也，今请统而条指之。睿问有念人俗之凋讹，及于卒乘之数，货币之资，臣请以今户部兵部之坏举之。睿问有思才周于文武，本固在于士农，臣请以今礼部工部之坏举之。睿问有欲以辨行之真伪，臣请以吏部之滥举之；睿问有朝廷之缺，臣请以刑部之失举之。"作为封建时代的读书人，应举对策，当然不敢也不能直接指斥皇帝，但沈亚之指出朝廷政事的各种缺失，都由于尚书各部"之本坏而致乎然"，等于全部否定当时行政系统的政绩，这确乎是相当大胆的。

另一是宪宗元和三年（808）的皇甫湜贤良方正直言极谏对策。这次制举考试在唐史上是有名的，史书上称皇甫湜、牛僧孺、李宗闵对策攻击权贵，因而得罪，放出关外，考试官也有因而贬黜的。这是一次著名的科场案。过去史书中把这次事件作为牛李党争的起端，说皇甫湜三人的对策，攻击的是李德裕的父亲，即当时任宰相的李吉甫。这是不确切的。这个问题较复杂，牵涉的面较广，这里不拟作详细的讨论①。从现有皇甫湜的策文看来，其抨击的矛头明显指向宦官，而这正是与中唐时宦官放肆地干预朝政的现实相应的。皇甫湜的策文中说："夫裔夷亏残之微，褊险之徒，皂隶之职，岂可使之掌王命，握兵柄，内膺腹心之寄，外当耳目

---

① 关于元和三年的制举试，及所谓与牛李党争的关系，请参看拙著《李德裕年谱》（齐鲁书社 1984 年出版）。

之任乎？此壮夫义士所以寒心销志，泣愤而不能已也。"策文中还指出因宠任宦官而使朝廷政事徒有空文、未有实绩的弊病："臣伏见赦令节文，周备纤悉，空文虚声，溢于视听，而实功厚惠，未有分寸及于苍生。圣德不宣，王泽不流，虽陛下寤寐思理，宰相忧勤奉职，又何为也！"皇甫湜的对策还谈到了中唐时已经成为严重社会危机的土地问题，说"今疆畛相接，半为豪家，流庸无依，率是编户"。在这之前，李翱所拟的进士策问中也说道："百姓土田为有力者所并，三分逾一其初矣。"（《李文公集》卷三）中唐时土地迅速集中于权豪之家，农民大批被迫离开土地而四出流亡，造成社会的极大不稳。制举试中能触及封建社会的这一根本矛盾，应予以充分的肯定。

显然可以看出，皇甫湜对于当时政治情况的分析与批评，比前面说过的张说、沈亚之等又进了一步，这是现实矛盾进一步发展的结果，到了文宗大和年间刘蕡对策，更把举策指斥时政的传统做法推向高潮。《通鉴》卷二四三大和二年（828）三月记此事云："自元和之末，宦官益横，建置天子在其掌握，威权出人主之右，人莫敢言。上亲策制举人，贤良方正昌平刘蕡对策，极言其祸。……（闰三月）甲午，贤良方正裴休……等二十二人中第，皆除官。考官左散骑常侍冯宿等见刘蕡策，皆叹服，而畏宦官，不敢取。诏下，物论嚣然称屈。"刘蕡虽不中第，但因为他的对策集中揭发了宦官的专横，指出当时严重的政治危机："宫闱将变，社稷将危，天下将倾，海内将乱。"大唐帝国已经到了全面崩溃的前夕，反映了地主阶级中少数有识之士所关心和担忧的社会问题，因此"其所对策，大行于时"（《旧唐书》卷一六六《庞严传》）。有些研究者说，唐代历史发展到中晚唐之际，封建大官僚对政治改革、社会改革不仅不感兴趣，而且百般阻挠，刘蕡事件以后，唐朝廷在实际上停止了制举科，不再给一般士子通过对策直言极谏、议论时政的机会①。这个推论有一定的道理。《唐会要》、《云麓漫钞》、《文献通考》等记制科科目与及第者姓名，都只到大和二年为止；《册府元龟》有记大和二年以后的，只是博学宏辞数条，而这时博学宏辞恐已不属于制举，而是属于吏部。大和二年以后，唐朝廷是否确实已停止制举，当然还是一个有待进一步研究的问题，但至少文献记录已没有大和二年以后的材料，这确实值得注意，这也可以从一个方面看出制举与现实政治关系的密切。

当然，我们也还应当看到另一方面，这就是，有不少应举者，其所对策也不过是敷衍成文，颂多于谏的，即以刘蕡对策的那一科而言，除刘蕡外，其他"被选者二十有三人，所言皆冗龊常务"，但却"得优调"（《新唐书》卷一七八《刘蕡传》）。这种情况也是常见的。司马光于宋仁宗嘉祐年间作《论举选状》批评当时制科之失，说"国家虽设贤良方正等科，其实皆取文辞而已"（《司马温公文集》卷三）。这种情况在唐代也已是如此。而且，制举名义上虽说是天子亲试，实际上取舍之权仍操于少数大臣之手，即以刘蕡对策来说，马端临在《文献通考》中曾议论道："既曰制科，则天子亲策之，亲览之，升黜之权，当一出于上。……唐之制科，则全以付之有司矣。故牛僧孺辈以直言忤权幸，则考官坐其累，而刘蕡所陈，尤为忠愤鲠切，则自宰相而下，皆不敢为之明白，虽是当时阉宦之势可畏，亦由素无亲览之事，故此辈得以劫制衡鉴之人也。"（《文献通考》卷三三《选举考》六《贤良方正》）此外，制举中

① 见吴宗国《唐末阶级矛盾激化的几个问题》。见唐代史学会 1983 年成都年会讨论之文。

有些科目,还被作为唐人的讽刺材料:"有似昔岁德宗搜访怀才抱器不求闻达者。有人于昭应县逢一书生,奔驰入京,问求何事,答曰:'将应不求闻达科。'此科亦岂可应邪?"(《因话录》卷四角部)但总的看来,应当说,制举科比起专讲文辞藻丽的进士科、背诵帖括的明经科,更富有政治内容,更与现实斗争有关,因而也更可能为某些当权者所忌。在这方面,一个典型的例子,就是天宝六载(747)李林甫玩弄的一次阴谋。

关于记述这次考试的基本史料,最早的应当算是中唐时诗人兼古文家元结的《喻友》:

> 天宝丁亥(六载)中,诏征天下士人有一艺者,皆得诣京师就选。相国晋公林甫以草野之士猥多,恐泄漏当时之机,议于朝廷曰:"举人多卑贱愚聩,不识礼度,恐有俚言,污浊圣听。"于是奏待制者悉令尚书长官考试,御史中丞监之,试如常吏。已而布衣之士无有第者,遂表贺人主,以为野无遗贤。(孙望点校《元次山集》卷四)

《通鉴》卷二一五天宝六载正月也记此事,基本取材于元结的《喻友》,又有所补充,为便于研究,也录于此:

> 上欲广求天下之士,命通一艺以上皆诣京师。李林甫恐草野之士对策斥言其奸恶,建言:"举人多卑贱愚聩,恐有俚言,污浊圣听。"乃令郡县长官精加试练,灼然超绝者,具名送省,委尚书覆试,御史中丞监之,取名实相副者闻奏。既而至者皆试以诗、赋、论,遂无一人及第者。林甫乃上表贺野无遗贤。

诗人杜甫也与元结一样，是这次应试者之一。杜甫曾于开元二十三年(735)在洛阳应进士试，未取，遂"放荡齐赵间"，并没有把那次的进士试落第放在心上。在过了十二年以后，杜甫旅食京华，就很重视这次的考试了，因此这次的落第对他的打击很大，他在过了四五年后所写的《奉赠鲜于京兆二十韵》的诗中还特地提到："破胆遭前政，阴谋独秉钧。微生沾忌刻，万事益酸辛!"杜甫写这首诗时李林甫刚死去不久，杜甫这几句沉痛的诗句表示了对李林甫搞这次阴谋的愤慨和谴责。

为什么说是李林甫的阴谋呢?

这次考试是先"委所在郡县长官精加试练"，而按照惯例，应制举试者既可由各地郡守推举，也可自举。如《唐大诏令集》卷五《改元大和赦》中说："天下诸色人中，有贤良方正能直言极谏者，及经学优深可为师法、详闲吏理达于教化、军谋宏远堪任将帅者，常参官及方牧郡守，各举所知;无人举者，亦听自举。"①这就是说，天宝六载的这次考试，在应举者来到长安之前，先已由地方长官汰除了一批，这些地方长官当然会秉承李林甫的旨意，把一些可能桀骜不驯者除名。这是阴谋之一。其次，据徐松《登科记考》所载，玄宗于开元时共举行制举试十二次，天宝时仅六次;开元的十二次，前期八次，后期四次。就是说，玄宗时的制举试，次数是越来越少的，而天宝六载的一次，李林甫又借口"举人多卑贱愚聩，不识礼度，恐有俚言，污浊圣听"，不由皇帝亲试，只让"尚书覆试，御史中丞监之"，完全是敷衍了事。这是阴谋之二。另外，制举是考策文的，为了试策，举子们如白居易、元稹那样，需要闭户累月，

---

① 又《宋会要辑稿》第一一一册《选举》一○，载宋仁宗庆历时参知政事吴育言，中云:"开元二年六月甲子制，其有茂才异等，咸令自举。"

揣摩当代之事,预先习作不少篇策文。但天宝六载却临时改为诗、赋和论。应试者对此既事先毫无准备,当然是"遂无一人及第"。在唐代科举史上,天宝六载是仅有下制征召而无制举科目之名的一次,也是制举考试无一人录取的仅有的一次。这是天宝年间政治腐败的表现,也是社会矛盾复杂尖锐化的表现。杜甫旅食京华十年,正是从这些现实矛盾的日益深化、社会危机的愈加严重中逐渐提高认识,并锤炼其诗笔的。从这个意义说,李林甫导演的这一次天宝六载制举试的阴谋,对诗人杜甫来说倒也未始不是一件好事。

五

除了上面所说的以外,关于唐代的制举试,还可补充说明有关的一些情况。

一是考试官。进士、明经等自开元二十五年后是由礼部侍郎主持考试,称作知贡举。制举名义上由天子亲试,实际上委派一些官员撰策问题,及审阅策文,当时称为考策官。考策官不止一二人,是可以有好几个的,但要挑选知名之士担任。如《旧唐书》卷一六九《贾𫗨传》:"文史兼美,四迁至考功员外郎。长庆初,策召贤良,选当时名士考策,𫗨与白居易俱为考策官。"又如据《旧唐书·宪宗纪》及《通鉴》等所载,元和三年(808)三月考贤良方正能直言极谏科举人,考试官为吏部侍郎杨於陵、考功员外郎韦贯之,同考覆试官有翰林学士王涯、裴垍,及左司郎中郑敬、都官郎中李益等,又据《册府元龟》卷六四四《贡举部·考试二》,长庆元年(821)十一月制举试,考策官为中书舍人白居易、膳部郎中陈岵、考功员外郎贾餗;大和二年(828)三月的一次,考策官为左散骑常侍冯宿、太常少卿贾餗、库部郎中庞严。又据《唐大诏令集》卷一〇六《宝历元年试制举人诏》及《旧唐书·敬宗纪》,宝历元年(825)三月的一次,考策官为中书舍人郑涵、吏部郎中崔琯、兵部郎中李虞仲。又据《颜鲁公文集》卷一四《崔孝公宅陋室铭记》及徐松《登科记考》卷四,天册万岁二年(696)的制举考策官为梁载言、陈子昂。这些考策官都是临时差遣,考试完毕,即各归本职。这种情况宋代也是如此。如乾德四年(966)考策官为翰林承旨陶縠,学士窦仪,知制诰王著、卢多逊、王祐,秘书监尹拙,刑部郎中姚恕,国子监丞冯英;咸平四年(1001)为翰林学士宋白、梁周翰、师颜,知制诰李宗谔、赵安仁、薛映、杨亿;景德二年(1005)为翰林学士晁迥,知制诰杨亿、周起、朱巽(以上皆据《宋会要辑稿》第一一一册《选举》一〇)。

正因为制举名义上是由天子亲试,因此考策官的亲故可以不像礼部试那样,须避嫌而别试于吏部(即别头试)。如元和三年三月的制举试,王涯为覆策官,应试者皇甫湜是王涯的外甥,皇甫湜因直言落第,王涯也受牵累罢翰林学士之职。白居易曾为王涯抱不平,其《论制科人状》中有论此事,说:"故皇甫湜虽是王涯外甥,以其言直合收,涯亦不敢以私嫌自避。当时有状,具以陈奏。"(《白居易集》卷五八)

二是应制举人无论是荐举或自举,都须有现任官员相保,举人在考试中如有违法行为,或所考成绩太差、等第太下的,保人或所举之官须受贬黜。如《册府元龟》卷六四三《贡举部·考试一》:"(天宝)十载九月辛卯,御勤政楼,试怀才抱器举人,命有司供食。有举人私怀文策,坐殿三举,并贬所保之官。"可见制举考试也不许私带文策,如有私怀文策,除举子本人受处分外,所保之官也须贬责,所举官也受责罚(《册府》载丙申诏,有"其所举官各量贬殿,以示惩诫"语)。关于所举官受责罚事,开元时人王泠然曾对此有异议,王泠然(时任将仕郎守太子校书郎)在上宰相张说书中说道:"去年敕书云:'草泽卑位之间,恐遗贤俊,宜令兵部即作牒目,征召奏闻。'而吏部起请云:'试日等第全下者,举主量加贬削。'条目一行,仆知天下父不举子,兄不举弟。向者,百司诸州长官皆无才能之辈,并是全躯保妻子之徒。一入朝廷则恐出,暂居州郡即思改。岂有轻为进举,以取贬削?今闻天下向有四百人应举,相公岂与四百人尽及第乎?既有等差,由此百司诸州长官,惧贬削而不举者多矣。"(《唐摭言》卷六《公荐》条)举人犯罪,举主牵累而受责罚,宋代也是如此,如司马光曾说:"每路各三两人,仍与本处长吏连署结罪,保举闻奏。……其所举之人,若犯私罪,情理重,及正入己赃,未及第者,举主减三等,已及第者,减一等坐之,并不以赦原。"(《司马温公文集》卷三《论举选状》)应当说,举人犯罪,举主与保人受罚,还有一定的道理。但如果举人所考的等第太下,举主也受贬斥,就没有道理了,从这点来说,王泠然的意见是对的。但看来他的意见并未被采纳,《册府元龟》所载举人受责罚的材料都在王泠然上书之后。

## 【附记】

　　此章的内容,曾以《从杜甫于天宝六载应试谈唐代的制举》为题,发表于成都《草堂》1984年第一期。南京大学中文系周勋初兄看了此文后,给我来信,说唐人对制举的看法,尚可补充高适一例,信中说:"《河岳英灵集》之高适'耻预常科',当即不愿应进士、明经科之谓,而高氏于开元二十三年应制科试失利,卒于天宝八载有道科中第,足见文士有视制举高于进士、明经者。"勋初兄对高适研究颇深,有《高适年谱》问世,又广采唐宋史籍,为《唐语林》作笺注,精熟于唐人史事。来信所说高适事例,极有启发,故特为标出,并志谢忱。

1984.12.9

# 第七章　进士考试与及第

## 一

进士科是唐代出现的新事物,但进士却是古老时代的旧名词。《文献通考》卷四〇《学校考》一,引礼书云:"秀于一乡者谓之秀士,中于所选谓之选士;俊士以其德之敏也,造士以其材之成也,进士以其将进而用之也。"又说:"大乐正论造士之秀者以告于王而升诸司马,曰进士(注:移名于司马,进士可进受爵禄也)。"对于古老经典文字可以有各种解释,这是经师们的专业,历史发展到了唐代,用进士来称呼科举中的一个重要科目,已经与它原来赋予的特定的含义不相干了;是社会生活的发展变化给了"进士"以新的内容,它的原义只不过在语义学上有其一定的位置罢了。

五代时的词人牛希济在《贡士论》中说:"国家武德初,令天下冬季集贡士于京师,天子制策,考其功业辞艺,谓之进士。"(《全唐文》卷八四六)牛希济是作词能手,但他在《贡士论》中的这几句话却很不确切。武德是唐高祖的年号,一共是九年(618—626)。牛希济说是武德初,就应该是武德头一二年,但实际却并非如此。

作于贞元十七年(801)的赵儋《登科记序》(《文苑英华》卷七三七,《全唐文》卷五三六)[1],说:"武德五年,帝诏有司特以进士为选士之目。"这里说是武德五年(622)下诏,实行进士试。唐末五代人王定保记载得较为翔实,而把下诏的时间提前一年为武德四年(621),他所著的《唐摭言》卷一《统序科第》说:"始自武德辛巳岁四月一日,敕诸州学士及早有明经及秀才、俊士、进士,明于理体、为乡里所称者,委本县考试,州长重覆,取其合格,每年十月随物入贡。斯我唐贡士之始也。"这样,到第二年十月,各州就荐送明经一百四十三人,秀才六人,俊士三十九人,进士三十人;十一月引见,十二月考试(见《唐摭言》卷一五《杂记》)。武德四年五月,李世民的军队消灭了窦建德的主力,七月,又平定了洛阳的王世充,唐王朝依仗武功,巩固了政权,这就有可能、也有必要在官吏选拔和政权组成中进行创新和改革,把目光从一小部分仅有虚誉的狭小范围的士族,投向地主阶级的整体,把地主阶级中相当活跃的一部分,即有较高文化修养并具备一定政治头脑的士人,作为吸收和选拔的对象。

进士科开始时与秀才、明经、明算、明法、明字并列,列为岁举常贡之一,但不久它就超过别的科目。在整个唐代的科举试中,它的名声是最响的。中唐时诗人姚合就这样赞美道:

> 塞钝无大计,酷嗜进士名。……春榜四散飞,数日遍八纮。……(《姚少监诗集》卷四《寄陕府内兄郭冏端公》)

新乐府诗人张籍也有类似的诗句:

---

[1] 关于此序的作者,《文苑英华》《全唐文》均误。请参看本书第一章关于唐代登科记的考索。

二十八人初上牒，百千万里尽传名。(《全唐诗》卷三八五《喜王起侍郎放榜》)

清朝人李调元也说："至唐而科目之多为最，其中以登进士科为清班，与其选者莫不引为光耀。"(《制义科琐记序》)而以欢快的语气，加以热情称扬的，则是王定保的《唐摭言》：

> 进士科始于隋大业中，盛于贞观、永徽之际；搢绅虽位极人臣，不由进士者，终不为美，以至岁贡常不减八九百人。其推重谓之"白衣公卿"，又曰"一品白衫"；其艰难谓之"三十老明经，五十少进士"。其负倜傥之才，变通之术，苏、张之辩说，荆、聂之胆气，仲由之武勇，子房之筹画，弘羊之书计，方朔之诙谐，咸以是而晦之。修身慎行，虽处子之不若；其有老死于文场者，亦所无恨。故有诗曰："太宗皇帝真长策，赚得英雄尽白头！"(卷一《散序进士》)

王定保的笔调带有极大的夸张，他把古人值得称道的文武才能，政济方策，智谋度量，等等，都加于进士身上。在他看来，进士出身者可以具备古人理想的美德与才艺。这当然是不切实际的幻想，但也可以说明一点：在唐代那个封建社会的鼎盛时期，进士作为新事物而出现，那时的人们赋予它以何等光彩夺目的鲜衣。

进士登第在高宗、武后时已为士大夫官僚所艳羡。《封氏闻见记》说"高宗时，进士难其选"(卷三《贡举》)。当时的名相薛元超曾对其亲知说："吾不才，富贵过分，然平生有三恨：始不以进士擢第，不得娶五姓女，不得修国史。"(刘餗《隋唐嘉话》卷中)。处于宰相之尊的薛元超，他的权势与地位已不需要再用其他方式加以提高，但他还需要有声誉。在门阀统治的南北朝时期,婚宦为官僚士大夫立身处世最需要关心的两件事,我们只要稍稍读一下《昭明文选》中所收的沈约《奏弹王源》,对此即可了然。初唐时门阀的势力削弱了,但其社会影响仍然存在,这种社会影响就具体表现在声望上。唐初非士族出身的高官,他们在取得政治实力以后,仍想联姻山东士族,就是门阀的社会影响存在的客观证明。薛元超的所谓"不得娶五姓女",就是这种社会心理的写照。如果说这句话还是旧的社会条件在人们头脑中的残留,那么"始不以进士擢第"却恰恰是新的社会条件的反映,同时也从另一方面说明进士科的社会影响是如何在迅速地扩大。

《唐摭言》卷二《恚恨》条收载了王泠然与御史高昌宇的一封书信。王、高二人本系旧交,昌宇任御史时,在与人叙谈中问及故旧,略不及王。这时王泠然新登进士第不久,"值天凉,今冬又属停选试"。这封信就是在泠然已及第而尚未入仕时写的,很可以帮助我们了解那时一部分士人的心理状态。其中说:

> 今公之富贵亦不可多得。意者,望御史今年为仆索一妇,明年为留心一官。幸有余力,何惜些些!此仆之宿憾,口中不言;君之此恩,顶上相戴。傥也贵人多忘,国士难期,使仆一朝出其不意,与君并肩台阁,侧眼相视,公始悔而谢仆,仆安能有色于君乎?

在宋以后的人看来,这几句话可以称得上是十足的狂诞,泠然则可以说得上是怪人。他在这里不加掩饰地向人讨女人,要官做,而不自以为鄙俗;而且还以有朝一日升台阁相威胁。这也可以说反映了开元盛世进士中人不可一世的思想状态与精神面貌①。开元时一些文人动不动以宰相自许,李白就是一个。王泠然的狂与怪,正是进士科地位提高和社会影响增强的一种反映。

贞元以后,进士的声名益甚,这点在以后一些章节中还要提到,这里就不详论。

# 二

唐代进士考试的办法与具体项目,曾经过几次变易,不大容易弄清楚,这也造成后人的一些误解,如讨论唐诗繁荣的原因,认为是由于进士试以诗赋取士,就是误解之一。即以博学淹通如赵翼者,论述此事时也难免有疏失之处,《陔余丛考》卷二八《进士》条说:

> 唐初制,试时务策五道,帖一大经,经、策全通为甲第,策通四、帖过四以上为乙第。永隆二年,以刘思立言进士唯诵旧策,皆无实材,乃诏进士试杂文二篇,通文律者然后试策,此进士试诗赋之始。开元二十五年,诏进士以声韵为学,多昧古今,自今加试大经十帖。建中二年,中书舍人赵赞权知贡举,又以箴论表赞代诗赋。大和八年,仍复诗赋。此唐一代进士试艺之大略也。

这段话中,可议者有好几处:第一,说唐初试时务策五道,帖一大

---

① 王泠然于开元五年(717)登进士第,见《唐才子传》卷一,并参徐松《登科记考》卷五。

经,实则唐初只试策,未有帖经,帖经是永隆二年(681)以后的事。第二,说永隆二年起试杂文,即是试诗赋之始,实际上最初所谓杂文者仅为箴表论赞等,后渐有赋,或有诗,杂文专试诗赋已是天宝时期。第三,说自建中二年(781)起以箴论表赞代诗赋,至大和八年(834)才又试诗赋,似乎这中间有半个多世纪的时间进士科是不试诗赋的,实际情况当然不是,所谓停进士试诗赋而代之以论议,是李德裕任宰相后对于科试所作改革的一部分,这是大和七年(833)八月颁下的,第二年即大和八年九月李德裕罢相,李宗闵上台,尽排李德裕之所为,又复试诗赋。可见罢诗赋,只是一年的时间。

以下拟大体按时间的顺序,对进士试的科目、场次及其沿革,作些材料上的整理,借以理清一些容易混淆的头绪。

人们往往有一个误解,以为进士既称为文学之科,那就是试诗赋,于是就促进了唐代诗歌的繁荣。实际情况恐怕倒是相反。在唐初一个相当长的时期,进士考试是与诗赋无关的。《通典》卷一五《选举》三说进士"其初止试策,贞观八年诏加进士试读经史一部。至调露二年,考功员外郎刘思立始奏二科(琼按,即进士、明经),并加帖经,其后又加《老子》、《孝经》,使兼通之"。刘肃的《大唐新语》(卷十《厘革》),胡震亨的《唐音癸签》(卷一八《诂笺》三《进士科故实》),都提到进士科最初只试策。贞观八年(634)所谓"加进士试读经史一部",是因为原来所考的策文是时务策(《新唐书·选举志》说"凡进士,试时务策五道"),现在再加上从经书和史书各一部中出题目,考问经史大义,这仍是试策。到高宗调露二年(680),由于刘思立的奏请,进士才与明经同样要考帖经。这就是说,从唐开国起,有六十年的光景,进士考试是只考策文的,这占了唐朝历史的五分之一的时期。

当时的所谓试策,是怎样一种具体情况呢? 这里让我们举贞观元年(627)的例子来看一看。先录两道策问:

> 用刑宽猛:狱市之寄,自昔为难;宽猛之宜,当令不易。缓则物情恣其诈,急则奸人无所容,曹相国所以殷勤,路廷尉于焉太息。韦弦折衷,历代未闻,轻重浅深,佇承嘉议。(《文苑英华》卷四九七)

> 问:棘津登辅,不因阶于尺木;莘郊作相,岂凭资于累迁。盖道有攸存,时无可废,爰暨浇讹,必循班序,先容乃器,因地拔萃,共相沿袭,遂成标准。今圣上务切悬旌,心摇启辂,虽衣冠华胄,已乔迁于周列;而衡泌幽人,罕遥集于魏鼎。岂英灵不孕于山泽,将物理自系于古今。无蔽尔辞,切陈其致。(《文苑英华》卷五○二,题为《求贤》)①

第一道策问,是关于审案件的,提出如何宽猛相济、缓急折中;第二道策问,是关于选拔人才的,提出如何不次擢用才能之士,以充实新建立的政权。这都带有贞观初期新王朝刚刚建立,如何调整阶级关系或地主阶级内部关系,以巩固新王朝统治的时代特点。这年进士登科者有上官仪——就是后来在高宗朝享有诗坛盛誉的"上官体"的代表诗人②。我们来看看他的对策:

> 攘袂九流,披怀万古,览玉篆之奥义,亲金简之遗文,睹皇王临御之迹,详政术枢机之旨,莫不则乾刚而张礼乐,法霆

---

① 参徐松《登科记考》卷一《贞观元年》。
② 《隋唐嘉话》卷中载:"高宗承贞观之后,天下无事,上官侍郎仪独持国政。尝凌晨入朝,巡洛水堤,步月徐辔,咏诗曰:'脉脉广川流,驱马历长洲。鹊飞山月晓,蝉噪野风秋。'音韵清亮。群公望之,犹神仙焉。"

震而置威刑。纵使轩去鼎湖，非无涿鹿之戮；舜辞雷泽，遂有崇山之诛。自皋陶不嗣，恣生长往，甫侯设法，徒有说于轻重，子产铸书，竟无救于衰败。是知风淳俗厚，草艾而可惩；主僻时昏，黥凿而犹犯。我君出震继天，承图宰化，孕十尧而迭举，吞九舜而上征。犹以为周书三典，既疏远而难从；汉律九章，已偏杂而无准。方当采韦弦于往古，施折衷于当今。若能诏彼刑章，定金科之取舍，征其张赵，平丹书之去留；必使楚国受金，不为庄生所责；长陵盗土，必用张子之言。谨对。(《文苑英华》卷四九七)

凤德方亨，必资英辅，龙光未聘，实俟明君。既藏器以须时，亦虚襟而待物，莫不理符灵应，道叶冥通，类霜降而钟鸣，同云蒸而础润。秘策赴之如投水，神心应之若转规。用能感会一时，抑扬千古。是以沉鳞暂跃，遂游泳于天汉；坠羽才迁，乃腾骧于日陆。弘心体之妙旨，播舟水之嘉谋，义列丹青，德融金璧。迨乎时钟季叔，化渐浇讹，拔萃之惠罕流，因地之阶愈笃。使西都金子，奕叶称荣；东国袁生，八公为贵。廷尉之明穷识理，十载无知；黄门之妙极摛文，八迁宁进。徒使千星秀气，永翳穷尘；照庑奇光，长湮幽石。自可循风市马，袭轨画龙，三反不亏，七年无废。戋戋束帛，指丘园而毕陈；翘翘车乘，望林泉而载辖。则材标海若，雾集丹墀，德表星精，云飞紫阙。岂直高尚之士，遥集于台司，衡泌之俦，乔迁于鼎职。谨对。(《文苑英华》卷五〇二)

如果说策问中还多少表现出当世之务的话，那么这两道对策则完全是堆砌辞藻，内容上除了对于当今圣朝的颂扬以外，再也找不出联系实际、陈当务之急的任何一点现实的影子。初唐时期的这些进士策文,我们完全可以把它们当作精致工丽的骈文来看待,而它们实际上也是一种赋体;如果一定要加一个名称的话,不妨称之为"策赋"。

# 三

进士只考试策文的情况,到高宗后期,即武则天实际掌握政权时有了变化,这就是进士试由试策文一场改变为试帖经、杂文、策文三场,这种三场考试的办法,遂成为唐代进士试的定制。

《唐会要》有两条记载这种变化的材料:

> 调露二年四月,刘思立除考功员外郎。先时,进士但试策而已,思立以其庸浅,奏请帖经及试杂文,自后因以为常式。(卷七六《贡举中·进士》)

> 永隆二年八月敕:如闻明经射策,不读正经,抄撮义条,才有数卷;进士不寻史籍,惟诵文策,铨综艺能,遂无优劣。自今已后,明经每经帖十得六已上者,进士试杂文两首,识文律者,然后令试策。(卷七五《贡举上·帖经条例》)

调露二年为公元 680 年,永隆二年为公元 681 年(调露二年即永隆元年)。当是前一年刘思立建议,第二年就由朝廷正式颁布施行。因此史书上认为进士试杂文和帖经,就是起始于刘思立的奏请,如《旧唐书》卷一九〇中《刘宪传》:"父思立,高宗时为侍御史。……后迁考功员外郎,始奏请明经加帖、进士试杂文,自思立始也。"《旧唐书》卷一一九《杨绾传》载绾于代宗时上疏议贡举,说:"至高宗朝,刘思立为考功员外郎,又奏进士加杂文,明经填帖,从此积弊,浸转成俗。"《南部新书》戊卷也说:"进士试帖经,自调露二年始也。"

所谓杂文两首,具体何所指,徐松有一个解释,颇得其要。《登科记考》卷一《永隆二年》条说:"按杂文两首,谓箴铭论表之类,开元间始以赋居其一,或以诗居其一,亦有全用诗赋者,非定制也。杂文之专用诗赋,当在天宝之季。"这段话说得扼要明白,对于唐代进士试杂文的演变讲得十分清楚,但却不大受到史学研究和文学史研究者的注意。徐松的话是有事实根据的。如颜真卿所作《朝议大夫守华州刺史上柱国赠秘书监颜君(元孙)神道碑铭》(《全唐文》卷三四一。按四部丛刊《颜鲁公文集》未收此文)中说:"举进士……省试《九河铭》、《高松赋》。故事,举人就试,朝官毕集,考功郎刘奇乃先标榜君曰:'铭赋二首,既丽且新,时务五条,词高理赡,惜其帖经通六,所以不□(《全唐文》注:原本缺),屈从常第,徒深悚怍。'由是名动天下。"颜元孙为武周垂拱元年(685)登进士第①,这是永隆二年实行考试改革以后的第四年,可见那年的杂文两首即是铭和赋。在这之后,见于记载的,玄宗先天二年即开元元年(713)为《籍田赋》,开元二年(714)为《旗赋》,开元四年(716)为《丹甑赋》,开元五年(717)为《止水赋》,开元七年(719)为《北斗城赋》,开元十一年(723)为《黄龙颂》。开元十二年(724)才开始有试诗的记载,这就是著名的祖咏《终南山望余雪》诗:

终南阴岭秀,积雪浮云端。林表明霁色,城中增暮寒。

--------

① 《旧唐书》卷一八七下《忠义传下·颜杲卿传》:"父元孙,垂拱初登进士第。"又参《登科记考》卷三。

（《唐诗纪事》卷二〇）

这或许是唐人省试诗最好的诗句,以后只有钱起的"曲终人不见,江上数峰青"堪与并称。在这之后,开元十四年(726)为《考功箴》,开元十五年(727)为《积翠宫甘露颂》,开元十八年(730)为《冰壶赋》。开元二十二年(734),乃有诗赋各一,即《武库诗》、《梓材赋》。开元二十五年(737)为《花萼楼赋》。开元二十六年(738),又诗赋各一:《拟孔融荐祢衡表》、《明堂火珠诗》。天宝十载(751),诗赋各一:《豹鸟赋》、《湘灵鼓瑟诗》。在这之后,即连续有诗赋的记载①。上述的记载,可能因材料不全,有所缺漏,但大致的趋向是可以看得出来的。可见以诗赋作为进士考试的固定格局,是在唐代立国一百余年以后。而在这以前,唐诗已经经历了婉丽清新、婀娜多姿的初唐阶段,正以璀璨夺目的光彩,步入盛唐的康庄大道。在这一百余年中,杰出的诗人已经络绎出现在诗坛上,写出了历世经久、传诵不息的名篇。这都是文学史上的常识。应当说,进士科在八世纪初开始采用考试诗赋的方式,到天宝时以诗赋取士成为固定的格局,正是诗歌的发展繁荣对当时社会生活产生广泛影响的结果。

进士试之所以由试策而发展为加试杂文和帖经,一方面是考试本身的原因,即由于举子们"唯诵旧策,皆亡实才"(《新唐书·选举志》),只读一些为应付考试而编成的现成策文,不去钻研经史本文;为扭转这种情况,于是就参照明经考试的办法,加考帖经,以求学有根柢。另一方面,武则天为了加强她个人的权势,并图谋建立武氏政权,不得不扩大统治基础,争取非高门世族出身

---

① 以上杂文试题,据徐松《登科记考》所记。

的士人的支持,于是增设考试的门类,加强文艺辞藻方面的选拔,网罗既有文采又有经学修养的人才来充实政权机构。武周宫廷中文人学士之盛以及穷究极研于辞藻声律之美,是太宗、高宗朝所不能比拟的。刘思立的建议,正好适应这种政治需要。

唐进士三场试,每场定去留,如《旧唐书》卷九二《韦陟传》载陟于开元时以礼部侍郎知贡举:"曩者主司取与,皆以一场之善,登其科目,不尽其才。"而在前期,三场的次序是先帖经,次杂文,最后试策。如《唐六典》卷四《礼部》:"凡进士先帖经,然后试杂文及策。……(原注:旧例帖一小经并注,通六已上,帖《老子》兼注,通三已上,然后试杂文两道,时务策五条;开元二十五年,依明经帖一大经,通四已上,余如旧。)"《唐六典》修成于开元末,反映了唐初至开元时的官制和政令。《文献通考》卷三一《选举考》四记宋仁宗宝元时(1038—1040)李淑的奏议,也说天宝时进士"试一大经,能通者试文赋,又通而后试策"。三场中把帖经列为首场,表明对儒家经典的尊重。如前面所引颜真卿所作的颜元孙神道碑,颜元孙杂文(铭赋)二首"既丽且新",策文"词高理赡",但因为帖经的成绩平常,因此虽然取中,但却等第不高。

杂文与帖经的次序,大约从中唐起改变过来,即第一场诗赋,第二场帖经,第三场策文。权德舆在与柳冕讨论贡举的书信(《权载之文集》卷四一)中说:"况以蒙劣,辱当仪曹,为时求人,岂敢容易。然再岁计偕,多有亲故,故进士初榜有之,帖落有之,策落有之,及第亦有之。不以私害公,不以名废实,不敢自爱,不访于人。"这里把帖经列第二,试策列第三,初榜虽未明言,但按唐代的规定,这初榜当即指诗赋。

如果权德舆还没有说得很清楚的话,那么中唐同时期的作家李观就明确记载帖经之前为诗赋,他在《帖经日上侍郎书》(《全唐文》卷五三三）中说："月日，乡贡进士李观长跪荐书侍郎座右……昨者奉试《明水赋》、《新柳诗》。"此处李观自称乡贡进士，当是应进士试时献书于礼部侍郎者①。这封书信作于试帖经的那一天，而又说"昨者奉试《明水赋》、《新柳诗》"，可见帖经之前一场即试诗赋。后来五代时牛希济在《贡士论》中也说，进士"大率以三场为试，初以词赋，谓之杂文，复对所通经义，终以时务为策目"（《全唐文》卷八四六）。不过帖经虽居第二，却并不受人重视，唐朝人在谈论进士考试时有时就根本不提到它，如韩愈《答崔立之书》就说："及来京师，见有举进士者，人多贵之，仆诚乐之。就求其术，或出礼部所试赋、诗、策等以相示。"（《韩昌黎文集校注》卷三）这里就只提赋、诗、策三项，而不言及帖经。又如贾岛《送雍陶及第归成都宁觐》（《贾浪仙长江集》卷六）云："不惟诗著籍，兼又赋知名。议论于题称，春秋对问精。半应阴骘与，全赖有司平。……"这里所写的也是进士考试的场次：诗赋、策论、问经义。又据胡震亨《唐音癸签》所说，则到后来又将帖经放在最后一场，而且说："帖经被落，仍许诗赎，谓之赎帖。"（卷一八《诂笺》三《进士科故实》）这所谓"赎帖"，我们可以举阎济美来作例子。《太平广记》卷一七九《阎济美》条载阎济美应进士试，试帖经时，告主司道："某早留心章句，不工帖书，必恐不及格。"主司回答他说："可不知礼闱故事，亦许诗赎。"阎济美果然作一诗以代帖经。这里说"礼闱故事"，可知在阎济美于大历年间登第之前②，所谓以诗赎帖，已施行很久了。这不仅是考试办法的变化，而且是诗歌在社会生活中的地位进一步提高的反映。

---

①李观于贞元八年应进士举及第，见徐松《登科记考》卷一三。
②阎济美于大历九年在洛阳应进士试登第，见《登科记考》卷十。

# 四

　　进士考试既然分为三场,而又每场定去留,则首场乃是关键。前面所引《太平广记》的《阎济美》条,就说阎济美在及第前曾考过两次,当然都是落第:"初举,刘单侍郎下杂文落第,二举,坐王侍郎杂文落第。"这就是说,阎济美的头两次落第,都是由于诗赋未能通过。晚唐诗人黄滔在《下第》诗中说:

> 昨夜孤灯下,阑干泣数行。辞家从早岁,落第在初场。
> (《唐黄御史公集》卷二)

这里所说的初场,就是指诗赋。黄滔以懿宗咸通十三年(872),年三十三被荐举入试,越二十三年至僖宗乾宁二年(895)才得以进士及第。在这期间,当是有好几次应试,他特别提到"落第在初场",可见诗赋能否及格对是否登科起着很大的作用。

　　唐代进士考试之所以将诗赋列于首位,一方面固然受到社会上重视诗歌的影响,另一方面也因为进士试的诗赋都是律诗律赋,有格律声韵可循,对于考试官员来说,容易掌握一定的标准。《册府元龟》卷六四一《贡举部·条制三》记载说:"(大和八年)十月,礼部奏进士举人,自国初以来(琮按,此云国初以来,不确,说详前),试诗赋、帖经、时务策五道,中间或暂改更,旋即仍旧,盖以成格可守、所取得人故也。"明代的胡震亨也说:"唐试士重诗赋者,以策论惟剿旧文,帖经只抄义条,不若诗赋可以尽才。又世俗偷薄,上下交疑,此则按其声病,可塞有司之责。虽知为文华少实,舍是益汗漫无所守耳。"(《唐音癸签》卷一八《诂笺》三《进士科故实》)就是说,诗赋有格律声韵,可以作为一定的、容易掌握的客观依据。正因如此,诗赋的试题中往往就明确规定字数和用韵的要求。

进士所试的诗作,都是五言律诗,限定十二句,如《白居易集》卷三八载省试《玉水记方流诗》,题下即注明:"以流字为韵,六十字成。"即双句末字须押流字韵,全篇十二句。这是白居易贞元十六年(800)应进士试的诗题。另有赋,即同卷所载《省试性习相远近赋》,赋题下注:"以'君子之所慎焉'为韵,依次韵,限三百五十字以上成。"为更好地说明问题,今抄其赋文于下,字下加黑点者,即所要求的"君子之所慎焉"六韵:

噫!下自人,上达君;德以慎立,而性由习分。习则生常,将俾夫善恶区别;慎之在始,必辩乎是非纠纷。原夫性相近者,岂不以有教无类,其归于一揆;习相远者,岂不以殊途异致,乃差于千里。昏明波注,导为愚智之源;邪正歧分,开成理乱之轨。安得不稽其本,谋其始;观所恒,察所以?考成败而取舍,审臧否而行止。俾流遁者反迷涂于骚人,积习者遵要道于君子。且夫德莫德于老氏,乃曰道是从矣;圣莫圣于宣尼,亦曰非生知之。则知德在修身,将见素而抱朴;圣由志学,必切问而近思。在乎积艺业于黍累,慎言行于毫厘。故得其门,志弥笃兮,性弥近矣。由其径,习愈精兮,道愈远尔。其旨可显,其义可举。勿谓习之近,徇迹而相背重阻;勿谓性之远,反真而相去几许。亦犹一源派别,随混澄而或浊或清;一气脉分,任吹煦而为寒为暑。是以君子稽古于时习之初,辩惑于成性之所。然则性者中之和,习者外之徇。中和思于驯致，外徇戒于妄进。非所习而习则性伤，得所习而习则性顺。故圣与狂，由乎念与罔念；福与祸，在乎慎与不慎。慎之义，莫匪乎率道为本，见善而迁。观炯诚于既往，审进退于未然。故得之则至性大同，若水济水也；失之则众心不等，犹面如面焉。诚哉！性习之说，吾将以为教先。

这篇赋，将"君子之所慎焉"六字分别依次列于句末为韵，而其文章的结构，已类于明清的八股，因此钱大昕说"唐人应试诗赋，首二句谓之破题"[1]，已经看出唐代进士试赋与后来八股制艺在做法上的渊源关系。

白居易的这篇《性习相远近赋》是六字韵脚，而唐代的进士试赋，一般则是八字韵脚。据宋人吴曾引五代冯鉴《文体指要》，八字韵脚始于开元二年(714)，《能改斋漫录》卷二《试赋八字韵脚》条说：

> 赋家者流，由汉晋历隋唐之初，专以取士。止命以题，初无定韵。至开元二年，王丘员外知贡举，试《旗赋》，始有八字韵脚，所谓"风日云野军国清肃"。见伪蜀冯鉴所记

---

[1] 钱大昕《十驾斋养新录》卷十《经义破题》条云："唐人应试诗赋，首二句谓之破题。韦彖《画狗马难为功赋》，其破题曰：'有二人于此，一则矜能于狗马，一则夸妙于鬼神。'（见《摭言》）此赋有破题也。……宋熙宁中以经义取士，虽变五七言之体，而士大夫习于排偶，文气虽疏畅，其两两相对，犹如故也。偶阅横浦《日新》云，有一人作健而说义，破题云'君子有胜小人之道，而无胜小人之心'，极佳。然则宋时经义已有破题，不始于明也。宋季有魏天应《论学绳尺》一书，皆当时应举文字，有破题、接题、小讲、大讲、入题、原题诸式，是论亦有破题。"

《文体指要》①。

　　八字韵也可不依次为韵的，如贞元时吕温有《礼部试鉴止水赋》（《唐吕和叔文集》卷一），题下注："'澄虚纳照遇象分形'为韵，任不依次用，限三百五十字以上成。"据宋人彭叔夏《文苑英华辨证》，说唐时赋韵之制，八韵者以四平四侧（仄）为定格，但也有三平五侧、五平三侧、二平六侧、六平二侧，等等（《文苑英华辨证》卷一《用韵》）。举子如"有犯韵及诸杂违格，不得放及第"（见《册府元龟》卷六四二《贡举部·条制四》，后唐长兴元年〔930〕六月中书门下奏）。《册府》并具体记载天成五年进士复试时检查出诗赋中犯韵的情况，可以帮助我们了解唐代进士试诗赋的各种琐屑的规定：

　　　　卢价赋内"薄伐"字合使平声字，今使侧声字，犯格。孙澄赋内御字韵使"宇"字，已落韵，又使"脊"字，是上声；"有"字韵中押"售"字，是去声，又有"朽"字犯韵；诗内"田"字犯韵。李象赋内一句"六石庆兮"，并合使此"奚"字，"道之以

────────────────

① 又参见《登科记考》卷五《开元二年》条引《永乐大典》赋字韵注。洪迈《容斋随笔》卷一三《试赋用韵》也记唐礼部试用韵事，颇为详赡，摘抄于下，以备参考："唐以赋取士，而韵数多寡，平侧次叙，元无定格。故有三韵者，《花萼楼赋》以题为韵是也。有四韵者，《冀英赋》以'呈瑞圣朝'、《舞马赋》以'奏之天廷'、《丹甑赋》以'国有丰年'、《泰阶六符赋》以'元亨利贞'为韵是也。有五韵者，《金茎赋》以'日华川上动'为韵是也。有六韵者，《止水》、《魍魉》、《人镜》……诸篇是也。有七韵者，《日再中》、《射己之鹄》……是也。八韵有二平六侧者，《六瑞赋》以'俭故能广被褐怀玉'、《日五色赋》以'日丽九华圣符土德'、《径寸珠赋》以'泽浸四荒非宝远物'为韵是也。有三平五侧者……有六平二侧者……自大和以后，始以八韵为常。"

礼",合使此"导"字,及错下事;"尝"字韵内使"方"字;诗中言"十千","十"字处合使平声字,"偏"字犯韵。……师均赋内"仁"字犯韵。

这种繁琐的规定,使得中唐时起,韵书大为发达,《切韵》及有关《切韵》的补缺刊谬本在社会上广为流行①;年轻女子吴彩鸾能以抄写、出售《切韵》为生,也可以见出社会上需要的广泛与迫切②。唐代读书人不可能对韵部都记得很熟,因此进士考试时可以有挟带韵书一说,如白居易长庆间受命复试进士,事后上书说:"伏准礼部试进士,例许用书策,兼得通宵。得通宵则思虑必周,用书策则文字不错。昨重试之日,书策不容一字,给烛只许两条,迫促惊忙,幸皆成就。若比礼部所试,事较不同。虽诗赋之间,皆有瑕病,在与夺之际,或可矜量。"(《白居易集》卷六○《论重考试进士事宜状》)结合唐代进士试诗赋用韵的情况,来读白居易的这段话,就比较容易理解了。按照白居易所说的意思,如不带韵书等"书策",则所试诗赋,文字就"皆有瑕病",可见声韵规定是极为琐碎苛细的。

　　正因如此,就可以理解《太平广记》卷二六一《梅权衡》条所说的,梅权衡应进士试时,"入试不持书策,人皆谓奇才"。可见韵书一类的书策对于士子是多么的重要。那时有因失韵而考了大半辈子还未得一第的,中唐时宋济是有名的例子。李肇《国史补》卷下记:

--------

①请参本书前几章论述科举考试的情况中所述禁挟书一节。
②吴彩鸾事已见前述。又楼钥《攻媿集》卷七八《跋宇文廷臣所藏吴彩鸾玉篇钞》,还记载南宋时仍留传有吴彩鸾抄写的《玉篇钞》,则除了音韵以外,还有字书。

> 宋济老于文场,举止可笑。尝试赋,误失官韵,乃抚膺
> 曰:"宋五又坦率矣!"由是大著名。后礼部上甲乙名,德宗先
> 问曰:"宋五免坦率否?"

由于这种苛细的要求,唐代无论是省试诗还是省试赋,就首先注意于声韵格律的讲求,而不暇顾及内容的要求。省试诗因此也不可能产生什么佳作,这是不足为奇的。

# 五

唐代进士试对诗赋的声韵要求较为严苛,但诗赋的题目,比起宋以后来,范围要宽得多,应试者有一定驰骋想象的余地,不像后代僵硬地被限定在儒家经书的狭窄圈子里。这反映了唐代作为封建社会充分发达时期的时代特点。

从现在所能考见的材料来看,唐进士试的诗赋题目,有出于经史书籍的,如《籍田赋》(开元元年),《射隼高墉赋》(大历二年),《寅宾出日赋》(大历十四年),《性习相远近赋》(贞元十六年),《王师如时雨赋》(元和十五年),《风不鸣条诗》(会昌三年),《尧仁如天赋》(大中三年),《被衮以象天赋》(咸通七年),等等。这只是极少数,绝大多数是下列几方面的题目:

一、有关节令的:如《东郊迎春诗》(天宝十五载),《迎春东郊诗》(上元二年),《东郊朝日赋》(大历八年),《清明日赐百僚新火诗》(大历九年东都试),《早春残雪诗》(元和十五年)。

二、有关景物的:如《北斗城赋》(开元七年),《禁中春松诗》(大历八年),《元日望含元殿御扇开合诗》(大历九年上都试),

《花发上林苑诗》(大历十四年),《曲江亭望慈恩寺杏园花发诗》(贞元四年),《西掖瑞柳赋》、《龙池春草诗》(贞元十三年),《山出云诗》(元和三年),《贡院楼北新栽小松诗》(元和二年),《春色满皇州诗》(元和十年)。

三、以有一定文史含义的器物为题的:如《丹甑赋》(开元四年),《冰壶赋》(开元十八年),《梓材赋》(开元二十二年),《明堂火珠诗》(开元二十六年),《洪钟待撞赋》(元和五年)。

四、以有文学意味的题材为题的:如《湘灵鼓瑟诗》(天宝十载),《通天台赋》(大历十一年),《观庆云图诗》(贞元六年),《珠还合浦赋》、《青云干吕诗》(贞元七年),《明水赋》(贞元八年),《缑山月夜闻王子晋吹笙诗》(大和二年),《霓裳羽衣曲诗》(开成二年)。

宋人叶梦得说:"唐礼部试,诗赋题不皆有所出,或自以意为之。"(《石林燕语》卷八)这所谓"不皆有所出"的"出",即是指儒家的经书。"自以意为之",就是说主考官自以己意,取眼前景物为题。像《贡院楼北新栽小松诗》这样的题目,是宋以后各朝代所绝不可能出的。这大约也是封建社会发达时期思想活跃的一种表现。

正因为试题可以"自以意为之",因此唐代进士考试中设有"上请"的制度。上面引述过的《石林燕语》说:"举子皆得进问题意,谓之上请。"这种情况至北宋前期还有,《事实类苑》卷六六引范镇《东斋记事》,曾记载北宋真宗年间杨亿知举时的一段趣事:

> 杨文公知举于都堂,帘下大笑。真宗知之,既开院上殿,怪问:"贡举中何得多笑?"对曰:"举人有上请尧舜是几时事,臣对以有疑时不要使。以故同官俱笑。"真宗亦为之笑。

这里讥嘲某些士子知识的贫乏,由此也可见出,应试者可以就试题的含义发问,而试官即当就此作出回答。这种情况到北宋中期有了改变。因为北宋进士考试实行皇帝亲试的办法,这就是在礼部省试之后,合格者须再经御试,也称殿试,方称及第。由于名义上是皇帝亲试,举子上请问试题出处,不免有渎尊严,因此就从仁宗景祐(1034—1038)时起,废止上请之制。《石林燕语》记此事谓:"本朝既增殿试,天子亲御殿,进士犹循用礼部故事。景祐中,稍厌其烦渎,诏御药院具试题,书经史所出,模印给之,遂罢上请之制。"[1]南宋初年王栐所著的《燕翼贻谋录》,对此有更具体的记述:

> 旧制,御试诗赋论,士人未免上请于殿陛之下,出题官临轩答之,往复纷纭,殊失尊严之体。景祐元年三月丙子,诏进士题具书史所出,御药院印给,士人不许上请。自后进士各伏其位,不敢复至殿庭。(卷五)[2]

随着上请之制的废止,试题也同时发生变化,这就是题目都必须出自经史等典籍,废除了考试官自以意为之出题的办法。这也就加强了思想统制,而与宋代进一步巩固和加强专制主义中央集权、中国封建社会走向后期的历史情况相适应。

# 六

唐代进士登科者,与明经、制科一样,有等第的区别。前面已

---

[1]此事又见《文献通考》卷三一《选举考》。
[2]宋废上请之制,又可参见明郎瑛《七修类稿》卷二四《举子问试题》。

经说过,制科分五等,第一、第二等向来不授人,以第三等为敕头;明经分甲乙丙丁四等,大多数为丁第。《通典》卷一五《选举》三记进士等第说:

> 经、策全通为甲第,通四以上为乙第,通三帖以下,及策全通而帖经文不通四,或帖经通四以上而策不通四,皆为不第。

这里只谈到策和帖经,当是指进士试的前期说的,因为没有讲到诗赋等杂文,后来诗赋的好坏对及第起重要作用,则决定等第的高下就得衡量诗赋的水平了。但具体如何衡量,限于史料,还难于考知,现在我们只知道当时进士及第是分为甲乙两种等第的。

《通典》又说:

> 按令文,科第秀才与明经同为四等,进士与明法同为二等。然秀才之科久废,而明经虽有甲乙丙丁四科,进士有甲乙二科,自武德以来,明经唯有丁第,进士唯乙科而已。

这里说自武德以来,也就是自唐初设科取士以来,明经只有丁第,进士只有乙科。《通典》所说并不确切。从现有材料来看,无论是在杜佑之前或之后,进士考试都有登甲科的。如《旧唐书》卷一二八《颜真卿传》:"开元中,举进士,登甲科。"卷一三七《于邵传》:"崔元翰年近五十,始举进士,邵异其文,擢第甲科。"卷一六三《王质传》:"元和六年,登进士甲科。"又权德舆《唐故尚书司门员外郎仲君墓志铭》(《权载之文集》卷二四):"大历十三年,举进士甲科。"赵翼《陔余丛考》卷二九《甲榜乙榜》中说道:

> 杜氏《通典》,进士有甲乙二科,武德以来第进士惟乙科。

《旧唐书》,玄宗亲试敕曰:"近无甲科,朕将存其上第。"《杨绾传》:玄宗试举人,登甲科者三人,绾为之首,其乙科凡三十余人。是甲乙科俱谓进士也。

据此,则玄宗以前进士登第者或无甲科,杜佑把它说成自武德以至编撰《通典》的德宗时,就与事实不符了。

除甲乙等第外,进士还有名次的先后,这屡见于徐松《登科记考》。如卷五开元五年(717)载刘巍第十七人及第,王泠然第十九人及第(据《文苑英华辨证》引唐《登科记》)。卷九天宝元年(742)载柳载(浑)第十四人。卷九天宝十载(751),钱起第六人(据《困学纪闻》)。卷一一兴元元年(784),马异第二人及第(据《唐才子传》)。这类例子很多,不一一列举。名次的先后当与成绩的好坏有关,与甲乙等第没有必然联系,因为很可能这一年没有一人达到甲科,但仍可有第一、第二、第三等名次,这一年如有一人获甲科,则第二名以下皆为乙科。

唐代的进士、明经,无论等第高下,名次先后,他们在及第后只是取得出身,并不能即授官职,须再经过吏部试合格,方称释褐,即脱去麻布衣,这才称是进入仕途。关于吏部试,本书在后面还将具体论述,这里因为论述进士及第后的授官情况,故预先提一下。唐代进士于礼部试及第后,固然有很快又通过吏部试的,但也有连挫于吏部试而未能顺利进入仕途的,如大家所熟知的韩愈三试于吏部皆不成,十年仍未能得官,只好投靠藩镇,在幕府中求得一个差使。又如孟郊于贞元十二年(796)进士登第,后游东南,迁居汴州,于贞元十六年始至洛阳应选,被任命为江南溧阳县尉,年已五十。韩愈《贞曜先生墓志铭》说孟郊"年几五十,始以尊夫人之命,来集京师,从进士试,既得即去。间四年,又命来,选为溧阳尉"。孟郊自己也曾感慨道："青云不我与，白首方选书。宦途事非远，拙者取自疏。"（《初于洛中选》，《孟东野诗集》卷三）后人往往把进士及第后取得官职看成一帆风顺，实际上并非如此，尤其是对于社会地位不高、经济不太富裕的知识分子来说，宦途风波，更未能预测。正如中唐时古文家独孤及在《送孟评事赴上都序》中所说：

> 孟子以乡举秀才，射策甲科，二十年矣。同时中杨叶者，今或蔚为六官亚卿，或彤襜虎符，秩二千石，而孟子犹羸马青袍客江潭间，遇与不遇，何其寥敻也！（《毗陵集》卷一六）

进士中甲科，过了二十年还是一介青袍，奔走于江湖之间。这在唐代并非个别现象。正因如此，所以当欧阳詹进士登第后，其亲故相酬贺，但他仍有"犹著褐衣何足羡"之叹①。

进士于礼部试及第后，一般有这么几个去向：一是应制科，制科及第后即可授予官职，并可得到较快的升迁。一是无论吏部试是否合格，出就方镇幕府，这在中唐后为士人的一大出路，《旧唐书》卷一三八《赵璟传》引赵璟于贞元八年奏议，其中说道："大凡才能之士，名位未达，多在方镇。"中唐以后，各地方镇，也多方罗致人才，以增重其声望。如《通鉴》卷二五三广明元年（880）三月载："辛未，以门下侍郎、同平章事郑从谠同平章事，充河东节度使。康传圭既死，河东兵益骄，故以宰相镇之，使自择参佐。从谠奏以长安令王调为节度副使，前兵部员外郎、史馆修撰刘崇龟为节度判官，前司勋员外郎、史馆修撰赵崇为观察判官，前进士刘崇

---

① 见欧阳詹《及第后酬故园亲故》："……杨叶射频因偶中，桂枝材美敢当之。……犹著褐衣何足羡，如君即是载鸣时。"

鲁为推官。时人谓之小朝廷,言名士之多也。"关于士人应方镇聘召的情况,这里不准备详述,笔者以后拟专文论述。

另一则是通过吏部试得官。进士及第后,无论是应制举或应吏部试,及格后所授官职,大致有三种情况。一是授秘书省正字、秘书省校书郎、著作郎、太子校书郎等清职,这是文词清华之职,品阶虽不高,但有美誉,可以逐步得到高升的。《太平广记》卷一八七引《两京记》说:"唐初,秘书省惟主写书贮掌勘校而已,自是门可张罗,迥无统摄官属,望虽清雅,而实非要剧,权贵子弟及好利夸侈者率不好此职。流俗以监为宰相病坊,少监为给事中、中书舍人病坊,丞及著作郎为尚书郎病坊,秘书郎及著作佐郎为监察御史病坊,言从职不任繁剧者,当改入此省。"这说明,比起尚书省、御史台来,秘书省只不过是闲散之地,是门可罗雀的。但这里说的是唐代前期的情况,中期以后有很大的变化,德宗时人符载《送袁校书归秘书省序》(《全唐文》卷六九〇)中曾说:"国朝以进士擢第为入官者千仞之梯,以兰台校书为黄绶者九品之英,其有折桂枝,坐芸阁,非名声衰落,体命辙轲,不十数岁,公卿之府,缓步而登之。"符载在这里已认为由秘书省的官职可以缓步而登公卿之府,可见已非闲散之地。还可以举一个例子。《元稹集》卷五四《赠工部尚书李公墓志铭》载:"讳建,字杓直。始以进士第二人试校秘书郎,判容州招讨事,复调为本官。会德宗皇帝选文学,公被荐,上问少信臣,皆曰:'闻而不之面。'唯宰相郑珣瑜对曰:'臣为吏部侍郎时,以文入官当校秘书者八,其七则驰他人书,建不驰,故独得。'"郑珣瑜说,八人当中有七个人通过种种关节来向吏部送交荐书的。可见德宗时秘书省校书郎已经是文人奔趋的场所。这与符载的说法是一致的。又《唐会要》卷七六《贡举中·开元礼举》条载:元和八年四月吏部奏,其中说:"近日缘校书、正字等名望稍优,但沾科第,皆求注拟,坚待员缺,或至逾年,若无科条,恐长侥幸。起今以后,等第稍高、文学兼优者,伏请量注校正。"可见自元和时起,凡授校书郎、正字等官,都要有较高的等第,不是随便可以授予的。关于这方面授职的情况,有:

《旧唐书》卷九九《张九龄传》:"登进士第,应举登乙第,拜校书郎。"

穆员《刑部郎中李府君墓志铭》(《全唐文》卷七八四):"天宝中擢进士,调太子校书。"

权德舆《唐故尚书工部员外郎赠礼部尚书王公神道碑铭并序》(《权载之文集》卷一七):"举进士、宏词,连中甲科,授崇文馆校书郎。"又《唐故尚书司门员外郎仲君墓志铭并序》(同上卷二四):"大历十三年,举进士甲科,调补秘书省校书郎。"

韩愈《李元宾墓铭》(《韩昌黎文集校注》卷六):"年二十四举进士,三年登上第,又举博学宏词,得太子校书。"又《殿中侍御史李君(虚中)墓志铭》(同上):"进士及第、试书判入等,补秘书正字。"又《唐故河南令张君(署)墓志铭》(同上卷七):"以进士举博学宏词,为校书郎。"又《柳子厚墓志铭》(同上):"能取进士第……其后以博学宏词授集贤殿正字。"又《唐故朝散大夫尚书库部郎中郑君(群)墓志铭》(同上):"以进士选吏部,考功所试,判为上等,授正字。"

柳宗元《唐故尚书户部郎中魏府君(弘简)墓志》(《柳宗元集》卷九):"由进士策贤良,连居科首,授太子校书。"又《唐故兵部郎中杨君(凝)墓碣》(同上):"君既举进士,以校书郎为书记。"又《唐故秘书少监陈公(京)行状》(同上卷八）：“举进士，为太子正字。”又《唐故万年令裴府君（瑾）墓碣》（同上卷九）：“公由进士上第，校书崇文馆。”又《亡友故秘书省校书郎独孤君（申叔）墓碣》（同上卷一一）：“年二十二举进士，又二年，用博学宏词为校书郎。”

刘禹锡《唐故尚书主客员外郎卢公（象）集纪》（《刘禹锡集》卷一九）：“由前进士补秘书省校书郎。”又《子刘子自传》（同上卷三九），言已进士登第，再经吏部试，授太子校书。

李翱《广州刺史岭南节度使徐公（申）行状》（《李文公集》卷十）：“东海剡人。永泰元年寄籍京兆府，举进士，秘书省正字。”

杜牧《唐故东川节度使赠司徒周公墓志铭》（《樊川文集》卷七）：“举进士登第，始试秘书正字。”又《唐故处州刺史李君（方玄）墓志铭》（同上卷八）：“年二十四，一贡进士，举以上第，升名解褐，裴晋公奏以秘书省校书郎，校集贤殿秘书。”又《赠吏部尚书崔公行状》（同上卷一四）：“贞元十二年进士中第，十六年平判入等，授集贤殿校书郎。”

《旧唐书·李商隐传》：“开成二年方登进士第，释褐秘书省校书郎。”

校书郎为正九品上，太子校书为正九品下，品阶是不高的，但这些都是清华之职，很可能就此逐步升迁，进入中书舍人、知制诰及翰林学士的行列。中唐以后，进士及第后所授官，授校书郎、太子校书等的记载如此之多，是可以看出进士科升迁的历史趋向的。

二是授京畿县尉。如白居易进士及第后，又应制登科，授盩厔县尉，过一年就由盩厔县尉调充京兆府的考官，试毕，帖集贤校理，再由集贤校理为翰林学士，这都是在元和元年至二年（806—

807）间的事。中唐时人李肇《国史补》引韩愈同时人李建的话说："使仆得志，当令登第之岁，集于吏部，使尉紧县，既罢又集，乃尉两畿，而升于朝。"（卷下）白居易元和元年、二年间的仕历正合于李建的话，可见这是那时进士升迁的坦途。唐末尉迟偓《中朝故事》也说："京国士子，进士成名后，便列清途，屈指以期大用。故事，若登廊庙，须曾扬历于字人，遂假途于长安、万年之邑，或驾在东洛，亦为河南洛阳之宰。数月之后，必迁居阁下，京尹不可俟也。"明人胡震亨也看到了这一点，他说："唐初及第人多从赤尉或幕辟入台省，渐涉枢要。"（《唐音癸签》卷二六《谈丛》二）不过他说是"唐初"，却不确切，由赤县或幕府入台省，主要是在中唐以后。又宋董逌《广川书跋》卷八《鏊屋尉题名》云："唐都关中，鏊屋在畿内，为望至重，而尉尤为要任，自进士第一与贤科中选人得补。然以题名考之，皆自此入翰林，充学士者接武，不者犹为真御史。"参以前面所说白居易由鏊屋县尉入翰林充学士，前后不到两年的时间，则董逌的话是可信的。我们只要比较一下一般县尉仕历的情况，就可以知道畿县县尉的特殊地位了。如《唐会要》卷七四《吏曹条例》载开元十八年六月二十八日诏，有"六十尚不离一尉"之语；《元次山集》卷九《问进士第二》也说："非累资序，积劳考，二十许年不离一尉。"二者相较，真有霄壤之别。

三是授以外地州县的佐官，如：

陈子昂《唐水衡监丞李府君墓志铭》（《陈子昂集》卷六）："进士高第，拜白水县尉。"

梁肃《给事中刘公墓志铭》（《全唐文》卷五二〇）："天宝中进士登科，解褐拜江都尉。"

王叔平《唐故监察御史里行太原王公墓志铭》（《全唐

文》卷六一四）："大历七年进士擢第……解褐授太原府参军事。"

韩愈《贞曜先生墓志铭》（《韩昌黎文集校注》卷六）："从进士试，既得即去，间四年，又命来，选为溧阳尉。"

柳宗元《开国伯柳公（浑）行状》（《柳宗元集》卷八）："一举上第，调授宋州单父尉。"

刘禹锡《代郡开国公王氏先庙碑》（《刘禹锡集》卷二）："由前进士补延州临安县主簿。"

李翱《赠司空杨公（於陵）墓志铭并序》（《李文公集》卷一四）："年十八举进士第，选补润州句容主簿。"

白居易《故滁州刺史荣阳郑公墓志铭》（《白居易集》卷四二）："进士中第，判入高等，始授郾城尉。"

进士及第后的这方面授官，与明经科大致相同。他们当中也有升迁至大官的，但一般要经过多次考课，宦海浮沉，有终生不过是县级官吏的。正像盛唐诗人岑参所感叹的那样，虽说宦情欲阑，但仍不敢以微官为耻：

三十始一命，宦情多欲阑。自怜无旧业，不敢耻微官。涧水吞樵路，山花醉药栏。只缘五斗米，辜负一渔竿。（《全唐诗》卷二〇〇《初授官题高冠草堂》）

# 第八章  进士出身与地区

一

　　唐人入仕的途径,根据《旧唐书·职官志》的记载,主要有科举、流外入流和以门资入仕三种。在这三者之外,还有用其他方式来获得官职的,如在对内和边塞战争中,通过应募从军,以战功来取得官职和勋赏;由于战争的特殊性质,这有时要比别的途径更能获得迅速的升迁,唐初和唐前期更是如此。另外,又有向朝廷进献所著书而得官的,如中唐时人封演记:"开元中,有唐频上《启典》一百三十卷,穆元休上《洪范外传》十卷,李镇上《注史记》一百三十卷,《史记义林》二十卷,辛之谔上《叙训》两卷,卜长福上《续文选》三十卷,冯中庸上《政事录》十卷,裴杰上《史汉异议》,高峤上《注后汉书》九十五卷。如此者并量事授官,或沾赏赉,亦一时之美。"[1]与此类似的,如杜甫于天宝中进献"三大礼

①《封氏闻见记》卷三《制科》。又参《旧唐书》卷一五五《穆宁传》:"父元休,以文学著,撰《洪范外传》十篇,开元中献之,玄宗赐帛,授偃师县丞。"

赋",授河西尉、右卫率府胄曹参军①;晚唐诗人李群玉,于大中时"进诗三百篇",得授弘文馆校书郎②。

又有上书言事而得官的,如裴怀古于高宗仪凤中上书,授下邽主簿,来子珣于武周永昌时上书陈事,除左台监察御史③。杜亚"善言物理及历代成败之事",安史之乱起,他跑到肃宗灵武驻所"献封章,言政事",授校书郎④。罗珦"宝应初上书言事,廷命太祝,由吏资转长水、河南二县尉"⑤。凌准"年二十,以书干丞相,丞相以闻,试其文,日万言,擢为崇文馆校书郎"⑥。

另有大臣奏荐而得官的,如"天宝末,杨国忠执政,求天下士为己重,闻(张)镐才,荐之,释褐衣,拜左拾遗"⑦。又"建中初,杨炎为宰相,荐(沈)既济才堪史任,召拜左拾遗、史馆修撰"⑧。又如大书法家李邕因李峤、张廷珪之荐召拜左拾遗,大历十才子之一、诗人卢纶累次应举不中,宰相元载"取纶文以进,补阌乡尉"⑨。又有京兆

①见《新唐书》卷二〇一《文艺上·杜甫传》,及杜甫《进三大礼赋表》(《杜诗详注》卷二四)。

②《郡斋读书志》卷四中"李群玉诗一卷"下注,又参《唐才子传》卷七李群玉小传。四部丛刊本《李群玉诗集》卷首载《进诗表》,谓"徒步负琴,远至辇下,谨捧所业歌行、古体诗、今体七言、今体五言四通等合三百首,谨诣光顺门昧死上进"。并参卷首令狐绹《荐处士李群玉状》。

③见《旧唐书》卷一八五下《良吏下·裴怀古传》,卷一八六上《酷吏上·来子珣传》。

④《旧唐书》卷一四六《杜亚传》。

⑤《权载之文集》卷二三《唐故大中大夫守太子宾客上柱国襄阳县开国男赐紫金鱼袋罗公墓志铭》。

⑥《柳宗元集》卷十《故连州员外司马凌君权厝志》。

⑦《新唐书》卷一三九《张镐传》。

⑧《旧唐书》卷一四九《沈传师传》。

⑨见《旧唐书》卷一九〇中《文苑中·李邕传》,《新唐书》卷二〇三《文艺下·卢纶传》。

尹表荐为其属官的①。有时也由朝廷出面,直接加以征召,如孙翌《苏州常熟县令孝子太原郭府君墓志铭并序》:"于时天后造周……公始以孝子征,解褐拜定州安平县丞。"②萧祐"少孤贫,耿介苦学,事亲以孝闻",后即自处士征为左拾遗③。在特殊情况下,也可以纳粟入官,如宪宗元和十二年,因定州灾荒,饥民流离失所,七月,下诏:"能于定州纳粟五百石者,放同优比出身,仍减三选;一千石者,无官便授解褐官,有官者依资授官。"④

这里还应提到的是,安史之乱以后,地方节镇的权力增大,特别是河北三镇,俨然如同独立王国,他们除了增强军事实力以外,还聘召读书人为其幕僚或属下的文史。苏轼就曾说过:"唐自中叶以后,方镇皆选列校以掌牙兵,是时四方豪杰不能以科举自达者皆争为之,往往积功以取旄钺。"⑤中唐以后,走藩镇辟召的道路往往容易得到升迁或美仕,受到仕人的重视。南宋人洪迈说:"唐世士人初登科或未仕者,多以从诸藩府辟置为重。"⑥不少人往往科举不中,到河北、山东、河南一带的节度使幕府寻求出路⑦。有些人虽未从科举出身,但却为好几个州府节镇所辟,出了名,后来

---

① 如李翱《故检校工部员外郎任君(佶)墓志铭》(《李文公集》卷一四):"君少遭父丧,养母以孝称。京兆尹崔光远表试左清道率府兵曹参军。"
② 《全唐文》卷三〇五。
③ 《旧唐书》卷一六八《萧祐传》。
④ 《唐会要》卷七五《选部下·杂处置》。
⑤ 《文献通考》卷三五《选举考》八《吏道》引。
⑥ 《容斋续笔》卷一《唐藩镇幕府》。
⑦ 如韩愈《唐河中府法曹张君(圆)墓碣铭》:"初举进士,再不第,因去,事宣武军节度使,得官至监察御史。"柳宗元《故试大理评事裴君墓志》:"射进士策,不中,去过汴,韩司徒弘迎取为从事,以闻,拜太子通事舍人。"又钱易《南部新书》丁卷:"李山甫,咸通中不第,后流落河朔,为乐彦祯从事。"

终于做了大官，如张建封、薛戎、独孤朗等就是①。

　　清人王鸣盛曾说："唐人入仕之途甚多。"②这种入仕之途甚多的现象反映了时代的变化，反映了封建统治机构在权力分配上的新趋向，地主阶级中下层中不少人参加到政权机构中来，有的还做了高官，魏晋南北朝世家大族独占仕途，所谓"平流进取，坐致公卿"的局面开始被打破。

二

　　唐代社会的这种变化也反映在科举取士上，特别是表现在进士科所取人员的社会阶层的广泛性上；这个广泛性，既包括家庭出身和早年经历，又包括应试者的地区。现在先说前者。

　　前面说过，唐人入仕的途径，主要为科举、流外入流和以门荫入仕。从所得的官职来说，科举及第不如门荫，唐时明经、进士及第，再经吏部考试，一般是授予校书郎或县尉的官职，其品阶在正九品、从九品之间，而门荫则即使以最低一级的从五品官来说，其所荫子可授以从八品下的官职。再从数量上来说，科举所取也远不及流外入流的人数。根据徐松《登科记考》所载，进士及第人数，贞观时每年平均约九人，高宗永徽、显庆间每年约十四人，后来稍多，也不过二十人，再加上明经，总数大约一百余人，而显庆时每年入流的就有一千四百人③。魏玄同在《请吏部各择寮属

①张建封等，见新旧《唐书》有关列传。
②《十七史商榷》卷八一《取士大要有三》。
③《通典》卷一七《选举》五《杂议论》中引刘祥道奏。

疏》中也说："诸色入流，岁以千计。"（《全唐文》卷一六八）开元时国子祭酒杨玚曾对此二者作过比较，说："窃见入仕诸色出身，每岁向二千余人，方于明经、进士，多十余倍。"①

但科举取士的社会影响却较流外入流和门荫入仕为大。流外入流被称为杂色，受到人们的轻视，使得他们绝大多数不可能向中高级官员发展，在权力机构中起不了多大作用。门荫入仕则被看作袭父祖余绪，也影响他们向高级官员发展。而据有的研究者统计，唐代前期科举及第做到高官的很少，玄宗开元元年至二十二年期间，科举出身的宰相共十八人，占这个时期宰相总数二十七人的三分之二，比重有所增加。在这之后，科举出身任宰相的比例又有所减少，但从德宗贞元时起，及第进士大量进入中高级官僚的行列，宪宗以后，进士在宰相和高级官僚中占据了绝对优势，终唐没有再发生变化，进士科稳定地成为高级官吏的主要来源②。如果说，在高宗、武后时官至宰相的薛元超自称以不由进士擢第为平生三大恨之一③，只不过是一种谈柄，那么到德宗贞元时韩愈《上宰相书》所谓"今天下不由吏部而仕进者几希矣"，就确实是摆在大多数地主阶级文人面前的活生生的现实。韩愈在这篇上书中还进一步说："方闻国家之仕进者，必举于州县，然后升于礼部吏部，试之以绣绘雕琢之文，考之以声势之逆顺，章句之短长，中其程式者，然后得从下士之列，虽有化俗之方，安边之画，

---

①《通典》卷一七《选举》五《杂议论》中引，又见《唐会要》卷七五《贡举上·帖经条例》。

②见吴宗国《科举制与唐代高级官吏的选拔》，《北京大学学报（社会科学版）》1982年第一期。

③见刘𫗦《隋唐嘉话》中。

不由是而稍进,万不有一得焉。"①这就是说,任凭你有多么远大的方略,宏伟的抱负,如果不从科举出身中谋取官职,那么什么也办不到。这就是当时的现实生活给予韩愈的认识。

唐朝人把进士及第比喻为登龙门,是因为进士及第后"十数年间",就可以"拟迹庙堂"②,是因为"台阁清选,莫不由兹"③。正因如此,所以"方今俊秀,皆举进士"④。进士科成为谋取高官美仕的集中争夺的场所。而恰恰在唐朝,特别是中晚唐,应进士举及进士登科的,具有较广泛的社会性,也就是说,唐朝统治者通过进士科试把较广泛的社会阶层的优秀分子吸引到政府机构中来,而不同的社会阶层的人物竞相奔趋于进士科,也使得当时的政治生活、社会风气,以至于文学艺术的发展,表现出某种活力。

现在根据所见到的材料,试对唐代进士举的不同出身加以论述,这些不同出身大致有以下几类:

（一）出身于县吏

《唐摭言》卷八《以贤妻激劝而得者》条记载:

> 彭伉、湛贲,俱袁州宜春人,伉妻即湛姨也。伉举进士擢第,湛犹为县吏。妻族为置贺宴,皆官人名士,伉居客之右,一座尽倾。湛至,命饭于后阁,湛无难色。其妻忿然责之曰:"男子不能自励,窘辱如此,复何为容!"湛感其言,孜孜学业,未数载一举登第。

---

① 《韩昌黎文集校注》卷三。
② 《封氏闻见记》卷三《贡举》。
③ 《唐会要》卷七六《贡举中·进士》,开成元年十月中书门下奏。
④ 李肇《国史补》卷下。

据徐松《登科记考》卷一四，湛贲于贞元十二年（796）与李程、孟郊等同登进士第，在此之前本是江西宜春的一个小县吏。这里值得注意的是，在此之后，元和二年（807），唐朝廷曾下令，凡曾为州县小吏的，各地不得举送为进士，如《旧唐书》卷一四《宪宗纪》元和二年十二月壬申："进士举人，曾为官司科罚，曾任州县小吏，虽有辞艺，长吏不得举送，违者举送官停任，考试官贬黜。"《新唐书·选举志》上也记叙元和二年这道禁令，说："其尝坐法及为州县小吏，虽艺文可采，勿举。"同样的内容也见于《唐会要》卷七六《贡举中·进士》。可见当时确有此明文规定。从这个禁令中，可以推知在这之前州县小吏举送进士的情况是不少见的，如前面所举湛贲就是一例。但即使在元和二年以后，仍然有县吏应举及第的记载。如《唐才子传》卷八邵谒小传载：

> 谒，韶州翁源县人。少为县厅吏，客至仓卒，令怒其不掯床迎侍，逐去，遂截髻著县门上，发愤读书。……咸通七年抵京师，隶国子，时温庭筠主试，悯揭寒苦，乃榜谒诗三十余篇，以振公道。……仍请申堂，并榜礼部，已而释褐。

邵谒本为县厅吏，客人来了，县令还要命他支床迎接侍候，邵谒由于侍候不及，至为县令所逐，其地位之低微可以想见。但他发愤读书，终于在咸通七年（866）以后因温庭筠的揄扬而得第。另一例子是汪遵的情况。《唐摭言》卷八《为乡人轻视而得者》载：

> 许棠，宣州泾县人，早修举业。乡人汪遵者，幼为小吏，洎棠应二十余举，遵犹在胥徒；然善为歌诗，而深自晦密。一旦辞役就贡，会棠送客至灞、浐间，忽遇遵于途中，棠讯之曰："汪都（原注：都者吏之呼也），何事至京？"遵对曰："此来就

贡。"棠怒曰："小吏无礼!"而与棠同砚席,棠甚侮之,后遵成
名五年,棠始及第。

此处把许棠对作为县吏的汪遵的轻蔑记叙得极其生动。据《唐才
子传》所载,汪遵也是咸通七年进士及第的①。由此可见,元和二
年的那道禁令,恐怕实际上没有起多大的作用。

(二)出身于工商市井之家

据《北梦琐言》卷三,四川成都人陈会,出身于酒家,他本人还
曾因为"不扫街,官吏殴之"。后来其母"勉以修进,不许归乡,以
成名为期"。他大约于开成末、会昌初登进士科②,此时李固言为
剑南节度使,得到进士登科的报状,命令当地收下陈会家的酒旆,
以表示陈会已入仕宦,但其家尚不知陈会已登科,"家人犹拒之"。
后来陈会官至剑南的彭、汉二州刺史。这是进士登科者出身于市
井酒家的一例。还有几个出身于盐商的例子。如后来官做到宰相
的毕諴,本为盐商之子,《新唐书》本传说他一家"世失官为盐估"。
由于出身盐商,毕諴应举时还曾受人讥嘲,《北梦琐言》卷三载:

　　唐相毕諴,吴乡人,词学器度,冠于侪流。擢进士,未遂
　　其志,尝谒一受知朝士者,希为改名,以期亨达。此朝士讥其

---

① 关于汪遵应进士举的记载,还可见于《太平广记》卷一八三,《唐诗纪事》卷
　 五九。
② 徐松《登科记考》卷二〇定陈会大和元年进士第,即据《北梦琐言》所载的
　 "大和元年及第"。但《北梦琐言》又谓"李相固言览报状,处分厢界,收下
　 酒旆,阖其户"云云,而据两《唐书·李固言传》,李固言为成都尹、剑南西
　 川节度使在开成二年十月,会昌初入朝。大和元年李固言官只做到驾部
　 郎中。徐松未考李固言官历,而定陈会于大和元年及第,似误。

鹾贾之子,请改为"諴",相国忻然受而谢之。竟以此名登第,
致位台辅。

又晚唐时人裴庭裕也记:"毕諴,本估客之子,连升甲乙科。杜悰
为淮南节度使,置幕中,始落盐籍。"① 按我国古代封建社会中,自
周秦以来,逐渐形成严密的户籍制度,《唐律疏议》卷一二称"率土
黔庶,皆有籍书";《唐会要》卷八五"籍帐"条载:"开元十八年十
一月敕,诸户籍三年一造……并装潢一通,送尚书省,州县各留一
通。"从事盐业的工商户称作盐户,《魏书》卷五七《崔游传》就有
这一名称。从白居易的《盐商妇》、元稹的《估客乐》、张籍的《贾
客乐》等诗中,可以见出中唐时盐商就已相当活跃。毕諴由盐商
之子登进士第,后又仕宦,"落盐籍",这对于古代所谓"工商世
家"是一个发展。

另外,据唐尉迟枢《南楚新闻》所载,咸通六年进士登第的常
修,为江陵某盐商子,"才学优博,越绝流辈"。又《唐诗纪事》卷
六七载顾云为"池州鹾贾之子",咸通中登第(《登科记考》卷二三
据《永乐大典》所录《池州府志》,顾云于咸通十五年〔874〕进士登
科)。晚唐诗人罗隐分别有诗寄赠常、顾二人,如《广陵秋夜读进
士常修三篇因题》:

> 入蜀归吴三首诗,藏于笥箧重于师。剑关夜读相如听,
> 瓜步秋吟炀帝悲。景物也知输健笔,时情谁不许高枝。明年
> 二月春风里,江岛闲人慰所思。(《全唐诗》卷六五七)

又有《东归别常修》:

---

① 裴庭裕《东观奏记》卷下。

六载辛勤九陌中，却寻归路五湖东。名惭桂苑一枝绿，鲙忆松江两箸红。浮世到头须适性，男儿何必尽成功。唯惭鲍叔深知我，他日蒲帆百尺风。（《全唐诗》卷六六四）

又有《送顾云下第》：

　　行行杯酒莫辞频，怨叹劳歌两未伸。汉帝后宫犹识字，楚王前殿更无人。年深旅舍衣裳敝，潮打村田活计贫。百岁都来多几日，不堪相别又伤春。（《全唐诗》卷六六三）

从这几首诗中，可以看出罗隐不但与常修、顾云有深挚的交情，而且对于他们的文才也是非常钦佩的。

以上，如酒家之子陈会中第后官至州刺史，盐商之子毕諴进士及第后官至宰相，顾云、常修等又与一些著名诗人来往，都说明唐代工商业者的地位比隋代以前有了显著的提高。当然，市井之家能否应举，在唐代也不是没有争论，白居易有一道判，就反映了这种争论，判题为："得州府贡士，或市井之子孙，为省司所诘。申称：群萃之秀出者乎，不合限以常科。"白氏的判词为：

　　唯贤是求，何贱之有；况士之秀出者，而人其舍诸？惟彼郡贡，或称市籍；非我族类，别嫌杂以萧兰；举尔所知，安得弃其翘楚？……拣金于砂砾，岂为类贱而不收；度木于涧松，宁以地卑而见弃：但恐所举失德，不可以贱废人。况乎识度冠时，出自牛医之后；心计成务，擢于贾竖之中。在往事而足征，何常科而是限？州申有据，省诘非宜①。

────────────

① 《白居易集》卷六七。

按《白居易集》卷六六、六七两卷所载皆为判词,即所谓"百道判",是白居易于贞元十八年(802)冬应吏部试书判拔萃科前练习之文,练习时须揣摩当代时事。判题中所说的州府所贡举子有市井即工商户的子弟,而为礼部所诘难,州府不服,这当是反映了当时的实际情况,说明唐代中期在市井出身的人能否应举这一点上有所争论,而这种争论的本身也说明了市井出身的人在经济地位得到一定提高的同时,相应地要求在政治上有所发展。白居易在这一问题上是明显地站在市井之家一边的。他明确地提出"唯贤是求,何贱之有","不可以贱废人"的主张,既标明青年白居易反传统的思想,也表现市井力量的增长已到了地主阶级文人能为其利益呼吁的程度,这无论对于研究唐代科举史还是唐代社会史,都是令人感兴趣的材料。

（三）出身于僧道的

唐代由僧还俗应进士举而得名的,最著名的是诗人贾岛,这是大家熟知的例子。又如与白居易在江州时有过交往的刘轲,早年也曾为僧。《唐摭言》卷一一《反初及第》谓:"刘轲,慕孟轲为文,故以名焉。少为僧,止于豫章高安县南果园;复求黄老之术,隐于庐山;既而进士登第。"开成元年(836)进士及第的蔡京,也是僧人出身,而且在僧人中地位是较为低微的,令狐楚为义成节度使时,"因道场见于僧中,令京挈瓶钵"[1]。由于得到令狐楚的赏识,遂还俗读书。宋朝人蔡宽夫《诗话》说"唐搢绅自浮屠易业者

---

[1]范摅《云溪友议》卷中。蔡京开成元年登进士第见徐松《登科记考》卷二一。

颇多"①,是有一定根据的。

当然,僧人出身而应举的,不一定就能考中,《北梦琐言》卷三曾记有一事,说五代梁时张策早年为僧,后还俗应举,"亚台(琮按,当是赵崇)鄙之,或曰:'刘轲、蔡京得非僧乎?'亚台曰:'刘、蔡辈虽作僧,未为人知,翻然贡艺,有何不可。张策衣冠子弟,无故出家,不能参禅访道,抗迹尘外,乃于御帘前进诗,希望恩泽,如此行止,岂掩人口。某十度知举,十度斥之。'"从这话里,可知刘轲、蔡京无论为僧或返俗,都是一般平民,"未为人知"。像贾岛那样在长安应举,所过的更是穷苦生活,如贾岛《下第》诗说:"下第只空囊,如何住帝乡。"②张籍《赠贾岛》诗:"拄杖傍田寻野菜,封书乞米趁时炊。"③相反,衣冠子弟出身由僧返俗而应举的,像张策那样,却要受到排斥。但到了宋代,则明文规定僧道返俗之徒一概不许应进士举④,可见唐代在取士的范围上还比宋代广泛。

至于曾为道士,后还俗应举的,有著名的大历十才子诗人之一吉中孚,《新唐书·艺文志》著录其诗一卷,称其"始为道士,后官校书郎,登宏辞"。《唐才子传》卷四小传也载他"初为道士",后"第进士,授万年尉"。又有晚唐诗人曹唐,也曾为道士⑤,他与罗隐有往还⑥,也以能诗名于当时⑦。

---

①见郭绍虞《宋诗话辑佚》第 411 页。
②《贾浪仙长江集》卷三。
③《张籍诗集》卷四。
④《文献通考》卷三〇《选举考》三《举士》,载宋朝应进士者,"不许有大逆人缌麻以上亲及诸不孝不悌、隐匿工商异类、僧道归俗之徒。"又见《宋史》卷一五五《选举志》一《科目》。
⑤《郡斋读书志》卷四中"曹唐诗一卷"下注,又见《唐才子传》卷八。
⑥见《增修诗话总龟》卷三七。
⑦见《太平广记》卷三四九《曹唐》引《灵怪集》。

（四）出身于节镇衙前将校之子的

如《北梦琐言》卷四载：

> 尔来余知古、关图、常修，皆荆州之居人也。率有高文，
> 连登上科。关即衙前将校之子也，及第归乡，都押已下，为其
> 张筵。乃指盘上酱瓯戏老校曰："要校卒为者。"其人以醋樽
> 进之曰："此亦校卒为者也。"席人大噱。

中晚唐时节镇属下将校，虽也掌握有一定的武力，有一定的权势，
但社会地位毕竟是不高的，其子弟得能进士及第，同列视为荣耀，
故关图及第归乡时，"都押已下，为其张筵"。从席上的戏谑看来，
也可反映及第新进士关图对父辈的轻视。

（五）由方镇幕府再应进士举的

中唐以后，文士有已经礼部试及第，而吏部试不合格的，入方
镇幕府谋求仕进，如韩愈就是；也有未及礼部试先入方镇幕府，然
后再应进士举的，这部分人往往出身寒门，势孤力单，倚所从事的
节镇为奥援，再应进士举。如《旧唐书·李商隐传》："（令狐）楚
镇天平、汴州，（商隐）从为巡官，岁给资装，令随计上都。开成二
年（837），方登进士第。"又同上书卷一七八《赵隐传》："会昌中，
父友当权要，敦勉仕进，方应弓招，累从事。大中三年，应进士
登第。"

（六）外国籍应进士举的

如宣宗大中二年（848），大食国（即阿拉伯）人李彦昇，得宣武

军(汴州)节度使卢钧的荐奏，以进士及第①。从现有记载的材料来看，在唐应进士举的，以朝鲜人为最多。较著名的有晚唐时崔致远，乾符元年(874)进士及第后还在唐朝做官，他所著的《桂苑笔耕集》为研究晚唐史事很有价值的史料。《桂苑笔耕集》卷首自序中说："臣自年十二离家西泛，当乘桴之际，亡父诫之曰：'十年不第进士，则勿谓吾儿，吾亦不谓有儿。'……臣佩服严训，不敢弭忘，悬刺无遑，冀谐养志，实得人百之己千之。观光六年，金名榜尾。"可见唐朝的进士考试对异国人士的吸引力。

当时朝鲜人来唐朝应试，与中华人士结成友谊，他们的才艺也为人们所钦佩。如《太平广记》卷五三《金可记》："金可记，新罗人也，宾贡进士。性沉静好道，不尚华侈，或服气炼形，自以为乐。博学强记，属文清丽，美姿容，举动言谈，迥有中华之风。俄擢第，于终南山子午谷茸居，怀隐逸之趣。"另外如晚唐诗人张蠙有《送友人及第归新罗》诗②，贯休有《送新罗人及第归》诗③。又如《登科记考》卷二三僖宗光启元年(885)进士及第崔彦撝，也是新罗人，徐考引《东国通鉴》，说崔彦撝："禀性宽厚，自少能文，年十八入唐登科，四十二还国。"

这些外国籍人士在唐应进士举，有些是及第后归还本国，有的则及第后就留在唐朝做官。他们从一个侧面反映了唐朝进士出身的广泛代表性。

（七）出身于贫寒士人

唐代每年应科举的人数大约一千余人，出身于地主阶级较下

---

① 见《全唐文》卷七六七陈黯《华心》。
②《全唐诗》卷七〇二。
③ 贯休《禅月集》卷二一。

层的大概有不少。他们一般在政治上无特权,没有权贵势要之家作为靠山,经济上也没有多少蓄积,几次下第,奔波道路,不免坎坷。唐人诗文、笔记及传奇小说中对此有不少描写。如中唐写作新乐府的著名诗人王建在送张籍的诗中就说,"所念俱贫贱,安得相发扬"[1];王建又自称"衰门海内几多人,满眼公卿总不亲"[2],表明他与张籍都是贫寒出身。晚唐古文家孙樵写他在长安应举时落拓困顿之状,谓:"长安寓居,阖户讽书,悴如冻灰,瘠如槁柴",甚至于"长日猛赤,饿肠火迫,满眼花黑,晡西方食;暮雪严冽,入夜断骨,穴衾败褐,到晓方活"[3]。真是到了无以自存的地步。《太平广记》卷七四《陈季卿》篇,就写江南士人陈季卿,辞家十年来长安应举,"志不能无成归,羁栖辇下,鬻书判给衣食"。沈亚之叙述清河张宗颜的情况,更为凄惨。张宗颜与沈亚之同在长安应进士举,后离去,其亲丧,贫不能葬,竟至于与其兄"东下至汴,出操契书,奴装自卖",把自己打扮成奴仆模样,标价出售,"闻者皆恸感流涕,然盈月不得售"[4]。《唐摭言》卷八还记述一则富有传奇性的故事:

> 公乘亿,魏人也,以辞赋著名。咸通十三年,垂三十举矣。尝大病,乡人误传已死,其妻自河北来迎丧。会亿送客至坡下,遇其妻。始,夫妻阔别积十余岁,亿时在马上,见一妇人,粗缲跨驴,依稀与其妻类,因睨之不已。妻亦如是。乃令人诘之,果亿也。亿与之相持而泣,路人皆异之。后旬日,

---

[1]《王建诗集》卷四《送张籍归江东》。
[2] 同上卷八《自伤》。
[3]《孙樵集》卷七《寓居对》。
[4]《沈下贤文集》卷七《与李给事荐士书》。

登第矣。

《唐摭言》载此事，标题为"忧中有喜"，实际上这是极有代表性的唐代进士考试中的悲剧，这种悲剧对于一些出身贫寒的读书人来说，是会经常遇到的。试想，从上面所举数量不多的例子中，我们已经可以看到，应举者，有的饥无食，寒无衣；有的靠卖文字过日；有的父母死了，只得卖身为奴来为双亲办丧事；有的夫妻分别十余年，遇见时几乎不能相认，相认后抱头大哭。不管这些人究竟是否能够及第，他们能为州府所贡，跑到京都长安来，互相结交，并在文学作品中得到表现，这无论在社会生活中，或唐代的文学创作中，都会带来过去时代所不可能有的新的东西，特别是在中晚唐，他们已经构成进士试中的主体。

## 三

中唐以后，进士试的广泛性还表现在地区分布上。

唐玄宗开元年间，曾规定每年各州所送贡士的人数，是上州三人，中州二人，下州一人；虽然同时又有一项补充规定，说是"必有才行，不限其数"（《唐摭言》卷一《贡举厘革并行乡饮酒》），但上中下州所荐送的士子是有多寡区别的，这种区别反映了各州政治、经济发展的不平衡状态。某些边缘地区，受到政治、经济、文化等种种限制，不但所送人数少，而且录取者更少。这种情况我们还可从武宗会昌五年（845）的一项规定中看出。《唐摭言》卷一《会昌五年举格节文》，曾具体限定国子监及各节镇所送明经、进士的人数，其中说：

其东监、同、华、河中所送进士,不得过三十人,明经不得过五十人。其凤翔、山南西道、东道、荆南、鄂岳、湖南、郑滑、浙西、浙东、鄜坊、宣商、泾邠、江南、江西、淮南、西川、东川、陕虢等道,所送进士不得过一十五人,明经不得过二十人。其河东、陈许、汴、徐泗、易定、齐德、魏博、泽潞、幽、孟、灵夏、淄青、郓曹、兖海、镇冀、麟胜等道,所送进士不得过一十人,明经不得过十五人。金汝、盐丰、福建、黔府、桂府、岭南、安南、邕、容等道,所送进士不得过七人,明经不得过十人。

这一规定,可以从两方面加以分析:一方面,应该看到地区之间的差别影响各地入仕人数的多寡,反映了这些地区在政治、经济、文化上的差距;另一方面,也应看到某些边缘地区在经济上、文化上的发展,使本地区应试人数逐步与其他地区趋于平衡。当然,由于材料的缺乏,我们还不可能在这方面作出精密的统计,但从一些地区的记载,还是可以看出从中唐以后,中原一带的文化是在逐步向边缘地区扩展,这也使得进士应试与及第者的地区分布较前广泛,使进士的构成成分有所变化。

　　下面举一些例子来谈。

　　据《旧唐书·地理志》记载,唐玄宗时,在今福建境内已置有福、泉、建、汀、漳五州,二十三县,有九万余户,四十一万余人。福建一带,地处沿海鱼米之乡,号称富饶,但局守一隅,本地人往往安于本土,“不肯北宦”(《新唐书》卷二〇三《文艺下·欧阳詹传》)。中唐以前,文化上也相对地较为落后。德宗初期,常衮为福建观察使时,“闽人未知学”。常衮到福建后,“为设乡校,使作为文章,亲加讲导,与为客主钧礼,观游燕飨与焉,由是俗一变,岁贡士与内州等”(《新唐书》卷一五〇《常衮传》)。这里可能有对常衮的溢美之词，但福建进士登第情况中唐以后与以前有相当大的变化，则是事实。

据现在所知，福建人登进士第最早的要算是薛令之，他是闽中长溪人，中宗神龙二年(706)及第，开元时因不受重用，"谢病东归"①。但这之后有很长时间未见有福建人登进士第的记载，直至贞元八年(792)欧阳詹再度登第，中间缺了将近一百年，因此连鼎鼎大名的韩愈也弄错了，他在为欧阳詹所作的《哀辞》中说"闽越之人举进士由詹始"(《韩昌黎文集校注》卷五)，引起宋人的非难②。不过，贞元以前闽人登第的只是零星地出现，贞元以后，则是连翩而出。前引《新唐书·常衮传》所谓"由是俗一变，岁贡士与内州等"，是符合实际情况的。欧阳詹于贞元八年及第，与韩愈、李观、李绛、崔群等同年，称天下选，号为"龙虎榜"。在这以后，不断有名士出与中原之士争衡。如在欧阳詹稍后，贞元十三年(797)陈诩及第(《登科记考》卷一四据《永乐大典》引《闽中记》)。《新唐书》卷六〇《艺文志四》载《陈诩集》十卷，记陈诩字

①《唐摭言》卷一五《闽中进士》条："薛令之，闽中长溪人，神龙二年及第，累迁左庶子。时开元东宫官僚清淡，令之以诗自悼，复纪于公署曰：'朝旭上团团，照见先生盘。盘中何所有？苜蓿长阑干。饭涩匙难绾，羹稀箸易宽。何以谋朝夕？何由保岁寒？'上因幸东宫，览之，索笔判之曰：'啄木嘴距长，凤凰羽毛短。若嫌松桂寒，任逐桑榆暖。'令之因此谢病东归。诏以长溪岁赋资之，令之计月而受，余无所取。"

②吴曾《能改斋漫录》卷四《闽人登第不自林藻》条云："唐人以闽人第进士自欧阳詹始。予尝以唐《登科记》考之，贞元七年林藻登第，贞元八年詹始登第，二人皆闽人。"吴曾又引《唐摭言》载薛令之神龙二年登进士第的记载，说："然则闽人第进士，不惟不始于詹，亦不始于藻，当以薛令之为始。"关于福建兴办学校的情况，还可参见独孤及的《福州都督府新学碑铭》一文(《毗陵集》卷九)。但宋孔平仲《珩璜新论》卷三仍说："福建人好文学，自唐常衮为观察使，欧阳詹为诸生始也。"

载物，"福州闽县人，贞元户部郎中，知制诰"。晚唐人黄滔在《祭陈侍御峤文》中，说自林藻以后，"后十年莆邑许员外荣登，自此文学之士继踵"（《唐黄御史公集》卷六）。王棨于咸通三年（862）登第，徐松也说："盖七闽之地，自欧阳詹、王棨为之倡首，相继登上第，遂盛于时云。"（《登科记考》卷二三）

荆南与江西虽然地处于长江中下游，但有进士登第也是在中唐以后。《北梦琐言》卷四记："唐荆州衣冠薮泽，每岁解送举人，多不成名，号曰天荒解。刘蜕舍人以荆解及第，号为破天荒。尔来余知古、关图、常修，皆荆州之居人也。率有高文，连登上科。"刘蜕为大中四年（850）进士第①，关图、常修等都与之大略同时，出身都较低微。刘蜕为晚唐散文家，他在《上礼部裴侍郎书》中就描述他的孤贫艰难之状：

> 家在九江之南，去长安近四千里，膝下无怡怡之助，四海无强大之亲。日行六十里，用半岁为往来程；岁须三月，侍亲左右；又留二月为乞假衣食于道路。是一岁之中，独余一月在长安。王侯听尊，媒妁声深，况有疾病寒暑风雨之不可期者杂处一岁之中哉！是风雨生白发，田园变荒芜，求抱关养亲亦不可期也。（《刘蜕集》卷五）

江西情况也复如此，袁州人卢肇，在李德裕于文宗时贬为袁州刺史期间，曾受到李德裕的赏识②。卢肇后于武宗会昌年间登

---

①据《登科记考》卷二二。关于刘蜕登第之记载，又可参见宋邵博《邵氏闻见后录》卷一七。按武元衡有《送魏正则擢第归江陵》诗（《全唐诗》卷三一六），云："高文常独步，折桂及髫年。关国通秦限，波涛隔汉川。"武元衡为贞元、元和时人，由此诗，则刘蜕之前，荆南人即有及第者。待考。
②详拙著《李德裕年谱》，1984年齐鲁书社出版。

进士第,还曾受到当时人的讥嘲。《唐摭言》卷一二《自负》条记载说:

> 卢肇初举,先达或问所来,肇曰:"某袁民也。"或曰:"袁州出举人耶?"肇曰:"袁州出举人,亦犹沅江出龟甲,九肋者盖稀矣。"

比起荆南、江西来,容桂地区更为僻远,宋人孔平仲在谈到桂州等地人及第入仕的情况,就说:"岭南郡县,近世人物为少。"(《珩璜新论》卷三)中晚唐时,桂州在这方面渐露头角,晚唐著名的现实主义诗人曹邺,就是桂州阳朔人①,他于宣宗大中四年(850)登进士第。他在及第后献座主的诗中说:"一辞桂岭猿,九泣东门月。"(《成名后献恩门》,见梁超然、毛水清《曹邺诗注》,本书所引曹邺诗,皆本此书)虽然费了不少艰难困苦,但总算是登第了,这大约是有文献记载可考的桂州人登进士第的第一人。曹邺是一个贫寒的士人,他在长安应试时僻居于城南通济里,其《下第寄知己》诗有云:"归来通济里,开户山鼠出。中庭广寂寥,但见薇与蕨。"即使在进士成名后寄居江陵时,他的居住地还仍是"开户山鼠惊,虫声乱秋草;白菌缘屋生,黄蒿拥篱倒"(《翠孤至渚宫寄座主相公》)。这时他还要赡养孀嫂、孤侄,由于收入不充,竟过着"黄粮贱于土,一饭常不饱"(同上诗)的生活。

与曹邺约略同时,也于大中年间进士登第的另一桂州诗人为曹唐。《郡斋读书志》卷四中说他"桂州人,初为道士,咸通中为府从事";《唐才子传》卷八说他"工文赋诗,大中间举进士"。曹唐与晚唐诗人罗隐有交往,作诗的风格也相近。

---

① 曹邺《寄监察从兄》所谓:"贱子生桂州,桂州山水清。"

桂州人在唐末还有以状元为进士及第之冠的,那就是赵观文,他于昭宗乾宁二年(895)进士及第(《登科记考》卷二四)。孔平仲《珩璜新论》卷三记载道:"赵观文,桂州小军也,状元及第。"可见赵观文的出身也是较低微的。

安史之乱以后,北方黄河流域一带,战乱频仍,经济受到极大的破坏,而江淮以南,则处于相对安定的状态,社会的安定使农业生产能够得到正常的发展,加以江南一带土地肥沃,雨水充足,气候温暖,自然条件较好,因此,自中唐以后,全国的经济重点就逐渐南移。上面所说的闽中、荆南、桂州等地进士及第者在中晚唐的络绎出现,崭露头角,正是这些地区经济和文化发展的曲折反映。从现有文献资料来看,这些地区应进士试有名者,一般来说,社会地位不高,家境较为清寒,他们在本地算不上首富,与中原地区比较,更谈不上什么门第阀阅。这是中唐以后出现的新情况,也是唐代进士登第者社会阶层广泛性的表现。

## 四

当然,我们还应看到,一些高门大族及新兴的贵族官僚,在科举取士上仍有不可忽视的影响,他们通过政治、经济等各种纽带,插手科场,企图把持选拔权,力求使公卿豪门的子弟通过进士试,在中央和地方上取得要职。只看到唐代进士试中社会阶层的广泛性,不看到势要之家对科举取士施加的影响,也是不全面的。如宣宗大中十四年(860),裴坦主举,"中第者皆衣冠士子,是岁有郑义则故户部尚书澣之孙,裴弘故相休之子,魏当故相扶之子,令狐滈故相绹之子,余不能遍举"①。有人统计,范阳大族卢氏,自德宗兴元元年(784)至僖宗乾符二年(875)的九十二年中(这九十二年中有二年停贡举,实际为九十年),卢氏一门中登进士第的有一百一十六人,别的科目还不计算在内②。有些大族还买通主考官,施行贿赂或要挟等的手段,上下其手,控制取士权,如《唐语林》卷三载:"牛、孔数家,凭势力,每岁主司为其所制。"(《赏誉》)卷三载:"崔瑶知贡举,以贵要自恃,不畏外议;榜出,率皆权豪子弟。"(《方正》)类似的例子还有不少,不再枚举。

中唐以后,科举取士,尤其是进士试,已经成为高门大族、官僚新贵与广大出身较低、家境清寒的地主阶级(包括一部分商贾)知识分子争夺仕进出路的场所。在这方面,杜牧有一段话很值得注意。他在《上宣州高大夫书》中说:

> 自去岁前五年,执事者上言,云科第之选,宜与寒士,凡为子弟,议不可进。熟于上耳,固于上心,上持下执,坚如金石,为子弟者鱼潜鼠遁,无入仕路,某窃惑之。科第之设,圣祖神宗所以选贤才也,岂计子弟与寒士也。古之急于士者,取盗取仇,取于夷狄,岂计其所由来。况国家设取士之科,而使子弟不得由之;若以科第之徒浮华轻薄,不可任以为治,则国朝自房梁公以降,有大功,立大节,率多科第人也。若以子弟生于膏粱,不知理道,不可与美名,不令得美仕,则自尧已降,圣人贤人,率多子弟。凡此数者,进退取舍,无所依据,某所以愤懑而不晓也③。

①《册府元龟》卷六五一《贡举部·谬滥》。
②见钱易《南部新书》己卷,王谠《唐语林》卷四《企羡》。
③《樊川文集》卷一二。

宣州高大夫,当是指高元裕。据吴廷燮《唐方镇年表》卷五,高元裕自会昌五年(845)至大中元年(847)为宣州刺史、宣歙观察使。杜牧于会昌五年十二月由池州刺史改任睦州刺史,这篇上书可能在会昌六年初所作。

杜牧这段话之所以值得注意,不在于杜牧本人对此事的看法,而在于杜牧提出的问题本身反映了中晚唐科举取士中寒门与子弟两种力量斗争的消长,而这种情况是具有时代特征的。这里所谓子弟,是高门大族出身的代称,所谓寒门,大致是指没有世袭政治特权的普通地主出身的文士。从杜牧的话中可以看出这样两点:第一,士族地主出身的子弟已经不能仅仅依靠父祖的官爵和门第出身来取得高位,他们必须走科举取士的道路了。五代人王定保曾经论道:“三百年来,科第之设,草泽望之起家,簪绂望之继世。孤寒失之,其族馁矣;世禄失之,其族绝矣。”[1]由此可见,科举制度的发展,使得争取科举及第成为获得政治地位或保持世袭门第的重要途径。这也使我们得以理解,为什么中唐以后,表现在科举取士中的斗争往往十分激烈,有时激化为官僚士大夫中公开的朋党之争,因为这不仅仅牵涉到某一个人的宦海升沉,而且关系到地主阶级中不同阶层在政府机构中掌握权力的比重。第二,从总体上说,高门大族在科举取士中的优势已经失去,在某些时候,甚至处于被排斥的劣势地位,如杜牧所说文宗末、武宗初的时候,竟然是“为子弟者鱼潜鼠遁,无入仕路”。尽管杜牧本人早年的处境是比较清贫孤单的,但他毕竟出身于高门,他的祖父杜佑是一代重臣,门第显赫。杜牧是属于子弟之列的,因此他大声疾呼:“科第之设,圣祖神宗所以选贤才也,岂计子弟与寒士也。”

---

[1]《唐摭言》卷九《好及第恶登科》条。

表面上似乎站在不偏不倚的立场,实际上是为子弟舒"愤懑",而这也正是高门大族的子弟失去某种优势的反映,因为从社会客观条件来说,高门大族在科举取士的竞争中本来就比寒门处于有利和有力的地位,而这种有利的条件竟然未能起到应有的充分的作用,这不是某一个人的原因,而是反映了历史发展的一种趋向,也就是说,随着封建经济的上升,一般地主土地所有制也得到发展,任何地主已不能世代都保有其土地,政治地位也随着土地所有权的不断转移,而不断地更迭,"诸达官身亡以后,子孙既失覆荫,多至贫寒"①,杜牧的愤懑终究不能扭转客观的历史趋势。

抑子弟、升寒门的情况,并非仅仅见于杜牧的言论,还可以举出几个例子:

一、文宗大和八年(834)所收进士,多为贫士,有人作诗讥嘲道:"乞儿还有大通年,六十三人笼仗全。薛庶准前骑瘦马,范�依旧盖番毡。"②把这年的及第进士比喻为乞儿,显然出于公卿子弟的妒嫉和偏见。

二、据《旧唐书》卷一七七《杨严传》,杨严于武宗会昌四年(844)进士擢第,"是岁仆射王起典贡部,选士三十人,严与杨知至、窦缄、源重、郑朴五人试文合格,物议以子弟非之,起覆奏。武宗敕曰:'杨严一人可及第,余四人落下。'"杨严等五人因为出身世胄,虽然试文合格,也由于"物议以子弟非之",只放一人及第。那时王起知贡举,华州刺史周墀还特地写诗称贺其选士得人,而且还提到王起早于穆宗长庆(821—824)主举时即以"采摭孤进,

<hr>

①《旧唐书》卷九六《姚崇传》。
②徐松《登科记考》卷二一大和八年引《记纂渊海》。

至今称之"①。又如《唐摭言》卷十《海叙不遇》条所载："卢汪门族，甲于天下，因官，家于荆南之塔桥，举进士二十余上不第，满朝称屈。"以门第甲于天下的卢汪，竟至于经历二十几次考试，虽然满朝为之称屈，也未能使其一第。

三、四部丛刊本《唐黄御史文集》附录有《昭宗实录》残篇，记乾宁二年(895)二月崔凝知贡举，已取进士张贻宪等二十五人及第。放榜的当日，又敕第二天于武德殿复试，结果这二十五人中，赵观文、黄滔、王贞白等十五人及第，张贻宪等五人落下，但许以后应举，崔砺、苏楷等四人最劣，落下，并不许再举。《唐摭言》卷七对此加以评论说："昭宗皇帝颇为寒进开路，崔合州(凝)榜放，但是子弟，无问文章厚薄，邻之金瓦，其间屈人不少。孤寒中唯程晏、黄滔擅场之外，其余以程试考之，滥得亦不少矣。"按照《唐摭言》所说，则是子弟不问考试成绩如何，率多退落，而所取孤寒中却有不少滥收的。实际情况究竟是否如此，还可研究，但以上事例表明，在科举取士中明显地倾向于孤进、寒门，却是时代的思潮，已不是少数孤立的、偶然的现象了。

---

① 《全唐文》卷七三九周墀《贺王仆射诗序》。

# 第九章　知贡举

唐代诗人朱庆余有一首诗,写道:

> 洞房昨夜停红烛,待晓堂前拜舅姑。妆罢低声问夫婿,
> 画眉深浅入时无?

这首诗,写新婚少妇娇憨之状,甚为真切,是唐诗中脍炙人口之作。但这首诗的本意却并不是写新婚燕尔之情,而是有极其现实的功利目的——诗题为《近试上张籍水部》(《全唐诗》卷五一五),乃是作者朱庆余为了求得应试及第,献诗给当时任水部员外郎的张籍,希望张籍能向主考官推荐。正如南唐人刘崇远的笔记《金华子》所说:"中朝盛时,名重之贤,指顾即能置人羽翼。朱庆余之赴举也,张水部一为其发卷于司文,遂登第也。"(卷下)唐末人范摅《云溪友议》也记载朱庆余向张籍献新制诗什二十六章,得到张籍的赞赏,"清列以张公重名,无不缮录而讽咏之,遂登科第"(卷下《闺妇歌》条)。朱庆余得到张籍的揄扬,不仅以诗名于一时,并且因此而进士及第,步入仕途。

张籍当时并不是考试官,为什么能向主考官推荐人才,并有助于举子们的录取呢?唐代进士考试官是怎样衡量举子们的试

卷成绩以及怎样决定其取舍的呢？举子们为争取及第,在考试前要进行一些什么样的活动呢？这些,都牵涉到唐代科举制度中的知贡举的问题。在本章中,我们就从进士考试官——知贡举的角度,对唐代科举制及唐代社会生活的某些侧面作一些探讨。

一

据杜佑《通典》所记,唐高祖武德时,是以吏部的考功郎中监试贡举的;太宗贞观时起,改由考功员外郎知举。而玄宗开元之后,则又由礼部侍郎典贡举,从这以后,进士试又称礼部试(卷一五《选举》三)。关于知贡举的变迁大略,《册府元龟》卷六三九《贡举部·总序》有一段话讲得较为明晰:

> 武德旧制,以考功郎中监试贡举,贞观已后,则考功员外郎专掌之①。……明皇开元二十四年制,令礼部侍郎专掌贡举。初因考功员外郎李昂诋诃进士李权文章,大为权所凌讦,朝议以郎官地轻,故移于礼部。……其后礼部侍郎缺人,亦以他官主之,谓之权知贡举。

以品级来说,考功郎中是从五品上,考功员外郎是从六品上,贞观时由考功郎中改为考功员外郎,在职掌的权位说是低了一等。礼

---

① 贞观以后,由考功员外郎代替考功郎中知贡举,开元二十五年起,又改由礼部侍郎知贡举。但开元二十四年以前,也有由考功郎中知贡举的,不过这仅是一种特例,如《旧唐书》卷九九《严挺之传》载:"开元中,为考功员外郎。典举二年,大称平允,登科者顿减二分之一。迁考功郎中,特敕又令知考功贡举事。"

部侍郎是正四品下,已是尚书六部的大员。由礼部侍郎代替考功员外郎知贡举,是在进士试已充分发展、受到社会各方面的重视、进士考试中诗赋的比重大大增加的情况下出现的,应当说有其历史的必然性,李昂的事件只不过是促成其产生的一次直接因素罢了。

李昂的事,发生在开元二十四年(736)春,《旧唐书·玄宗纪》载:"三月乙未,始移考功贡举,遣礼部侍郎掌之。"《通鉴》卷二一四开元二十四年:"旧制,考功员外郎掌试贡举人。有进士李权,陵侮员外李昂,议者以员外郎位卑,不能服众;三月壬辰,敕自今委礼部侍郎试贡举人。"关于此事,唐宋人的有关史书、笔记记载的甚多,其中以刘肃的《大唐新语》所记较为详赡,且刘肃为宪宗元和时人,时代接近,当可信,今抄录如下:

> 开元二十四年,李昂为考功,性刚急,不容物,乃集进士,与之约曰:"文之美恶,悉知之矣;考校取舍,存乎至公。如有请托于人,当悉落之。"昂外舅尝与进士李权邻居,相善,为言之于昂。昂果怒,集贡士,数权之过。权曰:"人或猥知,窃闻之于左右,非求之也。"昂因曰:"观众君子之文,信美矣;然古人有言,瑜不掩瑕,忠也。其有词或不安,将与众详之,若何?"众皆曰:"唯。"及出,权谓众人曰:"向之斯言,意属吾也。昂与此任,吾必不第矣,文何籍为!"乃阴求瑕。他日,昂果摘权章句小疵,榜于通衢以辱之。权引谓昂曰:"礼尚往来;来而不往,非礼也。鄙文之不臧,既得而闻矣,而执事有雅什,尝闻于道路,愚将切磋,可乎?"昂怒而应曰:"有何不可!"权曰:"'耳临清渭洗,心向白云闲',岂执事辞乎?"昂曰:"然。"权曰:"昔唐尧衰怠,厌倦天下,将禅许由,由恶闻,

故洗耳。今天子春秋鼎盛,不揖让于足下,而洗耳何哉?"昂闻惶骇,诉于执政,以权不逊,遂下权吏。初,昂以强愎,不受属请,及有吏议,求者莫不允从,由是庭议以省郎位轻,不足以临多士,乃使吏部侍郎掌焉。宪司以权言不可穷,竟乃寝罢之。(《大唐新语》卷十《厘革》)

李昂褊狭,不能容物,有他的缺点,但李权对付李昂的手段却是很恶劣的。他对于"耳临清渭洗"的解释,其深文周纳,使我们想起了"十年动乱"中的某些大字报,其挟嫌诬陷、敲索恫吓,似乎古今如出一辙。应该说,这正是开元时期科举考试的地位,尤其是进士试的地位提高这一客观情势的反映,如果没有这一客观情势,李权事件就会作为一件具体案件了结。从开元二十五年起,由礼部侍郎代替考功员外郎主持贡举考试,一方面是提高了知举者的声望和权威,另一方面也同时是提高了举子们,尤其是应进士试者的地位。

《唐大诏令集》卷一〇载《令礼部掌贡举敕》,文末署"开元三年四月一日",这里的"三年"应作"二十四年"。此文为张九龄所起草,张九龄的《曲江文集》卷七也载有此敕,题作《敕令礼部掌贡人》。今据《唐大诏令集》录文于下,并据《曲江集》参校,以备参资:

> 敕:每岁举人,求士之本,专典其事,宁不重欤。顷年以来,唯考功郎中(《曲江集》无"中"字)所职,位轻事重,名实不伦。故尽委良吏长官,又铨□猥积(《曲江集》此二句作"欲尽委长官,又铨选猥积",文义较长)。且六官之职,例体是同。况宗伯掌礼,宜主宾荐。自今已后,每诸色举人及斋

郎等简试,并于礼部集;既众务烦杂,仍委侍郎专知。

开元二十五年以后,一般是以礼部侍郎知贡举的,但后来也常常以他官代替,称权知贡举。起初似乎还是偶然为之,如天宝十载(751)的兵部侍郎李麟知贡举①。中唐以后,以他官权知的情况多了起来。《文献通考》卷三〇《选举考》三论道:"开元时以礼部侍郎专知贡举,其后或以他官领,多用中书舍人及诸司四品清资官。唯会昌中命太常卿王起知贡举,时亦检校仆射。五代时或以兵部尚书,或以户部侍郎、刑部侍郎为之,不专主于礼侍矣。"《通考》说到五代时始用户侍、刑侍等为之,并不确,这种情况早在中唐就已如此。现在以徐松《登科记考》所载,记其大致情况如下:

贞元八年(792),兵部侍郎陆贽。

贞元九年(793),户部侍郎顾少连。

元和三年(808),中书舍人卫次公。

元和四年(809),户部侍郎张弘靖。

元和六年(811),中书舍人于尹躬。

元和七年(812),兵部侍郎许孟容。

元和八年(813),中书舍人韦贯之。

元和十一年(816),中书舍人李逢吉。

元和十二年(817),中书舍人李程。

元和十三、十四年(818—819),中书舍人庾承宣。

元和十五年(820),太常少卿李建。

长庆四年(824),中书舍人李宗闵。

---

①据徐松《登科记考》卷九;《唐语林》以李麟典举时任中书舍人,不确。

大和五年(831),中书舍人贾𫗧。

大和九年(835),工部侍郎崔郸。

开成元年(836),中书舍人高锴。

开成三年(838),中书舍人崔蠡。

会昌三年(843),吏部尚书判太常卿事王起。

会昌五年(845),左谏议大夫陈商。

大中十一年(857),中书舍人杜审权。

咸通元年(860),中书舍人裴坦。

咸通二年(861),中书舍人薛耽。

咸通五年(864),中书舍人王铎。

咸通六年(865),中书舍人李蔚。

乾符二年(875),中书舍人崔沆。

乾宁五年(898),礼部尚书裴贽。

天祐三年(906),吏部侍郎薛廷珪。

诸司侍郎是正四品下,吏部侍郎与太常少卿为正四品上,谏议大夫与中书舍人为正五品上。多数情况由中书舍人权知贡举,不过按照唐代惯例,贡试在春季举行,而任命知贡举则是在前一年的九、十、十一月间,发榜以后,在四、五月之际,即真拜礼部侍郎。

赵翼在《陔余丛考》中说:"又唐时知贡举大臣,有不必进士出身者。《旧唐书·李麟传》,麟以荫入仕,不由科第出身,后为兵部侍郎知礼部贡举。又李德裕与李宗闵有隙,杜悰欲为释憾,谓宗闵曰:'德裕有文才而不由科第,若使之知贡举,必喜矣。'是唐制非科第出身者亦得主试矣。"(卷二八《礼部知贡举》)赵翼的话是对的,譬如在贞元时连续三年知贡举、号为得人的权德舆,就非由进士出身(参《旧唐书》本传)。唐代在这方面不像宋以后那样严格。

# 二

我们知道,制举试的考策官,就现有材料来看,至少有三人,如长庆元年(821)十一月制举试,考策官为中书舍人白居易、膳部郎中陈岵、考功员外郎贾𫗧;大和二年(828)三月,为左散骑常侍冯宿、太常少卿贾𫗧、库部郎中庞严;宝历元年(825)三月,为中书舍人郑涵、吏部郎中崔琯、兵部郎中李虞仲。而元和三年(808)三月的一次,又分考试官和同考覆试官,考试官为吏部侍郎杨於陵、考功员外郎韦贯之,同考覆试官有翰林学士王涯、裴垍,及左司郎中郑敬、都官郎中李益等①。又长庆元年四月,因钱徽知贡举时取士不当,乃命白居易与王起充重考试进上官(参看《白居易集》卷六〇《论重考试进士事宜状》)。可知重考试进士时,考试官为二人。那么礼部侍郎(或以他官权知者)知贡举时,评阅文卷者是几人呢?

《通鉴》卷二五二咸通十四年(873)六月载王铎为宰相,记云:"(韦)保衡及第时主文也。"胡三省注:"唐礼部校文主司谓之主文。"又洪迈《容斋四笔》卷五《韩文公荐士》条说:"唐世科举之柄,专付之主司,仍不糊名,又有交朋之厚者为之助,谓之通榜。"这就是说,阅文并决定取舍,以及评定高低名次的,只有知贡举者一人,另外,其交游之厚者可为之助,叫做通榜。高锴于开成年间知贡举,他有《先进五人诗赋奏》一文(《全唐文》卷七二五),开头说今年进士试由于文宗亲自出诗赋题,因此举子所试诗赋比去年

①详见本书前第六章《制举》。

又胜数等,这当然是恭维话。接着说:"臣日夜考较,敢不推公。进士李肱《霓裳羽衣曲》诗一首,最为迥出……臣与状头第一人,以奖其能。次张棠诗一首亦绝好,亚次李肱,臣与第二人。其次沈黄中《琴瑟合奏赋》……臣与第三人。其次王牧赋……臣与第四人。其次柳棠诗赋……臣与第五人。"照此看来,则阅卷及评定名次,都是主司者一人担任。又吕渭《贞元十一年知贡举挠闷不能定去留寄诗前主司》(《全唐诗》卷三〇七):"独坐贡闱里,愁多芳草生。仙翁昨日事,应见此时情。"也是说由知举者独自一人阅文并定去留。

中唐时与卢仝并称的诗人马异,有《送皇甫湜赴举》诗(《全唐诗》卷三六九),说:

> 马蹄声特特,去入天子国。借问去是谁,秀才皇甫湜。吞吐一腹文,八音兼五色。主文有崔李,郁郁为朝德。青铜镜必明,朱丝绳必直。称意太平年,愿子长相忆。

诗题称"赴举",诗中称皇甫湜为秀才,当是送皇甫湜应进士试。皇甫湜于宪宗元和元年登进士第,这年知贡举者为礼部侍郎崔邠①。马异这首诗是否作于元和元年前一年的永贞元年秋,未可确定。但以诗中所说的"主文有崔李"一句来看,似乎与崔邠的身份相合。在别无佐证的情况下,我们不妨把这首诗定于永贞元年,第二年春皇甫湜就在崔邠下登第。但问题在于马异诗中说的是"主文有崔李",除了崔以外,还有李,则主文者就有两人了。这是一条值得注意的材料,可供我们进一步研究,可惜与此相同的或者类似的材料还未见到(按清人姚范《援鹑堂笔记》卷三三《昌

——————————

①据《登科记考》卷一六。

黎门人亲戚》条也引马异此诗的这二句,并说"崔、李未详何人"),说主文有两人的,就目前所见只有马异的这首诗,而较多的材料则还是说由知贡举者一人评阅试卷;当然,还有佐助者向他推荐人才,这叫公荐。

关于公荐和通榜的情况,可以举一些较为人所知的例子。

《唐摭言》卷八《通榜》条,载贞元十八年(802)权德舆知贡举,当时祠部员外郎陆傪与权德舆交往契合①,乃为之佐助,韩愈这时在长安,任四门博士之职,于是上书给陆傪,荐侯喜等十人。《唐摭言》就把陆傪称作通榜。韩愈的《与祠部陆员外书》(《韩昌黎文集校注》卷三)中说:"执事之与司贡士者相知诚深矣,彼之所望于执事,执事之所以待乎彼者,可谓至而无间疑矣。彼之职在乎得人,执事之志在乎进贤,如得其人而授之,所谓两得其求,顺乎其必从也。"陆傪于贞元十八年二月出刺歙州(见《韩昌黎文集校注》卷四《送陆歙州诗序》),途中遇疾,卒于洛阳,年五十五。权德舆为作墓志铭,说他与陆傪"相视莫逆,行二十年"(《唐故使持节歙州诸军事守歙州刺史赐绯鱼袋陆君墓志铭》,见《权载之文集》卷二四)。陆傪,两《唐书》无传,他的事迹就见于权德舆所作的墓志铭。可见权、陆相交之深,则权德舆主文,由陆傪为之通榜,当是情理中的事了。

《南部新书》癸卷又载:"贞元末,许孟容为给事中,权文公任春官,时称权、许。进士可不,二公未尝不相闻。"这里的权文公即权德舆。据《旧唐书》卷一五四《许孟容传》,许于贞元十五年起任给事中,以直声名于时。在此之前任礼部员外郎时,"有公主之子,请补弘文、崇文馆诸生,孟容举令式不许。主诉于上,命中使

---

①陆傪,两《唐书》无传,其事迹可参《元和姓纂》卷 ·〇,《新安志》卷九。

问状。孟容执奏竟得"。后来宪宗元和时,也曾以兵部侍郎知举。史称其"好推毂,乐善拔士,士多归之"。以这样一个在士人中有声望、居官有声,而又与主司交情契合的人为通榜,当然是最适合不过的了。《南部新书》说"进士可不,二公未尝不相闻",则许孟容作为通榜,在举子能否中第上是能起相当大的作用的。

《唐摭言》又载陆贽知举时,"梁补阙肃、王郎中杰佐之,肃荐八人俱捷"。陆贽知贡举在贞元八年(792),《旧唐书》卷一三九《陆贽传》说在前一年即贞元七年,陆贽"拜兵部侍郎,知贡举。时崔元翰、梁肃文艺冠时,贽输心于肃,肃与元翰推荐艺实之士"。由此可知,这一年也是陆贽诚恳地请梁肃为之助,梁肃乃与崔元翰一起向陆贽推荐才学之士。关于此事,韩愈在《与祠部陆员外书》中也有记述,说:

> 往者陆相公司贡士,考文章甚详,愈时亦幸在得中,而未知陆之得人也。其后一二年,所与及第者皆赫然有声,原其所以,亦由梁补阙肃、王郎中础(《唐摭言》作杰)佐之,梁举八人,无有失者,其余则王皆与谋焉。陆相之考文章甚详也,待梁与王如此不疑也,梁与王举人如此之当也,至今以为美谈。

按,这一年梁肃所荐者李观、李绛、崔群、韩愈等,后来都是名人,由于人才济济,这一年就被人称为"龙虎榜"。

从以上的记载看来,当时的基本情况,是:一、主文者仅一人,即知贡举者。二、所谓通榜,可以是一人,也可以是二人(或二人以上),但须与知贡举者关系较为密切。三、通榜仅是推荐人才,在推荐以外似未有插手科场等情事,决定取舍之权还在于知贡举者。

一般情况下,唐代每年录取的进士登第人数在三十人左右,而应试者有六七百至千余人,由知贡举者一人在短短几天之内阅看上百上千的试卷,选定三十份左右的卷子,又要为之排定等第名次,是极不容易的。而唐代的科举考试又不糊名,试前举子可以自行投文于名公大卿和知贡举者,名公大卿又可向知举者推荐人才,因此,举子能否得第,有没有人举荐延誉,就大不一样。李商隐在《与陶进士书》中先叙述自己在早年累应进士试都未中,后云:"既得引试,会故人夏口主举人,时素重令狐贤明,一日见之于朝,揖曰:'八郎之友谁最善?'绚直进曰:'李商隐者。'三道而退,亦不为荐托之辞。故夏口与及第。"(《樊南文集详注》卷八)夏口指高锴,锴于文宗开成二年(837)知贡举,李商隐即于是年登第。李商隐作此书时高锴已为鄂岳观察使,故称夏口。据李商隐在这里所写,高锴在上朝时碰见令狐绹,问他友人中交情谁最好,令狐绹举出李商隐的名字,也没有另外再说一些推荐拜托的话,高锴就已了然于心,李商隐也就因此登第。这种情况,大约在唐代是极为平常的,因此李商隐就毫不讳言的写出来(或许他根本没有觉得要讳言)。关于这一点,柳宗元有一段文字写得极好,可以帮助我们具体了解那时举子为何求人荐引,以及主文者为何请人推荐等原因。柳宗元《送韦七秀才下第求益友序》说:

> 所谓先声后实者,岂唯兵用之,虽士亦然。若今由州郡抵有司求进士者,岁数百人,咸多为文辞,道今语古,角夸丽,务富厚。有司一朝而受者几千万言,读不能十一,即偃仰疲耗,目眩而不欲视,心废而不欲营,如此而曰吾不能遗士者,伪也。唯声先焉者,读至其文辞,心目必专,以故少不胜

（《柳宗元集》卷二三）

无论是梁肃、王础向陆贽推荐人才，韩愈通过陆傪向权德舆推荐人才，或者是令狐绹向高锴举李商隐的名字，以及柳宗元的文章中所描述的主文者为应付几千万言的试卷而势必"偃仰疲耗"的情况，应当说，这些在唐代社会都还算是正常的，宋代还有人赞扬这种公开推荐人才的办法，认为"其取人也畏于讥议，多公而审"（《容斋随笔》卷五《韩文公荐士》）。这是事情的一方面，另一方面则是，由于主文者能一人决定取舍，知贡举的任命又在考试前几个月已经宣布，他们的行动并未受什么约束，仍可照常上朝办事，交酬往来，这就不可避免地为干谒奔趋、贿赂请托提供各种方便。

三

我们知道，为了防止考场作弊，宋以后有一种叫做锁院的制度，就是考试的官员在任命以后，随即住入贡院，断绝与外面来往，直至放榜时为止。宋赵升《朝野类要》卷一《锁院》条说："凡言锁院者，机密之谓也，故试士、撰麻皆如此。试士则所差官预先入院议题，有司排办。"北宋庞元英曾记神宗元丰时某年礼部贡院于正月九日锁院（《文昌杂录》卷六），则在试以前的好几天。这种制度越到后来越严格，清代则更形成一套严密的防范措施。又据欧阳修所记，北宋时锁院有长达五十天的，考官不止一人，同僚们在里面除了评阅文卷外，多有余暇，则相互唱和作诗，也是风流儒雅之事，《归田录》卷二记载道：

嘉祐二年,余与端明韩子华、翰长王禹玉、侍读范景仁、龙图梅公仪同知礼部贡举,辟梅圣俞为小试官。凡锁院五十日,六人者相与唱和,为古律歌诗一百七十余篇,集为三卷。

　　唐代有没有锁院的规定呢? 到现在为止,还没有发现有关的记载。似乎有些关系的,有权德舆《贡院对雪以绝句代八行奉寄崔阁老》诗(《权载之文集》卷三),说:"寓宿春闱岁欲除,严风密雪绝双鱼。思君独步西垣里,日日含香草诏书。"作者自说寓宿春闱,诗题又说"贡院对雪",则诗作于贡院无疑;权德舆于贞元十七、八年曾知贡举,诗作于知贡举时也是肯定的。但诗中又说"岁欲除",则是除夕之前即住入。唐朝的进士试一般是正、二月间,考试官是否那么早即住入贡院,很可怀疑。因此笔者倾向于唐代不存在锁院制度之说。而且,唐代即使有所谓锁院,也与杜绝或防范考官与举子交通无关。因为,第一,从权德舆这首诗看来,他虽然住在贡院,但仍可作诗寄与贡院外的崔阁老;前面曾引吕渭诗,也是吕渭在阅卷时因难于评定高下,颇费踌躇,乃写诗寄与前任主司。可见考官在阅卷期间与外面可以有文字交往。第二,唐代考试的卷子不糊名,考官见到卷子当然就知道是何人所作,如有请托等事,自可对该试卷评以高分。第三,前面说过,在唐代,考试之前就已有人向主考官推荐,即前面所谓的通榜。这就使得锁院成为毫无意义的事。而且,有时在考试之前连头几名的名次也已预定。最出名的例子就是吴武陵推荐杜牧的那件事。文宗大和二年(828)的进士试在东都洛阳举行,崔郾知贡举,离长安日,即有公卿百官饯送,"冠盖之盛,罕有加也"。如当时有锁院,也变得无甚意义。更有甚者,当时任太学博士的吴武陵也来相送,向崔郾推荐杜牧,并且当场朗读了杜牧的《阿房宫赋》,使崔郾大为惊奇。接着就有下面一场有趣的对话：

> 武陵曰："请侍郎与状头。"（吴武陵请崔郾以第一名即状头取杜牧）
>
> 郾曰："已有人。"
>
> 曰："不得已，即第五人。"
>
> 郾未遑对，武陵曰："不尔，即请此赋！"
>
> 郾应声曰："敬依所教。"既即席，向诸公曰："适吴太学以第五人见惠。"
>
> （《唐摭言》卷六《公荐》）①

从这段记事中可以看出，崔郾在去洛阳主持考试之前，人还没有离长安，不但第一名已经定了，而且第二名至第四名也定了，接着在饯送宴会上又因吴武陵之推荐，又预定了第五名杜牧。由此看来，在唐朝，考试本身有时似乎是徒具形式，更不用说什么锁院了。像吴武陵那样推荐杜牧，总还有文才作为依据，其他凭权势、通贿赂而请托交接的，则更不在话下。

这种情况不独中晚唐为然，开元时人王泠然就已感叹道："仆窃谓今之得举者，不以亲，则以势；不以贿，则以交；未必能鸣鼓四科，而裹粮三道。其不得举者，无媒无党，有行有才，处卑位之间，仄陋之下，吞声饮气，何足算哉！"②可见即使在开元盛世，科场中的这种钻营风气已经存在，而家境贫寒、社会地位较低的地主阶级下层文人，在这样的竞争中当然最为吃亏。

《册府元龟》在记述唐代知贡举官时曾说："其知贡举者，皆朝

---

① 此事又略见于《新唐书》卷二〇三《文艺下·吴武陵传》。
② 王泠然上宰相张说书，见《唐摭言》卷六《公荐》，又见《全唐文》卷二九四。

廷美选。"（卷六三九《贡举部·总序》）中唐时成都名伎兼女诗人薛涛在《上王尚书》的诗中说：

> 碧玉双幢白玉郎，初辞天帝下扶桑。手持云篆题新榜，十万人家春日长。（《全唐诗》卷八〇三）

这里的王尚书是王播，王播曾于元和末、长庆初为检校户部尚书、成都尹、剑南西川节度使，后征还为刑部尚书，拜相。王播弟王起曾于长庆二年（822）知贡举。薛涛在呈给王播的诗中特地提到知贡举的王起，那是因为知贡举者取人登第，无异于给人带来春光，所以说"十万人家春日长"。这就是所谓的"朝廷美选"。

正由于知贡举者握有一定的选拔权，而成为"朝廷美选"，这就使他处于矛盾纷争的中心。唐代知举者，当然也有秉公取士，或注意于选拔孤寒的，如王起于长庆、会昌时两度知举，都以拔取孤寒得到美称；咸通时高湜知举，排除干扰，取许棠、公乘亿、聂夷中三人，这三人都是贫寒而有文才的①。但正如洪迈所说，有不少知举者，"亦有胁于权要，或挠于亲故，或累于子弟"（见前《容斋四笔》）。譬如刘太真于德宗贞元四年、五年（788—789）知贡举，裴度在所作的神道碑中颂他"秉公心而排群议，履正道而杜私门"（《全唐文》卷五三八《刘府君神道碑铭》）。但实际上，刘太真在知贡举时，"宰执姻族，方镇子弟，先收擢之"（《册府元龟》卷六五

---

① 《北梦琐言》卷二："咸通中，礼部侍郎高湜知举，榜内孤贫者公乘亿，赋诗三百首，人多书于屋壁；许棠有洞庭诗，尤工，时人谓之许洞庭；最奇者有聂夷中，河南中都人，少贫苦，精于古体，有《公子家》诗云……又《咏田家》诗云……所谓言近意远，合三百篇之旨也。盛得三人，见湜之公道也。"又《新唐书》卷一七七高湜本传载："时士多由权要干请，湜不能裁，既而抵帽于地，曰：'吾决以至公取之，得谴固吾分！'乃取公乘亿、许棠、聂夷中等。"

一《贡举部·谬滥》，又见《旧唐书》卷一三七本传）。又如《唐语林》卷三《方正》所载："崔瑶知贡举，以贵要自恃，不畏外议；榜出，率皆权豪子弟。"这种外示公正，而内里收受贿赂、交通权贵的例子，在中晚唐是相当有代表性的。而中晚唐时，一些故家大族，或新兴的官僚权贵，采取各种手段，插手科场，施展影响，力图控制取士权，首先就是制胁知举者，如《唐语林》所载："牛、孔数家，凭势力，每岁主司为其所制。"（卷三《赏誉》）。这样，实际选拔权就不在知举者，而操纵于少数甲门豪族之手，如五代南唐人刘崇远在《金华子杂编》卷上所说：

> 崔起居雍，甲族之子（原注：雍字顺中，礼部尚书戎之子），少高令闻。举进士，擢第之后，蔼然清名喧于时，与郑颢同为流品所重（原注：颢，太傅纲之子，宣宗时尚万寿公主，恩宠无比，终礼部尚书、河南尹）。举子入事，得游历其门馆者，则登第必然矣。时人相语为崔郑世界，虽古之龙门，莫之加也。

崔、郑本是士族，崔雍的父亲是礼部尚书，郑颢联姻帝室，本人又官至礼部尚书。他们这种特殊的社会地位与政治地位，使他们有可能胁迫和利用知举者，来安排他们所提供的人选。中晚唐时子弟与寒门之争就是在这种社会历史条件下展开的。

权贵势要胁迫知举者，强使其亲知及第，这在唐代科场中是屡见不鲜的。早在天宝时，杨国忠强使达奚珣（时知举）取其子杨暄明经及第，可参《通鉴》所载，是明显的例子。另外如中唐时李实，也颇有代表性。李实为唐宗室，道王元庆玄孙。德宗贞元末任京兆尹，封嗣道王，得到德宗的宠信。史书上记载他为政猛暴，聚敛进奉。韩愈就是因为向德宗上疏揭示京兆府治下的一些民间疾苦，得罪了李实，为李实诬陷，被远贬为山阳令的。就是这个李实，也利用他的权势，插手科场。据《旧唐书》卷一三五《李实传》记载，这时权德舆为礼部侍郎、知贡举，李实私下里向权德舆提出举荐人选，为德舆所拒，李实就索性公然提出二十个人的名单，强迫德舆接受，并且说："可依次第之；不尔，必出外官，悔无及也。"这完全是一副无赖流氓的口吻。他的要求，不单提出的二十个人都要录取，而且名次也依他所定，如果不听他的话，就要贬为外官，那时就"悔无及也"。史书说，"德舆虽不从，然颇惧其诬奏"。权德舆没有贬出，那是因为不久德宗死，顺宗即位，王叔文等施行新政，根据民意，将李实贬责为通州长史；如果没有永贞新政，权德舆肯定会受到李实的诬害。

在唐朝，尤其是中晚唐时，知举者因请托事而贬官的，屡有所闻。这里不妨举几个例子。

令狐峘于德宗建中初以礼部侍郎知贡举，当时的宰相杨炎以私书荐故相杜鸿渐之子于峘，"时执政间有怒荐托不得，势拟倾覆，峘惶恐甚，因进其私书"（《唐摭言》卷一四《主司失意》）。德宗召杨炎议论此事，"炎具言其事，德宗怒甚，曰：'此奸人，无可奈何。'"（《旧唐书》卷一四九《令狐峘传》）竟将令狐峘贬为衡州别驾。请托者无罪，而将请托的私书向皇帝陈奏的反而受到窜逐的处分，这主要是因为请托者杨炎乃当朝宰相，官高权大。

其二是李建的例子。据《册府元龟》卷六五一《贡举部·谬滥》载："穆宗元和十五年正月即位，是年礼部侍郎李建知贡举，建取舍非其人，又惑于请托，故其年不为得士，竟以人情不洽，遽改为刑部侍郎。"《旧唐书》卷一五五《李建传》也有类似的记载。但两《唐书》本传都说李建"以廉俭自处"，"以清俭称"。李建又与白居易、元稹交游,李建死后,白居易为作墓碑,元稹为作墓志。白居易所作的墓碑说:"在礼部时,由文取生,不听誉,不信毁。"又说他"为政廉平易简,不求赫赫名;与人交,外淡中坚"(《白居易集》卷四一《有唐善人墓碑》)。元稹所作的墓志说:"于礼部中核贡士,用己鉴取文章,不用多荐说者。"(《元稹集》卷五四《唐故中大夫尚书刑部侍郎上柱国陇西县开国男赠工部尚书李公墓志铭》)这些,都是与两《唐书》的评论一致的。可知所谓李建知举时惑于请托、取舍非人,当是谤毁之议,倒是徐松所说为是,他说李建"盖不听毁誉,故不免于遭谤也"(《登科记考》卷一八元和十五年)。

与李建遭遇相似的是萧倣的例子。萧倣于懿宗咸通四年(863)知贡举,放榜后,被劾为榜中数人试卷中有问题,于是就在榜放后几天,那年的二月十三日,被贬为蕲州刺史。《唐摭言》卷一四曾载萧倣贬蕲州后与浙东郑裔绰大夫书,对此事详加辩白,其中说:"常年主司,亲属尽得就试。某敕下后,榜示南院,外内亲族,具有约勒,并请不下文书。敛怨之语,日已盈庭。"又说到礼部中的旧规陋习,所请托之人,知举者例须放行,而萧倣则皆加厘革。因此而得罪了人,众口腾毁,遂致贬谪。《旧唐书》卷一七二本传称倣居官"气劲论直",而为同列所忌,又记他任广州刺史时,"性公廉,南海虽富珍奇,月俸之外,不入其门。家人疾病,医工治药,须乌梅,左右于公厨取之,倣知而命还,促买于市"。所载萧倣的情性与他给郑裔绰的书信中所写是一致的。可知也是由于知举时绝于请托,反而受到毁谤,以致贬官。

另外,王凝的例子更有典型性。王凝于咸通十年(869)知贡举。《旧唐书》卷一六五本传说:"凝性坚正,贡闱取士,拔其寒俊,而权豪请托不行,为其所怒,出为商州刺史。"这是说,王凝由于不受权豪的请托,招致忌恨,遂由礼部侍郎出为商州刺史,被剥夺了选士权。对此事,唐末著名诗人兼诗论家司空图有较详细的记述,他在为王凝所作的行状中说:"中外之议,谓公不司文柄,为朝廷缺政,竟拜礼部侍郎。韦澄迈在内廷,悬入相之势,其弟保殷干进,自谓殊等不疑,党附者又方据权,亦多请托,攘臂傲视,人为寒心。公显言拒绝,及榜出沸腾,以为近朝难事。……久之,时宰竟用抗己,内不能平,遂致商于之命。"(《司空表圣文集》卷七《唐故宣州观察使检校礼部王公行状》)可见在那时,高门甲族,权党势要,互相勾结,盘根错节,对科举试施加种种影响,为其子弟打开仕进的大门;而如果知贡举者不与他们配合,竟敢不受请托,他们就可以用种种办法,撤换其官职。这也从一个侧面反映了中晚唐(特别是晚唐)时政治腐败的状况。

当然,也有相当一部分知举者确是结托权贵,而勾结一起,互相利用的。如《册府元龟》卷六五一《贡举部·谬滥》,载吕渭知贡举事说:"(贞元)十一年,礼部侍郎吕渭知贡举,结附户部侍郎判度支裴延龄,延龄之子操举进士,文词非工,渭擢之登第,为正人嗤鄙。渭连知三举,后因入阁,遗失请托文记,遂出为潭州刺史。"柳宗元《吕侍御恭墓志》宋人孙汝听注也说吕渭贞元十三年(797)知贡举,"擢裴延龄子操居上第,会入阁,遗私谒之书于廷;九月,罢为湖南观察使。"①吕渭与王凝、萧倣,虽同由礼部侍郎贬为外州刺史,但吕渭因请托事败露而贬出,王、萧等因拒绝请托而被迫外出,性质迥殊。

唐末笔记《玉泉子》中有一则记载,颇有风趣,现据《太平广记》卷一八二所载抄录于下:

————————

①见中华书局 1979 年 10 月点校本《柳宗元集》卷一〇。

翁彦枢,苏州人,应进士举。有僧与彦枢同乡里,出入故相国裴公坦门下,以其年耄优惜之,虽中门内亦不禁其出入,手持贯珠,闭目以诵佛经,非寝食,未尝辍也。坦主文柄,入贡院,子勋、质日议榜于私室,僧多处其间,二子不之虞也。其拟议名氏,迨与夺进退,僧悉熟之矣。归寺而彦枢访焉,僧问彦枢将来得失之耗,彦枢具对以无有成遂状。僧曰:"公成名须第几人?"彦枢谓僧戏己,答曰:"第八人足矣。"即复往裴氏之家,二子所议如初,僧忽张目谓之曰:"侍郎知举邪?郎君知举邪?夫科第国家重事,朝廷委之侍郎,意者欲侍郎刬革前弊,孤贫得路。今之与夺,率由郎君,侍郎宁偶人邪?且郎君所与者,不过权豪子弟,未尝以一贫人艺士议之,郎君可乎?"即屈其指,自首及末,不差一人,其豪族私仇曲折,毕中二子所讳。勋等大惧,即问僧所欲,且以金帛啖之。僧曰:"贫僧老矣,何用金帛为!有乡人翁彦枢者,徒要及第耳。"勋等曰:"即列在丙科。"僧曰"非第八人不可也。"勋不得已许之。僧曰:"与贫僧一文书来。"彦枢其年及第,竟如其言。

这则记载,文笔生动,情节曲折,对了解晚唐科举制的弊端很有价值。从这里我们可以看出这样几点:第一,名义上是礼部侍郎裴坦知举,实际上他的两个儿子对榜上之名次,在放榜前已日议于私室。第二,这两个儿子又交结权党,"所与者不过权豪子弟"。按《旧唐书》卷一七二《令狐滈传》载裴坦于大中十四年(860)知举时,"登第者三十人……皆名臣子弟,言无实才"。《册府元龟》卷六五一《贡举部·谬滥》也说:"时举子尤盛,进士过千人,然中第者皆衣冠之子……皆以门阀取之,唯陈河一人孤贫负艺,第于榜末。"可见《玉泉子》的记载是确实的。第三,翁彦枢向僧人表示希望以第八人及第。僧人要挟裴坦二子,后翁果以第八人及第,翁彦枢能如此,则其他权豪请托者更可想而知。

　　上面所说裴坦之事是知举者的儿子交结权贵、把持选士权,像沈询则又是知举者的母亲过问取舍进退,使其同宗登第的另一类例子,唐代掌举者的不正之风真是无奇不有的。据范摅《云溪友议》卷下载,沈询于宣宗大中九年(855)知礼部试,将要放榜,他的母亲问他说:"吾见近日崔、李侍郎,皆与宗盟及第,似无一家之谤。汝叨此事,家门之庆也。于诸叶中拟放谁也?"沈询回答道:"当是先要考虑沈光了。"不料却遭到其母的反对,说是沈光早有声价,沈擢名声也不低,这二人的科名,你就不必多虑了;我看沈儋较为孤单,不大为人所知,你如不见怜,还有谁会同情他呢?沈询不敢违抗母命,遂放沈儋及第。此处所记也极为有趣,知举者放榜前,可以自由回家,其母可以与之讨论何人可收,何人不可收,均非后世所能想象的。沈询的母亲说"近日崔、李侍郎,皆与宗盟及第",可见中晚唐时,知举者利用职权,使其宗族亲党通过科举进入仕途,已是极普遍的现象了。

　　正因为知举者对举子的留放进退有很大的决定权,加之唐代又允许举子可以在试前进行种种交际活动,试卷又不糊名,那么某些举子能否及第,就带有极大的偶然性。这里不妨也举两个例子。据《太平广记》卷一八〇引《逸史》,说有一个叫牛锡庶的士人,累举不第,困居长安。德宗贞元元年(785),八月间,一日闲游过萧昕宅前,这时正值萧昕也赋闲,出门将游南园。锡庶见到萧昕,即上前通候,递上所作诗文卷子。萧昕独居,正想与宾客聊天解闷,一见锡庶如此,自是高兴,谈话间又称赞锡庶所作的文卷,就问道:"外间议论以何人当知举?"牛锡庶为了讨他喜欢,随口应道:"您老至公为心,必定再出来掌举的。"萧昕说:"这倒是不会的了。不过,若果真如此,你就是状元。"锡庶起身拜谢,还未坐定,就听得驰马传呼,命萧昕知举。锡庶一听,马上又再拜道:"尚书适已赐许,皇天后土,实闻斯言。"萧昕就说一定一定。明年,牛锡庶果以第一名登进士第①。再一个例子是刘太真的。据《唐摭言》卷八《误放》条记载,江东人包谊,赴京应考,一日游长安佛寺,唐突了中书舍人刘太真。刘太真恼恨在心,明年春试时,牢记包谊的名字,存心不让他登第,杂文一场就将包谊落了,想再等到三场完毕,就把他打发走。后来又想,这小子既冒犯了我,我如因此报复,不免为人讥笑,只要做到不让他出头,何必场场落他。于是在策文一场,把包谊收了。待到放榜,按照惯例,先将录取者的姓名到宰相府第呈阅。太真所定榜中有一姓朱的,而这时刚好朱泚之乱刚刚平定,宰相怕触犯德宗忌讳,不拟在新进士中有姓朱的人,就急忙叫刘太真另换一人。刘太真没有思想准备,遑遽间出门,不记他人,脑中只记得包谊的名字,别无他法,就把包谊换了这一姓朱的了。

这两个故事都是可以归入笑林之列的。如果吴敬梓生在唐朝,这些都是他写讽刺小说的极好材料。用不着多加分析,读者自可从记述中看到,当时儒林中的一些人物,是多么的可笑和浅薄,而作为取士盛举的科试又衍变为如此的荒诞不经,这确是后世所不可想象的。

有关唐代知贡举的记载,有的则夸张得太厉害,恐怕是不可靠的,如《唐摭言》卷八《自放状头》所记尹枢事就是如此:

> 杜黄门第一榜,尹枢为状头。先是杜公主文,志在公选,

---

① 此事又略见《唐摭言》卷八《遭遇》。

知与无预评品者。第三场庭参之际，公谓诸生曰："主上误听薄劣，俾为社稷求栋梁，诸学生皆一时英俊，奈无人相救！"时入策五百余人，相顾而已。枢年七十余，独趋进曰："未谕侍郎尊旨。"公曰："未有榜帖。"对曰："枢不才。"公欣然延之，从容因命卷帘，授以纸笔。枢援毫斯须而就。每札一人，则抗声斥其姓名；自始至末，列庭闻之，咨嗟叹其公道者一口。然后长跪授之，唯空其元而已。公览读致谢讫，乃以状元为请。枢曰："状元非老夫不可。"公大奇之，因命笔亲自札之。

这里写杜黄裳知举时（德宗贞元七年），苦于无法定取舍，乃集合众举子，要求举子中有人出来代替他决定进士及第的名单。按唐代虽有通榜或者通关节等等情事，但大多是背后私下进行，断无知贡举者不顾身份，作此种举动的。又写尹枢种种情态，类于小丑，既定他人等第，又自定状元，这种情况是不可能发生的。这年进士登第者也有名人，如令狐楚、萧俛、薛放等，都以才学名世，不可能设想他们是因尹枢在试场走笔而定的。大历时诗人卢纶有《送尹枢令狐楚及第后归觐》诗（《全唐诗》卷二七六），说："佳人比香草，君子即芳兰。宝器金罍重，清音玉佩寒。贡文齐受宠，献礼两承欢。鞍马并汾地，争迎陆与潘。"以尹枢、令狐楚比喻陆机与潘岳，对他们的文采是相当推重的。这些，都使我们怀疑《唐摭言》所载的可靠性。清人赵翼也对此事持否定态度，其所著《陔余丛考》卷二九《填榜》条说："填榜何患无人，乃令举子自书，恐唐制亦未必如此，《摭言》所云未可信也。"赵翼虽未讲明理由，但他的怀疑是有道理的。

中晚唐时，强镇擅命，宦官专权，也影响科举试的取舍进退。这些，拟在后面的有关章节中叙述科场的腐败现象时再作介绍。

# 四

正因为知举者握有取舍的大权,举子就在试前向知举者投诗献文,希望博得知举者的青睐,而一旦登第,就对知举者感恩终生。就在这种历史背景下产生了唐代科举制所特有的座主与门生的关系,所谓"南宫主文为座主","登第进士为门生"①。这种座主与门生的关系,是从两汉察举制度遗留下来的。王夫之曾说汉之孝廉,"于所举之公卿州将,皆生不敢与齿,而死服三年之丧"(《宋论》卷一)。在王夫之之前,明代的沈德符在《万历野获编》卷一四中也说到:"座主、门生之谊,自唐而重,然汉时州牧之察孝秀,三公之辟寮属,至有以死相报者,其酬知己之恩,固不下于唐也。"(《科场·霍渭厓不认座师》条)无论两汉的察举制,还是唐代的科举制,这种座主与门生的关系乃是一种利害相结的很深的封建关系。如柳宗元在《与顾十郎书》中所说:

> 凡号门生而不知恩之所自者,非人也。(《柳宗元集》卷三〇)

柳宗元的这种表述是相当有代表性的。这是一种社会意识。也可以说是当时客观存在着的官僚关系在人们意识中的反映。这一点,崔群的例子是很能说明问题的。崔群在中唐时被誉为贤士,韩愈曾盛加赞誉,说他"考之言行而无瑕尤,窥之阃奥而不见畛域,明白淳粹,辉光日新"(见《昌黎先生集》卷一七《与崔群

---

① 见华镇《云溪居士集》卷二四《上门下许侍郎书》。

书》)。但就是这么一位贤明之士,对唐代社会中的座主与门生关系的论述却表露出相当世俗的看法。《独异志》卷下载:"唐崔群为相,清名甚重。元和中自中书舍人知贡举。既罢,夫人李氏因暇日尝劝其树庄田以为子孙之计,笑答曰:'余有三十所美庄良田遍天下,夫人复何忧?'夫人曰:'不闻君有此业。'群曰:'吾前岁放春榜三十人,岂非良田耶?'"钱易的《南部新书》已卷也载:"崔群是贞元八年陆贽门生,群元和十年典贡,放三十人,而黜陆简礼。时群夫人李氏谓之曰:'君子弟成长,合置庄园乎?'对曰:'今年已置三十所矣。'夫人曰:'陆氏门生知礼,陆氏子无一得事者,是陆氏一庄荒矣。'群无以对。"这里对崔群不无讥嘲,但崔群把门生比喻为庄园,在唐代却是极为贴切,极易为时人所接受的。知举者选拔举子及第为赐恩,则举子日后当然要报恩,否则就是柳宗元所指斥的,为"非人也"。《独异志》与《南部新书》对崔群的讥嘲,也就是说他忘恩,这对唐代的士君子来说,是一种很厉害的舆论指责。

唐代的这种座主与门生的关系,发展成一种新的官僚势力互相依存与接合的关系。如《旧唐书》卷一五八《郑从谠传》,郑从谠于武宗会昌二年(842)登进士第,后释褐为秘书省校书郎,历任拾遗、补阙、尚书郎、知制诰等职。宣宗时,宰相令狐绹、魏扶,都是从谠父亲郑浣知贡举时门生,遂"为之延誉,寻迁中书舍人"。这是门生做了大官后,帮助座主的儿子升迁——这就是一种报恩。又如权德舆,文章还算写得典实,但政治才能实在平庸得很,但因为他在德宗贞元末连典了三年贡举,所拔之士于宪宗时做大官的甚多,他也就此官运亨通,平平稳稳做了几年宰相。杨嗣复为其文集作序,其中就说:"及为礼部侍郎,擢进士第者七十有余,鸾凤杞梓,举集其门,登辅相之位者,前后凡十人,其他征镇岳牧文昌掖垣之选,不可悉数。"(《全唐文》卷六一一《丞相礼部尚书文公权德舆文集序》)这就是自从中唐时兴起来的座主与门生之间,以及同年之间,因利害相关形成的新的官僚网。

门生不但要为座主及座主之子安排美仕,还要为座主讳。前面说过,刘太真知举时,交结权贵,所收多"宰执姻族,方镇子弟",又好恶任情,漫无准的(如对包谊),但裴度由于是刘太真的门生,在所作《刘府君神道碑铭》中,却说到太真知举时,"秉公心而排群议,履正道而杜私门"(《全唐文》卷五三八),完全把事实颠倒了。裴度为一代人望,尚且如此,则自邻而下,也就可想而知了。

唐代的这种座主与门生的关系,被后人批评为"受命公朝,拜恩私室"(见《文献通考》卷三〇《选举考》三)。最容易结成朋党关系(清顾炎武《日知录》卷一七《座主门生》条说:"贡举之士,以有司为座主,而自称门生,自中唐以后,遂有朋党之祸")。北宋人华镇对此曾予以激烈的抨击:

> 某尝谓李唐设科举以网罗天下英雄豪杰,三百年间,号为得人者,莫盛于进士。当是时谓南宫主文为座主,谓登第进士为门生,上之人荣得士之明,下之人怀藻鉴之德,扬揄品目,至于终身,敦尚恩纪,子孙不替。方其盛时,为官抡才,志在公议,不遗分契,趋于笃厚,得君子之高谊,成风俗之佳事,斯可尚矣。厥后事变,弊沿法生,扇奔竞之风,开请托之路,善谋者冒耻以苟得,恬淡者抱屈而陆沉。公道既沦,私分亦薄,徒习故事,浸成佻浮,故有受命公朝、拜恩私室之论,有识之士,以为不然而病之。(《云溪居士集》卷二四《上门下许侍郎书》)

到了北宋，随着封建专制主义中央集权的加强，唐代知贡举中的所谓公荐及座主门生的关系，都被严令禁止。《文献通考》卷三〇《选举考》三载："太祖皇帝建隆三年（962）……故事，知举官将赴贡院，台阁近臣得荐所知进士之负才艺者，号曰公荐。上虑其因缘挟私，诏禁之。"①也在同年九月一日下诏："国家悬科取士，为官择人，既擢第于公朝，宁谢恩于私室？将惩薄俗，宜举明文。今后及第举人不得辄拜知举官子孙弟侄。如违，御史台弹奏。……兼不得呼春官为恩门、师门，亦不得自称门生。"（《宋会要辑稿·选举》三之一）在这之后，北宋政府就进一步创立殿试制度，企图通过制度的厘革，把选士权掌握在皇帝的手中，从而划除门生为座主报恩的基础。

唐代的这种座主与门生的关系，在诗歌中也有所表现。如《唐诗纪事》卷四一载施肩吾于元和十年（815）应举时，有《上礼部侍郎陈情》诗："九重城里无亲识，八百人中独姓施。弱羽飞时攒箭险，蹇驴行处薄冰危。晴天欲照盆难反，贫女如花镜不知。却向从来受恩地，再求青律变寒枝。"登第后感恩陈辞，中晚唐时更屡见，如中晚唐之交与许棠、张蠙结为诗友的喻坦之，有《陈情献中丞》诗（《全唐诗》卷七一三）：

孤拙竟何营，徒希折桂名。始终谁肯荐，得失自难明。贡乏雄文献，归无瘠土耕。沧江长发梦，紫陌久惭行。意纵求知切，才惟惧鉴精。五言非琢玉，十载看迁莺。取进心甘钝，伤嗟骨每惊。尘襟痕积泪，客鬓白新茎。顾盼身堪教，吹嘘羽觉生。依门情转切，荷德力须倾。奖善犹怜贡，垂恩必

①又见《宋史》卷一五五《选举志》一《科目》。

不轻。从兹便提挈，云路自生荣。

杜荀鹤《辞座主侍郎》(《唐风集》卷上)：

    一饭尚怀感，况攀高桂枝。此恩无报处，故国远归时。只恐兵戈隔，再趋门馆迟。茅堂拜亲后，特地泪双垂。

周匡物《及第后谢座主》(《全唐诗》卷四九〇)：

    一从东越入西秦，十度闻莺不见春。试向昆山投瓦砾，便容灵沼濯埃尘。悲欢暗负风云力，感激潜生草木身。中夜自将形影语，古来吞炭是何人。

这些诗，虽然也不免感德报恩的俗套，但诗的作者都是所谓孤贫艺能之士(真正有权势能影响知举者视听的，是不屑也不必写这种诗的)，他们在感叹自己的失意、希冀知举的汲引之余，还能写出现实社会的某些不平和寒士的坎坷经历，也还是有一定的现实意义的。

# 第十章 进士行卷与纳卷

一

唐代举子的行卷风尚，唐宋时人的著作中曾有所记载，近代学者如陈寅恪、冯沅君等诸位先生在他们的著述中，也曾有所涉及。但真正将唐代行卷作专门的探讨，并且把行卷的风气与文学的发展联系起来加以研究的，是程千帆先生的专著《唐代进士行卷与文学》一书(上海古籍出版社 1980 年 8 月出版)。程先生的这本书字数不算太多(六万余字)，但相当精粹。这是近些年来唐代文学研究和唐代科举史研究的极有科学价值的著作，它的出版使这些领域的研究得以向前扩展了一大步。程先生由唐代进士试的特点，考察了唐代进士行卷风气的形成，以及这种风气对当时的诗歌、古文和传奇小说的创作所起的积极的作用。书中对进士行卷的风尚给予文学的作用是否有估计过高之处，还可以进一步讨论，但这种研究方法是可以开阔人的视野，给人以启发的。

程先生的著作中把投行卷和纳省卷做了区分。书中说："所谓行卷，就是应试的举子将自己的文学创作加以编辑，写成卷轴，在考试以前送呈当时在社会上、政治上和文坛上有地位的人,请求他们向主司即主持考试的礼部侍郎推荐,从而增加自己及第的希望的一种手段。"(第 3 页)而纳省卷则是:"进士到礼部应试(即所谓省试,礼部属尚书省)之前,除了上面所谈的要向有地位的人投行卷之外,还要向主司官纳省卷。"(第 718 页)这就是说,省卷是举子在考试前,按规定向礼部交纳的,也可以说是正式考试前的一次预试;行卷则是投向礼部以外社会上有名望的人,是举子通过个人交往请求他们给以揄扬和推荐,以影响主司的视听。把这两者加以区别,可以改正过去某些含混不清的记载①。书中并进而指出,不论纳省卷与投行卷,都是与进士科相联系,因为当时科举考试实行不糊名制,可以通榜,而进士科考试又重在文词,这就使省卷、行卷具有可能,也有了必要。做这种区分,可以改正宋人赵彦卫《云麓漫钞》中含混不清的记述。《云麓漫钞》卷八说:

> 唐之举人,先借当世显人以姓名达之主司,然后以所业

---

①程先生把省卷与行卷作了原则上的区别,使立论更加稳实,叙述更加清晰。但书中有的地方在具体叙述中使人感到似乎又将二者混淆,如书中第 18 页的小注②,说:"唐代进士行卷,有向礼部衙门投纳省卷(公卷)及向当世显人投献行卷两种。"又说:"行卷之称,自然也可包括投纳省卷在内。"按照这里的论述,则行卷又包括省卷在内,与书中其他处所述不合。又如第 34—35 页论皮日休的《文薮》,说《文薮》是行卷之作。实际上皮日休在《〈文薮〉序》中说自己由于应举不第,乃退而"编次其文,复将贡于有司"。"贡于有司"就是纳文卷于礼部。皮日休在序中还以元结的《文编》作比喻,说"比见元次山纳《文编》于有司",这"有司"也指的是礼部,程先生在书中已正确地指出元结《文编》是作为省卷向礼部交纳的。又如书中第 51—52 页把李观《帖经日上侍郎书》中所说的向主司呈献的"十首之文",也说成是行卷之作,似也还可商榷。

投献。逾数日又投,谓之温卷。如《幽怪录》、《传奇》等皆是
也。盖此等文备众体,可以见史才、诗笔、议论。至进士则多
以诗为贽,今有唐诗数百种行于世者,是也。

这条材料曾为许多研究者所引用,用以说明唐人以写作传奇小说
作为行卷向当世显人投献。但《云麓漫钞》"既没有将举子们纳省
卷与投行卷这两种不同的事实区别开来"(《唐代进士行卷与文
学》第7页),"而据《云麓漫钞》语意,似乎无论什么科的举子,都
曾以传奇小说来行卷,惟独进士才多以诗行卷,这也和现存其他
文献所提供的事实不合"(同书第9页)。

　　又如关于唐代科举与文学的关系,过去似乎也有两种对立的
说法,一种以宋严羽的《沧浪诗话》为代表,说:"唐以诗取士,故多
专门之学,我朝之诗所以不及也。"认为唐代以诗取士,促进了唐
诗的繁荣,古人有此说,今人也有此说。对立的意见,如郭绍虞先
生《沧浪诗话校释》所引的王世贞《艺苑卮言》、杨慎《升庵诗话》
等,认为唐人省题诗很少佳者,而凡传世之作,则并非省题诗(现
代有些研究论文,有更进一步认为唐代以诗取士对唐代诗歌创作
起了坏作用的)。程先生认为这两种说法都有可议之处,书中说:
"既然是以诗取士,诗成了取士的必要手段,则这种手段归根到底
也不能不既为应进士举的人开拓道路,也同时为应进士举所必要
作的诗本身开拓道路,无论这道路是好的还是坏的。"(第47页)
这样的论述是较为通达的。

　　程先生逐节考察了行卷对唐代诗歌、古文运动和传奇小说所
起的作用,在最后一节中说:"进士科举,则又是唐代科举制度中
最重要的组成部分。它主要是以文词优劣来决定举子的去取。
这样,就不能不直接对文学发生作用。这种作用,应当一分为二,

如果就它以甲赋、律诗为正式的考试内容来考察，那基本上只能算是促退的；而如果就进士科举以文词为主要考试内容因而派生的行卷这种特殊风尚来考察，就无可否认，无论是从整个唐代文学发展的契机来说，或者是从诗歌、古文、传奇任何一种文学样式来说，都起过一定程度的促进作用。这就是本书的一个极其简单的结论。"（第88页）说这是"一个极其简单的结论"，是作者的谦逊，因为凡是读过这本专著的人都会感觉到，这一结论，是从许多新发现的、令人感兴趣的材料和书中多方面的论证相结合得出来的，有着丰富的内蕴。

我在这里直接引录了《唐代进士行卷与文学》一书中的好几段原文，意在向读者介绍程先生在书中发挥的有价值的见解，同时也标明本章的论述即得之于这些见解的启发。这里拟在程先生已经论述的基础上，做一些补充，就进士举子纳省卷和投行卷的一些基本情况，尽可能补充一些例证，并力求使叙述稍稍平实；至于行卷风尚与文学的关系，程先生论之已详，且本书其他章节对整个唐代科举制度与文学的关系已有所说明，在这一章中就不做专门的分析了。


## 二

纳省卷始于何时，文献中没有明确的记载。《旧唐书》卷九二《韦陟传》载：

> 曩者主司取与，皆以一场之善，登其科目，不尽其才。陟先责旧文，仍令举人自通所工诗笔，先试一日，知其所长，然

后依常式考核,片善无遗,美声盈路①。

程千帆先生《唐代进士行卷与文学》也曾引此条,并说:"韦陟以礼部侍郎知贡举,事在天宝元年(742)(注谓据徐松《登科记考》卷九)。纳省卷的风尚可能即由此而形成。"(第819页)按据《旧唐书》本传所载,陟为韦安石子,系关中著名望族,他与当时文士如王维、崔颢、卢象等相交往,本人又喜欢文词。他在知贡举时,先命举子于考试前先交纳旧日所作诗文,以观其所长,在这以前,还未有类似的记载。因此程先生说纳省卷的风尚可能即由此而形成,应当说是大致符合实际的。不过在韦陟当时只不过偶一为之,并不是礼部试的一项规定,至元结于天宝十二载(753)举进士时纳省卷,则是礼部试进士的一项正式规定了。元结《文编序》说:

> 天宝十二年,漫叟以进士获荐,名在礼部,会有司考校旧文,作《文编》纳于有司。当时叟方年少,在显名迹,切耻时人谄邪以取进,奸乱以致身,径欲填陷阱于方正之路,推时人于礼让之庭。……是以所为之文,可戒可劝,可安可顺。侍郎杨公见《文编》,叹曰:"以上第污元子耳,有司得元子是赖。"……明年,有司于都堂策问群士,叟竟在上第。(孙望点校《元次山集》卷一〇)

从这段文字中我们可以考知几点:第一,当时举子交纳文卷,乃出

---

① 此又见《册府元龟》卷六五一《贡举部·清正》:"韦陟为礼部侍郎,好接后辈,尤鉴于文,虽词人后生,靡不谙练。曩者主司取与,皆以一场之善,登其科目,不尽其才,陟先责旧文,仍令举人自通所工诗笔,先试一日,知其所长,然后依常式考覆,片善无遗,美声盈路。"

于礼部的要求，是一项规定，所以说"有司考校旧文"，并非像行卷那样由举子出于主动，选择适当对象，投呈所作。第二，元结于天宝十二载赴举，并以《文编》作为省卷投纳于礼部，"明年，有司于都堂策问群士，叟竟在上第"。由此可知，纳省卷一般当是在考试前一年的冬天（当然也有在考试当年正、二月的，即在试期之前）。李观《帖经日上侍郎书》（《全唐文》卷五三三），也说到："十首之文，去冬之所献也。"李观应进士考试是在春日，投纳省卷则是"去冬"。第三，所投省卷文词之好坏，能否为主司所看中，是第二年能否及第的重要因素。元结自己说他的《文编》为礼部侍郎杨浚所赞许，第二年"竟在上第"。李商隐《容州经略使元结文集后序》也说："见取于公浚阳公，始得进上第。"（《樊南文集详注》卷七）皮日休《文薮序》又再一次特地提到："比见元次山纳《文编》于有司，侍郎杨公浚见《文编》，叹曰：'上第污元子耳。'"（《文薮》卷首）可见元结以《文编》作为省卷交纳，获得知贡举杨浚的称赏，与第二年进士及第，有直接的关系。第四，孙望先生《元次山年谱》说元结的《文编》凡再辑，第一次辑成于天宝十二载，"是后以迄于大历二年，又复次第新作，合于旧编，凡二百三首，总名曰《文编》"①。《新唐书》卷六〇《艺文志》四集录别集类载"元结《文编》十卷"，可见分量是不小的。天宝十二载向礼部交纳的一次，大约不到十卷，但据元结自序说"所为之文，可戒可劝，可安可顺"，则已有相当的篇幅。

由上面引述的韦陟与元结的例子，可以推断，举子纳省卷作为一项制度，当是在天宝元年至十二年之间形成的。以后则凡举子应进士试，例须投纳。所以李商隐在《与陶进士书》中说到来京

①中华书局上海编辑所1962年8月版第23页。

师后,累年应举,都未得第,"时独令狐补阙最相厚,岁岁为写出旧文纳贡院"(《樊南文集详注》卷八)。可知李商隐应进士试,虽然好几年都未考中,但每年还是照例要向贡院纳文卷。明人胡震亨《唐音癸签》卷一八《诂笺》三《进士科故实》条,说:"举子麻衣通刺,称乡贡。由户部关礼部,各投公卷。"就是这个意思。

元结与李商隐在谈到省卷时,都说是"旧文"。"旧文"是一种泛称,简单说来就是旧日所作。李商隐说"岁岁为写出旧文纳贡院",这岁岁所写当然不可能都是每年新作,当是逐年把自认为是佳作的加以编次抄写,是逐年积累的。这些旧文,又备多种体裁,李观《帖经日上侍郎书》中说:

> 十首之文,去冬之所献也,有《安边书》、《汉祖斩白蛇剑赞》、《报弟书》、《邠宁庆三州飨军记》、《谒文宣王庙文》、《大夫种碑》、《项籍碑》、《请修大学书》、《吊韩弇没胡中文》等作,上不圂古,下不附今,直以意到为辞,辞讫成章。中最逐情者,有《报弟书》一篇。不知侍郎尝览之邪? 未尝览之邪?

李观这封书是上给礼部侍郎的。从李观的介绍中,可知他这次交纳的省卷,是十篇文,没有诗作,这与李观长于为文而短于作诗相合,由此也可知举子交纳旧文时当是有所选择,把自己擅长的文体送交。李观的十篇之文,有书启,有赞文,有记、碑、吊文,也是中唐时的古文名作。

皮日休《文薮序》说:

> 咸通丙戌中,日休射策不上第,退归州东别墅,编次其文,将贡于有司,发箧丛萃,繁如薮泽,因名其书曰《文薮》焉。比见元次山纳《文编》于有司,侍郎杨公浚见《文编》,叹曰:

"上第污元子耳。"斯文也,不敢希杨公之叹,希当时作者一知耳。赋者古诗之流也,伤前王太佚,作《忧赋》;虑民道难济,作《河桥赋》;念下情不达,作《霍山赋》;悯寒士道壅,作《桃花赋》。《离骚》者文之菁英也,伤于宏奥,今也不显《离骚》,作《九讽》。文贵穷理,理贵原情,作《十原》。太乐既亡,至音不嗣,作《补周礼》、《九夏歌》。两汉庸儒,贱我《左氏春秋》,作《春秋决疑》。其余碑铭赞颂论议书序,皆上剥远非,下补近失,非空言也,较其道,可在古人之后矣。古风诗,编之文末,俾视之粗俊于口也,亦由食鱼遇鲭,持肉偶膴。《皮子世录》,著之于后,亦《太史公自序》之意也。凡二百篇,为十卷,览者无诮焉。

从这篇序文中,可见《文薮》一书已包括皮日休一生所作的主要作品。据萧涤非先生校订的《皮子文薮》前言所考,根据《北梦琐言》卷二所载,在编定《文薮》的第二年,即咸通八年(867),皮日休进士及第。《文薮序》中说"编次其文,将贡于有司",可见这《文薮》也是作为省卷向礼部交纳的。其数量竟有十卷、二百篇之多。皮日休于第二年及第,恐怕与《文薮》之呈献有一定的关系。从自序的介绍,可见有赋、诗及骚体等杂文,还包括碑、铭、赞、论、书、序。我们还可以注意到无论是元结的《文编》,还是皮日休的《文薮》,虽然说是文备众体,但在内容上仍有一个共同点,即作者认为所作是有补于世道的,并非徒托空言,因此说"可戒可劝,可安可顺",所谓"上剥远非,下补近失"。李观所献的十文,作者自认为是"上不罔古,下不附今"的匡时正俗之作。从这点出发,就可以理解传奇小说作家李复言为什么因纳《纂异》而被斥落了。钱易《南部新书》甲卷载:

　　　　李景让典贡年,有李复言者,纳省卷,有《纂异》一部十
　　卷。榜出曰:"事非经济,动涉虚妄,其所纳仰贡院驱使官却
　　还。"复言因此罢举。

李景让于文宗开成五年(840)知贡举(见《登科记考》卷二七)。
研究者有认为《纂异》即今传李复言的《续玄怪录》,是唐人的传
奇小说。礼部表示不接受《纂异》作为省卷,说是"事非经济,动涉
虚妄",而作者李复言竟因此而未能得第,可见唐代对省卷内容的
要求是比较严格的,这就是要求它所记述的必须有关于"经济",
而不能允许虚妄怪诞之作送呈①。这就不如行卷那样有较多的自
由了。

　　晚唐五代对省卷更有一些明确的限定。如《唐摭言》卷九《四
凶》记载道:

　　　　刘子振,蒲人也,颇富学业,而不知大体。……居守刘公
　　主文岁,患举子纳卷繁多,榜云纳卷不得过三轴。子振纳四
　　十轴,因之大掇凶誉。子振非不自知,盖不能抑压耳。(又卷
　　一二《自负》六载云:刘允章侍郎主文年,榜南院曰:"进士纳
　　卷,不得过三轴。"刘子振闻之,故纳四十轴。)

《南部新书》乙卷载:"咸通九年(868),刘允章放榜后,奏新进士

──────────

①按《唐诗纪事》卷七一《沈彬》条云:"彬字子文,高安人也。天才狂逸,好神
　仙之事。少孤,西游以三举为约。尝梦著锦衣,贴月而飞,识者言虽有虚
　名,不入月矣。洪州解至长安,初举,纳省卷《梦仙谣》云:'玉殿大开从客
　入,金桃烂熟没人偷。风惊宝扇频翻翅,龙误金鞭忽转头。'"沈彬的这首
　《梦仙谣》,想象是很奇突的,这与他的为人"狂逸"相一致,但此诗仍可作
　为省卷投纳而未受斥出,那是因为诗中所写虽然无关于政教世道,但也不
　像《续玄怪录》那样写怪异妖鬼的故事情节。

春关前,择日谒谢先师,皆服青襟介帻,有洙泗之风焉。"则刘允章应是咸通九年(868)知举(又可参《登科记考》卷二三)。刘允章限定省卷不得过三轴,是由于在这之前"举子纳卷繁多",而举子刘子振却又故意纳四十卷,可见省卷卷轴的繁多已是一时的风尚。

窦仪《条陈贡举事例奏》(《全唐文》卷八六二)说:

> 其进士请今后省卷限纳五卷已上,于中须有诗、赋、论各一卷,余外杂文歌篇并许同纳,只不得有神道碑、志文之类。

据《文献通考》卷三〇《选举考》三,这是五代时周世宗显德二年(955)五月,窦仪为礼部侍郎知贡举时所奏陈。李景让是限定在三卷以下,窦仪则规定须在五卷以上,并且规定其中三卷须是诗、赋、论,其他则为杂文、歌篇,这是可以理解的,但规定不许有神道碑、墓志文,则又不知何故。观前所引李观、皮日休等所述,也确实没有这一类的体裁,可能碑志等文,一来字数多,篇幅长,二来大多有固定程式,流于刻板,且内容也大多陈陈相因,看不出文采特色,故例行不纳。

《太平广记》卷一五五《李固言》条引《蒲录记传》,记李固言应进士试事云:

> 是岁元和七年,许孟容以兵部侍郎知举。固言访中表间人在场屋之近事者,问以求知游谒之所(原注:未详姓氏),斯人且以固言文章甚有声称,必取甲科,因绐之曰:"吾子须首谒主文,仍要求见。"固言不知其误之,则以所业径谒孟容。孟容见其著述甚丽,乃密令从者延之,谓曰:"举人不合相见,必有嫉才者。"使诘之,固言遂以实对。孟容许第固言于榜

首,而落其教者姓名,乃遣秘焉。

《唐代进士行卷与文学》页二十二引此,并说:"这条资料说明,举子是不可以私下向主试官直接行卷的(向礼部衙门公开投纳省卷当然不在此限),而是必须通过显人的推荐,才能使主司注意他以至于录取他。"程先生引录这条材料,以说明唐代举子纳卷时须有避忌之处,这是很对的,但这里说"举子是不可以私下向主试官直接行卷",语意似稍嫌含混。从这一条材料中,可以看出,举子向主司投文是可以的,但私下相见是不能允许的。正因如此,所以欺骗李固言的人叫他"首谒主文",重点在"仍要求见",而许孟容看了李固言献纳的文章,甚为赞赏,遂许诺他为这一榜的状元。

这里不妨举一个旁证。据徐松《登科记考》卷二二,卢肇是武宗会昌三年(843)进士状头,这年知贡举者是王起。王起这时官为尚书左仆射、判太常卿事。卢肇有《上王仆射书》(《全唐文》卷七六八),即是呈献给王起的。书中先说自己"本孤贱,生江湖间","及来辇下,再试皆黜";后说"今乃不意遇圣君贤相以仆射为日月照临,多士莫不屏气摄息"。又说"某于此时,若不得循墙以窥,则是终身无窃望之分也",于是"献拙赋一首,尘冒尊严,无任悸栗之至"。显然,这封书信是写在王起已被任命为知贡举之后,进士的正式考试之前,卢肇以举子的身份,向知贡举者上书,并献赋一篇。卢肇在这里不但不稍避嫌,而且以显然过分夸大的言辞称颂王起,说:"度天下之德,莫重于仆射;计天下之学,莫深于仆射;观天下文章,莫富于仆射。"由此看来,举子于试前直接向主司投文并上书,似并不需要避忌的。

在唐代,还有举子在考试之前直接向主司献诗的,这里不妨引录几首诗。如孟郊《上包祭酒》(华忱之校订《孟东野诗集》卷六）：

> 岳岳冠盖彦，英英文字雄。琼音独听时，尘韵固不同。春云生纸上，秋涛起胸中。时吟五君咏，再举七子风。何幸松桂侣，见知勤苦功。愿将黄鹤翅，一借飞云空。（琼按，据《旧唐书·德宗纪》，包佶于贞元二年〔786〕正月辛未以国子祭酒知礼部贡举，又可参《续玄怪录·李俊》篇载包佶贞元二年为国子祭酒。时孟郊三十六岁，尚未及第。）

施肩吾《上礼部侍郎陈情》（《全唐诗》卷四九四）：

> 九重城里无亲识，八百人中独姓施。弱羽飞时攒箭险，蹇驴行处薄冰危。晴天欲照盆难反，贫女如花镜不知。却向从来受恩地，再求青律变寒枝。（琼按，施肩吾于宪宗元和十年〔815〕登进士第。）

顾非熊《陈情上郑主司》（《全唐诗》卷五〇九）：

> 登第久无缘，归情思渺然。艺惭公道日，身贱太平年。未识笙歌乐，虚逢岁月迁。羁怀吟独苦，愁眼愧花妍。……朝乏新知己，村荒旧业田。受恩期望外，效死誓生前。愿察为裘意，彷徉和角篇。恳情今吐尽，万一冀哀怜。（琼按，《全唐诗》小传谓非熊长庆中登进士第，误，今据徐松《登科记考》卷二二，非熊登进士第在武宗会昌五年〔845〕。这年知贡举为陈商。诗题中作郑主司，或郑为陈之误，或郑主司为在此之前之另一知举者。）

这些诗，一面叙述自己无亲知旧识之强有力者为之奥援，以致久困举场,累遭不遇,一面又恳求知举者能哀怜其不幸,赏识其文才,而拔于泥涂之中,升腾于"云空"之上。可见唐代举子在试前向主司献诗陈情,是习见的现象。不但如此,如上面引述过的李观《帖经日上侍郎书》,则是考试期间向主司上书,文中说:"昨者,奉试《明水赋》、《新柳》诗。平生也,实非甚尚;是日也,颇亦极思。侍郎果不以媸夺妍,不以瑕废瑜,获邀福于一时,小子不虚也。而以帖经为本,求以过差去留,观去冬十首之文,不谋于侍郎矣,岂一赋一诗足云乎哉!"以下即叙上面引述过的"十首之文,去冬之所献也"云云。从这里可以得知,李观是在考了第一场诗赋(杂文试)后,在考第二场帖经时向主司上书的,说第一场考一赋一诗,虽非平日所尚,但还算可以,帖经则非己所长,若以此定去留,那么去冬所呈纳的十篇文章,也就徒然了。书启中再一次介绍了十篇文章的内容,希望主司能加以全面考察,不要"以媸夺妍","以瑕废瑜",以帖经的过差成绩而影响取舍。这在宋以后的科场中是绝对不能允许的,而唐代则习以为常。李观的这篇上书还可以收入文集流传于世,可见唐代的考试,比较起来,还是相当自由的。

这种以文为贽,向主司陈情的风尚,在北宋初期似还存在。如徐铉《进士廖生集序》(《徐公文集》卷二三):

> 端拱改元岁,春官庀职,俊造毕集。有廖生者惠然及门,以文十五轴为贽。观之,则博赡渊奥,清新相接。其名理则师荀、孟之流,其文词则得四杰之体。问其年则既冠矣……询其爵里,则闽方茂族。

端拱为宋太宗年号,元年为公元 988 年,距宋开国近三十年。徐铉本是南唐词臣,入宋为翰林院学士,有文名,这时又为试官,所以举子如廖生者向他投呈文卷。可以注意的是,徐铉所作的序中说廖生"惠然及门",而且徐铉又"问其年"、"询其爵里",廖生皆有答语。由此可知,五代和北宋初期或许举子还可以同试官见面。

在这以后,随着北宋时期科举制度的改革,如采用殿试制,考卷糊名、誊录,无论纳卷与行卷,都已无必要。纳卷本身也确实存在不少弊病,如《文献通考》卷三〇《选举考》三,载宋太宗时,"贡院言:昨详进士所纳公卷,多假借他人文字,或用旧卷,或为佣书人易换文本,是致考校无准"。这里说的虽是北宋初期的情况,但想来唐代(特别是晚唐)也会有这一类的现象,不过文献未载罢了。

《文献通考》接着记述道:"请自今并令举人亲自投纳,于试纸前亲书家状。如将来程试与公卷全异,及所试文字与家状书体不同,并驳放之;或假用他人文字,辨认彰露,即依例扶出,永不得赴举。"这还是在仍然沿用纳卷的情况下所做的某些改良,到宋真宗景德时,则干脆停止纳卷。《宋史》卷一五五《选举志·科目》谓:"贾昌朝言:'自唐以来,礼部采名誉,观素学,故预投公卷;今有封弥、誊录法,一切考诸试篇,则公卷可罢。'自是不复有公卷。"北宋中期人范镇在《东斋记事》卷三中也记道:

> 初举人居乡,必以文卷投贽先进。自糊名后,其礼寖衰。贾许公为御史中丞,又奏罢公卷,而士子之礼都亡矣。

这种在唐五代二三百年间成为一时风尚的投卷活动,终于随着社会的变化和科举制度的改革而在历史上消失。投卷的产生有它的一定社会条件,中国的封建社会发展到宋代,封建专制主义中央集权进一步加强,官员选拔权也进一步集中于中央的最高权力机构,同时,又不以词采为主要标准,这就使得投卷的社会条件不复存在,而科举与文学的关系也就逐步疏远。


# 三

　　现在来讲行卷。

　　《唐诗纪事》卷六五《裴说》条谓:"唐举子先投所业于公卿之门,谓之行卷。"这是最一般的说法,因而也不免疏略,如所谓举子,就没有区分进士和明经,唐代明经以下等科的举子是不必、实际上也没有行卷的。又如所谓"先投",先,当然是指科试之前,这在一般情况下是对的,但唐代有时在考试之后或放榜落第之后,也要向知己者呈献诗作(这点后面还将讲到)。

　　《南部新书》乙卷说:

　　　　长安举子,自六月已后,落第者不出京,谓之过夏,多借静坊庙院及闲宅居住,作新文章,谓之夏课。亦有十人五人醵率酒馔,请题目于知己朝达,谓之私试。七月后投献新课,并于诸州府拔解。人为语曰:"槐花黄,举子忙。"

这后几句当本之于唐李绰《秦中岁时记》:"进士下第,当年七月复献新文求拔解,故曰'槐花黄,举子忙。'"正因为是七月后所作新文,故也称秋卷。如张籍《赠贾岛》(《张籍诗集》卷四):"塞驴放饱骑将出,秋卷装成寄与谁。……姓名未上登科记,身屈惟应内史知。"又如《刘宾客嘉话录》记谓：

> 牛丞相奇章公初为诗，务奇特之语，至有"地瘦草丛短"之句。明年秋卷成，呈之，乃有"求人气色沮，凭酒意乃伸"，益加能矣。明年乃上第。

不过这里所谓的七月新课，所谓秋卷，实际上并不是进士科举人在礼部试前投呈之作，而是士子为获取京兆府或州府的荐送而向名公贵仕呈纳诗文，因此《南部新书》和《秦中岁时记》都说是求拔解。严格地说来，这是不属于行卷的范围的。因为唐代的所谓行卷，是应试的举子将自己的诗文向社会上有地位的人呈献，请求他们向主司即主持考试的礼部侍郎推荐。在这里，行卷者是州府试合格的举子，其目的是获得礼部试及格即进士登第，而求拔解则不过是获得举子资格的一种手段，二者是有区别的。

行卷，一般是指进士试而言，但有时也不限于进士试，如柳宗元《上大理崔大卿应制举不敏启》(《柳宗元集》卷三六)，就是进士登第后应制举宏词科不第时所作，陈景云《柳集点勘》谓"此启盖初试不利后作，贞元十三年也"，"更求其抚荐于再举耳"。再如韩愈《应科目时与人书》(《韩昌黎文集校注》卷三)，首句谓"月日愈再拜"，另一本作"应博学宏词前进士韩愈谨再拜上书舍人阁下"，旧注说是贞元九年(793)应博学宏词时所作。这都是应制举前投文行卷的例子。

再如韩愈《上宰相书》(《韩昌黎文集校注》卷三)，说："小子不敢自幸，其尝所著文，辄采其可者若干首，录在异卷，冀辱赐观焉。"这是韩愈进士登第后数次应宏词未中时所作，所谓"四举于礼部乃一得，三选于吏部卒无成"，于是向宰相上书，希望能赏识其文才,而荐拔于朝。这也算是一种行卷,因此《后十九日复上书》中又说:"二月十六日,前乡贡进士韩愈谨再拜言相公阁下。向上书及所著文后,待命凡十有九日,不得命。"(同上)

至于行卷的风尚始于何时,这个问题也同纳卷一样,文献上没有明确的记载。程千帆先生《唐代进士行卷与文学》对此有一个推断,书中说:

> 今传行卷故事见于唐人小说、杂记的,绝大多数出于中、晚唐。但这种风尚的兴起则必然在永隆二年进士加试杂文成为制度以后,安史之乱以前。薛用弱《集异记》所叙王维借岐王的力量行卷于公主事,显然不足据信,但这种依托,却不失为唐人认为行卷之风出现较早的旁证。(第13页)

程先生把行卷兴起的时间定在永隆二年(681)以后,安史之乱即天宝十五载(756)以前,这一推断是审慎的。本书前面论述进士考试与及第时已说过,永隆之前,进士主要考策文和帖经,那时还没有行卷的必要,永隆二年加试杂文,逐渐以文词的优劣定去取,行卷的社会条件乃渐次成熟。不过永隆二年加试杂文,至开元、天宝之际杂文以诗赋为主,还有七八十年的时间。韦陟于天宝元年知举,令举子先交纳旧文,这与行卷之风兴起的时间是大致相近的。至于《集异记》所载王维《郁轮袍》事,则主要是与张九皋争京兆府所送的解头,并非争礼部试,且唐代士人行卷的对象,虽一般为名公显宦,但还未有行于公主之第的。至于其事本身之不足据信,本书前第三章《乡贡》已有辨析,此不赘述。

在初唐文献中,确实还没有发现举子行卷的记载。陈子昂有《上薛令文章启》(《陈子昂集》卷十),说:"某启。一昨恭承显命,垂索拙文，祇奉恩荣，心魂若厉，幸甚幸甚。"又说："某闻鸿钟在听，不足论击缶之音；太牢斯烹，安可荐藜羹之味。然则文章薄伎，固弃于高贤，刀笔小能，不容于先达。"末云："某实细人，过蒙知遇，顾循微薄，何敢祇承。谨当毕力竭诚，策驽磨钝，期效忠以报德，奉知己以周旋。文章小能，何足观者。"这里的薛令为薛元超，见《旧唐书》卷七三本传①。薛元超于高宗永隆二年拜中书令，弘道元年（683）冬死。陈子昂文称薛令，则此文当作于681—683年之间。这时陈子昂已登进士第。观文中所述，当是薛元超向陈子昂索阅文章，子昂则表示谦逊不敢呈献。可见陈子昂的这封书启，并非行卷之作。

# 四

现在进而论行卷本身的一些情况。为便于说明问题起见，这里抄录白居易的《与陈给事书》（《白居易集》卷四四）作为例子，并就有关的问题作几点说明。

> 正月日，乡贡进士白居易，谨遣家僮奉书献于给事阁下。伏以给事门屏间，请谒者如林，献书者如云，多则多矣，然听其辞，一辞也，观其意，一意也。何者？率不过有望于吹嘘翦拂耳。居易则不然。今所以不请谒而奉书者，但欲贡所诚、质所疑而已，非如众士有求于吹嘘翦拂也。给事得不独为之

---

① 《旧唐书》本传载薛元超为薛收子，杨炯《盈川集》卷一〇《中书令汾阴公薛振行状》云字元超，名振，《新唐书·宰相世系表》同。参见我与张忱石、许逸民合编的《唐五代人物传记资料综合索引》。

少留意乎？……夫蕴奇挺之才，亦不自保其必胜，而一上得第者，非他也，是主司之明也。抱琐细之才，亦不自知其妄动，而十上下第者，亦非他也，是主司之明也。岂非知人易而自知难耶？伏以给事，天下文宗，当代精鉴，故不揆浅陋，敢布腹心。居易，鄙人也，上无朝廷附离之援，次无乡曲吹煦之誉；然则孰为而来哉？盖所仗者文章耳，所望者主司至公耳。今礼部高侍郎为主司，则至公矣。而居易之文章，可进也，可退也，窃不自知之，欲以进退之疑，取决于给事，给事其能舍之乎？……谨献杂文二十首，诗一百首，伏愿俯察恫诚，不遗贱小，退公之暇，赐精鉴之一加焉。可与进也，乞诸一言，小子则磨铅策蹇，骋力于进取矣；不可进也，亦乞诸一言，小子则息机敛迹，甘心于退藏矣。进退之心，交争于胸中者有日矣，幸一言以蔽之。旬日之间，敢伫报命。……居易谨再拜。

陈给事为陈京，其事迹可参见《新唐书》卷二〇〇《儒学传》，及柳宗元《唐故秘书少监陈公行状》(《柳宗元集》卷八)。按白居易德宗贞元十五年(799)秋，由宣州荐送应进士试，贞元十六年(800)春于高郢下进士及第。陈京则贞元时历任司封郎中、给事中、秘书少监，贞元二十一年(805)卒。陈京贞元十六年当在京任给事中，因此白居易称之为陈给事。从白居易的这封书启中，可以考知以下数事：

一、文章开头说："正月日。"这是写这封书信的日子，也是向陈京行卷的时间。行卷一般是在举子集中到京都后至考试前，也就是头一年冬至第二年正、二月间(即靠近试期)。这种情况在唐人诗文中累见，如杜荀鹤就有一首题为《近试投所知》(《唐风集》卷上)，从诗题就可知是接近试期时向知己者投呈所作。诗云：

"白发随梳落,吟怀说向谁。敢辞成事晚,自是出山迟。拟动如浮海,凡言似课诗。修身事知己,此外复何为。"杜荀鹤于昭宗大顺二年(891)登进士第,年已四十六岁,在此之前曾屡试不第。这当是除平时行卷以外,近试期又投之以诗,诉说自己的不遇,迫切之情可见。

二、白居易的文章接着说:"谨遣家僮奉书献于给事阁下。"又说:"伏以给事门屏间,请谒者如林,献书者如云","今所以不请谒而奉书者……"可见行卷时,举子向行卷对象可以亲自登门请谒,也可以只遣家僮前去投书献文,但按例是应当亲自前去的,白居易之所以不请谒而奉书者,有他的缘故,因此在书启中特地作了解释。这也可从有关的记载中找到旁证。如《北梦琐言》卷四说:"唐末举人,不问士行文艺,但勤于请谒,号曰精切。"这是说唐末科场风气的浮薄,有些举子不管自己的行为与文词如何,只讲究勤于请谒。另外《唐摭言》卷一五《旧话》记述行卷需要注意的种种情状,其中的一条,告诫举子要"见面少,闻名多",并说:"凡后进游历前达之门,或虑进趋揖让,偶有蹶失,则虽有烜赫之文,终负生疏之诮。故文艺既至,第要投谒庆吊及时,不必孜孜求见也。"这一记述与《北梦琐言》所说相反,但举子须到先达之门请谒则是一致的,而且《唐摭言》还说到,除投谒外,凡有庆吊,也须及时。唐末诗人黄滔在《刑部郑郎中启》中就说:"试赋一轴,谨诣宅祗候陈献。"(《唐黄御史公集》卷六)就是登门呈文。《文献通考》卷二九《选举考》二引江陵项氏语,记述举子向达官贵人投文请谒的卑微之状:

> 天下之士,什什伍伍,戴破帽,骑蹇驴,未到门百步,辄下马奉币刺再拜以谒于典客者,投其所为之文,名之曰求知己。

而像欧阳澥那样的举子，远来自闽方，朝中无权势者可以依靠，只能凭仗自己"薄有辞赋"，出入考场长达二十年。他向后来做到宰相的显宦韦昭度投文，"行卷及门，凡十余载，未尝一面，而澥庆吊不亏"（《唐摭言》卷一〇《海叙不遇》）。即使如此，欧阳澥还是没有及第，最后流落至荆汉间而死。可见贫寒士子行卷的苦况①。

三、《与陈给事书》中说到考试之前，陈京的府第"请谒者如林，献书者如云"，这些请谒、献书的士子，其目的无非是"有望于吹嘘翦拂"。这种情况，特别兴盛于中唐，也就是古文运动由酝酿到开展的时期，相互间的关系是大可研究的。在韩愈之前，曾为古文运动前驱的梁肃，就已如此。李翱《感知己赋》（《李文公集》卷一）的自序中说：

> 贞元九年，翱始就州府之贡举人事，其九月，执文章一通谒于右补阙安定梁君。是时梁君之誉塞天下，属词求进之士奉文章造梁君门下者盖无虚日。

梁肃是继独孤及之后的古文名家，也是贞元前期进士科场中有影响的人物，韩愈就是受到梁肃的推荐而得以进士登第的。李翱说

---

① 《唐摭言》卷一〇《海叙不遇》载此事道："欧阳澥者，四门（琼按，此指欧阳詹，詹曾任四门博士）之孙也。薄有辞赋，出入场中仅二十年。善和韦中令在阁下，澥即行卷及门，凡十余载，未尝一面，而澥庆吊不亏。韦公虽不言，而心念其人。中和初，公随驾至西川命相，时澥寓居汉南，公访知行止，以私书令襄帅刘巨容俾澥计偕。巨容得书大喜，待以厚礼，首荐之外，资以千余缗，复大宴于府幕。既而撰日遵路，无何，一夕心痛而卒。"又见《唐诗纪事》卷六七。查《新唐书·宰相年表》，此韦中令当系韦昭度（"中和元年〔881〕七月庚申，翰林学士承旨、兵部侍郎韦昭度本官同中书门下平章事"）。

属词求进之士"奉文章造梁君门下者盖无虚日",可与白居易所说的陈京的情况相参看;这里所说的属词求进之士,就是应进士试的举子。到了贞元、元和之际,即韩愈享有文名的时期,情况就更有所发展,如中唐时人李肇《国史补》说:"韩愈引致后进,为求科第,多有投书请益者,时人谓之韩门弟子。"(卷下)以前一般理解的所谓"韩门弟子",多是指经韩愈指点和培养的古文作者,而据李肇所记,则最初的意义乃是从科举考试而来,是那些"为求科第"的士子,向韩愈"投书请益",希求荐引,而韩愈在为之揄扬的同时,也宣传鼓吹了他的文学思想,这就形成一种派别,当时人则以"韩门弟子"目之。韩愈曾为他们鼓吹揄扬,以使他们能科试及第,如程昔范就是这样的一个例子:

> 广平程子齐昔范,未举进士日,著《程子中谟》三卷,韩文公一见大称叹。及赴举,言于主司曰:"程昔范不合在诸生之下。"当时下第,大振屈声。庾尚书承宣知贡举,程始登第,以试正字,从事泾原军。(赵璘《因话录》卷三商部下)

正因为如此,所以外地士子始到京师,就先要拜访名公巨卿,借他们的称誉而造成文名,就大有利于登科。如《唐摭言》卷六《公荐》条,记载牛僧孺最初来长安应试,刚安顿好行李,就"携所业"来拜谒当时已"名价籍甚"的韩愈和皇甫湜二人。牛僧孺所献的文章得到两位名公的称赏,韩愈、皇甫湜二人乃趁牛僧孺外出,回访其下榻之地,在门上写了"韩愈皇甫湜同访几官先辈不遇"十三个大字;于是第二天,"自(拾)遗、(补)阙而下,观者如堵","由是僧孺之名,大振天下"。《唐摭言》的这则记载,具体情节与历史事实并不相符,但它记述举子向有地位的文坛前辈投献文卷,并以此造成名声,却是写得十分生动的。

类似的情况也可见之于柳宗元的文中。《柳宗元集》卷三三《答贡士沈起书》,说沈起曾于前一年向长安兴化里萧氏处投《咏怀》诗五篇,当时柳宗元在座,沈起的诗作得柳之赏识,于是沈起又直接向柳投文五十篇,柳宗元乃许诺他:"谨以所示,布露于闻人,罗列乎坐隅,使识者动目,闻者倾耳,几于万一,用以为报。"以柳宗元的文名和地位,当然也像韩愈那样,吸引了不少后辈,如他在《答贡士廖有方论文书》(《柳宗元集》卷三四)中所说:"吾在京都时,好以文宠后辈,后辈由吾文知名者,亦为不少焉。"

四、唐时以诗文行卷者,多非出身于豪门大族,他们是只能凭持自己的才艺来博取文名的一般地主阶级知识分子,即如白居易《与陈给事书》中所说的"上无朝廷附离之援,次无乡曲吹煦之誉"。而处在中晚唐进士考试竞争十分激烈时期,则即使"蕴奇挺之才,亦不自保其必胜",这就需要有社会上名望达特者为之吹嘘荐扬,行卷之风在中晚唐特别盛行,有关的记载在中晚唐时特别集中,也是这个缘故。正如黄滔《卢员外浔启》中所说:"实以从古干时之道,至今取第之由,莫不路邀鳌头,程悬骥尾,苟非先鸣汲引,哲匠发挥,纵或自强,行将安适。"(《唐黄御史公集》卷六)晚唐的另一诗人顾云,说自己乃"远派涓流,寒林一叶",朝中无强有力的奥援,在试前临近的时候,也就只有多方投启,希冀一得,所以说:"今则渐逼春期,将临试艺,弯弧乏勇,睋鹄增忧。伏以端公三翁,德服儒流,言为诂训,菱枯有术,肉骨多方。傥蒙少借余波,微回诞说,当见长房之竹,亦可为龙;则知庄叟之鱼,终能化羽。"(《投顾端公启》)此文载《全唐文》卷八一五,同卷中还有《投户部裴德符郎中启》、《投殿院韦侍御启》、《投户部郑员外启》、《投翰林刘学士启》等,都是投献之作。

举子行卷时，须对行卷之对象多加称颂，顾云《投顾端公启》是如此，白居易的《与陈给事书》也是如此，如称陈京为"天下文宗，当代精鉴"，又说"今给事鉴如水镜，言为蓍龟，邦家大事，咸取决于给事"云云。按柳宗元《唐故秘书少监陈公行状》记陈京事，称其所著文章为："公有文章若干卷，深茂古老，慕司马相如、扬雄之辞，而其诂训多《尚书》、《尔雅》之说，记事朴实，不苟悦于人，世得以传其稿。"评价有一定的分寸。至于《新唐书》本传，则对陈京后期的政绩尚有微词。由此看来，白居易的称颂之语就不无夸饰了。行卷时立言措辞之难，唐代人就已经有所论列，如刘蜕就说："临其事不能苟有待而先自请者，阁下以为难乎？赞功论美近乎谄，饰词言己近乎私；低陋摧伏近乎鼠窃，广博张引近乎不敬；钩深简尚则畏不能动乎人，偕丽相比又畏取笑乎后；情志激切谓之躁，词语连绵谓之俗。夫临其事而自言者，其难如此也。"（《刘蜕集》卷五《上礼部裴侍郎书》）这里论述行卷立言的诸种难处，应当说是从实际情况中概括出来的，所以讲得很切当，可以说是唐人的一篇《说难》了。这也可见出当时的一种风尚。

行卷时，除赞颂之词外，还须注意不得触犯对方的家讳，否则不仅得不到援引，还可能因此而受到冷遇，有终身未能登第成名的。《唐摭言》卷一一《恶分疏》就记载了这样两个事例：

> 光化中，苏拯与乡人陈涤同处。拯与考功苏郎中璞初叙宗党，璞，故奉常涤之子也。拯既执贽，寻以启事温卷，因请陈涤缄封，涤遂误书己名，璞得之大怒。拯闻之，苍黄复致书谢过。

> 文德中，刘子长出镇浙西，行次江西，时陆威侍郎犹为郎吏，亦寓于此。进士褚载缄二轴投谒，误以子长之卷面赟于

威。威览之，连有数字犯威家讳，威因拱而矍然。载错愕，白以大误，寻以长笺致谢，略曰："曹兴之图画虽精，终惭误笔；殷浩之就持太过，翻达空函。"

辛文房《唐才子传》卷十《褚载》小传还补充道："（陆）威激赏而终不能引拔，竟流落而卒。"而据《唐诗纪事》卷五九所载，则说是褚载于乾宁（894—898）中登进士第，二说不同。但即使乾宁中登第，已距文德（888）有十年之久，褚载因误触家讳而遭致如此的后果，也可见唐人避家讳的社会风气。

士子不仅在试前要投行卷，即使试后落第，也须以诗文投呈致谢，这大约是考虑到下一次的考试，还得靠人引拔。如杜荀鹤就有这样的两首诗：

> 若以名场内，谁无一轴诗。纵饶生白发，岂敢怨明时。知己虽然切，春官未必私。宁教读书眼，不有看花期。（《唐风集》卷上《下第投所知》）
> 丹霄桂有枝，未折未为迟。况是孤寒士，兼行苦涩诗。杏园人醉日，关路独归时。更卜深知意，将来拟荐谁。（《下第出关投郑拾遗》，同上）

杜荀鹤是一个贫寒的士人，亲识中无达官贵人，所谓"帝里无相识，何门迹可亲"（《唐风集》卷上《辞九江李郎中入关》），因此虽然频年投卷应试，终是累试不第；但即使如此，还是表示"岂敢怨明时"，而对京师中能为之汲引者总是尽可能的说好话，并且探问他们的口气，下一年度"将来拟荐谁"，把自己的命运寄托在达官贵人的援引上。这种心境在他的另一首《下第投所知》诗中，写得更为明白："落第愁生晓鼓初，地寒才薄欲何如。不辞更写公卿卷,却是难修骨肉书。……"(《唐风集》卷中)又如罗隐也有《出试后投所知》诗(《甲乙集》卷二)①,可见这也是当时的一种风气。

五、《与陈给事书》中说:"谨献杂文二十首,诗一百首。"这就牵涉到行卷数量的问题。举子行卷的数量,本无定则,但从中晚唐情况看来,似有日渐增益、以多为贵的趋势。白居易这里说是杂文二十首,诗一百首,已经算是多的了,但这种情况在晚唐时更有所发展。如与罗隐、贯休等唱和的诗人王贞白,在《寄郑谷》诗中说:"五百首新诗,缄封寄去时。只凭夫子鉴,不要俗人知。"(《全唐诗》卷七〇一)一下子投五百首诗,可谓多矣。又如皮日休的《皮子文薮》共十卷二百篇,这虽是省卷,但也可见出那时以多为贵的风尚。正因如此,也受到一些人的讥嘲,如《唐摭言》卷一二《自负》条载:

> 薛保逊好行巨编,自号金刚杵。大和中,贡士不下千余人,公卿之门,卷轴填委,率为阍媪脂烛之费,因之平易者曰:"若薛保逊卷,即所得倍于常矣。"

举子们寄予厚望而辛苦所作之文,想不到竟为公卿之家看门人的"脂烛之费",这大约也是始料所不及的。更有甚者,这些众多的行卷,又成为势门子弟相与戏谑的资料,如:

> (郑)光业弟兄共有一巨皮箱,凡同人投献,辞有可嗤者,即投其中,号曰苦海。昆季或从容用资戏谑,即命二仆舁"苦海"于前,人阅一编,靡不极欢而罢。

---

① 罗隐《出试后投所知》:"此去蓬壶两日程,当时消息甚分明。桃须曼倩催方熟,橘待洪崖遣始行。岛外音书应有意,眼前尘土渐无情。莫教更似西山鼠,啮破愁肠恨一生。"

行卷时,一定的数量固然重要,内容能否吸引人注意则更加重要,尤其是每年呈献,要有新作,不能老一套,老是前些年的旧作,就要受人讥笑。如《南部新书》庚卷载:

> 裴说应举,只行五言诗一卷,至来年秋复行旧卷,人有讥者,裴曰:"只此十九首苦吟,尚未有人见知,何暇别行卷哉。"咸谓知言。

裴说行卷只十九首诗,数量不算多,问题在于他在新的一年里投献的还是往年的旧作,就不免受到人们的讥笑。可见内容需要翻新,要引起人们阅读的兴趣。中晚唐时,应进士试的举子们就努力以时事中寻求新的题材,有时出现同一题材为多人传写而以之行卷的情况,如《南部新书》戊卷载:

> 武黄门之死也,裴晋公为盗所刺,隶人王义扞刃而毙,度自为文祭之。是岁进士撰王义传者三之二。

这件事情发生在宪宗元和十年(815),当时唐朝政府集中兵力征讨称兵作乱的淮西节度使吴元济,朝廷大臣中力主用兵的是宰相武元衡和御史中丞裴度。山东的淄青节度使李师道暗中与吴元济勾结,极力破坏唐朝廷的军事行动,就用阴谋手段进行暗杀活动。《通鉴》元和十年载其事的大略经过为:

> 六月癸卯,天未明,元衡入朝,出所居靖安坊东门,有贼自暗中突出射之,从者皆散走,贼执元衡马行十余步而杀之,取其颅骨而去。又入通化坊击裴度,伤其首,坠沟中,度毡帽厚,得不死;僮人王义自后抱贼大呼,贼断义臂而去。京城大骇,于是诏宰相出入,加金吾骑士张弦露刃以卫之,所过坊门

呵索其严。朝士未晓不敢出门。上或御殿久之,班犹未齐。

这是中唐时中央政府与藩镇斗争的一次突出事件。征讨淮西与淄青,朝廷中本有主战派与妥协派之争,由于发生这次暗杀事件,妥协派又一次提出弭兵的主张,幸好这次宪宗还算坚决,任命裴度为宰相,委以重任,集中政府的军力、财力,削平了淮西及山东的强藩,出现所谓元和中兴的局面。裴度的祭王义文没有传下来,但王义奋身救裴度的事却广为流传,事情发生在六月,所谓"是岁进士撰王义传者三之二",可见元和十年秋冬即有人写作王义传,而且有三分之二的进士举子写这一题材,也可见以眼前发生的时事作为行卷的内容,一定更能引起人们的兴趣和注意。

另一个例子是武宗妃孟才人的故事。张祜《孟才人叹一首》的自序说:

> 武宗皇帝疾笃,迁便殿,孟才人以歌笙获宠者,密侍其右。上目之曰:"吾当不讳,尔何为哉?"指笙囊泣曰:"请以此就缢。"上悯然。复曰:"妾尝艺歌,愿对上歌一曲,以泄其愤。"上以恳许之。乃歌一声《何满子》,气亟立殒。上令医候之。曰:"脉尚温而肠已绝。"及上崩,将徙其枢,举之愈重,议者曰:"非俟才人乎?"爰命其梓,梓及至乃举。嗟乎!才人以诚死,上以诚明,虽古之义激,无以过也。进士高璩登第年宴,传于禁伶,明年秋,贡士文多以为之目。大中三年遇高于由拳,哀话于余,聊为兴叹。

此处所叙的事情应属武宗的王贤妃,张祜把姓弄错了。《旧唐书》卷五二《后妃传》有目无文。《新唐书》卷七七《后妃传》下有《武宗贤妃王氏传》,说王氏为邯郸人,失其世(当是出身民间,没有什么门第），自幼入宫，善歌舞，武宗即位时，进号才人，得到宠幸。《新唐书》记云：

> 帝稍惑方士说，欲饵药长年，后寖不豫。才人每谓亲近曰："陛下日燎丹，言我取不死。肤泽消槁，吾独忧之。"俄而疾侵，才人侍左右，帝熟视曰："吾气奄奄，情虑耗尽，顾与汝辞。"答曰："陛下大福未艾，安语不祥？"帝曰："脱如我言，奈何？"对曰："陛下万岁后，妾得以殉。"帝不复言。及大渐，才人悉取所常贮散遗宫中，审帝已崩，即自经幄下。当时嫔媛虽常妒才人专上者，返皆义才人，为之感恸。

按武宗在位六七年间，用李德裕为相，对政治进行了一些改革，尤其是讨平泽潞的叛乱，抵御回纥的侵扰，在晚唐时期是一个较有起色的时期。宣宗本是武宗之叔，平时二人就有矛盾，宣宗一即位，即尽反李德裕的会昌之政[①]。应当说，王才人以身殉武宗，不只是报个人的恩遇，恐怕还含有皇室内部政治斗争的意味。王才人的义烈行动，为社会所传诵，因而也就作为新进士们行卷的题材，这是很自然的。张祜这一字数并不算多的诗序就已写得生动有致，士子们的行卷当更有渲染，这种新鲜的内容也当更能引起人们阅读的兴趣。

行卷时不只内容要有一定的特色，而且形式上也要讲究。卷轴要每年整治，如晚唐诗人李昌符自恃才名，久不登第，他的行卷，"常岁卷轴，怠于装修"（《北梦琐言》卷十），就不免引起人的议论。关于这方面的具体情况，我们从李商隐的《与陶进士书》

---

[①]关于宣宗与武宗的矛盾，及宣宗即位后一反会昌之政，请参阅拙著《李德裕年谱》（齐鲁书社 1984 年出版）。

（《樊南文集详注》卷八）中还可知其大略：

> 昨又垂示《东岗记》等数篇，不惟其词采奥大，不宜为冗慢无势者所窥见，且又厚纸谨字，如贡大诸侯、卿士及前达有文章积学者，何其礼甚厚而所与之甚下耶？

可见举子们向"大诸侯、卿士及前达有文章积学者"贡呈诗文，是要"厚纸谨字"的。晚唐人所作的笔记小说《玉泉子》，记邓敞有两个女儿，字写得很好，"敞之所行卷，多二女笔迹"，可见行卷不一定由本人亲自书写，但字迹一定要端正佳好。关于行卷卷轴和书写的行款格式，宋人程大昌的《演繁露》卷七《唐人行卷》条有过记叙，可资参考：

> 唐人举进士必行卷者，为缄轴，录其所著文以献主司也。其式见李义山集《新书序》（卷七），曰：治纸工率一幅以墨为边准（程大昌注：今俗呼解行也），用十六行式（程注：言一幅解为墨边十六行也），率一行不过十一字（程注：此式至本朝不用）。

## 五

上面一节中，以白居易的《与陈给事书》为例，并参证唐宋人的有关记载，对行卷的具体情况作了扼要的介绍。凡程千帆先生在《唐代进士行卷与文学》中已详细论述的，本书就不再重复，有些在程先生的书中虽也提及，但觉得还可稍作补充的，为有助于读者的研讨，就在某些方面补充了一些事例。此外，程先生的书中详细介绍了举子到长安以后的投卷活动。笔者认为，唐代举子的行卷之风不单行于京师，还盛行于外地州府，这里拟再作一些补叙。

举子在外地州府的行卷，大致有两种情况，一种是行于州府或节镇的长官，这些人握有实权，士人投书请谒，既是谋取经济上的资助，又是求得荐引，造成名声。如《唐音癸签》卷二六《谈丛》二："唐士子应举，多遍谒藩镇州郡丐脂润，至受厌薄不辞。如平曾三缄恤旅途之恨，张汾二千贯出往还之夸，鄙秽种种。至所干投行卷，半属诡辞，概出赝剿。"胡震亨在这里说的是这种风气的坏的一方面，但读书人由于经济上和仕途上的原因，必须旅食各地，这是客观上的需要，而对于某些贫寒士人来说，其间也有不得已的苦衷，不能一概加以否定。如皇甫湜《上江西李大夫书》（《皇甫持正文集》卷四）中说：

> 居蓬衣白之士，所以勤身苦心，矻矻皇皇，出其家，辞其亲，甘穷饥而乐离别者，岂有二事哉，笃守道而求知也。

这里的"笃守道"是虚语，"求知"则是实情，这就是：一为求荐引，扬名声，二为求经济上的资助，算是"居蓬衣白之士"最为现实可行的办法了。所以皇甫湜的书启中最后说："谨献旧文十首，以先面贽，干犯左右，惶惧于旌门之前。"

类似情况者还有许棠，他有《陈情献江西李常侍五首》（《全唐诗》卷六〇三），现录其中的两首如下：

> 二十二三年，游秦复滞燕。徒陪群彦后，自苦此生前。径折啼猿树，岩荒喷月泉。东堂曾受荐，垂白志犹坚。（其一）

童蒙即苦辛,未识杏园春。谩倚无为日,还成不偶人。
乡程长恨远,旅梦亦愁贫。天地虽云广,殊难寄此身。(其
三)

许棠为宣州泾县人,懿宗咸通十二年(871)登进士第,在此之前也
曾久试不第。这几首诗感叹身世,希求引拔,情见乎辞。贫寒士
人向地方节镇投诗献文,确有不得已的苦衷,如刘蜕《献南海崔尚
书书》(《刘蜕集》卷四)中所说:"蜕之生于今二十四年,虽天有
南,无可置其门,虽天有东,不得开其序;伏腊不足于糗粮,冬夏常
苦于鞿湿。"刘蜕于宣宗大中四年(850)登进士第,在此前后崔姓
任岭南节度使的有崔龟从,乃是武宗会昌四—五年(参吴廷燮《唐
方镇年表》卷四)。则刘蜕作此书启时还未及第,年二十四岁。
"虽天有南"数句,极写其穷困之状,末云:"谨贡旧投刺书一卷,以
其最近于情,杂歌诗共二卷,以其颇有逸事。伏惟周赐观览,无惮
僬笑。"

外地行卷的第二种情况是向有文名的文人学者投献,主要是
为了取得他们的指导,并因为他们在京都有种种人事关系,希望
他们为作介绍,以得到京都名人的荐引。本书在别的章节中曾论
述韩愈、柳宗元即使贬谪外地,也有士人投文请益,这里不再多
讲。刘禹锡也是如此,元和十年后刘禹锡远谪连州司马,但据刘
禹锡自己所说,向他投书请益的,多得不可记述:"予为连州,诸生
以进士书刺者,浩不可纪。"(《刘禹锡集》卷三八《送曹璩归越中
旧隐诗》)像韩、柳、刘等人,远贬在外,并无实权,但他们在社会上
有声望,在长安、洛阳有亲知,能得到他们片言之赞誉,也就可厕
身于长安的士林。这一点,白居易的《代书》一篇说得非常明白。
此文系元和十二年(817)为文士刘轲至长安应举所作,其中说:

> 轲一旦尽赍所著书及所为文,访予告行,欲举进士。予
> 方沦落江海,不足以发轲事业;又羸病无心力,不能遍致书于
> 台省故人。因援纸引笔,写胸中事授轲,且曰:子到长安,持
> 此札,为予谒集贤庾三十二补阙、翰林杜十四拾遗、金部元八
> 员外、监察牛二侍御、秘省萧正字、蓝田杨主簿兄弟。彼七八
> 君子,皆予文友,以予愚直,常信其言。苟于今不我欺,则子
> 之道,庶几光明矣。(《白居易集》卷四一)

这时白居易贬为江州司马已有三年,在上一年秋他送客浔阳江
头,有感于舟中弹琵琶的女子,写了著名的抒情长诗《琵琶行》,致
慨于远离京都,"江州司马青衫湿"。从这篇《代书》中,确实可见
他在京都有好几个知友,他为刘轲介绍的,有在集贤殿、翰林院、
尚书省、御史台、秘书省供职,以及畿县官员,差不多都是清要之
职。能得到这样的一封介绍信,就足以使刘轲在长安立足了。这
正是当时一般文士、举子向外地名人求谒的目的。如皇甫湜《送
王胶序》(《皇甫持正文集》卷二),就是王胶将赴长安应进士试,
湜以文送之,极称其才,接着说:"今侍郎韩公,余之旧知。将荐
胶而未具,于西行,叙以先之。"韩愈这时在长安为达官,且享大名,
皇甫湜这篇序的主旨也就是向韩愈介绍了王胶。再一个有名的
例子,就是杨敬之送项斯,据唐李绰《尚书故实》载:

> 杨祭酒敬之爱才,公心尝知江表之士项斯,赠诗曰:"处
> 处见诗诗总好,及观标格过于诗。平生不解藏人善,到处相
> 逢说项斯。"因此名振,遂登高科也。

此事传扬颇广,后世如《南部新书》、《唐诗纪事》、《唐才子传》等
都有记载。《南部新书》甲卷说杨敬之的诗传到长安,项斯明年就

登上第。(这种情况,北宋初期也有,如邵伯温《邵氏闻见录》卷七载:"李文定公迪为学子时,从种放明逸先生学。将试京师,从明逸求当涂公卿荐书,明逸曰:'有知滑州柳开仲涂者,奇才善士,当以书通君之姓名。'文定携书见仲涂,以文卷为贽,与谒俱入。")

也有些地方节镇对文士的投谒行卷不予理睬的,这时,这些读书人就要作诗文加以讥诮。如平曾谒华州刺史李固言,不遇,平曾就写一诗道:"老夫三日门前立,珠箔银屏昼不开。诗卷却抛书袋里,譬如闲看华山来。"又如刘鲁风至江西投谒所知,为幕吏所阻,刘也作诗一首:"万卷书生刘鲁风,烟波千里谒文翁。无钱乞与韩知客,名纸毛生不为通。"(此二事皆见《唐摭言》卷十《海叙不遇》)又像皮日休那样,因请谒不通,遂致与对方互相撰文讥诮:"皮日休曾谒归融尚书不见,因撰《夹蛇龟赋》,讥其不出头也。而归氏子亦撰《皮靸鞋赋》,递相谤诮。"(《北梦琐言》卷七)

# 六

唐代进士行卷之风有促进文学发展的一方面,这是它的积极作用,这一点在程千帆先生的书中已经有详细的阐发。另一方面,行卷也有它的流弊,这一点,前人也有所论列,如《文献通考》卷二九《选举考》二引江陵项氏曰:

> 风俗之弊,至唐极矣。王公大人巍然于上,以先达自居,不复求士。天下之士,什什伍伍,戴破帽,骑蹇驴,未到门百步,辄下马奉币刺再拜以谒于典客者,投其所为之文,名之曰求知己。如是而不问,则再如前所为者,名之曰温卷。如是

而又不问，则有执贽于马前自赞曰某人上谒者。嗟乎！风俗之敝，至此极矣。此不独为士者可鄙，其时之治乱盖可知矣。

这里主要是指责王公大人之傲士，文士卑躬屈膝以求干谒之可鄙。应当说，这种批评是比较笼统的，也并不切实际，因为实际上也有不少在社会上、文学上有地位有影响的人物，是乐于汲引文士的，而行卷的文士中一大部分出身贫寒，他们别无政治上的倚靠，只能凭仗文才以自显，不能对此加以笼统的否定和指责。当然，因进士的请谒和行卷，朋党之风也随之兴起，这也是难免的。这是中晚唐时进士科竞争激烈的表现，不仅举子之间互结朋党，而且还有争做有文名的举子的"知己"的，如杜牧就是如此，他自述说：

> 大和二年，小生应进士举，当其时先进之士，以小生行可与进，业可益修，喧而誉之，争为知己者不啻二十人。(《樊川文集》卷一三《投知己书》)①

行卷的最显著流弊是抄袭。在当时书籍刻板还未盛行、交通还未发达的条件下，有些人将别人的诗文当作自己的作品，以之投献，博取文名，这是常有的事。如中唐时，杨衡、李群、符载等几人居住在庐山读书，杨衡的一位中表兄弟偷了杨衡的文章到京都行卷，后来果然考中及第。杨衡闻知此事，就到长安寻这位中表，怒斥其偷袭行为，并说："我的那句'一一鹤声飞上天'还在不在？"那人回答道："知道表兄最爱惜这一句，不敢连这句也偷了。"

---

① 此种情况，又见之于韩愈《柳子厚墓志铭》，云："名声大振，一时皆慕与之交。诸公要人，争欲令出我门下，交口荐誉之。"可见也是一时风气。

(见《唐摭言》卷二《争解元》)这虽是一个笑话,却可见出那时偷盗文卷的风气。类似者还有下面几则:

（李）播,登元和进士第。播以郎中典蕲州,有李生携诗谒之,播曰:"此吾未第时行卷也。"李曰:"顷于京师书肆百钱得此,游江淮间二十余年矣。欲幸见惠。"播遂与之,因问何往。曰:"江陵谒表丈卢尚书。"播曰:"公又错矣。卢是某亲表丈。"李惭悚失次,进曰:"诚若郎中之言,与荆南表丈,一时乞取。"再拜而去。(《唐诗纪事》卷四七《李播》条)

卢司空钧为郎官,守衢州。有进士赘谒。公开卷阅其文十余篇,皆公所制也。语曰:"君何许得此文?"对曰:"某苦心夏课所为。"公曰:"此文乃某所为,尚能自诵。"客乃伏言:"某得此文,不知姓名,不悟员外撰述者。"(《唐语林》卷七《补遗》)

崔君出牧衢州,有一士投赘。公开卷阅其文十篇,皆公所制也,密语曰:"非秀才之文。"对曰:"某苦心夏课,知己不一,非假手也。"公曰:"此某所为文,兼能暗诵否?"客词穷,吐实曰:"得此文,无名姓,不知是员外撰述。"惶惧欲去。公曰:"此虽某所制,亦不示人,秀才但有之。"留连厚恤。比去,问其所之,曰:"汴州梁尚书也,是某亲丈人,须往旬日。"公曰:"大梁尚书乃亲表,与君若是内戚,即某与君合是至亲,此说想又妄耳。"其人战灼若无所容。公曰:"不必如此。前时恶文,及大梁亲表,一时奉献。"(《类说》引《芝田录》)

显然可以看出,这三则所记载的情节,互有交叉,恐怕本是一件事,经过渲染,具体情节就有所出入。这种偷盗的行为成为流传的笑柄,也说明情况是相当普遍的。

偷盗他人文卷的事,尤盛于势门子弟。唐末《玉泉子》有一则生动的记述:

> 杨希古,靖恭诸杨也。朋党连结,率相期以死,权势熏灼,力不可拔。与同里崔氏相埒,而敦厚过之。希古性迂僻,初应进士举,以文投丞郎,丞郎奖之,希古乃起而对曰:"斯文也,非希古之作也。"丞郎讶而诘之,曰:"此舍弟源嶓为希古作也。"丞郎大异之,曰:"今子弟求名者,大半假手也。苟袖一轴,投知于先达,靡不私自炫耀,以为莫我若也。如子之用意,足以整顿颓波矣。"

这里写大族杨家,朋党连结,权势熏灼,这种人家的子弟如要行卷,当然可以假手他人为之,丞郎说"今子弟之求名者,大半假手也",可见行卷之风发展到这一地步,已成为势门大族与寒士争夺进士出身的一种手段了。

也有另一种情况,如《北梦琐言》(卷一一)所记载,说唐末进士有叫殷保晦的,与其妻都是北方的士族。殷"始举进士时,文卷皆内子为之,动合规式,中外皆知"。而殷保晦则官运亨通,"历官台省"。由夫人代作行卷,这也算是行卷风尚中极少见的有趣事例吧。

# 第十一章　进士放榜与宴集

## 一

唐代的进士榜，大致有两种，一种是张榜，用大字书写贴于礼部固定的地点（《全唐文》卷八六二载窦仪《条陈贡举事例奏》谓："又窃览《唐书》，见穆宗朝礼部侍郎王起奏，所试贡举人试讫申送中书候覆讫下当司，然后大字放榜"）。一种是所谓榜帖，也称"金花帖子"，可以传通到各处。现在先说张榜，也就是传统所谓的放榜；榜帖在后节中叙述。

唐代的科举考试一般是每年举行的，各地乡贡进士由各州府举送，照例于十月二十五日前集中京都长安（科试有时也在东都洛阳举行，举子在洛阳集中，但这种情况究属少数），国子学和崇文、弘文两馆的生徒应进士试的也在十月报送尚书省。在这之后，举子们还要履行一定的报到、纳文解、结保，以及朝见、到国子监听讲等等手续和礼仪，前面几章中都已作了介绍，这里不拟细述。在这之后，就举行考试。

唐初，进士主要是试策，高宗以后，试三场，第一场试杂文（即诗、赋),第二场试帖经,第三场试策问。三场考完,主考官阅文,再经过一些呈报手续,最后定出进士及第者名单,即张榜公之于众。玄宗开元以后,进士科已特别受人重视,中唐时人沈既济说开元、天宝之际,"进士为士林华选,四方观听,希其风采,每岁得第之人,不浃辰而周闻天下"(《通典》卷一五《选举》三引)。同时人封演也说:"故当代以进士登科为登龙门,解褐多拜清紧,十数年间,拟迹庙堂。"(《封氏闻见记》卷三《贡举》)尤其是中唐以后,宰相和朝廷内外要职,主要由进士出身者担任,进士科成为高级官僚的主要来源。这样,进士放榜也成为举国瞩目的大事,因为这不仅决定应试举子个人的升沉得失,也影响以后的政局将由哪些人来掌握。穆宗长庆时,王起知贡举,放榜后,诗人张籍有句云:"车马争来满禁城","百千万里尽传名"①,可以概见其盛况。

进士放榜的月份,是与进士考试的时间相联系的。唐代进士考试偶尔也在冬季,如《太平广记》卷一七九《阎济美》条引《乾鐉子》载大历九年(774)两都置贡举,东都洛阳的考试,第一场试杂文是在十一月下旬,十二月初三日放杂文榜,十二月初四日试帖经。这可能是因为东都试后,及第进士仍须回长安参加各种仪式和宴集,因而提前在年前举行。进士试的一般时间则是在正、二月间,尤其以正月居多数,那时长安的天气还寒,仍有下雪,如《全唐诗》卷五四二载李虞、李损之、李景皆有诗题为《都堂试贡士日庆春雪》。唐人诗中提到礼部试时雪景的,如朱庆余《省试晦日与同志昆明池泛舟》(《全唐诗》卷五一五):

> 周回余雪在,浩渺暮云平。

---

① 张籍《喜王起侍郎放榜》(《张籍诗集》卷四)。

司空图《省试》(《司空表圣诗集》卷四):

> 粉闱深锁唱同人,正是终南雪霁春。闲系长安千匹马,
> 今朝似减六街尘。

当然,也有较晚的,如贞元二十一年(805)权德舆知贡举,有《上巳日贡院考杂文不遂赴九华观祓禊之会以二绝句申赠》(《权载之文集》卷十):

> 三月韶光处处新,九华仙洞七香轮。

则已是三月,这大约也是不多见的。

唐代进士放榜的时间,根据现在见到的材料,有正月的,有二月的,也有三月的。正月的如:岑参《送杜佐下第归陆浑别业》诗:"正月今欲半,陆浑花未开。出关见青草,春色正东来。"(《全唐诗》卷二〇〇)杜佐下第东归在近正月半,则此年放榜当在正月初十日左右。这是玄宗时。晚唐时也有在正月的,而且也正当正月初十日,如宋初钱易《南部新书》辛卷载:"杜荀鹤第十五,字彦之,池州人。大顺二年(891)正月十日,裴贽下第八人。其年放榜日,即荀鹤生日。"又如诗人许浑于大和六年(832)登进士第时,写有《及第后春情》一诗,末二句说:"犹以西都名下客,今年一月始相逢。"(《全唐诗》卷五三六)则这一年进士科也是一月放榜的。三月的如:王泠然《与御史高昌宇书》中云:"去年冬十月得送,今年春三月及第。"[1]王泠然于开元五年(717)及第。又据《续前定录》记:"贞元二十一年春,德宗皇帝晏驾,果三月下旬放进士榜。"[2]

---

[1]《唐摭言》卷二《恚恨》,又《全唐文》卷二九四。
[2]《太平广记》卷一五四《李顾言》条引。

按据《旧唐书》本纪,德宗卒于贞元二十一年(805)正月癸巳。大约由于皇帝晏驾的缘故,放榜的时间推迟至三月末,已经过了清明节(参前引权德舆知贡举时诗)。这算是特例,因此《续前定录》把这件事作为定数加以描述。

通常的情况是在二月,二月放榜的记载较正月、三月的为多。这里举几个例子。如伊璠《及第后寄梁烛处士》诗:"十年辛苦一枝桂,二月艳阳千树花。"(《全唐诗》卷六〇〇)欧阳詹《送族叔阳行元落第回广陵》文:"族叔行元既射策,与主司不合,春二月,将归淮南。"(《欧阳行周文集》卷九)黄滔《二月二日宴中贻同年封先辈渭》诗:"桂苑五更听榜后,蓬山二月看花开。"(《唐黄御史公集》卷三)又晚唐诗人曹邺在《下第寄知己》诗中说:"长安孟春至,枯树花亦发。忧人此时心,冷若松上雪。"[1]孟春即指二月。

另外,我们从白居易和柳宗元的文章中还可推知二月中的哪一天放榜。白居易有《省试性习相远近赋》(《白居易集》卷三八),题下自注云:"贞元十六年二月十四日及第,第四人。"这篇赋是礼部试杂文一场所作,题下小注是白氏于放榜后追加。由此可知德宗贞元十六年(800)进士放榜的日子是二月十四日。柳宗元有《送苑论登第后归觐诗序》(《柳宗元集》卷二二),云:"二月丙子,有司题甲乙之科,揭于南宫,余与兄又联登焉。"南宫即礼部。据徐松《登科记考》卷一三,柳宗元与苑论同于贞元九年登进士第;又据陈垣《二十史朔闰表》,贞元九年二月丙子为二月二十七日。

由以上材料可知,唐代进士放榜,通常是在二月,二月的上旬、中旬、下旬都有可能,日子并不固定。其次是正月,较少见,至

---

[1]见上海古籍出版社的《曹邺诗注》(梁超然等注)。

于三月,则恐怕要算特殊的情况。二月的长安,天气逐渐转暖,韦庄《放榜日作》诗中就写道:"邹阳暖艳催花发,太皞春光簇马归。"有时天气还冷,但曲江的梅花却已冲寒而放,所以晚唐时刘沧有"广陌万人生喜色,曲江千树发寒梅"之句(《全唐诗》卷五八六《看榜日》)。

北宋时,进士礼部放榜似乎就固定在三月,苏轼《大雪乞省试展限兼乞御试不分初覆考札子》(《东坡全集》卷三八)中说:"元祐三年正月□日,翰林学士、朝奉郎知制诰兼侍读苏轼札子奏。臣窃见近者大雪方数千里,道路艰塞,四方举人赴省试者,三分中未有二分到阙,朝廷虽议展限,然迫于三月放榜,所展日数不多。"

进士放榜的地点,对于开元以前的情况,记载的材料较为模糊,如《唐摭言》卷一五《杂记》载:"贞观初放榜日,上私幸端门,见进士于榜下缀行而出。"似乎放榜的地点是在宫城端门附近。《大唐传载》又谓:"开元中,进士第唱于尚书省,其策试者并集于都堂,唱其第于尚书省。"这里所谓都堂,本尚书令厅事,在尚书省,都堂之东则为吏、户、礼部。《大唐传载》所说只是策试,并且只提到尚书省,大约也是由策问改试杂文以前的情况。开元二十四年以后,改由礼部侍郎知贡举,进士试就称为礼部试,放榜的地点就在尚书省南面的礼部南院。宋人程大昌《雍录》卷八《职官·礼部南院》中记载:"礼部既附尚书省矣,省前一坊别有礼部南院者,即贡院也。《长安志》曰'四方贡举所会',其说是也。"这里所说的《长安志》即北宋时人宋敏求所作的《长安志》。可见唐时在尚书省之南另有一坊,礼部南院就在此坊之内。清徐松《唐两京城坊考》卷一西京皇城,承天门街之东,第五横街之北,记云:"从西第一左领军卫,次东左威卫,次东吏部选院,次东礼部南院(下注:四方贡举人都会所也)。"(见图)

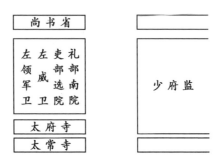

又见清陆遹耀等所修《咸宁县志》卷三《历代疆域水道城郭宫室名胜图》。左领军卫之北有兵部选院,是兵部注拟武官的地方;左威卫之北有刑部格式院;吏部选院是吏部铨试、看榜名所在,因在尚书省之南,也称吏部南院。同样,礼部南院当也因为在尚书省之南而得名。这四个官署,大约职事较多,故从北面的尚书省分出来,另占一坊。进士张榜的地点就在礼部南院的东墙。关于张榜的地点、时间及有关的一些情况,五代人王定保有所记述:

> 进士旧例于都省考试,南院放榜,张榜墙乃南院东墙也。别筑起一堵,高丈余,外有墙垣,未辨色,即自北院将榜就南院张挂之。元和六年,为监生郭东里决破棘篱(注:篱在墙垣之下,南院正门外亦有之),坼裂文榜,因之后来多以虚榜自省门而出,正榜张亦稍晚。(《唐摭言》卷一五《杂记》)

这就是说,进士张榜所在是在礼部南院的东墙,在东墙处另建筑一道高约丈余的榜墙,外面再围一道棘篱。清早天还朦胧时,把写就的榜从北面的尚书省礼部传出来张挂于此。宪宗元和六年(811),国子监生徒郭东里踏破棘篱,撕裂文榜,由于发生过这一事故,后来就分虚榜、正榜两份,虚榜先挂,稍晚一些时再挂正榜。

王定保是在唐末登进士第的,他后来于五代时作《唐摭言》一书,曾从一些文人名士那里打听有关唐代的科举风习,因此书中所记这方面的情况较为详备。这里所说的放榜一事,还可从唐人的诗文中得到证验。如长庆二年(822)登进士第的陈标,有《赠元和十三年登第进士》诗,云:"春官南院粉墙东,地色初分月色红。文字一千重马拥,喜欢三十二人同。眼看鱼变辞凡水,心逐鹦飞出瑞风。莫怪云泥从此别,总曾惆怅去年中。"①元和十三年(818)陈标虽应试而未及第,诗中所谓的三十二人,是此年新及第进士之数。春官即礼部。陈标是看榜的当事人,因此放榜的时地写得很真切,确是在礼部南院的东墙,黎明时分月亮还未下去。类此的如韦庄《癸丑年下第献新先辈》(《韦庄集》卷八):"五更残月省墙边,绛帻蜕旌卓晓烟。"又如晚唐诗人黄滔,也曾在长安累应进士试,他有《入关言怀》诗云:"落日灞桥飞雪里,已闻南院有看期。"(《唐黄御史公集》卷四)这里的南院也指礼部南院。这年放榜时天气还很冷,黄滔进京,日暮黄昏,灞桥风雪,遥想礼部南院已经放榜,自己的功名尚未成就,不胜感慨。他又有《送人明经及第东归》(《唐黄御史公集》卷三),中云:"亦从南院看新榜,旋束春关归故乡。"似乎明经放榜也在礼部南院,且与进士放榜约略同时。黄滔又有"桂苑五更听榜后"(《二月二日宴中贻同年封先辈渭》)、"仙榜标名出曙霞"(《放榜日》,皆为《唐黄御史公集》卷三)等诗句;刘沧有"禁漏初停兰省开,列仙名目上清来。飞鸣晓日莺声远,变化春风鹤影回"(《全唐诗》卷五八六《看榜日》),都可看出放榜是在清晨。昭宗时登进士第的徐寅《放榜日》诗云:"喧喧车马欲朝天,人探东堂榜已悬。"(《全唐诗》卷七〇九)这里的东堂,当是指礼部南院的东墙,不会另有所谓的东堂。

---

① 《全唐诗》卷五〇八,也见《唐摭言》卷一五《杂记》。

放榜时大约还要击鼓打钟,并且有人大声高呼及第者姓名。如韦庄诗云:"一声天鼓辟金扉,三十仙才上翠微。"(《韦庄集》卷一《放榜日作》)李旭《及第后呈朝中知己》云:"凌晨晓鼓奏嘉音,雷拥龙迎出陆沈。"(《全唐诗》卷七一九)又如韦庄诗:"千炬火中莺出谷,一声钟后鹤冲天。"(《韦庄集》卷八)前引黄滔诗所谓"桂苑五更听榜后",说是听榜,即有人高声朗诵榜上姓名的。《大唐传载》说"开元中,进士第唱于尚书省"。玄宗时人张鷟也记有:"河东裴元质初举进士,明朝唱第。"(《朝野佥载》卷三)听榜当即是从这种唱第而来的。这种情况在宋代仍还沿袭①。

晚唐时人康骈《剧谈录》曾记有一则故事:

> 大中年,韦颛举进士,词学优赡。而贫窭滋甚,岁暮饥寒,无以自给。有韦光者,待以宗党,缀所居外舍馆之。放榜之夕,风雪凝互,报光成名者络绎而至,颛略无登第之耗。光延之于堂际小阁,备设肴馔慰安之。……颛夜分归于所止,拥炉而坐,愁叹无已。……俄而禁鼓忽鸣,榜到,颛已登第,光之服用车马悉皆遗焉。

这是唐代科举考试中的一幕悲喜剧,写得颇为生动。从这一记载中可以看出,在放榜的前一夕,就不断有各种消息传来,应试的举子在这天夜里大都是睡不成的,他们要坐听各种信息。其中富贵人家则是准备各种佳肴酒果,以及服玩车马,贫穷的读书人只好在这风雪之夜,独坐寒斋,拥炉愁叹。这样,一直要到黎明五更,

①如何薳《春渚纪闻》卷二《毕渐赵谂》:"毕渐为状元,赵谂第二。初唱第,而都人急于传报……"又周密《唱名记》(《说郛》本):"上御集英殿,拆号唱进士名。"

禁鼓鸣,榜放,才知道分晓。

偶然也有午后放榜的,如《唐摭言》卷一四《主司称意》条载:"元和十一年,中书舍人权知贡举李逢吉下及第三十三人,试策后拜相,令礼部尚书王播署榜,其日午后放榜。"据《新唐书·宰相表》,元和十一年"二月乙巳,中书舍人李逢吉为门下侍郎、同中书门下平章事"。这一年的二月朔日是丁酉,乙巳是初九。就是说,按照规定,元和十一年进士放榜日是二月初九日,但那年知贡举的李逢吉,正好在这一天由中书舍人拜相,于是临时改由礼部尚书王播署榜,放榜的时间也由清晨改为午后。这是特例,难得遇到的,因此《唐摭言》特地把它提出来。

进士放榜因在春季,因此唐人有时也称之为"春榜",如曹松《览春榜喜孙鄂成名》:"门外报春榜,喜君天子知。"(《全唐诗》卷七一七)也有称"金榜"的,如《唐诗纪事》卷四九载:"(何)扶,大和九年及第,明年捷三篇,因以一绝寄旧同年曰:'金榜题名墨尚新,今年依旧去年春。花间每被红妆问,何事重来只一人。'"又如李旭《及第后呈朝中知己》:"凌晨晓鼓奏嘉音,雷拥龙迎出陆沈。金榜高悬当玉阙,锦衣即着到家林。"(《全唐诗》卷七一九)广宣《贺王侍郎典贡放榜》:"再辟文场无枉路,两开金榜绝冤人。"(《全唐诗》卷八二三)这里的王侍郎是王起,王起曾在穆宗长庆年间和武宗会昌年间两次知贡举,因此诗中说"两开金榜"。王起于会昌典试时,华州刺史周墀曾作诗相贺,这一年的新及第进士也作诗和答,其中李仙古的诗说:"恩光忽逐晓春生,金榜前头忝姓名。"(《唐摭言》卷三)之所以称金榜,可能当时榜书系用黄纸,黄纸金色,故称金榜;同时金榜也有吉祥喜庆的意思。

# 二

现在来说说唐代进士放榜中所谓淡墨书榜的事。

唐末五代及宋代人的著作中,有关于唐代进士榜用淡墨书写的记载,过去有些记述唐代科举制度的论著也往往沿袭这种说法。但细加考核,发现这些材料却自相矛盾,有明显的漏洞。如《唐摭言》卷一五《杂记》:"进士榜头,竖粘黄纸四张,以毡笔淡墨袞转书曰'礼部贡院'四字。或曰文皇顷以飞帛书之。或象阴注阳受之状。"这是说进士的榜头,竖帖黄纸四张,上写"礼部贡院"四字,这四个字是用淡墨书写的。说用淡墨写"礼部贡院"四字,这有其可能性,但后面又说"文皇顷以飞帛书之",就不对了。唐太宗的飞帛书体,确有点像淡墨,但进士考试在太宗时归吏部的考功员外郎主持,要到玄宗开元二十四年以后,才改由礼部侍郎知贡举,太宗时的进士榜绝不可能出现"礼部贡院"字样。《唐摭言》的这一记载显然与历史事实相抵牾。

其次是五代时南唐人的张洎,他在《贾氏谈录》中说:

> 贡院所司呼延氏,自举场以来,世掌其职,迄今不绝,此亦异事。贾君尝问放举人榜右语及贡院字用淡墨毡书何也?对曰:闻诸祖公说,李纾侍郎将放举人,命笔吏勒纸书,未及填右语贡院字,吏得疾暴卒,礼部令史王昶者亦善书,李侍郎召令终其事。适值王昶被酒已醉,昏夜之中,半酣染笔,不能加墨,迨明悬榜,方始觉悟,则修改无及矣。然一榜之内,字有二体,浓淡相间,反致其妍。自后榜因模法之,遂成故事,

今用毡书,益增奇丽耳。

这段记载写得颇为雅致,使得淡墨书榜的情节增加几分诗意。

北宋人蔡宽夫在其《诗话》中说:

> 礼部淡墨书榜首,不知始何时。或曰,李程应举时,尝遇阴府吏于贡院前,问其登第人姓名,则有李和而无程,乃祈之。苍黄中用淡墨笔加王字于和下,果得第。后为相,因命凡榜书人名皆用淡墨,遂为故事。此固不可考,然相传至今。据此则所当书者,乃登第人姓名也。范蜀公诗:"淡墨题名第一人,孤生何幸继前尘。"盖得之①。

李程确应过进士试,他是贞元十二年(796)进士登科的状头(见徐松《登科记考》卷一四),后曾为相。但这则记载仍有问题,首先是遇阴府吏改名字一节,显系迷信,出于编造,不可信。其次是,据此处所说,则淡墨所书者是及第进士的姓名,而不是如《唐摭言》所说的仅限于榜首"礼部贡院"四字。范蜀公为范景仁,他的这两句诗是送给欧阳修的,欧阳修举进士,国子监试与礼部试都是第一名,后来范景仁也同样是第一名,所以范景仁用这样两句诗来赠与欧阳修②。范诗仅是用现成的典故,并不能由此就可证明唐人书进士姓名都用淡墨。总之,《蔡宽夫诗话》与《唐摭言》所载,用淡墨书榜首还是书及第者姓名,已有矛盾。清朝人李调元已经注意及此,但他不置可否,只说"二者未知孰是"③。值得注意的

---

① 见郭绍虞辑校《宋诗话辑佚》第 417—418 页。
② 欧阳修《归田录》卷二:"天圣中,余举进士,国学、南省皆忝第一人荐名,其后(范)景仁相继亦然,故景仁赠余曰'淡墨题名第一人,孤生何幸继前尘'也。"
③ 李调元《淡墨录》乾隆乙卯自序。

是，李调元引《贾氏谈录》，把李纾改成李绅，说"唐李绅侍郎知贡举"。今查徐松《登科记考》，唐代历年知贡举者并无李纾，有关的工具书也未记录李纾其人①。又查有关李绅的事迹资料，李绅从未任过礼部侍郎、中书舍人等官职，也从未知贡举。因而《贾氏谈录》记载的可靠性就值得怀疑。

关于阴注阳受之说，又见于《太平广记》卷一八四《高辇》条，谓："礼部贡院，凡有榜出，书以淡墨。或曰，名第者，阴注阳受，淡墨书者，若鬼神之迹耳，此名鬼书也。范质云，未见故实，涂说之言，未敢为是。"阴注阳受本托鬼神之言，不足为信，看来宋初人范质的见解还是较为通达的，他认为这些都是"涂说之言，未敢为是"。因为唐代不少记述进士故实的，无论史书、诗文或笔记，都没有提到过淡墨书榜的事，只有从五代到宋，才开始说得多起来，而又"众说不一"②，这是很可怀疑的。

但宋朝人倒是确实相信唐代有淡墨书榜的事，于是就祖述模仿。宋代进士榜所谓淡墨书写，有一点是确定的，即榜首"礼部贡院"用淡墨，及第进士的姓名用浓墨。如程大昌《雍录》卷八《职官·礼部南院》载："今世淡墨书进士榜，首列为四字曰'礼部贡院'者，唐世遗则也。"前已引述的《蔡宽夫诗话》也说："今贡院放榜，但以黄纸淡墨，前书'礼部贡院'四字，余皆浓墨。"据有些宋人的记载，似乎进士姓名是特地要用点画肥重的浓墨书写的。如王辟之《渑水燕谈录》卷一〇：

---

① 参《唐五代人物传记资料综合索引》（傅璇琮、张忱石、许逸民编撰，中华书局 1982 年 4 月出版）。
② 胡震亨《唐音癸签》卷一八《诂笺》三"进士科故实"条。

> 陈文惠善八分书,点画肥重,自是一体,世谓之"堆墨书",尤宜施之题榜。镇郑州日,府宴,伶人戏以一幅大纸浓墨涂之,当中以粉笔点四点。问之何字也,曰:"堆墨书'田'字。"文惠大晒。

唐代只是流传的轶闻,到了宋代竟然成为事实,这也可以说是科举史上的佳话。

## 三

现在说榜帖。

所谓榜帖,类似于后世的"题名录",又与"捷报"相仿佛。唐王仁裕《开元天宝遗事》中的《泥金帖子》条载:"新进士才及第,以泥金书帖子附家书中,用报登科之喜,至文宗朝遂寝削此仪。"①又《喜信》条:"新进士每及第,以泥金书帖子附于家书中,至乡曲亲戚,例以声乐相庆,谓之喜信。"所谓泥金,就是用金箔和胶水制成的金色颜料,榜上帖有这种金花,所以叫金花帖子。据王仁裕所记,可见这种习俗至少在开元、天宝时就已经盛行了。据宋赵彦卫所记,这种金花帖子在北宋初仍还流行,其所著《云麓漫钞》(卷二)一书有较为具体的记述:

> 国初循唐制,进士登第者,主文以黄花笺长五寸许,阔半之,书其姓名,花押其下,护以大帖,又书姓名于帖面,而谓之

---

① 王仁裕《开元天宝遗事》载此未注出处,宋人赵德麟《侯鲭录》卷六也载此事,注谓出《卢氏杂说》,但查今《说郛》本《卢氏杂说》,未见此条。

榜帖,当时称为金花帖子。后临轩唱名,兹制遂废①。

则这种帖子上,除了登科者的姓名以外,还有知贡举者的花押,以昭郑重,用以报喜,并以此炫耀于故里乡曲。这种榜帖大约也有粉红色的,如卢东表登第后,其在汴州的侍妾窦梁宾得到喜报,作《喜卢郎及第》一诗,云:"晓妆初罢眼初睲,小玉惊人踏破裙;手把红笺书一纸,上头名字有郎君。"诗中所说的红笺,当就是这种榜帖。

这种榜帖大约也有专人差送至及第进士的所在地的,如薛逢《与崔况秀才书》中说:"自今日春榜到县,当日差人持状到京,方乘车骑,寻已东去,恨结之至。"(《全唐文》卷七六六)这里所说的具体情事未能确知,但"今日春榜到县"云云,可见有人将榜帖送至县的。又如王起在会昌二年知贡举,由于这年所放有不少寒士,前面曾说过,周墀曾作诗相贺,《唐摭言》卷三收录了这一年及第进士的和诗,其中高退之的诗末二句云:"何事感恩偏觉重,忽闻金榜扣柴荆。"诗下作者自注:"退之自顾微劣,始不敢有叨窃之望,策试之后,遂归蓥屋山居。不期一旦进士团遣人赍榜,扣关相报,方知忝幸矣。"高退之于考试完毕后,归居于长安郊区蓥屋县的山村,榜放后,由进士团(关于进士团的情况详后)派人把榜帖送到家。高退之诗中所说的"金榜",就是金花帖子。由此也可见《开元天宝遗事》所说这种以金花帖子报喜讯的习俗到文宗后停止,这种说法是不确的。

如果是贵要之家的子弟登科,则这种榜帖送到家,就要大摆宴席,广招宾客,以为庆贺。如《唐摭言》卷三载:"曹汾尚书镇许

①宋代的金花帖子,又可参见龚明之《中吴纪闻》卷一《先高祖》条,及楼钥《攻媿集》卷七三《跋金花帖子绫本小录》。

下,其子希干及第,用钱二十万。榜至镇,开贺宴日,张之于侧。时进士胡锜有启贺,略曰:'桂枝折处,著莱子之彩衣;杨叶穿时,用鲁连之旧箭。'又曰:'一千里外,观上国之风光;十万军前,展长安之春色。'①"据吴廷燮《唐方镇年表》(卷二),曹汾为忠武军节度使(治许州)在咸通十年至十五年间(869—874)。曹汾的儿子希干于咸通十四年登第。曹汾既任藩镇,又为懿宗朝宰相曹确之弟,弟兄并列将相之任,其子登科,无怪其显赫一时了。类似的例子,如杨汝士为东川节度使时,其子知温及第,榜到之日,"汝士开家宴相贺,营妓咸集,汝士命人与红绫一匹。诗曰:'郎君得意及青春,蜀国将军又不贫。一曲高歌红一匹,两头娘子谢夫人。'"②这些,都从侧面反映进士试对中晚唐社会风气的影响。

王建的《宫词》中有一首也写金花榜子:"圣人生日明朝是,私地先须属内监。自写金花红榜子,前头先进凤凰衫。"(《王建诗集》卷一〇)这里的"金花红榜子",是宫妃用来呈献皇帝,作为庆贺皇帝生辰礼物的,过去有些书上也把它作为进士榜帖的例子,是不对的。


## 四

唐代,进士于放榜后,还须参与一系列礼节与仪式,主要是拜谢座主和参谒宰相。

拜谢座主,《唐摭言》卷三称之为"谢恩",意思是举子得能及

---

① 见《唐诗纪事》卷五八。
② 孙棨《北里志》中《杨汝士尚书》条,又见《唐摭言》卷三。

第,乃出于知举者之鉴拔,须答谢举援之恩。《唐摭言》载其礼仪谓:

> 状元已下,到主司宅门下马,缀行而立,敛名纸通呈。入门,并叙立于阶下,北上东向。主司列席褥,东面西向。主事揖状元已下,与主司对拜。拜讫,状元出行致词,又退著行各拜,主司答拜。拜讫,主事云:"请诸郎君叙中外。"状元已下各各齿叙,便谢恩。余人如状元礼。礼讫,主事云:"请状元曲谢名第。第几人,谢衣钵。"谢讫,即登阶,状元与主司对坐。

这样,饮酒数巡,即告退。三天以后,还须再来拜谢。这里所谓的"诸郎君叙中外",是新进士各各介绍中外姻亲之有名望者,借以显示身份,《唐语林》对此颇有具体的叙写:

> 是日(琮按,即向座主谢恩之日),自状元已下,同诣座主宅,座主立于庭,一一而进曰:"某外氏某家。"或曰甥,或曰弟。又曰:"某大外氏某家。"又曰:"外大外氏某家。"或曰重表弟,或曰表甥孙。又有同宗座主宜为侄,而反为叔。言叙既毕,拜礼得申。(卷八补遗)

这里写唐人攀附门第,炫示身价,颇得其神。又写座主与同宗者,按辈分说,座主应为侄,进士应为叔,但叙及时,却反称自己为侄。这在唐代是不隐讳的,即使像目空一切的大诗人李白,在有求于人时,他的诗文中也常常有故意贬抑自己行辈的情况。

参谒宰相,唐时称作"过堂",因在尚书省都堂举行,故名。由知贡举者率领新及第进士谒见宰相。《唐摭言》卷三记载其情况是:

> 其日,团司先于光范门里东廊供帐备酒食。同年于此候宰相上堂后参见。于时,主司亦命召知闻三两人,会于他

处。……宰相既集，堂吏来请名纸。生徒随座主过中书，宰相横行，在都堂门里叙立。堂吏通曰："礼部某姓侍郎，领新及第进士见相公。"俄有一吏抗声屈主司，乃登阶长揖而退，立于门侧，东向；然后状元已下叙立于阶下。状元出行致词云："今月日，礼部放榜，某等幸忝成名，获在相公陶铸之下，不任感惧。"言讫，退揖。乃自状元已下，一一自称姓名。称讫，堂吏曰："无客。"主司复长揖，领生徒退诣舍人院。

在与中书舍人叙礼以后，即由座主领出，就算结束。

过堂的那一天，黎明太阳未升时，及第进士即须集合于朝堂，百官也陪同观看，韩偓曾有一诗纪其盛况，云："早随真侣集蓬瀛，阊阖门开尚见星。龙尾楼台迎晓日，鳌头宫殿入青冥。暗惊凡骨升仙籍，忽讶麻衣谒相庭。百辟敛容开路看，片时辉赫胜图形。"（《及第过堂日作》，见《玉樵山人集》）

又《唐语林》曾记武宗会昌时的一则趣事，颇生动，录之如下：

进士放榜讫，则群谒宰相。其道启词者出状元，举止尤宜精审。时卢肇、丁稜及第（琮按，卢、丁二人为会昌三年〔843〕进士及第），肇有故，次乃至稜。口讷，貌寝陋。迨引见，连曰："稜等登。"盖言"登科"而卒莫能成语。左右莫不大笑。后为人所谑，云："先辈善弹筝。"讳曰："无有。"曰："诸公谒宰相日，先辈献艺，云'稜等登，稜等登！'"

五

拜谒座主与宰相以后，接着就是许多次的宴集。宴集的名目颇为繁多,据《唐摭言》所载,较著名的有大相识、次相识、小相识、闻喜、樱桃、月灯、打球、牡丹、看佛牙、关宴,等等(卷三《宴名》)。限于篇幅,关于唐代进士的宴集,本文只着重拣选曲江宴、慈恩题名、杏园探花宴加以论述,然后再提一下闻喜、樱桃、月灯等几种。

曲江在长安的东南角,是当时京都的游赏胜地。宋程大昌《雍录》卷六引《长安志》谓:"唐周七里,占地三十顷。"可见面积是相当大的。《雍录》又说:"地在城东南升道坊龙花寺之南。"关于曲江究竟占唐时长安的几坊之地,自宋敏求《长安志》到清陆通耀《咸宁县志》以及日本人足立喜六《长安史迹考》,说法不一,夏承焘先生在五十年代时曾写有《据〈白氏长庆集〉考唐代长安曲江池》一文(《中华文史论丛》第四辑),对曲江地域有所考证,其结论是:唐时曲江池的四至,是在芙蓉园和曲池坊之北,晋昌坊、慈恩寺、杏园之东,修行坊之南,长安东夹城之西。夏先生的结论是可靠的。

作为游览佳胜,唐末康骈在《剧谈录》(卷下)中,对曲江有一个概括的描叙:

> 曲江池,本秦世隑洲,开元中疏凿,遂为胜境。其南有紫云楼、芙蓉苑,其西有杏园、慈恩寺,花卉环周,烟水明媚。都人游玩,盛于中和、上巳之节,彩幄翠帱,匝于堤岸,鲜车健马,比肩击毂。上巳节赐宴臣僚,京兆府大陈筵席,长安、万年两县以雄盛相较,锦绣珍玩无所不施。百辟会于山亭,恩赐太常及教坊声乐。池中备彩舟数只,唯宰相、三使、北省官与翰林学士登焉。每岁倾动皇州,以为盛观。入夏则菰蒲葱翠,柳荫四合,碧波红蕖,湛然可爱。

曲江游赏，起自中宗以后，至玄宗时大盛。《唐摭言》曾载唐实录一段文字，说天宝元年（742），太子太师萧嵩的家庙因逼近曲江，上表请移他处，唐朝廷就命士兵另为萧嵩营造，敕批有云："卿立庙之时，此地闲僻；今傍江修筑，举国胜游。与卿思之，深避喧杂。"至天宝年间，曲江附近，已有不少宫殿，杜甫诗"春日潜行曲江曲，江头宫殿锁千门"（《哀江头》），可见安史之乱前的盛况。（宋敏求《春明退朝录》卷中："唐曲江，开元、天宝中，旁有殿宇，安史乱后尽坦废。文宗览杜甫诗云：'江头宫殿锁千门，细柳新蒲为谁绿？'因建紫云楼、落霞亭，岁时赐宴。又诏百司于两岸建亭馆。"按毕沅《关中胜迹图志》卷六引《春明退朝录》文，于"开元天宝中"之前尚有："开元时造紫云楼于江边，至期上率宫嫔垂帘观焉，命公卿士庶大酺，各携妾妓以往，倡优缅黄，无不毕集。先期设幕江边，是以商贩皆以奇货丽物陈列，豪客园户争以名花布道。……"）

中唐时，诗人卢纶在《曲江春望》诗中还写到曲江边的宫殿："菖蒲翻叶柳交枝，暗上莲舟鸟不知。更到无花最深处，玉楼金殿影参差。"（《全唐诗》卷二七九）

曲江的四时景色成为唐代文人写作时的极好对象和绝佳素材。欧阳詹有《曲江池记》，王棨有《曲江池赋》。现在摘录这两篇文章所记曲江景色之美和都人游赏之盛的有关段落如下：

> 重楼夭矫以萦映，危榭巉岩以辉烛。……遇佳辰于今月，就妙赏乎胜趣。九重绣毂，翼六龙而毕降；千门锦帐，同五侯而偕至。……丝竹骈罗，缇绮交错。（欧阳詹《欧阳行周文集》卷五《曲江池记》）

> 只如二月初晨，沿堤草新。莺嘤而残风袅雾，鱼跃而圆

波荡春。是何玉勒金策，雕轩绣轮；合合沓沓，殷殷辚辚；翠亘千家之幄，香凝数里之尘。公子王孙，不羡兰亭之会；蛾眉蝉鬓，遥疑洛浦之人。是日也，天子降銮，舆停彩仗，呈丸剑之杂伎，间咸韶之妙唱。帝泽旁流，皇风曲畅。（《全唐文》卷七七〇王棨《曲江池赋》）

欧阳詹的记作于德宗贞元五年（789），王棨则是懿宗咸通三年（862）登进士第，其间相隔将近一百年。这一时期唐帝国的国力虽日渐衰微，社会处在大动乱的前夕，但曲江的繁华却未曾稍衰，王棨赋中所写的游赏盛况似乎还有胜过贞元之时。

诗人的名篇佳句，则更使人吟赏于曲江的胜境。"曲江冰欲尽，风日已恬和。柳色看犹浅，泉声觉渐多。紫蒲生湿岸，青鸭戏新波。"——这是张籍咏曲江早春的诗①。"漠漠轻阴晚自开，青天白日映楼台。曲江水满花千树，有底忙时不肯来？"——这是韩愈写春末曲江的情景②。曲江的秋色似乎更能牵动诗人们的文思，据白居易说，元和初几年，他在长安，每年都要作《曲江感秋》的诗③。元稹在《和乐天秋题曲江》诗中也说："十载定交契，七年镇相随。长安最多处，多是曲江池。"（《元稹集》卷六）韩愈的"曲江千顷秋波净，平铺红云盖明镜"（《韩昌黎诗系年集释》卷九）更是描写曲江秋景的千古名句。

当然，曲江最繁华的还是春天，及第新进士的宴会更是曲江春景的主要内容。晚唐人还特地为此编写了《曲江春宴录》、《曲

---

① 《张籍诗集》卷二《酬白二十二舍人早春曲江见招》。
② 《韩昌黎诗系年集释》卷一二《同水部张员外曲江春游寄白二十二舍人》。
③ 见《白居易集》卷一一《曲江感秋二首》自序："元和二年三年四年，予每岁有《曲江感秋》诗。……今游曲江，又值秋日，风物不改，人事屡变。"

江春游录》等书①。据《唐摭言》(卷三)引李肇《国史补》所载,曲江宴会原来是为慰藉下第举人而设的,因此筵席极其简单,后来则逐渐为及第进士所占,"向之下第举人,不复预矣"。《唐摭言》载进士曲江宴盛况有:

> 曲江亭子,安史未乱前,诸司皆列于岸浒;幸蜀之后,皆烬于兵火矣,所存者唯尚书省亭子而已。进士关宴,常寄其间。既彻馔,则移乐泛舟,率为常例。宴前数日,行市骈阗于江头。其日,公卿家倾城纵观于此,有若中东床之选者,十八九钿车珠鞍,栉比而至。(卷三《慈恩寺题名游赏赋咏杂记》)

> 长安游手之民,自相鸠集,目之为"进士团"。初则至寡,洎大中、咸通已来,人数颇众。其有何士参者为之酋帅,尤善主张筵宴。凡今年才过关宴,士参已备来年宴游之费,由是四海之内,水陆之珍,靡不毕备②。……逼曲江大会,则先牒

① 见冯贽《云仙杂记》卷二"百花狮子"条,卷八"曲江春游"条,等。
② 关于唐代进士团的性质以及它的活动情况,拟在这里稍作一些考释。粗粗一看,如果作望文生义的推测,则所谓进士团者,读者可能会想到这大约是应试举子或新及第进士的互助性组织。实际情况则非如此,也可以说是恰恰相反。它是唐代长安民间兴办的贸利性的商业机构,而做生意的对象则为新科进士,故称之为"进士团"。
    如前文所述,进士放榜后,要举行各种仪式,如拜谢座主,参谒宰相,以及同年进士的各种宴集,进士团就是为新及第进士包办各种有关的活动,并从中取利。《唐摭言》卷三《散序》条载:"所以长安游手之民,自相鸠集,目之为'进士团'。初则至寡,洎大中、咸通已来,人数颇众。其有何士参者为之酋帅,尤善主张筵宴。凡今年才过关宴,士参已备来年宴游之费,由是四海之内,水陆之珍,靡不毕备。时号长安三绝(原注:南院主事郑容,中书门官张良佐,并士参为三绝)。团司所由百余辈,各有所主。大凡谢后便往期集院(原注:团司先于主司宅侧税一大第,与新人期集),院内供帐宴馔。"由此可知进士团的业务范围,一是举办曲江的关(转下页)

教坊请奏,上御紫云楼,垂帘观焉。时或拟作乐,则为之移日。

---

(接上页)宴,这种关宴是极其隆重的,以至于今年春末夏初的关宴才了,接着就要为明年作准备,务期于"四海之内,水陆之珍,靡不毕备"。二是为新进士租借一所房子,称期集院,这种期集院须选择在知举者住宅的附近,以便新科进士前往谢恩。期集院也是新及第进士在举办各种礼仪和宴集期间经常集合聚会及饮宴的场所。又据《唐摭言》卷三《过堂》条载,进士团还有第三种职能,即新进士需选择一个日期,由主考官率领去参谒宰相,进士团就要为此准备酒食,即所谓"其日,团司先于光范门里东廊供帐备酒食,同年于此候宰相上堂后参见"。

武宗会昌时,王起知贡举,选拔的进士中有不少寒士,为此任华州刺史的周墀特地为此作诗贺之,此年进士及第者也作诗和答,高退之的和诗中说:"何事感恩偏觉重,忽闻金榜扣柴荆。"其下自注:"退之自顾微劣,始不敢有叨窃之望,策试之后,遂归鳌屋山居。不期一旦进士团遣人赏榜,扣关相报,方知忝幸矣。"(《唐摭言》卷三)由此可知进士团的又一职能,即是把登科的消息及时通报登第者(当然,由此也相应得到一定的酬赏)。

进士团还有为新进士开路喝道的职责。《唐摭言》卷三记载道:"薛监晚年厄于宦途,尝策羸赴朝,值新进士榜下,缀行而出。时进士团所由辈数十人,见逢行李萧余,前导曰:'回避新郎君!'逢辗然,即遣一介语之曰:'报道莫贫相,阿婆三五少年时,也曾东涂西抹来。'"薛逢晚年曾任秘书监,故称薛监。《旧唐书·文苑》、《新唐书·文艺》均有传。从这则记载中可以看出,放榜时,新进士列队而出,则进士团前行为之导行。值得注意的是,此处说"进士团所由辈数十人",前引《唐摭言》卷三《散序》条云"团司所由百余辈,各有所主",可见进士团的人数是相当多的,各有职责,光是为新进士开道的就有数十人,则其他可知。

曲江春宴时,进士团还起着一种监视的作用。如宣宗大中十二年(858),进士卢彖在临近关宴时,借口要到洛阳拜见双亲,请假不参与同年宴集,实则仍淹留长安。等到新科进士会饮于曲江亭子时,卢彖换上别的衣服,拥妓坐车,也来曲江附近游赏,"遂为团司所发",就罚了他一大笔钱。

尤为奇怪的是,进士团有时还与妓院相勾结,故意捉弄并敲有钱进士的竹杠。唐孙棨《北里志》记长安平康里有一妓号天水仙哥。刘覃(曾任宰相的刘邺之子)少年登第,为人所撺掇,与仙哥相识。《北里志》(转下页)

故曹松诗云:"追游若遇三清乐,行从应妨一日春。"……曲江之宴,行市罗列,长安几于半空。公卿家率以其日拣选东床,车马阗塞,莫可殚述。(卷三《散序》)

在唐人看来,春日的曲江宴游,简直是仙境:"何必三山待鸾鹤,年年此地是瀛洲。"①人马奔驰,似乎长安的地也要动了起来:"斜阳怪得长安动,陌上分飞万马蹄。"②还有不少歌伎:"倾国妖姬云鬓重,薄徒公子雪衫轻"、"柳絮杏花留不得,随风处处逐歌声。"③这种欢乐的景象,在新进士的记忆中是如此的深刻,即使尔后各自分散,但相聚追欢的情景终难以忘怀。如白居易《酬哥舒大见赠》(题下自注:去年与哥舒等八人同共登科第,今叙会散之愁意):"去岁欢游何处去,曲江西岸杏园东。花下忘归因美景,樽前劝酒是春风。各从微宦风尘里,共度流年离别中。今日相逢愁

---

(接上页)载:"所由辈潜与天水计议,每令辞以他事,重难其来,覃则连赠所购,终无难色。会他日天水实有所苦,不赴召,覃殊不知信,增缯不已,所由辈又利其所乞,且不忍告,而终不至。"又据《南部新书》载,进士团的主办者尚为世袭,对新进士多方勒索,其书乙卷云:"进士春关宴曲江亭,在五六月间,一春宴会,有何士参者都主其事,多有欠其宴罚钱者,须待纳足,始肯置宴,盖未过此宴,不得出京,人戏谓何士参索债宴。士参卒,其子汉儒继其父业。"

《宋史》卷一五五《选举志》曾记端拱(988—989)时所定贡院故事,谓进士登第后设有闻喜宴,分为两日,又云:"缀行期集,列叙名氏、乡贯、三代之类书之,谓之小录。醵钱为游宴之资,谓之醵。皆团司主之。"则北宋前期,还有进士团主办进士的游宴等活动,此后即未见记载。

又团司"所由辈",所由即有关管事者,可参见《白居易集》卷六六、六七的有关判词。

①《全唐诗》卷四七一雍裕之《曲江池上》。
②《全唐诗》卷六四三李山甫《曲江二首》。
③《全唐诗》卷六〇六林宽《曲江》。

又喜,八人分散两人同。"(《白居易集》卷一三)

新及第进士的曲江游宴,还有著名的歌手参与其间,宋代以博学著称的女词人李清照在其《词论》中曾有记载说:"开元、天宝间,有李八郎者,能歌擅天下。时新及第进士开宴曲江,榜中一名士先召李,使易服隐名姓,衣冠故敝,精神惨沮,与同之宴所,曰:'表弟愿与坐末。'众皆不顾。既酒行,乐作,歌者进,时曹元谦、念奴为冠。歌罢,众皆咨嗟称赏。名士忽指李曰:'请表弟歌。'众皆哂,或有怒者。及转喉发声,歌一曲,众皆泣下,罗拜曰:'此李八郎也。'"(王学初《李清照集校注》卷三,辑自《苕溪渔隐丛话》后集卷三三)按李八郎事,李肇《国史补》卷下曾有所记,但记叙曲江新进士春宴与歌者的游赏,当以李清照所记为详。清照博学,于金石书画均有研究,此处所记必当有本,足资参考。

新及第进士的曲江宴,在唐人记载中还有不少趣闻轶事,如《唐摭言》载宣慈寺门子事,记述极为生动,从中也反映了士人们对宦官专横的不满:

> 宣慈寺门子,不记姓氏,酌其人,义侠之徒也。咸通十四年,韦昭范先辈登第,昭范乃度支侍郎杨严懿亲。宴席间,帷幕、器皿之类皆假于计司,杨公复遣以使库供借。其年三月中,宴于曲江亭,供帐之盛,罕有伦拟。时饮兴方酣,俄睹一少年,跨驴而至,骄悖之状,旁若无人。于是俯逼筵席,张目,引颈及肩,复以巨箠振筑佐酒,谑浪之词,所不忍聆。诸君子骇愕之际,忽有于众中批其颊者,随手而坠;于是连加殴击,复夺所执箠,箠之百余,众皆致怒,瓦砾乱下,殆将毙矣。当此之际,紫云楼门轧开,有紫衣从人数辈驰告曰:"莫打!莫打!"传呼之声相续。又一中贵,驱殿甚盛,驰马来救;门子仍

操筶迎击，中者无不面扑于地，敕使亦为所筶。既而奔马而返，左右从而俱入，门亦随闭而已。座内甚欣愧，然不测其来，仍虑事连宫禁，祸不旋踵，乃以缗钱、束素，召行殴者讯之曰："尔何人？与诸郎君谁素，而能相为如此？"对曰："某是宣慈寺门子，亦与诸郎君无素，第不平其下人无礼耳。"众皆嘉叹，悉以钱帛遗之。复相谓曰："此人必须亡去，不则当为擒矣。"后旬朔，座中宾客多有假途宣慈寺门者，门子皆能识之，靡不加敬，竟不闻有追问之者。（《唐摭言》卷三《慈恩寺题名游赏赋咏杂记》）

应当指出的是，曲江等的这类宴集，也助长了奢侈的风气，因此李德裕在武宗朝任宰相时曾一度加以禁止，但后来宣宗继位，李德裕被贬逐，这种宴乐的风气更为兴盛，孙棨在《北里志》的自序中就说到宣宗大中时进士登科后，"宴游崇侈"，"鼓扇轻浮，仍岁滋甚"，曲江之宴，甚至延长到仲夏："自岁初等第于甲乙，春闱开送天官氏，设春闱宴然后离居矣，近年延至仲夏。"这种挥金如土、竞相夸富的习气，对豪贵之家是一种享乐和炫耀，而对贫寒士子却是沉重的负担。乾符二年（875）曾下诏："近年以来，浇风大扇，一春所费，万余贯钱，况在麻衣，从何而出？力足者乐于书罚，家贫者苦于成名，将革弊讹，实在中道。"并规定："每年有名宴会，一春罚钱及铺地等相计，每人不得过一百千，其勾当分手不得过五十人，其开试开宴并须在四月内。稍有违越，必举朝章，并委御史台常加纠察。"①虽有这个禁令，长安的奢侈风气依然如故，直至

①《唐大诏令集》卷一〇六《厘革新及第进士宴会敕》，所署时间为乾符二年正月。

唐亡,不再在长安建都,又经过几次战乱,世改时移,曲江的水也逐渐干涸,到宋代张礼游长安城南,倚大雁塔"下瞰曲江宫殿,乐游燕喜之地,皆为野草"(《游城南记》)。到明代中叶,则曲江两岸,只剩下"江形委曲可指",都是一片庄稼了①。昔日的繁华已成陈迹,后人只能凭文字记载去追想少年进士游赏的豪兴了。

# 六

在曲江大会之后,还有杏园宴,杏园宴的主要节目是探花,这也是进士放榜后传为佳话的韵事。

杏园在曲江之西,又与慈恩寺南北相望。宋人张礼曾从长安南门出发,游历南郊,其所著《游城南记》中说:"出(慈恩)寺,涉黄渠,上杏园,望芙蓉园,西行,过杜祁公家庙。"自注云:"杏园与慈恩寺南北相值,唐新进士多游宴于此。芙蓉园在曲江之西南,隋离宫也,与杏园皆秦宜春下苑之地。"明赵崡《石墨镌华》卷七《访古游记》中也说:"杏园、芙蓉池皆在(曲)江西南。"因此曲江宴之后又移饮于杏园,行探花之举,也是很顺当的事。

所谓探花,就是在同科进士中选择两个年纪较轻所谓俊少者,使之骑马遍游曲江附近或长安各处的名园,去采摘名花,这两个人就叫做两街探花使,也称探花郎(宋以后进士第三名称作探

---

① 赵崡《石墨镌华》卷七《访古游记》:"(慈恩)寺前小渠曲江泉,合黄渠水,经鲍陂而西。闻二十年前尚有水,宗侯谊汜莝在其北,引水作池,忌者塞其泉,竭矣。由寺东南行一里即曲江岸,江形委曲可指,皆苜禾稼,江南岸王中丞埏构亭游赏,今亦倾圮。江正北一阜,故乐游原,今为永兴王府,莝原下旧有青龙寺,今亦毁,江头古冢隆起数处,疑非冢,当是唐宫殿基。"

花,可能即由此而来①)。如果有别的人先折得名花如牡丹、芍药来的,就要受罚,如唐末记长安歌伎之盛的专书,孙棨的《北里志》,其自序中说晚唐时新科进士,"以同年俊少者为两街探花使"。宋赵彦卫《云麓漫钞》卷七引《秦中岁时记》:

> 期集谢恩了,从此便著披袋篚子骡从等,仍于曲江点检。……次即杏园初宴,谓之探花宴,便差定先辈(琼按,唐人习称已及第进士为先辈)二人少俊者,为两街探花使;若他人折得花卉,先开牡丹、芍药来者,即各有罚②。

当时正当新进士举办各种宴会之际,长安城的一些有名的园林都特为开放,使探花使有遍赏名园、选摘名花的机会。长庆年间王起知举,进士放榜后,张籍作《喜王起侍郎放榜》诗,云:"东风节气近清明,车马争来满禁城。二十八人初上牒,百千万里尽传名。谁家不借花园看,在处多将酒器行。共贺春司能鉴识,今年定合有公卿。"唐代长安城,一到春天,本有园林游春的习俗。如《开元天宝遗事》载:"长安春时,盛于游赏,园林树木无闲地。故学士苏颋应制云:'飞埃结红雾,游盖飘青云。'"这些都可见出进士及第

---

① 《陔余丛考》卷二八《状元榜眼探花》条中云:"探花之称,唐时曲江宴本以榜中最年少者为之。《秦中记》:探花宴以少俊二人为探花使,遍游名园,若他人先得名花,则二人被罚。宋初犹然。《翰苑名谈》:西方琥登第,年最少,告状元郑毅夫,乞作探花郎,毅夫云已差二人,琥曰:此无定员,添一人何害。是宋初尚未以第三人为探花。"

② 今《说郛》本载唐李绰《秦中岁时记》载此事,文较略,云:"进士杏园初宴,谓之探花宴。差少俊二人为探花使,遍游名园,若他人先折花,二使皆被罚。"又清赵翼《陔余丛考》卷二八《状元榜眼探花》条也称探花"以榜中最年少者为之"。

后长安城的欢乐气氛。

刘沧于大中八年（854）登进士第，他有描写及第后参加探花宴的诗：“及第新春选胜游，杏园初宴曲江头。紫毫粉壁题仙籍，柳色箫声拂御楼。霁景露光明远岸，晚空山翠坠芳洲。归时不省花间醉，绮陌香车似水流。”（《全唐诗》卷五八六《及第后宴曲江》）著名作家皮日休咸通八年（867）登进士第，他参加杏园宴的诗，有“雨洗清明万象鲜，满城车马簇红筵”之句（《全唐诗》卷六一三《登第后寒食杏园有宴因寄录事宋垂文同年》）。

至于曾经做过探花使的诗人，我们可以举出两个来。翁承赞于乾宁二年（895）登进士第，他所作的《擢探花使三首》，其一云：“洪崖差遣探花来，检点芳丛饮数杯。深紫浓香三百朵，明朝为我一时开。”其三云：“探花时节日偏长，恬淡春风称意忙。每到黄昏醉归去，纻衣惹得牡丹香。”（《全唐诗》卷七〇三）翁诗写得气氛很浓，探花使的得意心情与恬淡的春风、牡丹的香气，写得很和谐。另一个是诗人李商隐的连襟韩瞻的儿子、曾被李商隐称誉为“雏凤清于老凤声”的韩冬郎韩偓，他有《余作探使以缭绫手帕子寄贺因而有诗》：“解寄缭绫小字封，探花筵上映春丛。黛眉印在微微绿，檀口消来薄薄红。缠处直应心共紧，矸时兼恐汗先融。帝台春尽还东去，却系裙腰伴雪胸。”①韩偓这里写的“探花宴上映春丛”、“以缭绫手帕子寄贺”的，大约是长安的一位歌伎。包括杏园在内的当时新进士宴集，是有不少歌伎参与的，她们与少年进士共庆及第的欢乐。

写探花最有名的，还应算是孟郊的《登科后》一诗：“昔日龌龊不足夸，今朝放荡思无涯。春风得意马蹄疾，一日看遍长安花。”

---

① 《玉樵山人集》，并据《全唐诗》卷六八二校正错字。

（《孟东野诗集》卷三）孟郊于贞元十二年（796）登第，时已四十六岁。在这之前他曾累举不第，写了好几首感叹落第悲哀的诗。现在一旦中举，一扫昔日的抑郁之气，正如他同时所作的《同年春宴》所说的那样，正是"视听改旧趣，物象含新姿；红雨花上滴，绿烟柳际垂"。风景依旧，而心情各异，红雨绿烟，春风高歌，花枝醉舞，这种物象与我同一欣悦的境界，可以帮助我们领会孟郊写出"春风得意马蹄疾，一日看遍长安花"时那种淋漓的兴会。

杏园宴时还有知举者参加，新科进士在宴饮时再一次答谢座主选拔之恩，如中唐诗人姚合《杏园宴上谢座主》诗云："得陪桃李植芳丛，别感生成太昊功，今日无言春雨后，似含冷涕谢东风。"（《姚少监诗集》卷九）晚唐曹松也有《及第敕下宴中献座主杜侍郎》诗："得召丘墙泪却频，若无公道也无因。门前送敕朱衣吏，席上衔杯碧落人。"（《全唐诗》卷七一七）

杏园宴集，当然不一定限于新科进士，一般文人或官僚，也有在此宴集的，如《唐诗纪事》卷四三记冯宿事，谓："宿尹河南，乐天、梦得以诗送之，宿酬云：'共称洛邑难其选，何幸天书用不才。遥约和风新草木，且令新雪静尘埃。临歧有愧倾三省，别酌无辞醉百杯。明岁杏园花下集，须知春色自东来（自注：每春尝接诸公杏园宴会）。'"但杏园宴之出名仍是新及第进士的探花之宴。

北宋建都于汴京，但人们缅怀曲江、杏园的盛况，采摘名花的风习仍然沿袭下来，不过已不可能在长安的杏园，而是在汴京皇城内的琼林苑了。宋赵升《朝野类要》卷二谓："选年最少者二人，于赐闻喜宴日，先到琼林苑折花迎状元吟诗，此唐制，久废。"看来宋代虽有折花之举，但已不是遍历名园，格局小多了，而且到北宋中期终因"以厚风俗"为理由予以废止。据宋魏泰《东轩笔录》卷六载："进士及第后，例期集一月，其醵罚钱奏宴局什物皆请同年分掌。

又选最年少者二人为探花,使赋诗,世谓之探化郎。自唐已来,榜榜有之。熙宁中,吴人余中为状元,首乞罢期集,废宴席探花,以厚风俗。执政从之。"这种改变,也多少反映唐宋社会风气的不同吧。

《蔡宽夫诗话》也有类似的记载,说:"唐故事,进士朝集,尝择榜中最年少者为探花郎,宋熙宁中始罢之。太平兴国三年,胡秘监旦榜,冯文懿拯为探花,是岁登第七十四人,太宗以诗赐之曰:'二三千客里成事,七十四人中少年。'"①奇怪的是北宋后期,竟以杏园为文人死后精魂会集之所,如何薳《春渚纪闻》卷六《后山往杏园》条云:"建中靖国元年,陈无己以正字入馆,未几得疾。楼异世可时为登封令,夜梦无己见别,行李蓬甚。楼问是行何之,曰:'暂往杏园,东坡、少游诸人在彼已久。'楼起视事,而得参寥子报云,无己逝矣。"所记楼异述梦的话当然不一定可靠,但说苏轼、秦观死后都集于杏园,则反映北宋后期认为杏园乃文人死后英灵聚集之处,这种传说的来源与唐代进士及第者杏园之宴的风尚是否有一定的因袭关系,还待进一步研究。


# 七


杏园探花宴之后,为慈恩雁塔题名。唐末无名氏《玉泉子》

---

①见郭绍虞《宋诗话辑佚》第413页。又宋戴埴《鼠璞》卷上《探花郎》:"《唐摭言》载唐进士赐燕曲江,置团司,年最少为探花郎。本朝胡旦榜冯拯为探花,太宗赐诗曰:'二三千客里成事,七十四人中少年。'《蔡宽夫诗话》亦言期集择少年为探花。是杏园赏花之会,使少年者之,本非贵重之称,今以称鼎魁,不知何义。《东轩笔录》谓期集选年少三人为探花使赋诗。熙宁中,余中为状元,乞罢宴席探花,以厚风俗,从之,恐因此讹为第三人。"

谓:"慈恩寺连接曲江及京辇诸境,每岁新得第者毕列姓名于此。"慈恩寺在长安东南角的晋昌坊,建于贞观二十二年(648),内有唐僧玄奘译经道场;寺内雁塔则应玄奘之请,建于高宗永徽三年(652)。(《大慈恩寺三藏法师传》卷六:永徽三年,"春三月,法师欲于寺端门之阳造石浮图,安置西域所将经像,其意恐人代不常,经本散失,兼防火难。浮图量高三十丈,拟显大国之崇基,为释迦之故迹。……其塔有五级,并相轮、露盘凡高一百八十尺……上层以石为室。南面有两碑,载二圣《三藏圣教序》、《记》,其书即尚书右仆射河南公褚遂良之笔也。")到中唐时,规模已很大,《酉阳杂俎》续集卷六《寺塔记》下记谓:"慈恩寺,寺本净觉故伽蓝,因而营建焉,凡十余院,总一千八百九十七间,敕度三百僧。"《唐摭言》卷三载:"神龙已来,杏园宴后,皆于慈恩寺塔下题名。同年中推一善书者记之,他时有将相,则朱书之。及第后知闻,或遇未及第时题名处,则为添前字。"神龙是中宗的年号(705—706)。据此,则知在此之前进士及第尚未有雁塔题名之举。苏颋有《慈恩寺二月半寓言》诗,写慈恩寺二月景物,没有一字提到进士题名,且写游人也少,只云"殿堂花覆席,观阁柳垂疏,共命枝间鸟,长生水上鱼";又云"行密幽关静,谈精俗态祛,稻麻欣所遇,蓬籊怆焉如"(《全唐诗》卷七四)。

题名起于何时,大致有两说。《刘宾客嘉话录》云:"慈恩题名,起自张莒,本于寺中闲游而题其同年人,因为故事。"而钱易《南部新书》乙卷则谓:"韦肇初及第,偶于慈恩寺塔下题名,后进慕效之,遂成故事。"过去的一些记载,对这两说都未能确定孰是孰非①。今按柳宗元《先君石表阴先友记》有张莒,谓"莒,常山

① 如宋程大昌《雍录》卷十《寺观》,明郎瑛《七修类稿》卷二〇《雁〔转下页〕

人",其下宋人韩醇注:"大历九年进士。"张莒又见于《唐郎官石柱题名考》卷四,《御史台精舍题名考》卷三。《唐诗纪事》卷三一说他大中时官吏部员外郎。韦肇则为韦贯之之父,大历中任中书舍人,后历任京兆少尹、秘书少监,有重名于时,而为宰相元载所恶,元载被诛,除吏部侍郎,代宗曾想命他为相,不巧韦肇病卒未果①。其事迹又载《元和姓纂》卷二,《唐郎官石柱题名考》卷八。韦肇未知其登第年,但当在大历初或稍前。总之,张莒和韦肇乃是同时人,其登科之年当也约略先后,因此无论是张莒或韦肇,都是说雁塔题名起于代宗的大历年间。

首先根据唐人题名遗物而提出新见的,是北宋末年人董逌,他在《广川书跋》卷七的记载中说,他曾从河南石氏得到一块进士陈昭的题名刻石,上面所题的时间是开元九年(721)。后来清人叶奕苞《金石录补》卷一二进一步肯定董逌的论断,说"右开元九年进士陈昭等慈恩寺题名,昭所书也"。开元九年离神龙初只有十几年,开元九年既已有大雁塔的进士题名,则《唐摭言》所谓起于神龙之说,是大致不错的。

另外,据宋人戴埴说,他也曾得到唐人雁塔题名石刻,"细阅之,凡留题姓名,僧道士庶,前后不一,非止新进士也"(《鼠璞》卷上《雁塔题名》)。可见唐人雁塔题名,僧道士庶,各色人都有。也不一定是同科进士,如韩愈、李翱、孟郊、柳宗元、石洪,就同登雁塔题名②,这几人就非同科及第。唐代的慈恩寺,本是园林佳胜之

---

地,春夏之际,慈恩寺的牡丹花,是长安城的佳品,"每开及五六百朵,繁艳芬馥,近少伦比"(康骈《剧谈录》卷下《慈恩寺牡丹》条)。又如沈亚之《曲江亭望慈恩杏花发》诗(《沈下贤文集》卷一):

> 曲台晴好望,近接梵王家。十亩开金地,千株发杏花。
> 带云犹误雪,映日欲欺霞。紫陌传香远,红泉落影斜。……

韩翃《题慈恩寺振上人院》(《全唐诗》卷二四四):

> ……鸣磬夕阳尽,卷帘秋色来。

白居易《三月三十日题慈恩寺》(《白居易集》卷一三):

> 慈恩春色今朝尽,尽日徘徊倚寺门。惆怅春归留不得,紫藤花下渐黄昏。

慈恩寺又有热闹的杂耍戏场,《南部新书》戊卷说"长安戏场多集于慈恩"。宣宗之女万寿公主嫁给郑颢,郑颢的弟弟郑顗病重,宣宗问公主是否探病去了,使者说没有,宣宗问在何处,使者说"在慈恩寺看戏场"(唐张固《幽闲鼓吹》)。皇家的公主也到慈恩寺戏场观看,可见其繁闹的程度了。由此可以推断,慈恩寺本是游人繁杂之地,举子中可能有人偶然题名于雁塔,后来遂逐渐演变为登第者游宴题名的场所。

雁塔题名,至五代时移都洛阳,其风遂止。神宗元丰时,塔遭火,后因修葺,曾得唐人题名数十。关于五代至北宋的情况,宣和二年庚子(1120),樊察、柳瑊曾有跋记之,见于南宋陈思《宝刻丛编》卷七,今录其有关部分如下:

> 自神龙以来,进士登科皆锡燕江上,题名塔下,由是遂为

故事。五季寺废,惟雁塔岿然独存,有僧莲芳始茸新之,塔之内外皆以涂堲,唐人题字不复可见。元丰间塔再火,乡人王正叔始见画壁断裂,自划括觜鬒,得题名数十,乃录以归,屡白好事者,使刻石,逮今逾四十年,卒不果。重和戊戌(1118),察雠书东观,偶与同年柳伯和纵谈及此,击节怅然。明年伯和出使咸秦,暇日率同僚登绝顶,始命尽划断壁,而所得尤富,皆前此未之见者。……先是会昌中宰相李德裕自以不由科第,深贬进士,始罢宴集,向之题名,削除殆尽,故今所序,独诗人、处士与公卿贵游子弟为多。(樊察仲恕)

　　雁塔在长安南、曲江西慈恩寺,乐天所谓曲江院里题名处是也。塔成于显庆间,距今几五百年,坚完如新。壁间砖上,字墨犹存。……宣和庚子,瑊以漕事使关中,公余与同僚访古,周览塔上,层层见之,字画遒丽,具有楷法,全傍无几,而名卿跬人,留记姓字岁月者倍多,乃得善工李知常等俾尽摹刻于石。(柳瑊伯和)

有关的记载,还可参见明赵崡《石墨镌华》卷七,清叶奕苞《金石录补》卷一二《唐陈昭题名》,以及翁方纲《复初斋诗集》卷五〇《唐慈恩雁塔题名残拓本(宣和庚子十月大名柳瑊摹勒)》,等。又,唐中叶时,凡得京兆府解送列入等第的,也可在雁塔题名,见宋董逌《广川书跋》卷八《李翱题名》条。

　　另外,还可注意的是,中唐时女道士鱼玄机有一首《游崇真观南楼睹新及第题名处》的诗,云:"云峰满目放春晴,历历银钩指下生。自恨罗衣掩诗句,举头空羡榜中名。"(《全唐诗》卷八〇四)查宋敏求《长安志》卷九新昌坊,有:"崇真观,本李齐古宅,开元初立。"就是说,崇真观本为李齐古的住宅,开元初立为道观。慈恩寺在晋昌坊,崇真观在新昌坊,虽然都在长安的东城,但东西隔两条直街,南北隔两个坊。鱼玄机何以在崇真观南楼能见到新及第进士的题名?是否除了雁塔以外,崇真观附近也有进士题名之处?鱼玄机诗中的崇真观与《长安志》所载新昌坊的崇真观,是否同名异地?限于目前所能见到的资料,还未能得出确切的结论,有待于进一步查考。

# 八

本节简略地谈一下闻喜、樱桃、月灯等宴。

闻喜宴实际上也是曲江宴会的一种,并无什么特色。宋王栐《燕翼贻谋录》卷一载:"故事,唱第之后,醵钱于曲江为闻喜之饮。近代于名园佛庙,至是官为供帐,岁以为常。"闻喜宴在北宋时较为兴盛,由官府出钱举办,有时由皇帝出面赐宴①。樱桃宴以食樱桃而得名,新进士中富有钱财者,届时购得初上市的樱桃,请人尝新,以博得名声。虽然《唐摭言》(卷三)说"新进士尤重樱桃宴",但留传下来的有关这方面的记载却不多。

值得一提的是月灯宴。月灯宴以月灯阁而得名,其主要节目是打球,时间则是在清明前后。《南部新书》乙卷载:"每岁寒食……都人并在延兴门看人出城洒扫,车马喧阗。新进士则于月灯阁置打球之宴。"又如《唐摭言》卷三载:"咸通十三年三月,新进士集于月灯阁为蹙鞠之会。击拂既罢,痛饮于千佛阁之上,四面看棚栉比,悉皆搴去帷箔而纵观焉。"这也是新进士及第后的一

①参见徐松《登科记考》卷二六引李焘《续通鉴长编》。

种豪举。这种击球之戏，四面有看棚，颇似现在的足球赛。乾符四年（877），新进士聚集于月灯阁打球，这时忽来一批兵士，球场为他们所占，新进士对这般武人无可奈何。同年中有叫刘覃的，说："我去打这些人的骄气，让他们退走！"说罢，他就跨马执杖，冲向正在打球的兵士说："新进士刘覃拟陪奉，可乎？"兵士似乎看轻这一介书生，就让他一起打球。"覃驰骤击拂，风驱电逝，彼皆愕际。俄策得球子，向空磔之，莫知所在。数辈惭沮，俛俛而去"。这时月灯阁下观看的有数千人，"因之大呼笑，久而方止"。《唐摭言》的这段描写十分生动，刘覃的高超球艺说明唐代文士有多方面的才能，并非如后世想象的那样仅是文弱书生。

月灯阁平时也是文士们游宴之地，元稹追忆与白居易贞元末在长安时日相过从的生活，就提到月灯阁，说："僧餐月灯阁，醵宴劫灰池。"自注云："予与乐天……辈，多于月灯阁闲游，又尝与秘省同官醵宴昆明池。"①唐时月灯阁的地点不详，清人所修《咸宁县志》卷一〇《地理志》，东乡，记有"韩森社，在城东五里，统四十二村"，村名有长乐坡、月灯阁。由此推测，则月灯阁在唐时或当也在长安的东城。

--------

① 《元稹集》卷一〇《酬翰林白学士代书一百韵》。

# 第十二章　举子情状与科场风习

## 一

　　上一节讲进士的放榜与宴集,是举子中的一部分,他们有幸得能榜上有名,因而有机会参与及第后的各种喜庆活动。应该说,及第者只占应试举子极小的一部分。前面一些章节中曾经提到过,每年集中于京师的贡士,一千余至三四千不等,如韩愈《送权秀才序》(《韩昌黎文集校注》卷四)说:

> 愈常观于皇都,每年贡士至千余人。

这是中唐时的情况,晚唐时大致也保持此数,如康骈《剧谈录》卷下《元相国谒李贺》条说:

> 自大中、咸通之后,每岁试春官者千余人。

　　但能及第的却是极少数,进士及第的比例更小,宋元之际的马端临就说过"唐进士科取人颇少"的话(见《文献通考》卷三五

《选举考》八）。《宋史》卷一五五《选举志》一《科目》条引北宋人王珪的话,说:"唐自贞观讫开元,文章最盛,较艺者岁千余人,而所收无几;咸亨、上元增其数,亦不及百人。"这所谓百人,是包括进士、明经等科在内的。开元以后,进士所取人数有所增加,但大体稳定在三十人上下,占应试者百分之二三。在这仅有的百分之二三中,有相当一部分还是官僚大族出身的子弟,他们依仗政治权势,采取行贿等手段,买通关节获得及第,在这种情况下,一般中小地主出身或家境较为清贫的士人,及第的比例就更加少了。虽然因文献记载的缺乏,我们还不能统计出一般地主出身的士人登第与落第的比例数字,但可以想见他们中绝大多数是不免落第或者是久试才得一第的。春日曲江的宴集,他们是向隅者;传为美谈的唐代科举盛事,对大多数应试者来说是落第的悲叹和奔波于道途的辛酸。

譬如所谓"行市罗列"、"车马阗塞"的曲江宴,最初本是慰藉落第举人而设的,因此宴席极其简单草率,后来逐渐被新科进士所据,这些落第者只好黯然而退了①。据《云仙杂记》卷二记,唐代"进士不第者,亲知供酒肉费,号买春钱"。这买春钱的名称,对于落第举子也是够凄凉的。唐末孙棨《北里志》中的《杨妙儿》条也说:"京师以宴下第者,谓之打毷氉。""打毷氉"一词又见于中唐李肇《国史补》卷下:"不捷而醉饱,谓之打毷氉。"所谓毷氉,据辞书的解释,是烦闷、失意的意思。可见自中唐至唐末,亲友宴请落第举人,以消除其失意的愁闷,大约是当时社会的一种习俗。

落第举子还有一种习俗,就是乞取及第进士的衣裳,以为吉利。张籍《送李余及第后归蜀》(《张籍诗集》卷四)中说:"归去唯

---

①见《唐摭言》卷三《散序》。

将新诰牒,后来争取旧衣裳。"所以争取旧衣裳者,乃为的是图吉兆,宋人程大昌《演繁露》卷一二《社日停针线取进士衣裳为吉利》条即引张籍这两句诗,并加解释道:"知新进士衣物,人取之以为吉兆,唐俗亦既有之。"这种举动,对于落第者来说,也是很可怜的,明代的唐诗学者胡震亨称"当时下第举子丐利市,猥习可悯笑者"(《唐音癸签》卷一八《诂笺》三《进士科故实》),是有一定见地的。

落第的举子,也有出家修道,或入市井行贾的,这也可从一个侧面窥见当时社会的面影。如《太平广记》卷二四《萧静之》载:

> 兰陵萧静之,举进士不第。性颇好道,委书策,绝粒练气,结庐漳水之上,十余年而颜貌枯瘁,齿发凋落。一旦引镜而怒,因迁居邺下,逐市人求什一之利,数年而资用丰足,乃置地葺居。

像萧静之那样,考进士不中,结庐修道,又出来经商,遂以致富,这也是一条出路,在当时社会有其一定的代表性。另外是走河北、山东,在藩镇的幕府下谋得一个职务,逐步求得升迁,在中晚唐,这更是士人的仕进之途。这一点在其他章节中已详,这里不再多说。

也有另一种情况,就是落第举人对考试的结果不服,或认为所取不公,因而上诉或闹事的。唐代前期即有挝鼓申诉的事,如被称为"青钱学士"的《朝野佥载》《游仙窟》作者张鷟,有一首判词,其判题为:"太学生刘仁范等省试落第,挝鼓申诉:准式卯时付问头,酉时收策,试日晚付问头,不尽经业,更请重试。台付法不伏。"这是对省试时不按照规定时间发考卷而提出申诉。在这之后，举子们有揭发主考官因关节而取士的，晚唐时，落第举子就有群聚市街、哄起闹事的情况。如徐松《登科记考》卷二五载后唐天成三年(928)引《册府元龟》、《五代会要》文："七月四日，工部侍郎任赞上言曰：……伏见常年举人等省门开后，春榜悬时，所习既未精研，有司宁免黜落。或嫉其先达，或恣以厚诬，多集怨于通衢，皆取骇于群听。颇亏教本，却成乱阶。"此处所述，具体虽是指五代后唐的情况，但实际上则是晚唐的余风。

## 二

唐代进士落第者的种种悲苦和辛酸，在诗文以及笔记、杂史中，颇有所记述，这些记述可以使我们具体地了解那一时代相当一部分知识分子的生活和所处的环境，这对于我们进而了解唐代的社会和文学，都有不少的帮助。

在具体论述这一问题之前，让我们先来看看两则有关举子与其家庭的悲剧性的描写。其一是《唐摭言》卷八《忧中有喜》条：

> 公乘亿，魏人也，以辞赋著名。咸通十三年，垂三十举矣。尝大病，乡人误传已死，其妻自河北来迎丧。会亿送客至坡下，遇其妻。始，夫妻阔别积十余岁，亿时在马上，见一妇人，粗缏跨驴，依稀与其妻类，因睨之不已。妻亦如是。乃令人诘之，果亿也。亿与之相持而泣，路人皆异之。后旬日，登第矣。

公乘亿于懿宗咸通十三年(872)登第，王定保记此事加了"忧中有喜"的标题,虽然写了团圆的结局,但并不能冲淡公乘亿与他妻子凄凉遭遇的悲剧色彩。在咸通十三年登第前,已考了将近三十次,也就是三十个年头,这长时期的失望和愁苦的郁积是可想而知的。其妻听人误传,以为公乘亿已死,以当时的交通条件,一个妇人自河北孤单一人来到长安,路途之艰辛,心情之哀楚,是可以想见的。公乘亿在送客途中,遇其妻而不敢认,可见阔别之久,后来终于认出,却又看到妻子穿着丧服,悟出其中的缘由,则长久积郁的悲苦顿时倾泻而出,乃在道路上与妻子"相持而泣"。这样的遭遇,这样的情感,在那一时代贫寒士人中一定有相当的代表性,使得生活于唐末五代之际的王定保,在写这段情节时,笔端也饱含着感情。

另一则故事见于《太平广记》卷七四《陈季卿》篇,说:"陈季卿者,家于江南,辞家十年,举进士,志不能无成归,羁栖辇下,鬻书判给衣食。"一个江南的士人,为应进士试,千里迢迢来到长安,而却是十年不第,又是十年不归,流落在长安,靠为人抄写书判为衣食之费,这十年陈季卿是怎么过来的,他的有家归不得的心情是怎样久积于心的,都不难想见。后来,他在一个偶然的机会,游长安南郊青龙寺,遇一终南山翁,山翁问他何所求时,他一开头就诉说想要回家而不可得,于是仙翁稍施法术,使陈乘一竹叶小舟,忽地返回故乡。阔别十年,与妻子兄弟相见,悲欢异常,但却不能久住:

> 此夕谓其妻曰:"吾试期近,不可久留,即当进棹。"乃吟一章别其妻曰:"月斜寒露白,此夕去留心。酒至添愁饮,诗成和泪吟。离歌栖凤管,别鹤怨瑶琴。明夜相思处,秋风吹半衾。"将登舟,又留一章别诸兄弟云:"谋身非不早,其奈命

来迟。旧友皆霄汉,此身犹路歧。北风微雪后,晚景有云时。惆怅清江上,区区趁试期。"一更后,复登叶舟,泛江而逝。兄弟妻属,恸哭于滨,谓其鬼物矣。……

这则故事写一个贫寒士人,为了博得一个进士出身,滞留长安十年而不得归家,即使得有一个机缘,回家与妻子兄弟相聚,但又因试期迫近,又匆匆离家,以至于全家恸哭送别时,以为他已不在人世,只是鬼魂返回罢了。这样的描写,已颇接近于蒲松龄在他的不朽名著《聊斋志异》中揭露科举考试黑暗的某些篇章了。

陈季卿的情况并非个别的现象,如贞元时与韩愈交友的闽中名士欧阳詹之孙欧阳澥,娶妻只不过十来天,就赴长安应试,久不返家,他所作诗有"黄菊离家十四年"之句。据《唐诗纪事》卷六七所载,他"出入场中仅(几)二十年"。

困于科场、久举不第的,大多是朝中无奥援、家中无厚积的一般地主阶级知识分子。如《金石续编》卷九《大唐故宣州司功参军魏府君墓志铭》记魏邈:"少履文字,贞元初以乡举射策,上省者五六,以贿援兼无,竟不登第。"虽然"称屈者众矣",但因魏邈既无财行贿,又无路攀援,终于不能登第。又如李翱《送冯定序》(《李文公集》卷五)中说:

> 冯生自负其气而中立,上无援,下无交,名声未大耀于京师。……是以再举进士皆不如其心。

文宗大和九年(835)十二月,中书门下奏中也说:"又闻每年贡士尝仅千人,据格所取,其数绝少,强学待用,常年不试,孤贞介士,老而无成,甚可惜之。"(《册府》卷六四一《贡举部·条制》三)当时一定有不少孤立无援而有真才实学的人被排斥于及第者行列之外,终老而未能成名的,中书门下才有这样的议论。

进士如此,明经所取人数虽说比进士多好几倍,但能得中也极不容易,像韩愈《赠张童子序》(《韩昌黎文集校注》卷四)中所说的,试明经士人,一般在州府试须得十多年才能作为贡士,至京城应礼部试,又还得十多年或许能礼部试及格再应吏部试,韩愈不禁慨乎言之曰:

> 斑白之老半焉,昏塞不能及者,皆不在是限,有终身不得与者焉。

这真是所谓"赚得英雄尽白头"了。

落第者并不都是没有才学的人,就现在所知,唐朝不少第一、二流的文学家,大都有过科场挫折或累举不第的经历,如李翱《谢杨郎中书》说:

> 翱自属文,求举有司,不获者三,栖遑往来,困苦饥寒,踣而未能奋飞者,诚有说也。(《李文公集》卷七)

另外他在《感知己赋》的序中说:

> 贞元九年,翱始就州府之贡举人事。其九月,执文章一通谒于右补阙安定梁君(肃)。……十一月,梁君遘疾而没。……梁君没于兹五年……每岁试于礼部,连以文章罢黜。(同上卷一)

李翱于贞元十四年(798)进士及第,在此之前,经历了五年,应考了三次,都是失意而归的,所以说"栖遑往来,困苦饥寒,踣而未能奋飞"。与此相类的是沈亚之,也是考了五年(《沈亚之文集》卷七《与李给事荐士书》说"昔者五年，亚之以进士入贡"，沈亚之于元和十年及第，此五年指元和五年），三黜于礼部（同上卷七《上寿州李大夫书》："三黜于礼部，得黜辄归，自二月至十一月，晨驰暮走"）。与李翱同时的古文名家皇甫湜，也曾在文中感叹其不遇："湜求闻来京师三年矣，一年以未成颠蹶，二年以不试狼狈，及今三年而不遇有司。"（《皇甫持正文集》卷四《答刘敦质书》）李商隐于文宗大和六年（832）始应进士举，开成二年（837）及第，关于这几年的遭遇，他在文中有好几处提到，如：

> 凡为进士者五年，始为故贾相国（𫗧）所憎。明年，病不试。又明年，复为今崔宣州（郸）所不取。（《樊南文集详注》卷八《上崔华州书》）
>
> 若某者幼常刻苦，长实流离。乡举三年，才沾下第，宦游十载，未过上农。（《樊南文集补编》卷八《献相国京兆公启》）
>
> 蕒念流离，莫或遑息，乔木空在，弊庐已颓。遂与时人，俱为岁贡。三试于宗伯，始忝一名；三选于天官，方阶九品。（同上卷八《献舍人彭城公启》）

其实，像李翱、皇甫湜、沈亚之、李商隐那样考了五六次以后及第的，年份还不算太长，晚唐几位诗人，像韩偓、吴融、郑谷，竟考了一二十年。韩偓《与吴子华侍郎同年玉堂伴直怀昔叙恩因成长句兼呈诸同年》诗，有"二纪计偕劳笔砚"之句，自注谓"予与子华，俱久困名场"，则韩偓与吴融困于科场者竟有"二纪"（二十四年），不知是否有所夸大。至于郑谷，《唐诗纪事》（卷七〇）说他"游举场十六年"，大约是不会错的，这也比李翱等多三倍。

韩愈于贞元二年（786）、年十九岁时至长安应进士试，至贞元八年（792）、年二十五岁登进士第，又应博学宏词试数年，一直未能考中，不得已到贞元十一年只好离开京都。他的《上宰相书》即作于贞元十一年正月，将要离京的前夕说：

> 四举于礼部乃一得，三选于吏部卒无成；九品之位其可望，一亩之官其可怀。遑遑乎四海无所归，恤恤乎饥不得食，寒不得衣，滨于死而益困，得其所者争笑之，忽将弃其旧而新是图，求老农老圃而为师，悼本志之变化，中夜涕泗交颐。（《韩昌黎文集校注》卷三）

句子的急促变化，充分表达了像韩愈那种急于求仕而又累次失望的复杂心情。他说"求老农老圃而为师"，只不过一时失意而聊为慰藉的话，那时的读书人，在仕途上的一时失意往往会使他们向往于归隐田园，如被誉为大历诗人之冠的钱起，在《长安落第作》诗中就说：

> 始愿今如此，前途复若何。无媒献词赋，生事日蹉跎。……故山归梦远，新岁客愁多。（《钱考功集》卷六）

钱起还有一首《下第题长安客舍》，也写得很真切：

> 不遂青云望，愁看黄鸟飞。梨花度寒食，客子未春衣。世事随时变，交情与我违。空余主人柳，相见却依依。

钱起于天宝九载（750）登进士第①，这两首写下第的诗当然是作

---

① 关于钱起登进士第的年岁，请参见拙著《唐代诗人丛考》一书中的《钱起考》。

于天宝九载之前，也就是说作于开元、天宝盛世。又如元结所编《箧中集》的诗人沈千运，天宝年间累试不第，五十多岁还未有功名（沈千运《濮中言怀》："一生但区区，五十无寸禄。"见《全唐诗》卷二五九）。盛世之音也是有凄苦之声的。

晚唐时的几位诗人，像徐夤考了十七年（《赠垂光同年》："丹桂攀来十七春，如今始见茜袍新。"见《全唐诗》卷七〇九），黄滔考了二十三年（《唐黄御史公集》后附考："滔以咸通壬辰登荐，年三十三，又越二十三年乃登第。"又集中《成名后呈同年》诗："业诗攻赋荐乡书，二纪如鸿历九衢"），而孟棨竟考了三十多年，如《唐摭言》卷四《与恩地旧交》载："孟棨年长于小魏公。放榜日，棨出行曲谢，沆泣曰：'先辈，吾师也。'沆泣，棨亦泣。棨出入场籍三十余年。"诗人刘得仁，还是所谓"贵主之子"，也考了三十年，竟没有成名而死，宋人蔡居厚的《诗史》记载道："刘得仁出入场屋三十年，卒无所成而逝。僧栖白以诗奠之，曰：'忽苦为诗来到此，冰魂雪魄已难招。直教桂子落坟上，生得一枝冤始消。'"①又如诗人顾况的儿子顾非熊，也是考了三十年（《唐摭言》卷八说非熊"在举场三十年，屈声聒人耳"），项斯《送顾非熊及第归茅山》诗说："吟诗三十载，成此一名难。"（《全唐诗》卷五五四）又如写过"凭君莫话封侯事，一将功成万骨枯"的诗人曹松，考了一辈子，到七十多了，因年老而特放及第，怪不得曹松在及第后献给座主的诗中说："得召丘墙泪却频。"（《唐诗纪事》卷六五）这七个字凝练了一生的辛酸和血泪。了解这些情况，对于我们阅读下列的诗句，当会增加一些真切的感受：

---

①见郭绍虞辑《宋诗话辑佚》第46页。

落第逢人恸哭初,平生志业欲何如。鬓毛洒尽一枝桂,泪血滴来千里书。(《全唐诗》卷五四九赵嘏《下第后上李中丞》)

玄发侵愁忽似翁,暖尘寒袖共东风。公卿门户不知处,立马九衢春影中。(《全唐诗》卷五五〇赵嘏《下第后归永乐里自题》)

年年春色独怀羞,强向东归懒举头。莫道还家便容易,人间多少事堪愁。(《全唐诗》卷六五四罗邺《落第东归》)

古人有遗言,天地如掌阔。我行三十载,青云路未达。……谁知失意时,痛于刃伤骨。身如石上草,根蒂浅难活。人人皆爱春,我独愁花发。……(《全唐诗》卷六〇五邵谒《下第有感》)

十载长安迹未安,杏花还是看人看。……(《全唐诗》卷七〇二张蠙《下第述怀》)

以上介绍的都是一些名人,而且其中大部分人到后来还是登了第的,至于那更大多数既无名气、最终也未登第的读书人,其景况则更为凄凉。我们在这里不妨举三个例子。一是《因话录》记:

进士陈存能为古歌诗,而命蹇。主司每欲与第,临时皆有故,不果。许尚书孟容旧相知,知举日,万方欲为申屈。将试前夕,宿宗人家,宗人为具入试食物,兼备晨食,请存偃息以候时。五更后,怪不起,就寝呼之,不应。前视之,已中风不能言也。(卷六羽部)

这位陈存,考了大半辈子,没有考取,最后,知举者总算是熟人,可以想办法提携他了,却不料就在考试的前一夜,中风而死。一辈子想要的,眼看就要到手,却又那样默默地离开了人世,这件事看起来似乎出于偶然,实则有它的必然——向往了几十年的功名,这一次就算有了盼头,这是一喜;但是如果还像过去那样"临时有故,不果",错过了这一次,往后就更没有希望了,这是一愁。寄宿于宗族本家,虽说同宗,总非家人,这是一悲;但看到这一家人为他准备考试期间的吃食,又安慰他让他临考前再好好休息一阵子,不免感到人世间的温暖,这是一乐。陈存就在这多种情绪影响下躺在床上,脑子经不起这种种的冲激和波动,终于中了风。

另一个例子是《太平广记》所载:

> 李敏求应进士举,凡十有余上,不得第。海内无家,终鲜兄弟姻属,栖栖丐食,殆无生意。大和初,长安旅舍中,因暮夜,愁悒而坐,忽觉形魂相离,其身飘飘,如云气而游。……
> (卷一五七《李敏求》)

这里写的是生活中的一个片断,但这个片断却写得极为传神,把李敏求孤单一身、终生不遇、前途无望、四顾茫然的精神状态刻画得很准确。这一段的描写,如放在《聊斋志异》中,也是上乘之作。

第三个例子是白居易的一篇文章:《送侯权秀才序》(《白居易集》卷四三)。侯权与白居易都是贞元十五年(799)秋由宣州贡赴长安应试的,第二年,白居易考取了,登了第,后来又做了官。虽然也曾经历过几番波折,却已担任过朝内外的要职。写这篇文章的前一年(元和十五年〔820〕),白居易的官职为主客郎中、知制诰。这时,侯权也在长安:

> 时子尚为京师旅人,见除书,走来贺予。因从容问其宦

名,则曰"无得矣";问其生业,则曰"无加矣";问其仆乘囊
韛,则曰"日消月朘矣";问别来几何时,则曰"二十有三年
矣"。嗟乎,侯生!当宣城别时,才文志气,我尔不相下。今
予犹小得遇,子卒无成。

贞元十五年由宣州启程赴长安时,白居易二十八岁,侯权的年岁
大约也相当。元和十五年,白居易已经四十九岁,写这篇文章的
长庆元年(821),白居易则正好是五十岁。时间过了二十九年,白
居易已经是仕历中外,而昔日同途应举的友人,却仍是长安市上
的一介旅人,二人的差距如此之远,其间又经历几多变化。文章
最后说:

　　言未竟,又有行色,且曰:"欲谒东诸侯,恐不我知者多,
请一言以宠别。"予方直阁,慨然窃书命笔以序之尔。

昔日"才文志气,我尔不相下"的侯秀才,经过生活风霜的磨炼,竟
变得如此的卑微了。这是一篇送行的文章,又是一封荐书,当然
无从预知侯权此后的命运,但从除了白居易的这篇文章外,再无
别的记载来看,这位侯秀才大约也就此默默过了一生,在车尘马
足中消失了自己的身影。

　　宋代邵伯温在《邵氏闻见录》(卷二)中有一则记载,说:"本
朝自祖宗以来,进士过省赴殿试,尚有被黜者。远方寒士,殿试下
第,贫不能归,多至失所,有赴水而死者。"宋代录取进士的名额远
较唐代为多,却尚有殿试被黜而赴水自尽的,唐代落第举子是否
也有同样的情况,缺乏直接的记载,但《邵氏闻见录》所载,仍可作
我们研究唐代士子生活的参考。

# 三

　　唐宋人的记载,有说白居易年轻时至长安应进士试,拜谒名士顾况,顾况一见白居易的名字,就开玩笑说:"长安居大不易!"这一记载虽不可靠①,但"长安居大不易"的话,确实道出一般读书人在长安生活的艰辛。长安是大唐帝国的京都,固然是全国政治、文化的中心,但由于集中居住着皇室、贵戚、大官、豪族、富室、巨贾,生活的奢侈是不用说的了,这也使得生活费用要比其他一般城市为高,一般地主家庭或自耕农出身的读书人来到京城应举,如果有几次考试落第,面对着昂贵的衣食费用,其景况是不容易处的。有些士人就只好住在长安城的偏僻处,过着半饥寒的生活。如晚唐诗人曹邺在一首诗中说:

> 举头望青天,白日头上没。归来通济里,开户山鼠出。中庭广寂寥,但见薇与蕨。无虑数尺躯,委作泉下骨。唯愁揽清镜,不见昨日发。(《曹邺诗注·下第寄知己》)

通济里在长安城南,已靠近终南山(唐时一些贫寒的士人,大约多住于城南,如张籍《过贾岛野居》说:"青门坊外住,行坐见南山。此地去人远,知君终日闲。蛙声篱落下,草色户庭间。好是经过处,唯愁暮独还。"见《张籍诗集》卷二)。曹邺从桂林,跋涉千里,来到长安,累试不第,其居处寂寥,别无长物,但见薇蕨,诗人生计

---

① 关于白居易于长安谒见顾况的考证,请参拙著《唐代诗人丛考》一书中的《顾况考》。

的贫苦可想而知。曹邺在及第后曾沉痛地诉说前此的境遇说：

> 僻居城南隅，颜子须泣血。沉埋若九泉，谁肯开口说。
> (《成名后献恩门》)

与此同时，散文家孙樵对他寓居长安的生活，则写得更为具体、真切：

> 长安寓居，阖户讽书。悴如冻灰，癯如槁柴，志枯气索，悒悒不乐。一旦有曾识面者，排户入室，咤骇唧唧，且曰：惫耶饿耶？何自残耶？对曰：樵天付穷骨，宜安守拙，无何提笔入贡士列，抉文倒魄，读书烂舌，十试泽官，十黜省司，知己日懈，朋徒分离。翛远来关东，橐装销空，一入长安，十年屡穷。长日猛赤，饿肠火迫，满眼花黑，晡西方食。暮雪严冽，入夜断骨，穴衾败褐，到晓方活。……(《孙樵集》卷七《寓居对》)

孙樵在这里写了他在长安十年间每下愈况的境地：由于屡试不第，友朋离散，钱囊如洗，白日饿得头昏眼花，夜里冻得不能成眠，以至"悴如冻灰，癯如槁柴"。这样的情况并不是个别的，诗人杜荀鹤也有同样的自况：

> 近腊饶风雪，闲房冻坐时。书生教到此，天意转难知。吟苦猿三叫，形枯柏一枝。还应公道在，未忍与山期。(《唐风集》卷上《长安冬日》)

杜荀鹤这时虽有僮仆，但僮仆也瘦得够可以，他行走在长安道上，不禁发出"回头不忍看羸僮，一路行人我最穷"的感叹(《唐风集》卷中《长安道中有作》)。而他之所以还不能舍离长安，是因为对进士及第终还抱着那么一种向往，所以说"还应公道在，未忍与山期"，又说"更从今日望明年"（《唐风集》卷中《长安春感》）。又，温庭筠的儿子温宪也是屡试不第，他也有类似的诗句，说"十口沟隍待一身，半年千里绝音尘。鬓毛如雪心如死，犹作长安下第人。"（见《唐诗纪事》卷七〇）。而当杜荀鹤真的及第了，已经年老体衰，力不从心，无意于仕进，只得返回故居茅山——考了大半辈子，落了这么一个下场。

至于因为没有考取，困居长安，抒写抑郁困顿的情怀，申诉落拓失意的悲慨，则在唐人诗篇中更为多见，这里略举数首如下：

> 客里愁多不记春，闻莺始叹柳条新。年年下第东归去，羞见长安旧主人。（《全唐诗》卷二〇三豆卢复《落第归乡留别长安主人》）

> 八月更漏长，愁人起常早。闭门寂无事，满院生秋草。昨宵西窗梦，梦入荆南道。远客归去来，在家贫亦好。（臧维熙校注《戎昱诗注·长安秋夕》）

> 一夕九起嗟，梦短不到家。两度长安陌，空将泪见花。（华忱之校点《孟东野诗集》卷三《再下第》）

> 死辱片时痛，生辱长年羞。清桂无直枝，碧江思旧游。（孟郊《夜感自遣》，同上）

> 听乐离别中，声声入幽肠。晓泪滴楚瑟，夜魂绕吴乡。几回羁旅情，梦觉残烛光。（孟郊《长安羁旅》，同上）

> 古巷槐阴合，愁多昼掩扉。独存过江马，强拂看花衣。送客心先醉，寻僧夜不归。龙钟易惆怅，莫遣寄书稀。（《全唐诗》卷五五四项斯《落第后寄江南亲友》）

> 一年年课数千言，口祝心祠挈出门。孤进难时谁肯荐，

主司通处不须论。频秋入自边城雪,昨日听来岭树猿。若有水田过十亩,早应归去狄江村。(黄滔《唐黄御史公集》卷三《长安书事》)

　　进乏梯媒退又难,强随豪贵殢长安。风从昨夜吹银汉,泪拟何门落玉盘。抛掷红尘应有恨,思量仙桂也无端。锦鳞赪尾平生事,却被闲人把钓竿。(罗隐《甲乙集》卷一《西京崇德里居》)

读了上面的这些诗,特别是罗隐的"强随豪贵殢长安",可以使我们进一步领会杜甫旅食长安时的悲辛:"骑驴十三载,旅食京华春。朝扣富儿门,暮随肥马尘。残杯与冷炙,到处潜悲辛。"(《杜诗详注》卷一《奉赠韦左丞丈二十二韵》)虽然时代先后有所不同,但长期困顿于长安,使诗人们喷发出共同的愤激与悲号。

钱易的《南部新书》乙卷还有一则记载,说:

　　岁除日,太常卿领官属乐吏,并护僮侲子千人,晚入内,至夜于寝殿前进傩,然蜡炬,燎沈檀,荧煌如昼,上与亲王、妃主已下观之,其夕赏赐甚多。是日衣冠家子弟,多觅侲子之衣,着而窃看宫中。顷有进士臧童者,老矣,偶为人牵率,同入其间,为乐吏所驱,时有一跌,不敢抬头视,执牦牛尾拂子,鞠躬宛转,随队唱《夜好》,千匝于广庭之中。及将旦得出,不胜困劣,扶舁而归,一病六十日,而就试不得。

这里写一个老秀才,大约也是一直考到老而未中的,有一年除夕夜,忽发奇想,也想入宫中窥看进傩的情况。于是为人带进,却不料为乐吏所驱,与一般乐人同样看待,跌跌撞撞,千匝百转,低着头不敢看什么,就这么折腾了一夜,第二天早上已经走不动路,只好让人抬着回到住处,连病了六十天,结果考期也没有赶上,这样就耽误了一年。写臧童那样的失意士人境遇之悲惨,可与《儒林外史》的笔法相媲美。从这种默默无闻的小人物的遭遇,更可以帮助我们认识那一时代知识分子所受到的包括科举制在内的各种物质和精神压力,是何等的沉重。从这种认识出发,我们再来读韩愈《与李翱书》中那一段传诵的名句,就更会感到字字都包含着血泪:

> 仆在京城八九年,无所取资,日求于人以度时月。当时行之不觉也,今而思之,如痛定之人思当痛之时,不知何能自处也。(《韩昌黎文集校注》卷三)

落第举子既有困居长安之苦,又有行旅漂泊之悲。唐时落第的举子,有的就在长安过夏,读书修业,至新秋再谋取京兆府或附近的同、华等州的举送,另外也有不少须游历外地州府,以取得地方大员或名公贵人在经济上的资助和政治上的荐引,此外还有相当一部分贫寒的士人,须在放榜后至秋季贡举前的一段空隙,回家赡视父母妻儿。荆南人刘蜕,号为"破天荒"的(详见前第四章州府举),他在一篇文章中曾具体地描述这种行役的苦辛:

> 家在九江之南,去长安近四千里。膝下无怡怡之助,四海无强大之亲。日行六十里,用半岁为往来程,岁须三月侍亲左右,又留二月为乞假衣食于道路,是一岁之中,独余一月在长安,王侯听尊,媒妁声深,况有疾病寒暑风雨之不可期者杂处一岁之中哉!是风雨生白发,田园变荒芜,求抱关养亲亦不可期也。(《刘蜕集》卷五《上礼部裴侍郎书》)

荆南距长安,比起岭南、江南、福建等地来,不算太远,但刘蜕已经须用半年的工夫,花在来回的路上,还要有两个月的时间往外地"乞假衣食",其奔走于道路的艰辛是可想而知的。刘蜕的这一段话,说出了较下层读书人的共同处境,应当说是很有代表性的。中唐时家在吴兴的沈亚之,在他未曾及第时,也说自己是"得黜辄归,自二月至十一月,晨驰暮走"(《沈亚之文集》卷七《上寿州李大夫书》)。后人往往把唐代读书人的这种行旅漂泊称作漫游,唐代人有时自己也叫做"壮游",如果我们读了刘蜕和沈亚之的这些篇章,对于唐代士人的生活当有进一步的深切了解。晚唐诗人黄滔,他在下第离开长安东归时,有这样的诗:

> ……莺声历历秦城晓,柳色依依灞水春。明日蓝田关外路,连天风雨一行人。(《唐黄御史公集》卷三《下第东归留辞刑部郑郎中诚》)

这幅风雨行役图,饱含着多少失意士人的血和泪!

据唐人的一些文献记载,不少士人在漂泊的道途中穷困潦倒,甚至就死于客舍田野之中。如《酉阳杂俎》前集卷二记一个秀才,元和时落第,"旅游苏、湖间",途中生病,钱又花光了,没有别的办法,只得把身上穿的一件脏衣服脱下来,叫人去典卖了,说:"可以此办少酒肉,予将会村老,丐少道路资也。"写下层知识分子潦倒贫窘的遭遇,像这样有强烈的现实性的描写,在那时还是不多见的。《酉阳杂俎》另有两则描写士人的不幸遭遇的故事:

> 于襄阳頔在镇时,选人刘某入京,逢一举人,年二十许,言语明晤。同行数里,意甚相得,因藉草。刘有酒,倾数杯。日暮,举人指支径曰:"某弊止从此数里,能左顾乎?"刘辞以

程期。举人因赋诗曰："流水消涓芹努牙，织鸟双飞客还家。荒村无人作寒食，殡宫空对棠梨花。"至明旦，刘归襄州，寻访举人，殡宫存焉。（前集卷一三《冥迹》）

枝江县令张汀，子名省躬，汀亡，因住枝江。有张垂者，举秀才下第，客于蜀，与省躬素未相识。大和八年，省躬昼寝，忽梦一人，自言姓张名垂，因与之接，欢狎弥日。将去，留赠诗一首曰："戚戚复戚戚，秋堂百年色。而我独茫茫，荒郊遇寒食。"惊觉，遽录其诗，数日卒。（续集卷二《支诺皋》）

这两则故事都托之于鬼魂，写举子在客游期间死于途中，不得归葬于故里。段成式于中晚唐间曾仕宦于荆襄，荆襄又为南方入京的通道，当地关于士子流落至死的传说当不少，因此段成式择要记录在他的这一部笔记小说中。人们不难通过这些看似离奇的情节，看出作者对应试举子流离道路及其凄凉结局所寄寓的深切的同情。

南宋人洪迈在其《容斋随笔》的五笔卷二《唐曹因墓铭》中，记南宋宁宗庆元三年（1197），江西信州的一个村庄，挖掘出一块唐碑，"乃妇人为夫所作"。碑文写得很简单，一共不到一百来字，后半篇写道：

惟公三举不第，居家以礼义自守。及卒于长安之道，朝廷公卿，乡邻耆旧，无不太息。

这位曹君，世居鄱阳，既非大族右姓，且又累举不第，可见在朝中是没有什么有力者为之援引的，其死于长安道上，碑铭乃仅出于妻子之手，则所谓"朝廷公卿"，"无不太息"，也不过修饰之词罢了。但这块碑文却仍是一个好材料，它朴素无华，然而却相当真实地写出了一个默默无闻的读书人为考科举而奔走至死的一生，由此也可见出上述《酉阳杂俎》的两则鬼魂故事，确是植根于现实生活之中的。

晚唐诗人刘沧在一首诗中说：

> 旅途谁见客青眼，故国几多人白头。霁色满川明水驿，蝉声落日隐城楼。（《全唐诗》卷五八六《秋日寓怀》）

唐代的读书人，有多少人就是在水驿、城楼的辗转往返中度过了青春，迎来了白发。这几句所写的旅途景色，衬托出一个困于行役、来去匆匆的凄凉过客。

## 四

正因为进士试竞争异常激烈，所以举子在考试之前须进行各种活动，其目的无非是争取榜上有名，早日登科。前面已讲过进士行卷与纳卷，这里拟再举几点。

一是所谓过夏与夏课。李肇《国史补》卷下，说到下第举人时说："退而肄业，谓之过夏；执业以出，谓之夏课。"就是说，春日放榜时，有些落第的举子，不再回家或外出，就住在长安习业，这叫过夏；将这期间所作的诗文，出而向名人达官投呈，以求荐引，这叫夏课。这时期，举子读书作文，是很辛苦的，如李观《报弟兑书》：

> （贞元）六年春，我不利小宗伯（琼按，此指礼部试，小宗伯谓礼部侍郎），以初誓心不徒还，乃于京师穷居，读书著文，

无缺日时。(《全唐文》卷五三三)

而且因为前途未卜,所以忧心忡忡,如韩偓《夏课成感怀》诗说:

> 别离终日心忉忉,五湖烟波归梦劳。凄凉身事夏课毕,
> 濩落生涯秋风高。居世无媒多困踬,昔贤因此亦号咷。谁怜
> 愁苦多衰改,未到潘年有二毛。(《玉樵山人集》)

过夏时,举子常借住于寺院道观,一是因为这些地方环境清幽,便于专心攻读,二是有些较为清贫的读书人借住寺庙,可以寄食,以解决经济上的一些困难。如《太平广记》卷一八〇《宋济》条记载:"唐德宗微行,一日夏中至西明寺时宋济在西明寺过夏,上忽入济院,方在窗下,犊鼻葛巾抄书。……又曰:'所业何?'曰:'作诗。'"又如《太平广记》卷四七《许栖岩》条说:"许栖岩,岐阳人也。举进士,习业于昊天观。"则是住于长安的道观。有时因市区嘈杂,乃移居于畿县,如《太平广记》卷三七三《杨祯》条:"进士杨祯,家于渭桥,以居处繁杂,颇妨肆业,乃诣昭应县,长借石瓮寺文殊院。"至于因贫寒而寄食寺院者,可见于《唐摭言》卷七所记数条:

> 王播少孤贫,尝客扬州惠昭寺木兰院,随僧斋食。(按,
> 王播事,后世所记者甚多,元人杂剧亦有之)
> 徐商相公尝于中条山万固寺泉,入院读书。家庙碑云:
> "随僧洗钵。"(按,《唐诗纪事》卷四八《徐商》条,载商镇襄阳
> 时,其观察判官名王传,并记云:"传登大中三年进士第。初
> 贫窭,于中条山万固寺入院读书。家庙碑云随僧洗钵。"则当
> 为王传事,非徐商。)

> 韦令公昭度少贫窭,常依左街僧录净光大师,随僧斋粥。
> 净光有人伦之鉴,常器重之。

这里说王传(徐商?)寓居中条山佛寺,此外,也有居住于嵩山、庐山、峨眉山等名山读书的,如:

> 元和初,嵩山有五六客,皆寄山习业者也。(《太平广记》卷四五八《嵩山客》)

> 薛肇,不知何许人也。与进士崔宇,于庐山读书,同志四人,二人业未成而去,崔宇勤苦,寻已擢第。(《太平广记》卷一七《薛肇》)

> 君卅岁好古学,与同门生肄业于峨眉山下,采撷前载可以为文章枢要者,绅绎区别,凡数十万言。大历十三年举进士甲科。(《权载之文集》卷二四《司门员外郎仲君墓志铭》)

权德舆说仲子陵肄业时,将前人的文章可以备作文参考的,即加以摘录整理,与此相类似的,则有李观那样,将知举者往日所作文,作为样板,加以揣摩,这大约也是为了投其所好吧。如说:

> 观尝窃览侍郎顷年诗一篇,言才者许以不一端,文者许以所长,则虽班固、司马迁、相如未闻若话言,是侍郎雅评掩于三贤矣。……今观也实在洛日,击指挥,占往来,以侍郎为文犀,以侍郎作灵龟,中之通者,不闻遗训,兆之灵者,不闻宿夜。(《全唐文》卷五三三李观《帖经日上侍郎书》)

以上是个人或二三友人潜心读书,并形诸篇章,以准备来年的考试,应当说这还算是举子试前活动的正常方式。另一种则是结成朋党,互通声气,造成舆论,以左右主司的视听,甚至交结权贵,采取某些不正当手段,则更是等而下之了。

　　各地的读书人,由州府贡举集中到京师来,因兴趣、爱好、学养及家庭门第等原因,各有交游,这本是正常现象,而且有时还会有一定积极的作用,如德宗贞元初,韩愈、李观、李绛、崔群为交友,并同游古文家梁肃之门,这对于韩愈日后推动古文运动,是有好的作用的,《唐摭言》就曾记载其事:

> 　　贞元中,李元宾、韩愈、李绛、崔群同年进士。先是四君子定交久矣,共游梁补阙之门。居三岁,肃未之面,而四贤造肃多矣,靡不偕行。肃异之,一日延接,观等俱以文学为肃所称,复奖以交友之道。(卷七《知己》)

这些情况,又见于其他一些作家的记载,如柳宗元说他在贞元八年(792)冬与苑论同为州府所贡,至长安,"自时而后,车必挂辖,席必交衽"(《柳宗元集》卷二二《送苑论登第后归觐诗序》)。刘禹锡回忆他的一些同年好友,在长安应试时,"联袂齐镳,亘绝九衢,若屏风然","永怀同年友,追想出谷晨;三十二君子,齐飞凌烟旻"(《刘禹锡集》卷二八《送张盥赴举并引》)。这些,都属于以文会友的性质。另有一些,则与学业的切磋无关,如《旧唐书》卷一四七《高郢传》载:

> 　　(贞元时)拜礼部侍郎。时应进士举者,多务朋游,驰逐声名;每岁冬,州府荐送后,唯追奉宴集,罕肄其业。

《柳宗元集》卷二三《送辛生下第序略》韩醇注,提及高郢知举时,也说:"时四方士务朋比,更相誉荐,以动有司,徇名亡实。"这些人来到京师,讲求交际酬宴,造成舆论,如许志雍在一篇墓志中所提到的，太原人王叔雅，"郡举进士，才及京师，动目屈指，倾盖结辙"，果然为礼部侍郎刘太真所赏识，刘在知贡举时，王叔雅就"再举而登甲科"（《全唐文》卷七一三许志雍《故江南西道观察判官监察御史里行太原王公墓志铭》）。这就是唐代进士举子结成朋党的社会历史背景。

"朋"原来并非指进士举子的一种组织①，而唐代进士举子结成朋的，天宝时就已开始。处于盛唐和中唐之间的诗人刘长卿，他的诗是为唐诗研究者所熟悉的，如果说"文如其人"的话，我们可怎么也想不到，那写出"柴门闻犬吠，风雪夜归人"的作者，在早年竟是奔驰于科场中的一名举子领袖呢。

科举考试，应考者多，录取者少，竞争的激烈是可想而知的，尤其是进士科，更是集中争夺的场所。中唐时李肇就说过："进士为时所尚久矣。是故俊乂实集其中，由此出者，终身为闻人。故争名常切，而为俗亦弊。"（《国史补》卷下）"朋"的组织，正是在这种激烈竞争的环境中适应于争名的需要而产生的。生活在玄、肃时期的封演在所著《封氏闻见记》中说："士子殷盛，每岁进士到省者常不减千余人，在馆诸生更相造诣，互结朋党，以相渔夺，号之

---

① 崔令钦《教坊记》自序谓："凡戏，辄分两朋，以判优劣，则人心竞勇，谓之'热戏'。"任半塘先生《教坊记笺订》谓："《旧唐书·郝处俊传》及《唐会要》三四，均载上元元年九月，高宗御含元殿东翔鸾阁，大酺。当时京城四县，及太常音乐，分为东西二朋。雍王贤为东朋，周王显为西朋，务以角胜为乐。因处俊谏而罢（《旧书·中宗纪》：景龙三年二月，'观宫女大酺，既而左右分曹，共争胜负'。又四年二月，'于梨园球场分朋拔河'）。是分朋热戏，不自玄宗始。"（中华书局上海编辑所，1962年7月版）任半塘先生又引王建《宫词》"青楼小妇研裙长，总被钞名入教坊。春设殿前多队舞，朋头各自请衣裳"，谓此朋头或系"舞头"（《教坊记笺订》第28页），又引蜀花蕊夫人《宫词》"舞头皆着画罗衣，唱得新翻御制词"。

为棚,推声望者为棚头,权门贵盛,无不走也。"(卷三《贡举》)据此,则所谓棚(朋)者,是原在太学诸馆读书的生徒,与来京应试的举子,相互结合而产生的,而其中的棚头,则须具有一定的"声望",刘长卿在未第时,就做过这种棚头。《国史补》卷下记道:"天宝中,则有刘长卿、袁成用分为朋头。"《国史补》所记的时代("天宝中"),与《封氏闻见记》所说"玄宗时"是正好相合的,这也正是刘长卿年轻活跃的时期①。

为什么说"分为朋头"呢?原来事物总是有对立面的,那时的所谓朋的组织,也大体分为两派,称为东西朋,"天宝中,进士有东西棚,各有声势"(段成式《酉阳杂俎》续集卷四《贬误》)②。朋的作用,首要就是造声势,即所谓"荧惑主司视听"。在考试不糊名、试前有通榜者推荐,而知举者在决定录取与否及考虑等第时需博采众议的情况下,举子们在考试之前的投诗献文、干谒奔走,是很重要的,有时单靠一人之力还不够,于是就互结朋党,造成声势,一方面保护本派人员以争取榜上有名,另一方面则又攻击别一派的人员。明胡震亨说他曾见到过一幅描绘唐人朋甲相互攻击的图画:"按朋甲,唐人有画图,画举子七十八人,列二队,指呼纷纭,如相嘲竞者。意诸甲必各有脉络,与朝贵通成就人,故气力足以奔走,同辈令入队耳。"(《唐音癸签》卷二六《谈丛》二)一幅画上画了七十八人,列队相嘲骂,当是很有特色的,可惜没有传下来,否则就其社会史料的价值来说当不下于张择端的《清明上河图》。据胡震亨说,两队都"各有脉络",也就是各有门路,与朝贵相通,朋中所要接纳的,也就是这些有奔走能力的人。这种情况,中唐

---

①关于刘长卿,请参看拙著《唐代诗人丛考》一书中的《刘长卿事迹考辨》。
②宋人黄朝英《缃素杂记》卷八《楼罗》条也引及《酉阳杂俎》此文。

以后，愈演愈烈，德宗时，不少应进士举的，已经是"多务朋游，驰逐声名"，甚至于"唯追奉宴集，罕肄其业"（《旧唐书》卷一四七《高郢传》）。晚唐时，这些朋甲，几乎已成为行帮组织了，他们交通权贵，甚至勾结宦官，参与其列的容易登科，否则有时就难免落第，《唐语林》中就记载说：

> 进士举人各树名甲，元和中语曰："欲入举场，先问苏、张；苏、张犹可，三杨杀我。"后有东西二甲，东呼西为茫茫队，言其无艺也。开成、会昌中，又曰："鲁绍瑰蒙，识即命通。"又曰："郑杨段薛，炙手可热。"又有薄徒厚徒，多轻侮人，故裴泌侍御作《美人赋》讥之。后有瑰值、韦罗甲，又曰："瑝值都雍，识即命通。"又有大小二甲。又有注已甲。又有四字甲，言"深辉轩庭"。又四凶甲。又芳林十哲，言其与宦官交游，若刘晔、任江泊、李岩士、蔡铤、秦韬玉之徒。铤与岩士各将两军（琼按，两军指东西神策军，都由宦官掌管）书题，求华州解元，时谓对军解头。大和中，又有杜颛、窦缃、萧巘，极有时称，为后来领袖。（卷四《企羡》）

显然，这种恶劣的风气，对于当时文人的思想会有强烈的影响。晚唐时期的文学，固然有像皮日休、罗隐、陆龟蒙、杜荀鹤等作家写出现实性较强的作品，但无可讳言，也另有不少巧誉阿谀等无聊之作，这是与科举制的弊端分不开的。柳宗元贬谪永州时，遇见落第进士娄图南，同情他的遭遇，并借娄图南之口，指责了这种时弊，说："交贵势，倚亲戚，合则插羽翮，生风涛，沛焉而有余"，"厌饮食，驰坚良，以欢于朋徒，相贸为资，相易为名，有不诺者，以气排之"（《柳宗元集》卷二五《送娄图南秀才游淮南将入道序》)①。柳宗元说的是元和时的情况,在这之后,到了晚唐,如《唐语林》所记种种之丑状,就更不堪入目了,晚唐文风的卑弱,不能说与此无关。

以上所记举子在试前的活动,如在长安过夏攻读,在名山寺观内读书作文,以及结成朋党以造声势,等等,都是一时的风尚。另外,也有故意以特异的举动耸动视听,以求取声誉的,像陈子昂的毁琴,就是很有代表性的一例,兹据《太平广记》卷一七九引录于下:

> 陈子昂,蜀射洪人,十年居京师,不为人知。时东市有卖胡琴者,其价百万,日有豪贵传视,无辨者。子昂突出于众,谓左右,可辇千缗市之。众咸惊问曰:"何用之?"答曰:"余善此乐。"或有好事者曰:"可得一闻乎?"答曰:"余居宣阳里。"指其第处:"并具有酒,明日专候,不唯众君子荣顾,且各宜邀召闻名者齐赴,乃幸遇也。"来晨,集者凡百余人,皆当时重誉之士。子昂大张宴席,具珍馐。食毕,起捧胡琴,当前语曰:"蜀人陈子昂有文百轴,驰走京毂,碌碌尘土,不为人所知。此乐贱工之役,岂愚留心哉!"遂举而弃之,异文轴两案,遍赠会者。会既散,一日之内,声华溢都。(注谓出自《独异志》)

陈子昂是高宗开耀二年(682)登进士第的,此事或当在开耀二年春或上年。这还是在进士试的初期阶段,如果在中晚唐朋党交结之时,他的这种举动恐未必能够奏效。且以千缗之资买一胡琴而弃毁之,也非一般文士之所能为,子昂出身富户,足可当之,这种

---

①五代时孙光宪《北梦琐言》卷一一也有类似的记载:"唐自大中后,进士尤盛,封定乡、丁茂珪场中头角,举子与其交者,必先登第。"

特异的举动,是代表了唐代科举试前期阶段的特色,与中后期是有所不同的。

# 五

韦澳于宣宗大中时任京兆尹,他曾论及唐代前后期科场风气的变化,对于元和以前的情况,不免有虚饰溢美之辞,如说:"当开元、天宝之间,始专用明经、进士,及贞元、元和之际,又益以荐送相高。当时务尚切磋,不分党甲,绝侥幸请托之路,有推贤让能之风。"(《全唐文》卷七五九《解送进士明经不分等第榜文》)事实上不论贞元、元和,还是开元、天宝,科场中"侥幸请托"的事例,已经不少,前已述及。不过韦澳所论的重点是中唐以后的情况,尤其是宣宗时的风气,这对我们认识和研究这一时期科举考试的种种弊端,不无帮助。他说:

> 近日已来,前规顿改。互争强弱,多务奔驰,定高卑于下第之初,决可否于差肩之日。曾非考核,尽系经营。奥学雄文,例舍于贞方寒素;增年矫貌,尽取于党比群强。虽中选者曾不足云,而争名者益炽其事。

这就是说,进士考试,中唐以后竞争愈来愈激烈,而及第者往往并非由于实际的才学,而是由于奔走请托,所谓"曾非考核,尽系经营"。

这种情况,应当怎样看待呢? 一般地说,作为封建社会选拔官吏制度的科举制,作为地主阶级国家的一项政治设施,无论它怎样严格防范，漏洞是不可能堵塞的，因为它本身是一种私有制的产物，它是适应地主阶级的政治需要而产生的，绝不可能杜绝走私舞弊等腐败的风气。明清时期，尤其是清代，科场禁制十分严密，但科场案仍不时有所揭发，更不用说数量大得多的未被揭发的种种走私行为了。特殊地说，在唐代，科举制还处于初期阶段，它仍不免带有前一历史时期荐举制和九品中正制的某些痕迹，如注重名公巨卿对举子的评议，录取时可以公开接纳社会上、政治上有声望者的荐举，可以事先确定去取及名次，考试时的不糊名制正好适应这种特定的历史需要。在当初，这样做，可能对扩大一般地主阶级士人的政治出路起过积极作用，但在发展的进程中，新兴的贵族官僚也必然会利用这种局势，他们会很快认识到，凭他们所掌握的权势，使自己的子弟通过科举进入仕途，从而通向统治的高层，这是一条有利的通道。既然眼前摆着这一通道，为什么不加以利用呢？权势欲和财富欲刺激和鼓动他们涌向科举的大门，并力求凭借他们已得到的权力，通过各种社会关系，来把持这座大门，阻止一般政治上缺乏依靠、经济上较为清贫的地主阶级文人进入这座大门中去。尤其是中唐以后，藩镇割据，宦官专权，腐败空气笼罩朝野上下，在这样总的社会政治情势下，科举取士也呈现出种种腐败的恶劣的风气，那是必然的。

对科举制的冲击和破坏，首先来自那些高门大族、王公贵戚。五代词人牛希济在《贡士论》中说："唯王公子弟，器貌奇伟，无才无艺者，亦冠于多士之首。"说他们的家族，由于门第清贵，本来就是"机权沉密，词辩雄壮，臧否由己，升沉在心"；因而"有司畏之，不敢不与之者，言泉疾于波浪，舌端利若锋铓，所排殁九泉，所引升霄汉"（《全唐文》卷八四六）。正因为他们的家族握有政治实权，享有社会声望，并能左右舆论，这就使他们的子弟可以不受科

场的约束,牛希济形象地描写他们神采飞扬的状貌与举止说:

> 秋风八月,鞍马九衢,神气扬扬,行者避路。取富贵若咳唾,视州县如奴仆。

这样,就出现了某些豪门大姓几乎每年都有人科举及第的情况。据《唐语林》载,范阳卢氏,自德宗兴元元年(784)起,至僖宗乾符二年(875)止,共九十二年,其中有两年因事停止考试,实际为九十年,单是进士登第者有一百一十六人,其他科目及第的还不计算在内。此事见于《唐语林》卷四《企羡》,《南部新书》已卷也有同样的记载,当可信。科举考试的实行,本是想扩大中小地主的进取之途,相对限制豪门大族在仕途竞争中的优势,不想在实行过程中,某些大姓不仅没有受到限制,反而明显占有优越的地位。宣宗一反武宗之政,过去历史上有"小太宗"之称,实际上晚唐的大乱,其根子在大中时就已酿成。即以科举而论,某些史书多说他好儒术,特重科举,唐末孙棨《北里志》序中一面说宣宗之世,进士之盛,"旷古无俦",但另一方面又指出这时所取的进士"率多膏粱子弟";并说"由是仆马豪华,宴游崇侈"。《册府元龟》卷六五一《贡举部·谬滥》记宣宗大中十四年(860)的考试情况道:

> 时举子尤盛,进士过千人,然中第者皆衣冠士子。是岁有郑义则,故户部尚书澣之孙;裴弘,故相休之子;魏当,故相扶之子;令狐滈,故相绹之子。余不能遍举。

当时豪门大族,高官贵要,互相勾结,盘根错节,把持了举选权,这已经比天宝时刘长卿等的朋的组织更为发展,是统治者上层的权力勾结，因此更带有垄断性。《唐摭言》卷七《升沉后进》说："太平王崇、窦贤二家，率以科目为资，足以升沉后进，故科目举人相谓云：'未见王、窦，徒劳漫走。'"另外则有崔雍、郑颢："崔起居雍，少有令名，进士第，与郑颢齐名。士之游其门者，多登第。时人语为'崔雍郑颢世界'。"（《唐语林》卷四《企羡》）这里所写的这些子弟，其家庭往往带有两重性：一、他们不少是南北朝沿袭下来的士族，二、他们乃是自中唐以来通过科举（特别是进士试），再经过各种途径，成为新兴的世禄贵族。正是这种人组成晚唐官僚集团的骨干，也从而把持科举取士的控制权。

晚唐时，一些出身贫寒、在科场中蹭蹬失意的诗人，对以上的情况是有所认识的，他们在诗中写道：

> 当春人尽归，我独无归计。送君自多感，不是缘下第。君看山上草，尽有干云势。结根既不然，何必更掩袂。……（曹邺《送厉图南下第归澧州》）
>
> 青帝使和气，吹嘘万国中。发生宁有异，先后自难同。荤草不销力，岩花应费功。年年三十骑，飘入玉蟾宫。（李咸用《披沙集》卷三《春风》）

读了这些诗，我们自然地会想起左思《咏史》诗的有名的句子："郁郁涧底松，离离山上苗。以彼径寸茎，荫此百尺条。世胄蹑高位，英俊沉下僚。地势使之然，由来非一朝。"左思的诗对门阀士族的垄断统治表示极大的愤慨，时间过去了六百年，科举制代替了九品中正制，而唐代诗人们在不同的历史条件下又唱出了相似的主题，这是足以令人深思的。

在朝廷贵要中，首先是当朝的宰相，往往利用其职权和声势，使自己的子弟及亲友通过科举及第,然后迅速升迁,而知举官慑于宰臣的权势,也不得不仰其鼻息,放与及第。天宝后期的杨国忠就是一个很有代表性的例子。据《太平广记》卷一七九《杨暄》条载:

> 杨国忠之子暄举明经,礼部侍郎达奚珣考之,不及格,将黜落,惧国忠而未敢定。时驾在华清宫,珣子抚为会昌尉,珣遽召使,以书报抚,令候国忠,具言其状。抚既至国忠私第,五鼓初起,列火满门,将欲趋朝,轩盖如市。国忠方乘马,抚因趋入,谒于烛下。国忠谓其子必在选中,抚盖微笑,意色甚欢。抚乃白曰:"奉大人命,相君之子试不中,然不敢黜退。"国忠却立大呼曰:"我儿何虑不富贵,岂借一名,为鼠辈所卖!"即不顾,乘马而去。抚惶骇,遽奔告于珣曰:"国忠恃势倨贵,使人之惨舒,出于咄嗟,奈何以校其曲直。"因致暄于上第。既为户部侍郎,珣才自礼部侍郎转吏部侍郎,与同列,暄话于所亲,尚叹己之淹徊,而谓珣迁改疾速。

按《太平广记》此处所记谓出自《明皇杂录》,其中细节有与史实不合的,如据徐松《登科记考》卷九,达奚珣任礼部侍郎知贡举与杨暄以明经登第,乃在天宝二年(743),这时李林甫居相位,权倾中外,杨国忠虽因系杨贵妃的从祖兄,得入朝中,但官位尚低。又其中说"时驾在华清宫",按天宝六载(747)十月始改骊山的温泉宫为华清宫。杨国忠原名钊,天宝九载(750)冬才改名国忠,这里记达奚抚奔告其父,谓国忠如何如何,揆之史实,皆不相合。天宝十一载(752)十一月,李林甫死,杨国忠才拜相。但《太平广记》此处所记,被采入《资治通鉴》中(卷二一六,天宝十二载),则司马光是相信实有其事的。总之,不论上述的记载与具体的史实是否有所出入,但它写当朝的执政大臣依仗权势,胁迫考官,强使自己的子弟登科及第,是有代表性的。这则记载的细节描写也很生动,一定是流传于一时的。

这种情况发展到后来,越来越严重。唐代有一条不成文的规定,那就是,知举者阅卷后所拟定的名单,在正式放榜前,须亲自送到宰相府第,请宰相过目,如宰相对榜中名单有异议,或另有人选,还可调换,这就无异于宰相对录取名单有最终的决定权,而其间就不免有上下其手、交通关节等种种不可告人的情状。虽然唐代也有个别有识者对此进行过改革,但为时极短,积弊仍存。因此,如果考试以前能得到宰相的称誉,就无异于已经登第。如李珏所作牛僧孺神道碑,说牛僧孺于贞元末举进士来长安,正好韦执谊作相,网罗名士,"公袖文往谒,一见如旧,由是公卿藉甚,名动京师,得上第"(《全唐文》卷七二〇)。这是中唐时的情况。又据《金华子》载,刘崇望于僖宗时应进士试,于初一、十五日拜谒相国郑从谠,礼部侍郎裴瓒也去郑府访候,郑从谠在送出刘崇望时,对裴瓒说:"大好及第举人!"就这么一句话,就使得:"瓒唯唯,明年列于门生矣。"另外,《唐阙史》还记有下面一则故事:

> 贡士许道敏,随乡荐之。初获知于时相,是冬,主文者将莅事于贡院,谒于相门,丞相大称其文学精臻,宜在公选,主文加简揖额而去。许潜知其旨,则磨砺以须,屈指试期,大挂人口。俄有张希复员外结婚于丞相奇章公之门,亲迎之夕,辟道敏为傧赞。道敏乘其喜气,纵酒飞章,摇珮高谈,极欢而罢。居无何,时相敷奏不称旨,移秩他郡,人情恐骇,主文不敢第于甲乙。尔后晦昧坎壈,不复闻达,继丁家故,垂二

十载。

这也是唐代科举试中的一个小小的悲喜剧,许道敏是权力徙易中的一个牺牲者,由此仍可看出宰相个人的权位对于科试取士的干预。这种干预是唐代所特有的①,宋以后随着科举制的改革,这种情况就不复存在。

宰相不但自己出面干预科举试,有时还通过其子弟招财纳贿,结党营私,晚唐时令狐绹、令狐滈父子就是突出的例子。令狐绹在宣宗时,与白敏中等共同排挤和诬陷武宗时颇有作为的政治家、宰相李德裕,当了宰相。谏议大夫崔瑄曾经奏劾道:"令狐滈昨以父居相位,权在一门。求请者诡党风趋,妄动者群邪云集。每岁贡闱登第,在朝清列除官,事望虽出于绹,取舍全由于滈。喧然如市,旁若无人,权动寰中,势倾天下。"咸通二年(861),又有刘蜕、张云等上疏,劾滈"恃父秉权,恣受货赂"(《旧唐书》卷一七二《令狐滈传》)。至于令狐绹玩弄权术,想方设法使其子滈登进士

①唐代前期,宰相有时可以驳回皇帝的旨令,如《封氏闻见记》卷三《贡举》载:"李右相在庙堂,进士王如泚者,妻翁以伎术供奉玄宗,欲与改官,拜谢而请曰:'臣女婿王如泚,见应进士举,伏望圣恩回换,与一及第。'上许之,付礼部宜与及第。侍郎李昕以诏诣执政。右相曰:'如泚文章堪及第否?'昕曰:'与亦得,不与亦得。'右相曰:'若尔,未可与之。明经、进士,国家取才之地,若圣恩优异,差可与官;今以及第与之,将何以观材。林甫即自闻奏取旨。'如泚宾朋宴贺,车马盈门;忽中书下牒礼部:'王如泚可依例考试。'闻者愕然失措矣。"李林甫虽为奸相,但此事却是做得对的。晚唐就不是这样,如《唐摭言》卷九《敕赐及第》记载两条材料:"韦保义,咸通中以兄在相位,应举不得,特敕赐及第,擢入内庭。""永宁刘相邺,字汉藩,咸通中自长春宫判官,召入内庭,特敕赐及第。中外贺缄极众。唯郓州李尚书种一章最著……略曰:'用敕代榜,由官入名;仰温树之烟,何人折桂;沂甘泉之水,独我登龙。禁门而便是龙门,圣主而永为座主。'又曰:'三十浮名,每年皆有;九重知己,旷代所无。'相国深所慊郁,盖指斥太中的也。"

第，则除了正史外，如《北梦琐言》(卷一)、《唐语林》(卷三)都有记述，成为当时的丑闻。

宰相以一己的权势干预科试，当然会激起众人的不满，上述崔瑄等人上疏奏劾是一种反抗的方式，有时知举官还以巧妙的方式，加以公开的揭露，使其计不得行。如有一个叫郭薰的，与于琮交好，后于琮以懿宗咸通八年(867)拜相，郭薰又列为于琮门下的清客。咸通十三年，赵骘知贡举，于琮立意要为郭薰致高第，赵骘极不愿意，一时想不出好主意："会列圣忌辰，宰执以下于慈恩寺行香，忽有彩帖子千余，各方寸许，随风散漫，有若蜂蝶，其上题曰：'新及第进士郭薰。'公卿览之，相顾赧然。因之主司得以黜去。"想不到千余年前，人们已经想出散发传单的办法，索性把于琮的心计公之于众，这确是一条妙计，同时也可想见多数士人的愤慨心情。

唐代中晚期政治的一个特点，是宦官当权，藩镇势力膨胀，科举考试也受到这两种势力的干扰。我们且先举一个例子来看：

> 高锴侍郎第一榜，裴思谦以仇中尉关节取状头，锴庭谴之，思谦回顾厉声曰："明年打脊取状头！"明年，锴戒门下不得受书题。思谦自怀士良一缄入贡院，既而易以紫衣，趋至阶下，白锴曰："军容有状，荐裴思谦秀才。"锴不得已，遂接之。书中与思谦求巍峨，锴曰："状元已有人，此外可副军容意旨。"思谦曰："卑吏面奉军容处分，裴秀才非状元，请侍郎不放。"锴俯首良久曰："然则略要见裴学士。"思谦曰："卑吏便是！"(《唐摭言》卷九《恶得及第》)

仇士良是中唐时气焰嚣张、不可一世的大宦官，宪宗元和初他就曾因抢占驿站房间,与元稹冲突,用鞭子打伤元稹的面颊,元稹后来还被贬出。文宗大和九年(835)甘露之变,杀掉了好几个宰相,朝堂为之一空,指挥者就是仇士良。结果文宗成为半囚禁的人物,自叹比历史上有名的屈辱帝王周赧王、汉献帝还不如。《新唐书》卷二〇七本传说仇士良一生"杀二王、一妃、四宰相,贪酷二十余年"。《唐摭言》记载的裴思谦依仗仇士良的权势,胁迫高锴取为状元,正是仇士良的权位发展到顶点的文宗开成三年(838)。高锴于开成年间连续三年知贡举,史称其"选擢虽多,颇得实才,抑豪华,擢孤进,至今称之"(《旧唐书》卷一六八)。应该说,高锴在中晚唐知贡举中还是比较能主持公正的,但即使如此,也还是拗不过宦官的势力。裴思谦之所以能如此放泼无赖,说是因为有仇士良做他的靠山,自恃无恐,不但要录取,而且还要做状元,可见当时宦官的凶焰嚣张之状。南宋人洪迈曾以此讥议高锴,说:"锴徇凶竖之意,以(裴思谦)为举首,史谓颇得才实,恐未尽然"(《容斋续笔》卷一一《高锴取士》条)。洪迈的话当然不无道理,但处于宦官专权、动辄可以杀人的文宗后期,高锴这样做,也有其不得已的苦衷。(附带说一下,宦官所掌握的神策军,有时还直接杀害举子,抢劫其钱财。如代宗时的宦官头子鱼朝恩,让其亲信刘希暹掌管神策禁军,刘希暹等人就秉承鱼朝恩的意旨,于北司设置监狱,收罗京师街坊的恶少,"罗织城内富人,诬以违法,捕置狱中,忍酷考讯,录其家产,并没于军"。到京城应考的举子,住在旅舍客店之中,有时也被他们暗害,钱财被他们劫走,"遇横死者非一",长安城内称之为"入地牢"。事见《旧唐书》卷一八四《宦官传》。)

晚唐时还有一个宦官头子叫田令孜,僖宗还没有登上皇位时,就与他昵狎,同卧起,呼他为"父";僖宗即位后,他更受到宠信,史称"令孜知帝不足惮,则贩鬻官爵,除拜不待旨,假赐绯紫不以闻。百度崩弛,内外垢玩"(《新唐书》卷二〇八本传)。晚唐朝廷就是由这一腐朽集团把持着的。黄巢起义军打进长安,田令孜簇拥僖宗逃到四川,起义军失败,僖宗回到长安,田令孜更以"匡佐"之功,"威权振天下"(《旧唐书》卷一八四)。当时一些没有骨气的文人,就投靠在这个大宦官的门下,夤缘求进。如诗还做得不错的秦韬玉(他的名句有"苦恨年年压金线,为他人作嫁衣裳"),就是"出入大阉田令孜之门"因而得第的(《唐摭言》卷九《敕赐及第》),真是十分可惜。又如:"黄郁,三衢人,早游田令孜门,擢进士第,历正郎金紫。李瑞,曲江人,亦受知于令孜,擢进士第,又为令孜宾佐"(同上卷九《恶得及第》)。当时有所谓"芳林十哲",即奔走于举场的读书人,"皆通连中官","每岁有司无不为其干挠,根蒂牢固,坚不可破"(《唐语林》卷三《方正》)。刘允章知贡举,因为不买他们的账,对"十哲"中有些人不予录取,结果则是放榜以后,即以"予夺不能塞时望"为理由,由礼部侍郎外放,出为鄂州观察使,后又分司东都为闲职①。像秦韬玉,就是"芳林十哲"之一,《唐语林》卷四《企羡》记道:"又芳林十哲,言其与宦官交游,若刘晔、任江泊、李岩士、蔡铤、秦韬玉之徒。"清代全祖望《鲒埼亭集》外集卷三八《门生论》说:"唐人以词赋取士,苟得于功名,至于投贵主,投中官,则士气已尽,固无论其余。"当指此而言。

除了宦官外,一些士人还有依托强藩而求进的,如晚唐时写

---

① 《旧唐书》卷一五三《刘宽夫传》附允章事,谓:"允章登进士第,累官至翰林学士承旨,礼部侍郎。咸通九年,知贡举,出为鄂州观察使、检校工部尚书,后迁东都留守。"《唐语林》卷三《方正》条则谓"允章少孤自立,以臧否为己任,及掌贡举,尤恶朋党。……及出榜,惑于浮说,予夺不能塞时望,允章自鄂渚分司东都。"

出过现实性较强诗篇的诗人杜荀鹤,就是因为吹捧黄巢起义军的叛徒、后来被唐朝廷封为梁王的朱全忠而得以进士及第的,据《唐诗纪事》卷六五记载说:

> 荀鹤初谒梁王朱全忠,雨作而天无行云。梁曰:"此谓天泣,不知何祥?"请先作无云雨诗,乃赋曰:"同是乾坤事不同,雨丝飞洒日轮中。若教阴显都相似,争表梁王造化功!"梁悦之。

《唐才子传》卷九也载此事,并补充道:

> 荀鹤寒畯,连败文场,甚苦,至是遣送名春官,大顺二年(891)裴贽侍郎下第八人登科。

杜荀鹤及第后,殷文圭有诗相贺,说:

> 一战平畴五字劳,昼归乡去锦为袍。大鹏出海翎犹湿,骏马辞天气正豪。九子旧山增秀绝,二南新格变风骚。由来稽古符公道,平地丹梯甲乙高。(《全唐诗》卷七〇七《寄贺杜荀鹤及第》)

诗还是写得不错的,但可惜这"翎犹湿"的大鹏,"气正豪"的骏马,却是低眉从梁王府里出来的,并非出自大海,降自云霄。其实,殷文圭的得中进士第,也由于朱全忠的表荐,《唐诗纪事》卷六八记道:"唐末词场,请托公行,文圭与游恭独步场屋。乾宁中,帝幸三峰,文圭携梁王表荐及第,仍列榜中。"①可见殷文圭与杜荀鹤有同样的际遇,因而也有同感。殷、杜二人是当时文士中之佼佼

---

① 殷文圭事,又见清吴任臣《十国春秋》卷一一。

者,尚不能免此,则其他可知。晚唐时的科场,就是由于重臣权贵、宦官强藩等插手相干预,弄得乌烟瘴气,这与当时整个统治集团的日趋腐化紧密相连。


# 六


在这种情况下,交通关节①、纳财行贿,就不可避免。北宋时苏轼的好友赵德麟,在其所著笔记《侯鲭录》中记载唐末五代人的话:

> 唐末五代,权臣执政,公然交赂,科第差除,各有等差。

故当时语云:"及第不必读书,作官何须事业!"(卷四)

如果说赵德麟的记载还较为一般化的话,我们不妨再举两则传奇作品中所写的故事,来看看那时的风俗人情。

一是《太平广记》卷一五七《李君》,说有一位李君,累试不第,久居长安。一日,在长安西市闲游,登酒楼小坐,忽听得楼下有人说话:"交他郎君平明即到此,无钱,即道,元是不要钱及第。"李君一听,似有缘故,就连忙下楼,问一客,客曰:

"侍郎郎君有切故,要钱一千贯,致及第。昨有共某期不至者,今欲去耳。"

李君问:"此事虚实?"

这位客说:"郎君见在楼上房内。"

---

① 赵翼《陔余丛考》卷二九《关节》条曾云:"盖关节之云,谓竿牍请嘱,如过关之用符节耳。"

李君马上说："我是举人，身边也带有钱，可不知能一见郎君否？"

客说："实如此，何故不可。"

于是两人重新上楼，会见这位郎君，饮酒叙谈。客介绍说："这就是当今礼部侍郎家的郎君。"这郎君也说："主司是亲叔父。"于是一笔交易讲定。明年春天，李君果然及第，"后官至殿中，江陵副使"。《太平广记》载此，谓出自《逸史》。这虽然是小说，却十分真切地反映了当时的情况，某种程度上比正式的史书更接近于真实。

另一是中唐时人李复言的传奇《续玄怪录》卷二《李岳州》①。说是有李俊者，德宗兴元（784）时举进士，连不中第。其故人包佶贞元初任国子祭酒，答应为他通关节，将他推荐于知举者。放榜的前一天，照例礼部须以及第者姓名呈报宰相。那天五更，李俊一早起来，去见包佶，想再候候消息，这时——

> 里门未开，立马门侧。傍有爨糕者，其气爧爧。有一吏若外郡之邮檄者，小囊毡帽，坐于其侧，欲糕之色盈面。俊顾曰："此甚贱，何不以钱易之？"客曰："囊中无钱耳。"俊曰："俊有钱，愿献一饱，多少唯意。"客甚喜，啖数片。

这一段描写，非常有生活气息，唐人的一些传奇作品中有描写在里坊门侧卖胡饼的，与这里所载的一样，生活情味极浓，它们不但有很高的认识价值，还使我们得到极大的美学享受。

再说这位客吃了几片之后，不一会，里门开，众人相挤出门，

---

① 此用程毅中兄点校本，中华书局 1982 年 9 月出版。毅中兄校谓："本篇亦见《太平广记》卷三四一，题作《李俊》。文字差异甚多。"

这位客在马后与李俊说："有小事相告,请稍停。"李俊下马听之,客道："某乃冥吏之送进士名者,君非其徒耶?"李俊应声说是。客说："送到宰相处的榜就在这里,你自己找吧。"李俊上下寻找,未见自己的名字,不觉泪下,说:"我苦心于笔砚已二十多年,考也考了十年了,心破魂断,就巴望着这一次。现在又没有名,这辈子算是没有希望了!"这个客(也就是阴吏)见他可怜,又感刚才买糕救饥之恩,就替他出主意:"能行少赂于冥吏,即于此取其同姓者,去其名而自书其名,可乎?"李俊忙问要多少钱,客说阴钱三万贯就可以了,于是约定第二天中午送交。客随即把榜交给李俊,叫他自己涂写。榜上有李夷简名,李俊要在这上头改,客忙说:"不可。此人禄重,不可易也。"(按这反映李夷简门第贵要,不能轻易改动)下面有叫李温的,客说这能改。于是就把"温"字改成"俊"字,相别而去。

李俊然后来到包佶府第,包佶还没有打扮好,一听说李俊来见,怒目延坐,说:"吾与主司分深,一言姓名,状头可致。公何躁甚相疑,频频见问,吾岂轻语者耶?"李俊只得告辞,随即又换了一套衣服,伺候包佶出来,偷偷跟在后面。只见包佶走到子城东北角,正好碰到礼部侍郎带着榜到朝堂去见宰相,包佶就问他李俊的事,侍郎说:"诚知获罪,负荆不足以谢。然迫于大权,难副高命。"包佶一听,心想已在李俊面前夸了海口,如果不成,何以相见,就着急说:"季布所以名重天下者,能立然诺。今君不副然诺,移妄于某,盖以某官闲也。平生交契,今日绝矣!"不揖而行。侍郎走上,拉住他说:"迫于豪权,留之不得。……"按这段描写,十分精彩,朝官之间的通关节,知举者迫于权豪,不得不将及第进士留给掌大权者相托之人,而冷落国子祭酒这一闲官,而这位国子祭酒也不示弱,以断绝交情为要挟,把他们平日掩盖着的真实面目揭示得极其充分。小说后来写道:二人共同看榜上姓名,包佶要把李夷简名揩去,侍郎不肯,指下面"李温"的名,说:"可矣。"二人于是做手脚,把"温"字换了"俊"字,这才了结。

这个故事,表面上托之于阴府鬼曹,写的却是活生生的人世现实,把官官相护、互通关节,以及既勾结又争夺的科场内幕,一一写出,确是一篇很好的文艺作品,也是研究唐代科举史的非常有价值的史料。

唐代的科场案没有明清两代的多,这并不是说唐代科场中走私舞弊就比明清时少,而是由于唐代的特殊情况,公开揭发出来的不多(如果按明清时的要求,则唐代科试中所谓通榜本身就该要治罪,但唐代却视为习俗,公开进行的)。这里举几个来谈谈。

早在高宗时,就有董思恭漏泄考题的案件。《封氏闻见记》卷三《贡举》条载:

> 龙朔中,敕右史董思恭与考功员外郎权原崇同试贡举。思恭,吴士,轻脱,泄进士问目,三司推,赃污狼藉。后于西堂朝次告变,免死除名,流梧州。

董思恭算是高宗时较有名的文士,曾参与修撰文艺性类书《瑶山玉彩》(《唐诗纪事》卷三)。《旧唐书·文苑传》有传,说他"所著篇咏,甚为时人所重"。这次他以右史(起居舍人)与考功员外郎权原崇同知贡举,漏泄进士问目(这时进士尚试策文,此当是策文的问目),再加勘问,则又"赃污狼藉"。可见初唐时科举考试中纳财受贿的事就已经不少了。但那时处分还是比较严的,董思恭本要处以死刑,后因他"告变"(告发别人阴谋作乱——这当是他为了自己脱身,而诬陷别人),才算免死,流放梧州(《旧唐书》本传说他"配流岭表而死")。

在这之后,则有穆宗长庆元年(821)的科场案,这是揭发出来的唐代最大的一次科场案件,结果是知举者及与此案有牵连的几个大臣都贬官外出。过去有些史书(如《通鉴》)往往把这次事件与牛(僧孺)李(德裕)党争相联系,以为事件之所以被揭出,乃是出于李德裕为其父(吉甫)报私仇,而又因此事更加深了两党的纷争,所谓"自是德裕、宗闵各分朋党,更相倾轧,垂四十年"(《通鉴》卷二四一长庆元年三月条)。《通鉴》的这一论述,已故唐史学家岑仲勉先生《通鉴隋唐纪比事质疑》(第271页)已有所驳正,拙著《李德裕年谱》同意岑先生的意见,也有所论列①,这里不再详谈。总的来说,这次事件与李德裕并无关系,牵涉不到牛李党争,但因李德裕与元稹、李绅交好,元、李二人在这次事件中是攻击李宗闵等的主要人物,于是牛党人物也连带地忌恨李德裕,后人不察,也就误以这是两党的争讼。

综合过去的史料,这次事件的原委是这样的:长庆元年的科试,知举者为礼部侍郎钱徽,另有右补阙杨汝士也预其事。在这之前,段文昌任宰相,杨凭的儿子深之应进士举,曾以家藏珍贵书画献于文昌,求他荐引。刚好这年二月文昌罢相,外放为西川节度使,赴任前就以杨深之事面托钱徽,后又写信保荐。另外,这时任翰林学士之职的李绅也以举子周汉宾托钱徽。想不到进士榜发,杨深之、周汉宾都落选,及第者的姓名中有郑朗(郑覃之弟;按,郑覃父珣瑜,德宗、顺宗朝做过宰相,郑覃此时任谏议大夫,郑家是有名的望族),裴譔(名相裴度之子),苏巢(李宗闵之婿;按,宗闵为宗室,此时任中书舍人),杨殷士(杨汝士之弟;按,汝士本

---

① 《李德裕年谱》,齐鲁书社1984年出版。

年参与进士试的评阅）。李宗闵、杨汝士与钱徽有交情，宗闵则与翰林学士元稹有私人矛盾。

段文昌一看榜上的情况，大怒，就向穆宗陈奏："今岁礼部殊不公，所取进士皆子弟无艺，以关节得之。"穆宗问元稹、李绅，都说"诚如文昌言"。穆宗于是命中书舍人王起与主客郎中知制诰白居易复试，结果郑朗、苏巢、杨殷士等落第，裴譔算是特放及第（裴譔之特放及第，与裴度有关，可见这里仍有妥协）。朝廷还特地为此事下了一道诏令，其中说道：

> 国家设文学之科，本求才实，苟容侥幸，则异至公。访闻近日浮薄之徒，扇为朋党，谓之关节，干挠主司。每岁策名，无不先定，永言败俗，深用兴怀。郑朗等昨令重试，意在精核艺能，不于异书之中，固求深僻题目，贵令所试成就，以观学艺浅深。孤竹管是祭天之乐，出于《周礼》正经，阅其呈试之文（琼按，此次复考的试题为《孤竹管赋》、《鸟散余花落诗》），都不知其本事，辞律鄙浅，芜累亦多。比令宣示钱徽，庶其深自怀愧。

接着，就贬钱徽为江州刺史，李宗闵为剑州刺史，杨汝士为开江令。

应当说，这次事件的双方，原无是非可言，李宗闵等固然与钱徽交情甚厚，因而有所请托，但段文昌以使相之尊，受人书画珍品，迹近纳贿，也于事非公。因此在钱徽贬出时，有人向他建议，叫他把段文昌、李绅嘱托的书信进呈给皇帝，钱徽大约为了防止事态扩大，没有这么做，因而还博得了"长者"的美誉。问题在于钱徽、李宗闵一方，事情做得太露骨了，所取人中，苏巢为宗闵婿，殷士为汝士弟，都是亲属，未免引起物议；另外录取的文士中，高门贵要子弟太多，这些人又无才学，这就引起公愤。钱徽等贬出后，朝廷又下了一道诏书，说当时科试之弊，"小则综核之权，见侵于下辈；大则枢机之重，旁挠于薄徒"①。《旧唐书》卷一六四《王起传》也记有此事，说道："先是，贡举猥滥，势门子弟，交相酬酢，寒门俊造，十弃六七。及元稹、李绅在翰林，深怒其事，故有覆试之科。"白居易于复试毕后奏状，也说："伏以陛下虑今年及第进士之中，子弟得者侥幸，平人落者受屈，故令重试重考。此乃至公至平，凡是平人，孰不庆幸。"(《白居易集》卷六〇《论重考试进士事宜状》)可见这年的科场案，虽然出于朝官之间的私人摩擦，但却是反映了相当一部分"寒门俊造"对于势门贵要把持举选权的深刻不满。

在这之后，则是宣宗大中九年(855)，据《旧唐书》卷一八下《宣宗纪》，大中九年三月载：

> 试宏词举人，漏泄题目，为御史台所劾，侍郎裴谂改国子祭酒，郎中周敬复罚两月俸料，考试官刑部郎中唐枝出为处州刺史，监察御史冯颛罚一月俸料。其登科十人并落下。其吏部东铨委右丞卢懿权判。以吏部侍郎郑涯检校礼部尚书、兼定州刺史、御史大夫，充义武军节度、易定州观察处置、北平军等使。御史台据正月八日礼部贡院捉到明经黄续之、赵弘成、全质等三人伪造堂印、堂帖，兼黄续之伪着绯衫，将伪帖入贡院，令与举人虞蒸、胡简、党赞等三人及第，许得钱一

①这道诏书出于元稹之手，见元稹《戒励风俗德音》(《全唐文》卷六五〇)，又见《唐大诏令集》卷一一〇《诫励风俗诏》，下署"长庆元年四月"。

千六百贯文。据勘黄续之等罪款,具招造伪,所许钱未曾入
手,便事败。奉敕并准法处死。主司以自获奸人,并放。

此事又详见裴庭裕之《东观奏记》①。《旧纪》所载,实际上包括两
件事,一是吏部考博学宏词,因漏泄题目,责任在试官,所以考试
官裴谂、周敬复等分别受到处分;二是礼部考明经科,举人内外应
合,伪造堂印、堂帖,罪在作伪者,"准法处死"。可见对于试官与
应试的举人,量刑的轻重是颇有不同的。

　　以上是见于文献记载的三件科场案,实际上这只是因各种利
害冲突而暴露出来、不得不加以处理的案件,其他类似者一定还有
不少,至于在幕后进行的各种大大小小的舞弊走私行为,如本书前
面叙述过的,则更不计其数。我们在肯定唐代科举制的历史进步性
的同时,对它所已经表现出来的弊病也应该有充分的认识和估价。


# 七


　　唐代科举考试中所表现出来的弊端,激起一些正直文人的愤
慨和反抗,但在权贵、宦官、强藩等联结成的强大势力面前,反抗
者本人必处于被毁谤和被诬陷的境地。罗隐就是如此。《五代史
补》说"罗隐在科场,恃才傲物,尤为公卿所恶,故六举不第"。历
史上往往如此,对于腐朽的社会风气的反抗和揭发,却往往得到
"恃才傲物"的恶谥。罗隐在《谢大理薛卿启》中也说到这种情

---

①《东观奏记》以唐枝作唐扶,误,《旧唐书》卷一九〇下《唐扶传》,扶卒于开
　成四年(839),而唐枝则"会昌末累迁刑部员外,转郎中,累历刺史,卒",与
　《旧纪》所载合。

况,他说:"某动不知机,进惟招毁。……群居不出一言,彼则谓某矜才傲物;痛饮不逾三爵,彼则谓某恃酒凌人。"(《罗隐集·杂著》)罗隐是这样,中晚唐时有两位诗人的特殊遭遇,更足以说明这个问题,这两位诗人是贾岛和温庭筠。

关于这两位诗人事迹的全面情况,这里不打算多谈,近几年来国内已有一些很好的文章,对诗人的事迹作了考订。这里打算谈一下与科举有关的部分。

《唐摭言》卷一一的《无官受黜》条列叙三个诗人,即孟浩然、贾岛、温庭筠。这三人都未科举及第,孟浩然是终身不仕的,这不用说,贾、温二人累举不第,后来却给做了官,这与唐代的科举条例不合,因而后人就造作了种种不经之谈。如《唐摭言》就说:"又尝遇武宗皇帝于定水精舍,(贾)岛尤肆侮,上讶之。他日有中旨,令与一官谪去,乃受长江县尉,稍迁普州司仓而卒。"《诗话总龟》卷一一《苦吟门》引《唐宋遗史》则将此事说成是宣宗时,说贾岛:

> 居于法乾寺,与无可唱和。一日,宣宗微行至寺,闻钟楼上有吟声,遂登楼,于岛案上取诗卷览之。岛不识,乃攘臂睨之,遂于手内取诗卷曰:"郎君何会此耶!"宣宗下楼而去。既而岛知之,亟谢罪,乃赐御札,除遂州长江簿。后迁普州司仓,卒。

《全唐文》卷七〇还载有文宗时《授贾岛长江主簿制》,说是"遇朕微行,闻卿讽咏,观其志业,可谓屈人"。虽然文宗、武宗、宣宗,所载时间不一,但都把贾岛之外放为长江县主簿,说成是偶然事件。今按唐人苏绛《贾公墓志铭》(《全唐文》卷七六三),记为:"穿杨未中,遽罹飞谤,解褐责授遂州长江县主簿。"《新唐书》卷一七六《韩愈传》附《贾岛传》谓:"累举,不中第。文宗时,坐飞谤,贬长江主簿。会昌初普州司仓参军,迁司户,未受命卒,年六十五。"据李嘉言先生《贾岛年谱》,谓贾岛《长江集》卷三有《寄令狐相公》诗,一作《赴长江道中》,中云:"策杖驰山驿,逢人问梓州;长江那可到,行客替生愁。"此令狐相公为令狐楚,楚卒于开成二年(837)十一月,则贾岛赴长江主簿任当在此年十一月之前。被责授的原因,苏绛所作墓志及《新书》本传都说是因为"飞谤",未讲具体情事。贾岛有《寄令狐绹相公》诗(《长江集》卷六。琼按,此"绹"字当系衍文,因令狐绹为相在宣宗时,时贾岛已卒),系仍寄令狐楚者,诗中说:"驴骏胜羸马,东川路匪赊。一缄论贾谊,三蜀寄严家。"当是赴任途中作,所以说"东川路匪赊",令狐楚时在兴元。可以注意的是诗中以贾谊自喻。诗的末尾说:"岂有斯言玷,应无白璧瑕。不妨圆魄里,人亦指虾蟆。"即指飞谤事,以明自己的无辜。卷六又有《谢令狐相公赐衣九事》:"长江飞鸟外,主簿跨驴归。逐客寒前夜,元戎予厚衣。"又以逐客自况。贾岛另有《病蝉》诗(《长江集》卷六):"病蝉飞不得,向我掌中行。折翼犹能薄,酸吟尚极清。露华凝在腹,尘点误侵睛。黄雀并鸢鸟,俱怀害尔情。"五代时何光远《鉴诫录》卷八就曾举此诗,说:"贾又吟《病蝉》之句,以刺公卿,公卿恶之,与礼闱议之,奏岛与平曾等风狂,挠扰贡院,是时逐出关外,号为十恶。"这就是说,贾岛是以诗得罪了公卿,因而受到诬陷,于是虽非及第,也给他一个官职,远放于偏僻小县①。

中晚唐时的一些诗人,对贾岛的含冤外放是了解的,他们在

①关于贾岛事的辨析,又可见于《委宛余编》,及王楙《野客丛书》卷一四《贾岛事众说不同》条,戴埴《鼠璞》卷下《唐进士贬官》条。

寄怀和悼念中都对贾岛的遭际表示深切的同情,这里可举数首如下:

> 长沙事可悲,普掾罪谁知。千载人空尽,一家冤不移。吟寒应齿落,才峭自名垂。地远山重叠,难传相忆词。(姚合《姚少监诗集》卷三《寄贾岛时任普州司仓》)

> 敲驴吟雪月,谪出国西门。行傍长江影,愁深汨水魂。笻携过竹寺,琴典在花村。饥拾山松子,谁知贾傅孙。(《全唐诗》卷七二一李洞《赋得送贾岛谪长江》)

> 忽从一宦远流离,无罪无人子细知。到得长江闻杜宇,想君魂魄也相随。(《全唐诗》卷五八七李频《过长江伤贾岛》)

> 秦楼吟苦夜,南望只悲君。一宦终遐徼,千山隔旅坟。恨声流蜀魄,冤气入湘云。无限风骚句,时来日夜闻。(《全唐诗》卷五八九李频《哭贾岛》)

> 谪宦自麻衣,衔冤至死时。山根三尺墓,人口数联诗。仙桂终无分,皇天似有私。暗松风雨夜,空使老猿悲。(《唐风集》卷上杜荀鹤《经贾岛墓》)

如果说贾岛只是较为抽象的"飞谤"一词的话,那么加给温庭筠头上的诬陷之词,就具体得多而又难听得多了。这就是所谓他在考场中专替人作枪手,人以轻薄目之。如《北梦琐言》卷四谓:"(庭筠)每入试,押官韵作赋,凡八叉手而八韵成,多为邻铺假手,号曰救数人也。而士行有缺,缙绅薄之。"《唐摭言》卷一三《敏捷》:"山北沈侍郎(询)主文年,特召温飞卿于帘前试之,为飞卿爱救人故也。适属翌日飞卿不乐,其日晚请开门先出,仍献启千余字。或曰潜救八人矣。"于是文献记载说他因此于大中末,未及进士第而授为方城尉。实际上从温庭筠的生平事迹来看,他是多次得罪于贵要的①。《唐诗纪事》卷七〇《温宪》条,说:

> 温宪员外,庭筠子也。僖、昭之间,就试于有司,值郑相延昌掌邦贡也,以其父文多刺时,复傲毁朝士,抑而不录。

这里记述知举者还因为温庭筠的缘故,故意不录取其子,而温庭筠之所以不容于时,倒并不在于替人作枪手,而是"文多刺时,复傲毁朝士",这与前面引述过的罗隐、贾岛事,是同样的。庭筠被贬方城尉时,其友人纪唐夫作诗送他:

> 何事明时泣玉频,长安不见杏园春。凤凰诏下虽沾命,鹦鹉才高却累身。且尽绿醽销积恨,莫辞黄绶拂行尘。方城若比长沙路,犹隔千山与万津。(《全唐诗》卷五四二《送温庭筠尉方城》)

诗中说"鹦鹉才高却累身",确是道出了温庭筠被贬的真正原因。贾岛、温庭筠,可说是中晚唐科场腐朽风气的牺牲者。

---

① 关于这方面的情况,《野客丛书》卷一四《玉条脱事》条载之甚详,颇可参考,云:"《南部新书》载大中间上赋诗有'金步摇',未能对,令温飞卿续之,飞卿以'玉条脱'应之,宣宗令以甲科处之,为令狐绹所沮,除方城尉。绹尝问其事于飞卿,曰'出《南华真经》,非僻书也,冀相公燮理之暇,时宜览古'。绹甚怒。后飞卿诗有'悔读《南华》第二篇'之句。……《北梦琐言》又谓宣宗尝有'金步摇',未能对,求进士对之,温庭筠以'玉条脱'续之,帝赏焉。宣宗爱唱《菩萨蛮》词,丞相令狐绹假其修撰,密进之,戒令勿泄,而遽告于人,由是疏之。温亦有言'中书内坐将军',讥相国无学也。"

# 第十三章　唐人论进士试的弊病及改革

在前面几章中，我们曾经谈到了唐代的科举制在实施过程中所表现出来的某些弊病，现在，让我们来看一下，唐朝廷的一些官员和文士，他们是如何看待科举试（主要是进士试）的弊病的，以及他们如何从不同的思想角度提出各自的改革方案。为叙述方便起见，让我们先按时间顺序来展开对问题的论述。

## 一

据有些史料记载，对进士试的批评，似乎在唐太宗贞观年间就已开始。让我们来研究一下有关的历史记载。

《唐会要》卷七六《贡举中·进士》：

> （贞观）二十二年九月，考功员外郎王师旦知举。时进士张昌龄、王公瑾并有俊才，声振京邑，而师旦考其文策全下，举朝不知所以。及奏等第，太宗怪无昌龄等名，因召师旦问之。对曰："此辈诚有文章，然其体性轻薄，文章浮艳，必不成令器。臣若擢之，恐后生相效，有变陛下风雅。"帝以为名言。

后并如其言。

《唐会要》的记载后来为《新唐书》卷二〇一《文艺传》的《张昌龄传》所本，而南宋计有功《唐诗纪事》卷八记张昌龄事也即根据《新唐书》。《旧唐书》卷一九〇上《文苑上·张昌龄传》所记则有所不同，说："张昌龄，冀州南宫人。弱冠以文词知名，本州欲以秀才举之，昌龄以时废此科已久，固辞，乃充进士贡举及第。"后面即又记叙贞观二十一年翠微宫成，张昌龄献颂文一篇，唐太宗召见他，命他起草《息兵诏》，受到太宗的赏识，"乃敕于通事舍人里供奉"。昌龄后又为昆山道行军记室，所作军事露布，颇受时人的赞赏（此点《新唐书》本传也记）。《旧唐书》本传并未记他落第事，也没有提到王师旦的评论。因此徐松《登科记考》卷一即将张昌龄列为贞观二十年进士登第，并说："按《旧唐书》明言昌龄及第，《文苑英华》亦载其文，潘昂霄《金石例》载张昌龄召见试《息兵诏》，又言昌龄为昆山道记室，平龟兹露布为士所称，则又及第后任幕职之证也。《会要》、《新书》皆非事实，今从《旧书》。"今按《全唐文》卷一六一收张昌龄文两篇（皆本之于《文苑英华》），题为《对刑狱用舍策》、《对高洁之士策》，虽然没有值得称道的思想内容，但如品评为"体性轻薄，文章浮艳"，则是显然不确当的。今存张昌龄文仅这两篇，史书上记载的《息兵诏》及平龟兹露布都已不传；这两篇都是有关政治、军事的公文，谅来也不可能以浮艳出之的。《唐会要》记王师旦对张昌龄的评论，又说"后并如其言"，但据两《唐书》所载张昌龄后半生的事迹，如任昆山道行军记室，转长安尉，出为襄州司户，丁忧去官，后为北门修撰，不久又罢去，高宗乾封元年（666）卒，也并无涉于浮薄，所谓"如其言"，未知何所据。从这种种情况来看，《唐会要》所记王师旦的评论，似未必有据,恐是修史者据唐中后期人对进士科的看法误加到张昌龄的头上,贞观时期进士试的策文还不至于表现出轻薄浮艳的毛病。

对科举取士和进士科考试提出激烈批评的,是武后时的薛登(谦光)。《旧唐书》卷一〇一、《新唐书》卷一一二有其传。薛登之父本为隋将,隋亡降唐,历任东武州刺史、泉州刺史等职。薛登年轻时与《初学记》编者徐坚、《史通》著者刘知几齐名友善。武周天授(690—692)时任左补阙。他看到当时"选举颇滥",遂上疏议其事。他的奏文保存于两《唐书》本传,及《通典》《唐会要》等书中。

武则天时,无论科举取士或吏部授官,确有滥的毛病。武则天这样做,是想笼络人心,扩大其统治基础,抵制李唐皇室,排斥与李唐皇室有密切关系的关陇、山东等豪门大族。在她实际操纵政权的二三十年间,在科举取士上,标尚文词,相对来说并不很看重经术,这在客观上有利于一般的庶族地主扩大政治上的出路(此事可参唐沈既济《词科论》,中云:"初国家自显庆以来,高宗圣躬多不康,而武太后任事,参决大政,与天子并。太后颇涉文史,好雕虫之艺,永隆中始以文章选士。及永淳之后,太后君天下二十余年,当时公卿百辟,无不以文章,因循遝久,浸以成风")。这种情况,使得一些守旧的人士看不惯。对那时科试和授官之滥大肆抨击的,不少即出于这些人之口。薛登的议论就代表了这部分人的主张。他指出的虽然也是当时存在的弊病,如:"策第喧竞于州府,祈恩不胜于拜伏。或明制才出,试遣搜敭,驱驰府寺之门,出入王公之第。上启陈诗,唯希欬唾之泽;摩顶至足,冀荷提携之恩。"但薛登的眼光是朝后看的,他美化过去实际并不存在的东西,来否定现实中正在发展着的事物,并夸大其中的缺点。譬如他说"古之取士",是如何的"先观名行之源,考其乡邑之誉",

"众议以定其高下，郡将难诬于曲直"，却不提两汉察举制下士人的崇尚虚伪，而九品中正制的实行则是"上品无寒门，下品无世族"。薛登从根本上反对进士科，认为隋炀帝设置进士等科，遂使"后生之徒，复相仿效，因陋就寡，赴速邀时，缉缀小文，名之策学，不以指实为本，而以浮虚为贵"。

正因为从根本上反对进士科，也就反对进士科实施中的新办法，即可以自己向州县报名。薛登说："故俗号举人，皆称觅举。觅为自求之称，未是人知之辞。察其行而度其材，则人品于兹见矣。"我们说，唐代进士试之所以在历史上表现一定的进步性，觅举是一大标志，觅举就是打破门第的限制，打破地方豪强对人才的控制和压抑。而在薛登看来，这恰是人品不足观的表现。守旧的人，总往往把现实问题抽象化，把社会问题说成是一种单纯的伦理道德问题。进士科在武后朝是被用来抵制旧的豪门大族的，它是正在发展着的，因此薛登的上疏，也就并没有什么结果。《新唐书》本传还记载他的另一奏议，建议禁止唐帝国四周少数民族上层统治者派遣亲属来长安，原已在长安、洛阳等地居住的，"不使归蕃"，实行民族隔离政策。这一主张显然也是违背时代潮流的。

玄宗开元时，关于进士试有两次改革。一次是开元六年（718），据《册府元龟》卷六三九《贡举部·条制》一：

> 二月，诏曰：我国家敦古质，断浮艳，礼乐诗书，是弘文德，绮罗珠翠，深革弊风。必使情见于词，不用言浮于行。比来选人试判，举人对策，剖析案牍，敷陈奏议，多不切事宜，广张华饰，何大雅之不足，而小能之是衔。自今已后，不得更然。

这是要求考试中不要用浮文艳词。这应当说是对的。可以注意的是,此处提到举人考试,只提到对策,具体说即是"剖析案牍,敷陈奏议",要求切于事宜,不要"广张华饰",并未提到诗赋,更没有提到声律方面的问题。由此也可见在开元初期,诗赋在进士考试中还没有占重要的地位,这对于我们研究唐代诗歌的繁荣与进士以诗赋取士的关系,是一条有用的材料。

另一是开元二十五年(737),据《唐会要》卷七五《贡举上·帖经条例》:"(开元)二十五年二月敕:今之明经、进士,则古之孝廉、秀才,近日以来,殊乖本意。进士以声律为学,多昧古今,明经以帖诵为功,罕穷旨趣。……以此登科,非选士取贤之道。"补救之法,进士须像明经那样,帖大经十帖,取通四以上,才得试杂文。这一敕令,当是在诗赋试已较为经常,且诗赋试已较多地讲究声律的情况下制定的。但实际上,这一规定也并未起多大作用,据《封氏闻见记》所说,那时"文士多于经不精,至有白首举场者,故进士以帖经为大厄";因此到天宝初,就被允许以作诗代帖经,所谓"进士文名高而帖落者,时或试诗放过,谓之赎帖"(卷三《贡举》)。这种情况,说明诗赋,尤其是诗歌的发展,它在社会生活中的广泛应用,使它在进士考试的项目中,已经占据主导的地位。

二

安史之乱以后,唐代社会的各种矛盾暴露出来,进士试的弊病也有较多的表现,在此后的一段时期内,集中出现了对进士科的批评。

首先是肃宗时刘秩的上疏,《全唐文》卷四三三所收题为《取士先德行而后才艺疏》。关于刘峣上疏的时间,应先稍作考证。此疏过去大多列于高宗时,如《通典》卷一七《选举》五《杂论议》中,先叙高宗乾封(666—668)时事,接着说"上元元年,刘峣上疏曰"。高宗时有上元年号(674—676)。《唐会要》卷七四《选部上·论选事》载:"上元元年,刘峣上疏曰……"《唐会要》排列在玄宗开元三年(715)之前,则也把它算在高宗之时。《通鉴》卷二〇二高宗上元元年(674)末,记谓:"是岁,有刘晓(《考异》引《会要》作峣)者,上疏论选,以为……"《新唐书·选举志》则未记刘峣事。对刘峣上疏的时间提出疑问的是清代的徐松,他在《登科记考》卷二中,虽然仍把刘峣上疏列于高宗上元元年,但他举出刘峣疏中"国家以礼部为孝秀之门"一句话,说"按是时贡举未归礼部,而言'礼部为孝秀之门',恐误。《通鉴》引亦作礼部取士"。唐代的科举取士,先是由吏部的考功郎中、考功员外郎主持,自开元二十四年(736)发生李昂事件以后,就由朝廷下令,改由礼部侍郎知举,即事归礼部。此点本书已有好几次叙及。这应当说是坚实的证据。唐代以上元为年号者,前有高宗,后有肃宗,肃宗时上元亦为三年(760—762),正好在开元之后。徐松正确地提出疑问,但他认为刘峣疏中"礼部"字有误。按《全唐文》的刘峣小传,即直截了当地说"峣,肃宗时人",是对的。《通典》等书,可能就误以肃宗的上元为高宗的上元。

　　《通典》所载刘峣的奏疏较详①,《全唐文》即本之于此。今录之于下:

---

①按刘峣的事迹无考,除了这篇奏疏外,未见他文。《通典》所载,似也非全篇。

国家以礼部为孝秀之门,考文章于甲乙,故天下响应,驱驰于才艺,不务于德行。夫德行者可以化人成俗,才艺者可以约法立名,致有朝登科甲而夕陷刑辟,制法守度,使之然也。陛下焉得不改而张之?至如日诵万言,何关理体,文成七步,未足化人。昔子张学干禄,仲尼曰:"言寡尤,行寡悔,禄在其中矣。"又曰:"行有余力,则以学文。"今舍其本而循其末。况古之作文,必谐风雅,今之末学,不近典谟,劳心于草木之间,极笔于烟云之际,以此成俗,斯大谬也。昔之采诗,以观风俗,咏《卷耳》则忠臣喜,诵《蓼莪》而孝子悲。温良敦厚,《诗》教也,岂主于淫文哉?夫人之爱名,如水之就下,上有所好,下必甚焉。陛下若以德行为先,才艺为末,必敦德励行,以伫甲科。……

这篇奏疏的矛头是指向进士科的,所谓"考文章于甲乙",即指的进士科以诗赋取士。刘峣认为,进士科以文词定高下,势必使人重才轻德,结果是虽中高第而终陷刑辟。他把德与才对立起来,把德说成本,才说成末,不论才艺如何高超,终归无补于政事。如果"劳心于草木之间,极笔于烟云之际",而且曼衍成俗,则真是"大谬"了。刘峣没有新的标格可以树立,他只得回过头去,把汉儒的《诗》教旗帜重新树立起来,实际上并没有号召的力量。如果从积极方面来估计,刘峣的这一奏疏,也只不过表现了在安史之乱以后,一些士大夫想借用古代儒家学说来维系世道人心,以整顿破碎的山河和涣散的民心。

过了三年,代宗宝应二年即广德元年(763),以礼部侍郎杨绾为首,包括给事中李栖筠、李廙,尚书左丞贾至、京兆尹兼御史大夫严武等有名望的朝臣在内,更集中攻击进士、明经等科,而且进一步提出停止明经、进士、道举等考试,实际上就是全面废止科举制,恢复两汉时代的察举制。杨绾的文章虽然长,但其立论并没有超出刘峣奏疏的范围。杨绾认为,科举之弊,是自从高宗朝刘思立奏请进士加试杂文、明经填帖,而"寖转成俗"的。他认为这样一来,士子就不学经史,"六经则未尝开卷,三史则皆同挂壁,况复征以孔门之道,责其君子之儒者哉!"他们把科试的弊病与政治上的动乱联系起来,如贾至说,之所以有"臣弑其君,子弑其父",乃非一朝一夕之故,其原因在于"忠信之陵颓,耻尚之失所,末学之驰骋,儒道之不举",而这四者,都是由于"取士之失也"。安史的大动乱对于唐代社会的震动至深,不少人在大乱初定时不得不思考动乱究竟是怎么起来的。杨绾说:"方今圣德御天,再宁寰宇,四海之内,颙颙向化,皆延颈举踵,思圣朝之理也。"贾至说:"近代趋仕,靡然向风,致使禄山一呼而四海震荡,思明再乱而十年不复。向使礼让之道弘,仁义之道著,则忠臣孝子比屋可封,逆节不得而萌也,人心不得而摇也。"他们主观上是为了寻求安史之乱的原由,探索唐室再兴的途径,而实际上他们推理寻绎的本身是本末倒置的,他们的认识还没有达到杜甫在大乱之前所作的《赴奉先咏怀》诗中所达到的水平,无视天宝末季的种种政治腐败,而把这场席卷整个北方中国的战乱之根由仅仅归结为风化浇薄,竟以为只要做到"礼让之道弘,仁义之道著",社会动乱即可自然消弭。正是从这种政治唯心观出发,使他们提出废科举、复察举的倒退主张。他们虽然也看到科场中"投刺干谒,驱驰于要津;露才扬己,喧腾于当代"的某些弊病,但他们提出废止士人"投牒自举",无异于要求将人才的选拔权重新掌握在中央贵要与地方豪强手中,阻止一般中小地主的文人进入仕途。

杨绾是完全不顾已经变化了的现实,他的原则是"依古制",就是"县令察孝廉,审知其乡闾有孝友信义廉耻之行,加以经业,才堪策试者,以孝廉为名,荐之于州";州再试以经学,送名于中央尚书省;"自县至省,不得令举人辄自陈牒"。贾至较为看到了现实,他说自东晋以来,"衣冠迁徙,南北分裂,人多侨处",过去按照郡籍而实行乡举里选的社会条件已逐步消失,而经过隋末大乱及安史动乱,"士居乡土,百无一二,因缘官族,所在耕筑,地望系之数百年之外,而身皆东西南北之人焉"。由于政治的变动,经济的发展,人口的流徙,社会生活已经发生很大的变化。因此他又说:"今欲依古制乡举里选,犹恐取士之未尽也"。贾至提出一个折中方案,就是广设学校,招收生徒,荐举与科举并行。学校与科举结合起来,未始不是一个小法,明清时的科举制就是这样实行的,但贾至的兴学校主张,归根结底还是在于行荐举制,这当然也是行不通的。这一次的废科举的动议,是发生在一场社会大动乱之后,而进士科等考试又暴露出它的一定的弊病,再加以杨绾等人有一定的声望,因此在统治者上层是有较大影响的,以致当时的皇帝代宗也不得不以进士科的废兴来问翰林学士,翰林学士答以:"进士行来已久,遽废之,恐失人业。"这就是说,进士取士已经过历史的检验,它在时间上已经站住了脚跟;"恐失人业",从另一方面说明了科举取士对于扩大唐朝廷的统治基础起了不可忽视的作用①。

在这以后,对于是否应停止进士科这一较带根本性的问题就

---

① 关于杨绾、贾至等的议论,见《通典》卷一五《选举》三《历代制》下,《唐会要》卷七六《孝廉举》,《旧唐书》卷一一九《杨绾传》、卷一九〇中《文苑中·贾至传》,《新唐书·选举志》,《通鉴》卷二二二"广德元年"条。

搁置起来,虽然文宗时还有郑覃再次提出,但随即被否定①,从此再无人议论此事。中唐时人的议论,集中在进士考试中的试诗赋问题。唐代的经学大师啖助的门人赵匡,在任洋州刺史时②,曾上《举选议》(《全唐文》卷三五五)。他显然比薛登、杨绾要前进了一步,认为魏晋时的九品中正制,使得"族大者第高,而寒门之秀屈矣"。但另一方面他又认为唐朝沿用隋朝开始的科举制,却也是"岁月既久,其法益讹"。他特别提出了进士试诗赋之弊,说:

> 进士者,时共贵之,主司褒贬,实在诗赋,务求巧丽,以此为贤。不惟无益于用,实亦妨其正习,不惟挠其淳和,实又长其佻薄。

作为儒家经学的学者和地方官员,赵匡注重的是实际政事,他认为士子的进德修业和科试授官,都要与实际的施政才能相结合加以统一的考虑,因而他主张停试诗赋,而代之以"笺表议论铭颂箴檄等有资于用者",所试策文,重点也放在考问历史上成败得失及时务上的是否合宜:"贵观理识,不用求隐僻,诘名数,为无益之能。"对于明经,也是从这总要求出发,认为目下的明经考试只

---

①《新唐书》卷一六五《郑覃传》,载覃于开成时拜相,"不喜文辞,病进士浮夸,建废其科,曰:'南北朝所以不治,文采胜质厚也。士惟用才,何必文辞。'又言:'文人多佻薄。'帝曰:'纯薄似赋性之异,奚特进士?且设是科二百年,渠可易?'乃止。"又见《新唐书·选举志》,及《旧唐书》卷一七三《郑覃传》,略同。

②赵匡无专传,事迹附见《新唐书》卷二〇〇《儒学·啖助传》,说:"助门人赵匡、陆质,其高第也。……匡者,字伯循,河东人,历洋州刺史,质所称为赵夫子者。"又《通典》卷一七《选举》五《杂论议》中谓"洋州刺史赵匡《举选议》曰",则其上《举选议》乃在任洋州刺史时。但赵匡任洋州刺史在何年,未得确考,或当在大历(766—779)期间。

不过"习不急之业,而其当代礼法,无不面墙,及临民决事,取办胥吏之口而已,所谓所习非所用,所用非所习者也,故当官少称职之吏"。

赵匡的这一主张,在过了几年赵赞以中书舍人知礼部贡举时,就曾一度实行。《新唐书·选举志》记载道:"先是,进士试诗赋及时务策五道,明经策三道。建中二年,中书舍人赵赞权知贡举,乃以箴论表赞代诗赋,而皆试策三道。"赵赞是建中二年(781)十月任命为知贡举的,主建中三年(782)春的科试,这年进士杂文试的题目即为《学官箴》,可见是实施了他的主张的。徐松《登科记考》卷一一建中二年载此事,并加按语曰:"按次年进士试《学官箴》,是罢诗赋自三年始,第不知复于何年用诗赋。考《文苑英华》载贞元四年试《曲江亭望慈恩寺杏园花发诗》,大约贞元之初即复旧制,故大和间礼部奏言国初以来试诗赋,中间或暂改更,旋即仍旧,是也。"贞元元年为公元785年,则由于赵赞知举而停止试诗赋,最多不超过五六年的时间。

进士试诗赋已经实行了五六十年,在赵赞知举后,竟然就停止了几年,时间虽然不长,却也说明了两个问题:第一,进士科所试的诗赋,只讲究格律声韵,词采华美,缺乏思想内容,与现实脱节。就是说,诗赋试的本身已表现出很大的弊病。第二,这种弊病受到指责,已成为一种社会舆论。关于后一点,还可以补充一些材料,这些材料有些虽然可能在赵赞知举之后,但这些意见之在社会上的存在,则是早已有了的。

《权载之文集》卷四一载柳冕写给权德舆的书信,及权德舆的答复。柳冕说:"进士以诗赋取人,不先理道;明经以墨义考试,不本儒意;选人书判殿最,不尊人物。故吏道之理天下,天下奔竞而无廉耻者,以教之者末也。"权德舆的答书中说:"近者祖习绮靡,过于雕虫,俗谓之甲赋律诗,俪偶对属,况十数年间,至大官右职,教化所系,其若是乎?"柳、权二人都非科举出身,他们对进士以诗赋取人并不赞同,可能与此有关。徐松《登科记考》卷一五将二人往还的书信列于贞元十九年(803)权德舆知贡举时,是否作于这年,倒不一定,但当不出贞元年间。

元稹于贞元十九年应才识兼茂明于体用制科,其对策中对明经、进士考试都提出了批评,谈进士试云:"至于工文自试者,又不过于雕词镂句之才,搜摘绝离之学。苟或出于此者,则公卿可坐致,郎署可俯求,崇树风声,不由殿最。"(《元稹集》卷二八)元稹是由明经出身的,他所作的诗文,以词采富艳、格律齐整著称。可是他仍批评进士所试的诗文,是"雕词镂句之才,搜摘绝离之学",可见社会舆论对诗赋试的看法。

舒元舆《上论贡士书》,中谓:"及睹今之甲赋律诗,皆是偷折经诰侮圣人之言者,乃知非圣人之徒也。……试甲赋律诗,是待之以雕虫微艺,非所以观人文化成之道也。有司之不知,其为弊若此。"(《全唐文》卷七二七)按舒元舆于元和八年(813)登进士第,此书为登第前作。

沈亚之于穆宗长庆元年(821)应制举,其《对贤良方正直言极谏策》(《全唐文》卷七三四)中说:"今礼部之得进士,最为清选,而以绮言声律之赋诗而择之。及乎为仕也,则责之不通天下之大经,无王公之重器。今取之至微,而望之甚大,其犹击陋缶而望曲齐于韶濩也。"沈亚之也同柳冕、权德舆那样,都是从入仕后的实际行政职能这一角度,来评论进士科之试诗赋与实际应用不相符合,但他并没有提出正面改革的设想。

# 三

对唐代的进士试可以称得上改革的,是李德裕。李德裕于文宗大和七年(833)二月至八年(834)九月,以及武宗会昌年间(841—846),两度拜相。李德裕是晚唐时期一位有作为的政治家,无论在任地方节镇时,或在朝执政时,都有好的政绩,尤其是会昌时,他受到武宗的信任,使他的政治才能有较充分的施展。关于李德裕一生的事迹以及他的历史地位,笔者另有《李德裕年谱》一书(齐鲁书社 1984 年版),请读者参阅。这里着重论他对于科举考试的改革。关于这方面的情况,过去的记载及前人的研究,往往有不够确切的地方。譬如,以前的一些研究者只注意到《新唐书·选举志》所说的"武宗即位,宰相李德裕尤恶进士"的记述,以及所引李德裕的话:"臣无名第,不当非进士。然臣祖天宝末以仕进无他岐,勉强随计,一举登第;自后家不置《文选》,盖恶其不根艺实。然朝廷显官,须公卿子弟为之。"据此得出结论,认为李德裕是反对进士科的,又如像陈寅恪先生那样,更把牛李党争的性质,归结为拥护还是反对科举之争。他在《唐代政治史述论稿》中篇《政治革命及党派分野》中说:"牛李两党之对立,其根本在两晋、北朝以来山东士族与唐高宗、武则天之后由进士词科进用之新兴阶级两者互不相容。"对于陈寅恪先生的论点,岑仲勉先生明确表示不能同意,他在《隋唐史》第四十五节中逐步申述了自己的意见,认为牛李的对立并非"门第"与"科举"之争。关于这一点,现代唐史学家胡如雷先生论牛李党争一文也是不同意陈寅恪先生的论点的。牛李党争本身,不属于本书论述的范围,此处从略。我们只说李德裕本人对科举的态度。

《新唐书·选举志》有关于李德裕论进士试的记述，但《新唐书》的记载是不确实的。经查唐人的史料，找不出李德裕从根本上否定进士科试的证据，相反的却有扶植文士、奖掖孤寒的记载，如会昌三年的进士科状元江西人卢肇，就是李德裕在大和末贬官宜春时赏识的；有的史书上记载，他在宣宗时受到迫害，被贬向岭南，不少寒士为之下泪，如《唐摭言》卷七《好放孤寒》云：

> 李太尉德裕颇为寒畯开路，及谪官南去，或有诗云："八百孤寒齐下泪，一时南望李崖州。"

又据《登科记考》卷二一大和八年载《记纂渊海》引《秦中记》：

> 唐大和八年放进士，多贫士，无名子作诗云："乞儿还有大通年，六十三人笏仗全。薛庶准前骑瘦马，范酂依旧盖番毡。"

大和八年进士考试，正是李德裕担任宰相的时期。

李德裕第一次任相期间，即对科举进行了几项改革。一是进士停试诗赋。《通鉴》卷二四四大和七年：

> 上患近世文士不通经术，李德裕请依杨绾议，进士试论议，不试诗赋。……八月庚寅，册命太子，因下制："……进士停试诗赋。"

可见大和七年由皇帝的名义下诏停进士科试诗赋，是李德裕动议的。《唐大诏令集》卷二九《大和七年册皇太子德音》载有制词（并参《册府元龟》卷六四一《贡举部·条制》三）如下：

汉代用人,皆由儒术,故能风俗深厚,教化兴行。近日苟尚浮华,莫修经艺,先圣之道,堙郁不传。况进士之科,尤要厘革。虽乡举里选不可复行,然务实抑华必有良术。既当甚弊,斯亦改张。……其公卿士族子弟,明年已后不先入国学习业,不在应明经、进士之限。其进士学宜先试帖经,并略问大义,取经义精通者;次试议论各一首,文理高者便与及第。其所试诗赋并停。……

对于进士试诗赋所表现出来的追求浮艳、不切实际的弊病,肃、代以来,历朝都有人批评,前已述及,并且在赵赞知举时曾一度停试诗赋,李德裕的这一主张,他明确说是依杨绾议,可见他是集中了自杨绾以来一些人的意见。但他不赞成杨绾的废止科举制本身的开倒车的主张,而是明确提出"乡举里选不可复行"。大和八年春的进士试即不以诗赋命题。但这年下半年李德裕罢相,李宗闵上台,尽斥李德裕之所为,大和九年又用诗赋取士①。

二是罢宰相阅榜。如果说进士停试诗赋尚为沿袭前人已有的主张,则罢宰相阅榜可以说是李德裕的首创,对制度的改革颇有积极意义。前面曾说过,唐朝科试中有一条不成文的规定,即知举者须将录取的名单,在正式发榜前,送至宰相府第,请宰相过目,当时称为呈榜。在这中间,宰相就可利用其职权,与知举者上下其手,抽换人员,调换名第。这是一项陋规。在唐人的一些记载中,往往有嘲笑在呈榜过程中因误传误而于不意中得第的。但在李德裕之前,并未有人正式提出这个问题,至李德裕于大和中

①徐松《登科记考》卷二一"大和七年"条按云:"按开成元年(836),文宗谓宰臣,所见诗赋似胜去年,是大和九年仍用诗赋也。则停试诗赋惟大和甲寅一年耳。"

为相,乃提出须对此加以改革。据《唐会要》卷七六《贡举中·进士》载:

> (大和)八年正月,中书门下奏:进士放榜,旧例,礼部侍郎皆将及第人名先呈宰相,然后放榜。伏以委任有司,固当精慎,宰相先知取舍,事匪至公。今年以后,请便令放榜,不用先呈人名。其及第人所试杂文,及乡贯、三代名讳,并当日送中书门下,便合定例。敕旨,依奏。

《新唐书·选举志》把此事之提出归之于王涯,说"(大和)八年,宰相王涯以为礼部取士,乃先以榜示中书,非至公之道,自今一委有司"。这一记载是不确的,因为这时的王涯虽也是宰相,李德裕则是首座,重大事项都由李德裕决定;另外,李德裕后来在会昌年间任相时,再次提出此事,前后思想是一贯的,如《册府元龟》卷六四一《贡举部·条制》三:

> (武宗会昌三年正月)是月,宰臣李德裕等奏,旧例,进士未放榜前,礼部侍郎遍到宰相私第,先呈及第人名,谓之呈榜。比闻多有改换,颇致流言。宰相稍有寄情,有司固无畏忌,取士之滥,莫不由斯。将务责成,在于不挠,既无取舍,岂必预知。臣等商量,今年便任有司放榜,更不得先呈臣等。仍向后便为定例,如有固违,御史纠举奏者。

此又见《会昌一品集·补遗》,题《请罢呈榜奏》。这里所述,较大和年间更为详切,采取的办法也更为完密。禁止呈榜就是杜绝宰相利用特权来干预科试,李德裕这样做,包括了限制自己的特权,这对封建时代上层统治者来说确是难能可贵的。他将呈榜提到

"取士之滥,莫不由斯"的高度,而且先后为相,两次提出,可见他对此是经过深思熟虑的,同时这也反映了中唐以来呈榜旧例已经产生了不少弊病,引起了社会上许多人的不满。

李德裕第二次为相时,似不再提停试诗赋事,会昌年间的进士考试是试诗赋的。此外,又另有两项措施,一是禁止进士及第与知举者有进一步的密切关系,二是禁止曲江大会。他有《停进士宴会题名疏》,说:

> 奉宣旨,不欲令及第进士呼有司为座主,趋附其门,兼题名局席等条疏进来者。伏以国家设文学之科,求贞正之士,所宜行敦风俗,义本君亲,然后升于朝廷,必为国器,岂可怀赏拔之私惠,忘教化之根源,自谓门生,遂成胶固。所以时风浸薄,臣节何施,树党背公,靡不由此。臣等商量,今日已后,进士及第,任一度参见有司,向后不得聚集参谒,及于有司宅置宴。其曲江大会,朝官及题名局席,并望勒停。缘初获美名,实皆少隽,既遇春节,难阻良游,三五人自为宴乐,并无所禁,惟不得聚集同年进士,广为宴会。仍委御史台察访闻奏。谨具如前。(《会昌一品集·补遗》)

《登科记考》卷二二据《唐诗纪事》所载中书复奏,系于会昌三年(843)十二月二十二日。李德裕是实际政治家,他的一切措施,都是从实际政治着眼的。自礼部侍郎知贡举以来,知举者与新科进士,已结成非同寻常的关系,中晚唐时的朋党,很大程度上即与此有关。及第者视座主为恩门,知举者视新科进士为自己的私亲,如崔群那样,竟以新科进士为自己的田庄,这些在前面一些章节中都有所述及。为了维护中央集权制,对于座主、门生之间"扬揄品目,至于终身,敦尚恩纪,子孙不替"(华镇《云溪居士集》卷二十四《上门下许侍郎书》)的关系必须加以改革,整顿这种"受命公朝,拜恩私室"(同上)的风气。另外,曲江大会的宴集,发展到后来,确实有侈靡的流弊,对社会风气有不好的影响。李德裕的这些措施,对于国计民生都是有利的。

又据《唐会要》卷七六《贡举中·进士》载:"会昌三年正月敕,礼部所放进士及第人数,自今后,但据才堪即与,不要限人数每年止于二十五人。"这也是李德裕当政时做出的一条规定。这就更进一步证明李德裕并不是一般地反对进士科,而是想对进士科考试中的弊病进行改革。晚唐时无名子所作《玉泉子》说"李德裕抑退浮薄,奖拔孤寒"(又见《北梦琐言》卷三),确是有根据的。

可惜李德裕的这些有进步意义的改革措施,随着他的被贬,以及牛党人物白敏中等上台,都被废弃。《旧唐书》卷一八下《宣宗纪》大中元年(847)三月纪:"又敕:自今进士放榜后,杏园任依旧宴集,有司不得禁制。"连曲江大会并不带根本性的改革措施尚且废止,则其他可知。从这以后,直至唐末,就再也没有人对科举考试提出改革的意见,更不用说见之于实行了。晚唐时科举之弊,正是唐王朝整个政治日益腐朽的反映。

四

从以上的叙述中,我们可以看到,唐人对于科举制和进士试的批评和改革,与科举制及进士试中实际存在的弊病,尚有不小的差距。有些问题,在唐人的议论中根本没有接触到,如因公荐而引起的通关节、托人情而因缘为奸,贵门势要之家的把持举选权,宦官、藩镇等之干预考试,等等。总的说来,科举制,包括进士试,在唐代还是有进步意义的,它与明清时期以八股取士、以五经四书窒息读书人的思想有着不同的历史作用。它所表现出来的弊病,一方面是封建时代的通病,如有权势者谋求干预举选权,以及纳贿受贿,等等,不论哪个朝代都有;另一方面,唐代科举制的弊病,也是因为它是从过去的察举制和九品中正制脱胎而来,带有旧制度残余的影响,如公荐,试卷不糊名,等等。科举制本身有一个完密化的过程。譬如,唐代座主与门生的关系,到北宋,就逐步受到限制,自从实行殿试以后,进士都作为"天子门生",像唐代那样的特殊关系就自然消失。又如进士试诗赋的问题,如上所述,也多次受到人们的非议,不少人从实际的政治出发,认为考试诗赋无补于实用,培养不出真正有利于国家的行政人才。但这问题一直未能得到很好的解决。对这件事情,柳宗元倒接触到一些实质问题,他在《送崔子符罢举诗序》一文中说:

> 世有病进士科者,思易以孝悌经术兵农,曰:"庶几厚于俗,而国得以为理乎?"柳子曰:"否。以今世尚进士,故凡天下家推其良,公卿大夫之名子弟、国之秀民举归之。且而更其科,以为得异人乎?无也。唯其所尚文学,移而从之,尚之以孝悌,孝悌犹是人也;尚之以经术,经术犹是人也。虽兵与农皆然。"(《柳宗元集》卷二三)

柳宗元看到,在这样的社会中,不管考试的内容有何变化,考试的对象总不过是这些读书人,朝廷所尚者是什么,他们的趋向就是什么,不会有实质性的变更。唐代所试诗赋,题目的范围还是比较宽的,不完全从儒家的经书中出题,思想的限制还不是那么严格。北宋自王安石熙宁变法以后，以经义代诗赋，应当说是前进了一步，但是同样脱离现实。苏轼说：

> 自文章言之，则策论为有用，诗赋为无益。自政事言之，则诗赋、策论均为无用。虽知其无用，然自祖宗以来莫之废者，以为设法取士，不过如此而已。……自唐至今，以诗赋为名臣者不可胜数，何负天下而必欲废之？（《东坡奏议集》卷一《议学校贡举状》）

王安石针对苏轼的意见，反驳道：

> 若谓此科尝多得人，自缘仕进别无他路，其间不容无贤。若谓科法已善，则未也。今以少壮时正当讲求天下正理，乃闭门学作诗赋，及其入官，世事皆所不习。此乃科法败坏人才，致不如古。（载《文献通考》卷三一《选举考》四）

王安石的议论应当说比苏轼更具有合理性，但从实践来看，在封建社会中，无论考诗赋，或考经义、策论，都不能解决选拔真才实学问题。考策论、经义的结果，自明以后即逐步衍化为八股制艺，即是一例。唐代的科举试，是中国封建时代科举制的初期阶段，它有着后世不可能具备的进步作用，也有其自身发展阶段中不可避免的弊病或漏洞。到宋代，科举制在各方面则更为完备，明清时期在制度实施方面又更为严密，但它们已失去唐代的那种特有的光彩和吸引人的地方了。

# 第十四章　进士试与文学风气

　　关于唐代进士考试与文学发展的关系，近年来已开始引起古典文学研究者的注意。其实这是一个老问题，譬如说，南宋人严羽在他的诗论名著《沧浪诗话》中就说过："唐以诗取士，故多专门之学，我朝之诗所以不及也。"明代的王文禄也说："唐以诗取士，盛矣。"(《文脉》卷二)也有相反的议论，如郭绍虞先生《沧浪诗话校释》中所引明代王世贞《艺苑卮言》、杨慎《升庵诗话》等著作，认为唐人省题诗很少佳者，而凡传世之作，则皆非省题诗。这些说法，都与议论者各自的文学思想与论诗主张有关。限于种种条件，前人关于科举制对当时文学创作的影响，虽有某些值得参考的意见，但总的说来，还未能有全面的科学的论断。这些年来，由于讨论唐诗繁荣的原因，这一问题再次被提了出来，有些文章对此发表了一些很好的意见。唐代进士科的考试诗赋是否促进诗歌的繁荣，这是一个问题，唐代科举制的施行与唐代文学发展的关系，这是又一个问题，后一个问题比前一个问题范围要大，内容要广，涉及上层建筑内政治制度与意识形态的相互影响，既有历史材料的辨析问题，又有理论探索的问题。本章拟就进士考试与文学的关系，就所能接触到的材料，选取若干个问题，作一些探讨。

一

　　在前面一些章节中，我们已经讲过，唐代进士考试的办法以及具体项目，曾经经过几次变易，如果不理清其头绪，就容易造成误解。即以博学淹通如清人赵翼者，论述时也有疏失之处，其所著《陔余丛考》卷二八《进士》条记："唐初制，试时务策五道，帖一大经，经、策全通为甲第，策通四、帖过四以上为乙第。永隆二年，以刘思立言进士唯诵旧策，皆无实材，乃诏进士试杂文二篇，通文律者然后试策，此进士试诗赋之始。开元二十五年，诏进士以声韵为学，多昧古今，自今加试大经十帖。建中二年，中书舍人赵赞权知贡举，又以箴论表赞代诗赋。大和八年，仍复诗赋。此唐一代进士试艺之大略也。"赵翼的这一段话，大致本于《通志》，可议者有好几处：第一，说唐初试时务策五道，帖一大经，实则唐初只试策，未有帖经，帖经是高宗永隆二年(681)以后的事。第二，说永隆二年起试杂文，即是试杂文之始，实际上最初所谓杂文者只是箴表论赞等，后渐有赋或诗，杂文专试诗赋已是开元、天宝之交。第三，说自建中二年(781)起以箴表论赞代诗赋，至大和八年(834)又试诗赋，似乎这中间有半个多世纪的时间不试诗赋，实际情况是，所谓停进士诗赋而代之以论议，是李德裕任宰相时对于科试所作改革的一部分，这是于文宗大和七年(833)八月颁下的，第二年即大和八年九月李德裕罢相，李宗闵上台，尽斥李德裕之所为，又复试诗赋。可见这次罢诗赋，只是一年的时间。

　　正因为对历史材料未作必要的清理和辨析，有时就会对某些历史现象作出不符合实情的判断。所谓唐代进士科以诗取士促进唐诗的繁荣，就是误解之一。

在唐初一个相当长的时期内，进士考试是与诗赋无关的。《通典》卷一五《选举》三，说进士"其初止试策，贞观八年诏加进士试读经史一部。至调露二年，考功员外郎刘思立始奏二科（进士、明经）并加帖经，其后又加《老子》、《孝经》，使兼通之"。刘肃的《大唐新语》（卷十《厘革》）、胡震亨《唐音癸签》（卷一八《进士科故实》），都提到进士科最初只试策文。到高宗调露二年（680），由于刘思立的奏请，进士才与明经同样要考帖经。这就是说，从唐开国起，有六十年的光景，进士考试是只考策文的。这占了唐朝历史的五分之一的时期。

当时试策的情况，我们还可在《文苑英华》中略见一二。《文苑英华》卷四九九、五○二分别记载了贞观元年（627）进士科试时务策的两道策问，前者是关于评审案件的，提出如何宽猛相济、缓急折中，后者是关于选拔人才的，提出如何不次擢用才能之士，以充实新建立的政权。这年进士登第者有上官仪——就是后来在高宗朝有诗坛盛誉的"上官体"的代表诗人。他的策文也保存在《文苑英华》上述的两卷中。上官仪的对策，则完全是堆砌辞藻，用的是初唐流行的骈体，内容则一无可取，全是颂扬休明之词，没有任何一点现实的影子。可见唐初进士科试策文，注重的还不过是文词的工丽和精巧。

进士只考试策文的情况，到高宗后期、即武则天实际掌握政权时有了变化，这就是进士试由试策文一场改变为试帖经、杂文、策文三场，这种三场考试的办法遂成为唐代进士试的定制。

《唐会要》有两条记载这种变化的材料：

> 调露二年四月，刘思立除考功员外郎。先是，进士但试

策而已，思立以其庸浅，奏请帖经及试杂文，自后因以为常式。（卷七六《贡举中·进士》）

永隆二年八月敕：如闻明经射策，不读正经，抄撮义条，才有数卷；进士不寻史籍，惟诵文策，铨综艺能，遂无优劣。自今已后，明经每经帖十得六已上者，进士试杂文两首，识文律者，然后令试策。（卷七五《贡举上·帖经条例》）

调露二年为公元 680 年，永隆二年为公元 681 年（调露二年即永隆元年）。这当是前一年刘思立建议，第二年就由朝廷正式颁布施行。因此史书上认为进士试杂文和帖经，即起始于刘思立的奏请，如《旧唐书·刘宪传》："父思立，高宗时为侍御史。……后迁考功员外郎，始奏请明经加帖、进士试杂文，自思立始也。"《旧唐书·杨绾传》载杨绾于代宗时上疏议贡举，说："至高宗朝，刘思立为考功员外郎，又奏进士加杂文，明经填帖，从此积弊，浸转成俗。"（《南部新书》戊卷等也有类似的记载，不具引）

所谓杂文两首，具体何所指，徐松有一个解释。《登科记考》卷二《永隆二年》条说："按杂文两首，谓箴铭论表之类，开元间始以赋居其一，或以诗居其一，亦有全用诗赋者，非定制也。杂文之专用诗赋，当在天宝之季。"这段话说得扼要明白，对于唐代进士试杂文这一措施的演变讲得相当清楚。徐松的话是有事实根据的，如颜真卿所作颜元孙神道碑（《全唐文》卷三四一），说："举进士……省试《九河铭》、《高松赋》。故事，举人就试，朝官毕集，考功郎刘奇乃先标榜君曰：'铭赋二首，既丽且新，时务五条，词高理赡，惜其帖经通六，所以不□（原缺），屈从常第，徒深悚怍。'由是名动天下。"颜元孙为武周垂拱元年（685）登进士第，这是永隆二年实行试杂文后的第四年，这一年的杂文两首即是铭和赋。在这之后,见于记载的,玄宗先天二年(即开元元年)为《籍田赋》,开元二年为《旗赋》,开元四年为《丹甑赋》,开元五年为《止水赋》,开元七年为《北斗城赋》,开元十一年为《黄龙颂》,开元十二年才有试诗的记载,这就是著名的祖咏《终南山望余雪》诗。在这之后,开元十四年为《考功箴》,开元十五年为《积翠宫甘露颂》,开元十八年为《冰壶赋》,开元二十二年乃有诗赋各一,即《武库诗》、《梓材赋》。开元二十五年为《花萼楼赋》,开元二十六年又为诗赋各一:《拟孔融荐祢衡表》、《明堂火珠诗》。天宝十载,诗赋各一:《豹舄赋》、《湘灵鼓瑟诗》。在这之后,则试题即固定为诗赋各一首。上面的记载,可能因材料不全,有所缺漏,但大致的轮廓是不差的。唐人的论述,往往把开元、天宝年间的进士科与文学联系起来,极言其盛况,如古文家梁肃《李史鱼墓志铭》(《文苑英华》卷九四四)说:"开元中,以多才应诏,解褐授秘书省正字。时海内和平,士有不由文学而进,谈者所耻。"独孤及《顿丘李公墓志》(《毗陵集》卷一一):"开元中,蛮夷来格,天下无事,搢绅闻达之路,惟文章先。"权德舆《王公(端)神道碑铭》(《权载之文集》卷一七):"自开元、天宝间,万户砥平,仕进者以文讲业,无他蹊隧。"杜佑《通典》卷一五《选举》三也记道:"开元以后,四海晏清,士无贤不肖,耻不以文章达。"这些话当然不免有所夸张,但其论述的基本点,是都把开元、天宝间进士科得人之盛与文学的发达联系起来谈的,关于二者关系的这种论述,为开元以前所未有。

由此可见,以诗赋作为进士考试的固定的格局,是在唐代立国一百余年以后。而在这以前,唐诗已经经历了婉丽清新、婀娜多姿的初唐阶段,正以璀璨夺目的光彩,步入盛唐的康庄大道。在这一百余年中,杰出的诗人已络绎出现在诗坛上,写出了历世经久、传诵不息的名篇。这都是文学史上的常识,不需要多讲的。

因此，那种片面地强调唐代进士以诗取士促进了诗歌创作的繁荣，在历史发展的客观事实面前，是站不住脚的。应当说，进士科在八世纪初开始采用考试诗赋的方式，到天宝时以诗赋取士成为固定的格局，正是诗歌的发展繁荣对当时社会生活产生广泛影响的结果。

## 二

而且，如果我们再作进一步的考察，就会发现，唐代进士科的考试诗赋，还对文学的发展起过一定消极的作用。

首先是省题诗本身，由于内容的限制和形式格律的拘牵，不容易产生好的作品。宋人阮阅《诗话总龟》后集卷三一《丹阳集》说："省题诗自成一家，非他诗之比也。首韵拘于见题，则易于牵合；中联缚于法律，则易于骈对；非若游戏于烟云月露之形，可以纵横在我者也。王昌龄、钱起、孟浩然、李商隐之辈，皆有诗名，至于作省题诗，则疏矣。"这段话虽然并不全面，但它说省题诗容易束缚作者的思想，也难于施展诗人的独特的艺术手法，则有一定的道理。虽然在现存的省题诗中，有钱起的"曲终人不见，江上数峰青"（《湘灵鼓瑟》），祖咏的"终南阴岭秀，积雪浮云端；林表明霁色，城中增暮寒"（《终南山望余雪》），但在整个唐诗中，毕竟是太少了，而且也是只有名句，而未能产生名篇①。

---

①当然，在省题诗的范围之内，除了所举的钱起、祖咏所作以外，也不是没有可称道的，如与钱起同题的陈季所作的一首，其中"一弹新月白，数曲暮山青"也颇有新意。又如《唐诗纪事》卷五六载童翰卿《省试昆明池织女石》诗也可称佳作："一片昆明石，千秋织女名。向风长脉脉，临水更（转下页）

唐代统治者衡量省题诗的标准是什么呢？说来很有意思，其标准乃是齐梁体格。唐末范摅《云溪友议》卷上《古制兴》条记载道："文宗元年秋，诏礼部高侍郎锴复司贡籍，曰：'……其所试赋，则准常规；诗则依齐梁体格。'"这里所说的文宗元年应是文宗的开成元年，开成二年高锴知贡举，他在《先进五人诗赋奏》(《全唐文》卷七二五)中，具体地品鉴了第一至第五名的诗赋，其中说：

> 进士李肱《霓裳羽衣曲诗》一首最为迥出，更无其比，词韵既好，人才俱美，前场吟咏，近三五十遍，虽使何逊复生，亦不能过，兼是宗枝，臣与状头第一人，以奖其能。……其次沈黄中《琴瑟合奏赋》，又似《文选》中《雪》、《月》赋体格，臣与第三人。

高锴的品评，是具体地体现了文宗诏语中提出的原则的，以李肱的诗与何逊相比，以沈黄中的赋与《文选》中的《雪赋》、《月赋》相比，总之，取则乎齐梁，把衡文的标准退回到王勃、杨炯、陈子昂、李白等早已批判过了的六朝柔弱细巧的文风中去。再来看看为高锴取为状头的李肱《霓裳羽衣曲诗》：

> 开元太平时，万国贺丰岁。梨园献旧曲，玉座流新制。凤管递参差，霞衣竞摇曳。宴罢水殿空，辇余春草细。蓬壶

---

（接上页）盈盈。有脸莲同笑，无心鸟不惊。岸云连鬓湿，沙月对眉生。苔作轻裙色，波为促杼声。还如明镜里，形影自分明。"这首诗，如果不看诗题，是不会想到是省题诗的，这样写，也是宋以后所不可能有的。这也可见出唐代科试在思想内容和写作手法上，还是较为自由的。宋人李颀《古今诗话》曾说："自唐以来，试进士诗号省题，时有佳句。"(郭绍虞《宋诗话辑佚》第166页)

事已久，仙乐功无替。讵肯听遗音，圣明知善继。

　　这样的诗，说是"虽使何逊复生，亦不能过"，实在是品鉴失当，何逊的作品真是迥出乎其上，李肱的诗，怎能相比。这不仅是文宗一朝的情况，在唐代进士试中也有它的代表性。这里倒是可以看出唐代上层统治者对省题诗的要求，也可以看出以《文选》为代表的齐梁体格在唐代的影响①，并不是像我们有些论著所说的，经过初盛唐一些作家的批判，就销声匿迹，不再发生影响。文学发展的现象就是这样的复杂。

　　总之，按照对省题诗的要求，以及省题诗的具体创作实践，来比较唐代现实主义和积极浪漫主义诗歌的发展道路，可以说二者正好是背道而驰的。幸好唐代的不少作家对省题诗只当作敲门砖，否则真不知会给文学发展带来多么不利的影响。如果《全唐诗》中到处充塞着的竟是李肱那样的诗，那还有什么我们可为之骄傲的文学菁英——"唐诗"可言呢。

　　唐代作家中对科试文的看法，不少是清醒的，他们并不把这看成为真正的文学创作。大家知道，韩愈考过好几次进士试，他对科举是热衷的，但对他所作的这些诗文，他抱什么态度呢？他说："退自取所试读之，乃类于俳优者之辞，颜忸怩而心不宁者数月。"他认为读自己所作的这些东西，要脸红心跳的，因此又说："诚使古之豪杰之士，若屈原、孟轲、司马迁、相如、扬雄之徒进于

---

①杜甫诗所谓"熟精《文选》理"，不光是对作诗而言，在很大程度上是对于科举考试说的。又如《旧唐书》卷一八上《武宗纪》会昌四年十二月记武宗与李德裕对语，李德裕说："臣无名第，不合言进士之非。然臣祖天宝末以仕进无他歧，勉强随计，一举登第。自后不于私家置《文选》，盖恶其祖尚浮华，不根艺实。……"从这一记载中，可以看出《文选》与进士试的关系。

是选……仆必知其辱焉。"(《答崔立之书》)他说如果让古代杰出的作家如屈原等来作这种科试程文,也必定无所施展其才能。这是为什么呢?韩愈在另一篇文章中谈到了这是由于科举考试给文风带来的消极影响所致,他在《答吕毉山人书》中说:"方今天下入仕,惟以进士、明经及卿大夫之世耳。其人率皆习熟时俗,工于语言,识形势,善候人主意,故天下靡靡,日入于衰坏,恐不复振起。"韩愈是从内容和形式统一的角度来批判科试文对文风所起的腐蚀作用的。谈韩愈所倡导的古文运动,如果只注意他批判六朝以来流行的骈文,而不注意他对"时文"的出于自身经验的针砭,那是不全面的。在中国文学史上,对科举制度给予社会习尚、文人生活和文学风气坏影响的抨击,在科举制实行不久就已经开始,不是仅从《聊斋志异》、《儒林外史》或者明清之际的一些思想家、评论家才开始的。这是我们古代文学的一个好的传统。

韩愈的两个弟子——皇甫湜与李翱,都对进士试的文章有所批评。皇甫湜在《答李生第一书》(《皇甫持正文集》卷四)中,提到了当时应进士试的一些年轻士子,视科试的诗文为"浮艳声病",乃至于"耻不为者",可见出当时知识阶层对这种情况的不满。在《第二书》中,皇甫湜自己对"近风教偷薄,进士尤甚"的种种表现给以种种指责①。李翱《与淮南节度使书》(《李文公集》卷八)说:"近代已来,俗尚文字,为学者以抄集为科第之资。"另外,与他们同时的散文家兼传奇作家沈亚之,曾经在一篇文章中回顾

---

① 《唐摭言》卷五《切磋》条载皇甫湜《答李生第二书》,中云:"近风教偷薄,进士尤甚,乃至有一谦三十年之说,争为虚张以相高自谩。诗未有刘长卿一句,已呼阮籍为老兵矣;笔语未有骆宾王一字,已骂宋玉为罪人矣。书字未识偏旁,高谈稷、契;读书未知句度,下视服、郑。此时之大病,所当嫉者。"

自己为什么考试未中的原因,说:

> 时亦有人勉亚之于进士科,言得禄位大可以养上饱下。去年始来京师,与群士皆求进,而赋以八咏,雕琢绮言与声病。亚之习未熟,而又以文不合于礼部,先黜去。(《沈下贤文集》卷八《与京兆试官书》)

晚唐古文家孙樵《与友人论文书》说:

> 今天下以文进取者,岁丛试于有司,不下八百辈。人人矜执,自大所得,故其习于易者则斥艰涩之辞,攻于难者则鄙平淡之言,至有破句读以为工,摘俚语以为奇。秦汉已降,古文所称工而奇者,莫若扬、马,然吾观其书,乃与今之作者异耳,岂二子所工不及今之人乎!此樵所以惑也。(《孙樵集》卷二)

五代的西蜀词人牛希济《文章论》说:

> 今有司程式之下,诗赋判章而已,唯声病忌讳为切,比事之中,过于谐谑,学古文者深以为惭,晦其道者扬袂而行。……且时俗所省者唯诗赋两途,即有身不就学,口不知书,而能吟咏之列。是知浮艳之文,焉能臻于理道。(《全唐文》卷八四五)

以上的议论,侧重点虽各有所不同,但都指出进士科试文字那种"雕琢绮言"与讲究"声病"的风气,只能窒息正常的文学创作活动,而不能带给文学发展以任何的生机。特别是科场中朋党交结、行贿纳贿、吹嘘拍马、互相攻讦等种种恶劣习气,也侵蚀到文坛中来,使得晚唐的文学风气,除了一部分作家还能正视现实、写出较好的作品以外,相当部分的文人,正如明代唐诗学家胡震亨所说的那样:"晚唐人集,多是未第前诗,其中非自叙无援之苦,即訾他人成事之由。"(《唐音癸签》卷二六)北宋初期作家王禹偁也说:"文自咸通后,流荡不复雅;因仍历五代,秉笔多艳冶。"(《高锡》)南宋人计有功说:"唐诗自咸通而下,不足观矣。……气丧而语偷,声烦而调急,甚者刿目鉥吻,如截手交骂。"(《唐诗纪事》卷六六《赵牧》条)计有功认为这种情况之产生,"其来有源";这个源,一大部分是出于当时科举考试的那种坏的一方面,正如宋人孙明复所说:"专以辞赋取人,故天下之士皆致力于声病对偶之间。"(《孙明复小集》卷二《与范天章书》)

# 三

上面所说的,是唐代的科举制度,特别是进士科的以诗赋取士,给文学带来的消极影响。这里就产生一个问题,那就是,作为封建社会上层建筑一部分的科举制度,它在唐代的历史条件下,无疑在政治上是起了进步作用的。科举制原是封建时代选拔官员的一种制度,它在唐代被正式确立,比起两汉的察举制与魏晋南北朝的九品中正制,有极大的优越性,它使得封建国家把官员的选用权集中于中央,以适应于大唐帝国统一的政治局面的需要。科举制又采取一整套考试的办法,订立一定的文化标准,面向地主阶级的整体,招徕人才,这说明中国古代封建地主阶级,发展到唐代,对国家官员的文化水准较过去时代有更高的要求,也反映了当时社会的文化较过去更有所发展和提高。这说明,科举制对唐代的政治生活是起了积极作用的。一个在政治上有进步作用的、在当时社会生活中有较为广泛影响的制度,对于文学却有着消极的影响,这二者是否有矛盾呢?

笔者以为,这应当加以分析。科举在唐代,甚至在宋代起过进步作用,这是应当肯定的,我们应当从一定的历史条件出发。但科举制毕竟是封建社会的上层建筑,它是为封建国家的最高统治阶层服务的,这种考试制度根本不可能向广大劳动者开门,即使对地主阶级来说,能实际享受到科举制实行的好处的也只是地主阶级中极少的一部分;尤其是到中晚唐,贵族大官僚利用其权势,以种种手段把持举选权,抑止寒门贫士通过科举以求得进士之阶,斗争甚为激烈。因此,伴随着它的进步性,科举制在实行过程中也暴露出不少严重的弊病,正是这种弊病给予文学创作以消极的影响。但我们另一面还应看到,科举制在唐代,是以南北朝豪门把持政权、阻止贫寒而有才能之士进入仕途的对立物而出现的,科举制的实行,使得盛行了几百年的"平流进取,坐致公卿"的门阀世袭统治无最终立足之地,这就极大地解放了人才,大批非士族出身的、一般中小地主阶级知识分子,想在政治上争露头角,从而也力求在文化上施展其才艺,这就给了社会以活力,尤其是唐代进士科以诗赋取士,在唐代文学艺术充分发展的时代,新科进士的活动就更受到人们的注意。颜真卿称进士及第为"以词学登科"(《颜鲁公文集》卷一二《孙逖文公集序》),王定保又称之为"文学之科"(《唐摭言》),李嘉祐在送人及第归家诗中认为"高第由佳句"(《全唐诗》卷二〇六《送冷朝阳及第东归江宁》),都把进士科与文学联系了起来。韩愈在向人推荐应试举子时,也着重称扬他们的文才,他在《与祠部陆员外书》(《韩昌黎文集校注》卷三)中,说"文章之尤者,有侯喜者,侯云长者",又说:"有刘述古者，其文长于为诗，文丽而思深，当今举于礼部者，其诗无与为比。"在韩愈看来，不管科试的程式之文如何类似于俳优之所为，但真正有文才之士，还是应当参加科试，因为只有科举及第，才能取得进身之阶，施展自己的抱负——而正因为进士等科向地主阶级文人提供了这一现实的道途，才使韩愈等人能有这种想法，如果是在"世胄蹑高位，英俊沉下僚"（左思《咏史》）那样的社会，则是根本不可能的。

譬如李白，过去不少论著中都说他不屑于应科举试，这也需要分析。李白本人当然有他自己的打算，他是想求得人的荐引，直接为朝廷所赏识，"申管晏之谈，谋帝王之术，奋其智能，愿为辅弼"（《李白集校注》卷二六《代寿山答孟少府移文书》）。但李白并不否定科举制本身。如他有《鲁中送二从弟赴举之西京》诗（同上卷一七），说"复羡二龙去，才华冠世雄。平衢骋高足，逸翰凌长风"，表达了对从弟赴举一展才华的欣羡和期许。李白又有《同吴王送杜秀芝举入京》诗（同上卷一八）："秀才何翩翩，王许回也贤。暂别庐江守，将游京兆天。秋山宜落日，秀水出寒烟。欲折一枝桂，还来雁沼前。"又是对赴京应试的举子寄予及第的希望，鼓励他能一举成名，喜庆归聚。可见即使像李白那样恃才傲世、不拘常调的大诗人，对科举制也是采取肯定的态度，这与《儒林外史》的作者吴敬梓大为不同，而所以如此，那是因为历史条件不一样，这是完全可以理解的。

由此可见，历史上的一种制度，当它在主导方面还起着进步作用时，即使它已表现出某种弊病，它还是可以得到人们的拥护，即使这些人并没有直接从这种制度得到什么好处，或甚至还给予这种制度以严厉的批评，但他们对它的存在本身还是持肯定的态度。而我们今天则更应该把它放在一定的历史条件下去加以说明,充分研究它的不同的侧面,它在社会发展进程中所曾起的不同的作用。对于唐代科举制及其与文学发展的关系,就是应该抱这种态度去加以研究的。我们似应该把视野放开些,不能只停留在说明考试办法(如试诗赋、策文等)对文学的影响上,单纯以下个积极或消极的结论为满足,可以把科举制对社会风气与文人生活的影响作为研究的课题,进行较为全面的、历史的考察。在这方面,程千帆先生的《唐代进士行卷与文学》(上海古籍出版社1980年8月出版),已经做了很好的工作,本书在《进士行卷与纳卷》一章中已有论述,这里不再详述。

由于科举考试是面向地主阶级的整体,它以文化(当然不言而喻是封建文化)考试为主要的内容,这就刺激人们对其子弟进行文化教育,客观上则对文化在社会上的普及起了推动作用,唐代文化的普及远远超过了前代,唐代灿烂的文学艺术就是以文化的普及为基础的。在唐代,中央有国子学,州县有州县学,乡有乡学,教育事业得到空前的发展。皮日休在一篇诗序中说,他在儿童时在村中上乡校,得到杜牧的诗集,就伏在桌上抄写(《唐诗纪事》卷六六《严恽》条)。在乡村的学校中,竟有杜牧的集子,可见文化传播的面已经相当之广了。韩愈于德宗贞元末因言事被贬为阳山(今广东阳山县)令,"阳山,天下之穷处也",但"有区生者,誓言相好,自南海拿舟而来",向他问学(《韩昌黎文集校注》卷四《送区册序》)。另有一位窦秀才,也是"乘不测之舟,入无人之地,以相从问文章为事"(《答窦秀才书》,同上卷二)。后来韩愈又一次被贬往潮州,后移江西的宜春,又有当地的士子向他学文(《唐摭言》卷四《师友》)。而柳宗元元和时被贬于湖南的零陵,广西的柳州,"江岭间为进士者,不远数千里皆随宗元师法;凡经其门,必为名士"(《旧唐书·柳宗元传》)。又如刘禹锡,他也是因参与永贞革新而被贬出的,他自述贬在连州(今广东连县)时的情形是:"予为连州,诸生以进士书刺者,浩不可纪。"(《刘禹锡集》卷三八《送曹璩归越中旧隐诗》)这些当然与韩愈、柳宗元、刘禹锡个人的声望有关,但更基本的原因,则是科举取士面向整个地主阶级的知识分子,在他们面前出现了只要提高文化知识就可以有仕进机会的现实可能性,这就不仅是中原地区和经济文化素称发达的江南地区,就是偏远的湘西、桂中及岭南等乡县,地主阶级士人拜师学文的风气也逐渐形成。这在客观上也就推动了文化在这些地区的传播和普及。

即以进士科试诗赋而论,如前面所述,对文学创作有过不好的影响,但我们也应当看到另一面,科试诗赋的讲究声韵对偶,也刺激了文人对声律的研究,从诗歌创作的形式上来说,也不是没有值得肯定的一面。同时,我们还应注意到,唐代考试时,对诗赋的用韵,要求是很严格的,宋人吴曾的《能改斋漫录》(卷二)、彭叔夏的《文苑英华辨证》(卷一)都有所论列,为省篇幅,这里不再具引。《册府元龟》卷六四二曾记"有犯韵及诸杂违格,不得放及第"。中唐时李肇《国史补》(卷下)就记载宋济屡试不第,"尝试赋,误失官韵,乃抚膺曰:'宋五又坦率矣!'"由于这种现实需要,使得从中唐时起,韵书大为发达,《切韵》及有关《切韵》补缺刊谬本在社会上广为流行①。年轻女子吴彩鸾工于书法,"以小楷书《唐韵》一部市五千钱,为糊口计"(《宣和书谱》卷五)。吴彩鸾一生写了近百部王仁昫《切韵》。另有詹鸾,也以书写《唐韵》为生,

①此点请详参周祖谟先生《切韵的性质和它的音系基础》、《王仁昫切韵著作年代释疑》(收入《问学集》),及《唐五代韵书集存》(中华书局1984年版)。

"书《唐韵》极有功";吴彩鸾和詹鸾所写的《唐韵》一直传到北宋末,"断纸余墨,人传宝之"(《宣和书谱》卷四)。能以抄写韵书为生计,可见社会上对韵书的需要,这种需要正是出于进士科的考试诗赋,当时应试的举子入场考试,是可以而且是必需带韵书的,否则就要误失(此点可参《白居易集》卷六〇《论重考试进士事宜状》,及《太平广记》卷二六一《梅权衡》,前面一些章节中已有论述,不赘引)。

# 四

《大唐新语》卷七《知微》载:

> 李迥秀任考功员外,知贡举。有进士姓崔者,文章非佳。迥秀览之良久,谓之曰:"第一清河崔郎,仪貌不恶,须眉如戟,精采甚高。出身处可量,岂必要须进士?"再三慰谕而遣之。闻者大噱焉。

李迥秀于武后证圣元年(695)、万岁登封元年(696)知贡举。从这则记载中可以看出,在武后时,进士试虽还不是以诗赋为主,但对于进士的选拔,文词已经占有很重要的地位,文词不佳,即使门第高,也不予录取。

《封氏闻见记》卷三《贡举》还记有贞观时的一件事:

> 贞观二十年,王师旦为员外郎,冀州进士张昌龄、王公瑾并文词俊楚,声振京邑。师旦考其文策为下等,举朝不知所以。及奏等第,太宗怪无昌龄等名,问师旦。师旦曰:"此辈

诚有词华,然其体轻薄,文章浮艳,必不成令器。臣擢之,恐后生仿效,有变陛下风俗。"上深然之。

此事又见《通典》卷一七《选举》五《杂论议》中,《唐会要》卷七六《贡举中·进士》。《大唐新语》所载以文章非佳而不取,《封氏闻见记》所载张昌龄等则又以"文章浮艳"而列下等(此所载张昌龄事,疑非实,本书前已有辨证,但作为唐朝人的评论,仍可作为例子),看似相反,实际都说明一个问题,那就是从初唐起,已经把进士科与讲究文藻词章相联系。凡是应进士科试的,必须在文学方面有相当的训练,而从开元以后,则进士举子更需要在诗赋的创作上,特别是在诗歌方面,下更大的功夫。

士人应试,每年秋冬由各地集中来到京都,第二年春天,及第的,或在京等候吏部试,或归觐庆贺;失第的,或留在京都继续学习,或漫游四方。这些,都造成人才的流动。有才能之士,并不是终生困居于一隅,而是聚居于通都大邑,游历于名山大川,这对于文士视野的开阔,加深对现实生活的认识,都极有好处。才艺相当者,互相切磋,交通声气,对于文学创作当然也是有利的。在题材上,因科举的兴起,已在传统的送别诗的范围内加入新的内容,那就是产生了相当数量的送人赴举、贺人及第与慰人下第的诗篇,这些作品不少写得声情并茂,并富有现实内容和时代气息。

据笔者所见,在现有材料中,唐人以诗送人赴举的,最早要算是刘希夷的《饯李秀才赴举》:

鸿鹄振羽翮,翻飞入帝乡。朝鸣集银树,暝宿下金塘。日月天门近,风烟客路长。自怜穷浦雁,岁岁不随阳。(《全唐诗》卷八二)

由这首诗的末二句看，则刘希夷写此诗时他本人还未登第。据《唐才子传》卷一所载小传，刘希夷为高宗上元二年（675）登进士第，年二十五，其生年当为高宗永徽二年（651）。过去有些材料说他因为不愿将《白头吟》中的"年年岁岁花相似，岁岁年年人不同"割让给舅父宋之问，因而被宋之问害死，死时年仅三十岁。这一记载恐不可靠①，但刘希夷于高宗时颇有诗名，则是可以确定的。这首诗写得较为一般，它的意义在于开启唐诗写科第送别的风气。

此后，孟浩然有《送丁大凤进士赴举呈张九龄》诗，作于开元时，写道：

> 吾观鹪鹩赋，君负王佐才。惜无金张援，十上空归来。
> 弃置乡园老，翻飞羽翼摧。故人今在位，歧路莫迟回。（《孟浩然集》卷一）

孟诗已有一定的社会内容，作者为丁凤无人援引而"十上空归来"感到惋惜，他认为负有王佐之才的丁生不应该因此而弃置乡园，趁故人（张九龄）还在位的时候，应当再次出去应试。诗是由丁而呈张的，是一首绍介之作，但含蕴有致，写得十分得体，从中也寄寓了诗人自己对身世的感慨。

中唐以后，这类的诗就多了起来，在自然景色的描写中还可见出时代动乱的影子，如：

> 秋色生边思，送君西入关。草衰空大野，叶落露青山。
> 故国烟霞外，新安道路间。……（《全唐诗》卷三○五冷朝阳

①请参拙著《唐代诗人考略》（《文史》第八辑）。

《送唐六赴举》)

> 秋风昨夜满潇湘,衰柳残蝉思客肠。早是乱来无胜事,
> 更堪江上揖离觞。……(李咸用《披沙集》卷六《送黄宾于赴
> 举》①)

有些送人赴举诗,则又有佳句可诵,如李嘉祐《送张惟俭秀才入举》"淮岸经霜柳,关城带月鸿"(《全唐诗》卷二〇六),皇甫曾《送郑秀才贡举》"晚色寒芜远,秋声候雁多"(《全唐诗》卷二一〇),刘商《送李元规昆季赴举》"别思看衰柳,秋风动客衣"(《全唐诗》卷三〇三),李咸用《送进士刘松》"云低春雨后,风细暮钟时"(《披沙集》卷三)等。

以文相赠的也有,如梁肃《送元锡赴举序》(《全唐文》卷五一八),权德舆《送陈秀才应举序》、《送纽秀才谒信州陆员外便赴举序》、《送独孤孝廉应举序》(《权载之文集》卷三九)。不过这些文章说理多,形象性较弱,不大能算得上文学性的散文。

唐代文士有一种习尚,就是及第以后,往往不是马上就留在京师应吏部试,而是先归故乡,拜见父母,以示庆贺,或去有关州府节镇,进行一些活动。当他们离京时,同年或在长安的友人(包括已及第或未及第的),以宴集相送,饮饯赋诗。这无异是一种诗歌创作的盛会,并显示少年进士对前途的展望和豪兴。如柳宗元《送苑论登第后归觐诗序》(《柳宗元集》卷二二),苑论与柳宗元都是贞元九年(793)登第的同科进士。文章说:"夏四月,告归荆

---

① 此诗诗题中"黄"字疑当作"孟"字。《唐才子传》卷十有孟宾于传。又查《全唐诗》卷六四六,亦作《送黄宾于赴举》,疑皆误。据《诗话总龟》卷二六引《江南野录》,谓孟宾于"湖湘连上人"。

衡,拜手行迈。轮移都门之辙,辕指秦岭之路。方将高堂称庆,里
闾更贺。"后又说:"群公追饯于灞陵,列筵而觞,送远之赋,圭璋交
映。或授首简于余曰:'子得非知言扬(引者按,苑论字)者乎? 安
得而默耶?'余受而书之,编于群玉之右,非不知让,贵传信焉尔。"
柳宗元的这篇序文给我们提供了唐代进士们诗酒文会的情况,大
致是:灞陵送别,列坐宴饮,各人赋诗一首,然后汇为一编,推举一
人撰写序文,以记其事。被送者也有作诗留别的,如白居易于贞
元十六年(800)进士及第,时其父早死,其母居于洛阳,白居易乃
于及第后离京赴洛阳归省其母。他有《及第后归觐留别诸同
年》诗:

> 十年常苦学,一上谬成名。擢第未为贵,贺亲方始荣。
> 时辈六七人,送我出帝城。轩车动行色,丝管举离声。得意
> 减别恨,半酣轻远程。翩翩马蹄疾,春日归乡情。(《白居易
> 集》卷五)

柳宗元又有《送萧炼登第后南归序》(《柳宗元集》卷二二),说"亦
既升名于天官,告余东游",则是及第后应吏部试合格,乃又东游。
萧炼于贞元十二年(796)进士及第,柳宗元是贞元九年及第,柳为
萧之先辈。

中唐时,这种以诗相饯送的风气很盛,这种风气也往往有助
于文学流派的形成。如冷朝阳大历四年(769)登进士第,据《唐才
子传》卷四载,他归江东省亲时,"自状元以下,一时名士大夫及诗
人李嘉祐、李端、韩翃、钱起等,大会赋诗攀饯"。这些都是大历十
才子派或诗风与之相近的诗人。又如李余长庆三年(823)及第后
还蜀(《唐诗纪事》卷四六),以诗相送的有张籍、朱庆余、姚合、贾

岛等,他们的诗风也有某种程度的相接近。

这种风尚,盛唐时已有,但还不算太多(如岑参有《送薛彦伟擢第东都觐省》、《送蒲秀才擢第归蜀》、《送许子擢第归江宁拜亲因寄王大昌龄》、《送薛播擢第归河东》等),大盛于中唐(如钱起一人就有:《送李四擢第归觐省》、《送虞说擢第东游》、《送褚十一澡擢第归吴觐省》、《送杨皞擢第游江南》、《送李栖桐道举擢第还乡省侍诗》、《送虞说擢第南归觐省》、《送陆贽擢第还苏州》、《送郑巨及第后归觐》、《送冷朝阳擢第后归金陵》、《送张参及第还家》等作),至晚唐仍沿而不衰,如赵嘏《李先辈擢第东归有赠送》(《全唐诗》卷五四九),刘驾《送友人擢第东归》、《送友人登第东归》(《全唐诗》卷五八五),无可《送邵锡及第归湖州》(《全唐诗》卷五八八),张乔《送友人及第归江南》、《送许棠及第归宣州》(《全唐诗》卷六三八)、《送人及第归海东》(《全唐诗》卷六三九),方干《送李恬及第后还贝州》(《全唐诗》卷六四九),殷文圭《寄贺杜荀鹤及第》(《全唐诗》卷七〇七),曹松《送邵安石及第归连州觐省》(《全唐诗》卷七一六),杜荀鹤《送宾贡登第后归海东》(《唐风集》卷上)等。在这些作品中,有些句子在景色描写上颇有一定的新意,如:

    有寺山皆遍,无家水不通。湖声莲叶雨,野气稻花风。
    (张籍《张籍诗集》卷二《送朱庆余及第归越》)
    思亲卢橘熟,带雨客帆轻。夜火临津驿,晨钟隔浦城。
    (钱起《钱考功集》卷五《送陆贽擢第还苏州》)
    落日澄江乌榜外,秋风疏柳白门前。桥通小市家林近,山带平湖野寺连。(《全唐诗》卷二四五韩翃《送冷朝阳还上元》)

唐人以科举为题材的诗篇,还是以写落第的作品为最好,这包括两方面的内容,一是对自己久举不第的感叹,二是对别人不第失意的慰藉。康骈《剧谈录》卷下《元相国谒李贺》一节,曾说到唐代"自大中、咸通之后,每岁试春官者千余人,其间章句有闻,亹亹不绝"者,举了不少人,但这些人"皆苦心文华,厄于一第"。就是说,虽有文采,但未能进士及第的大有人在。宋代初年人钱易《南部新书》丁卷曾举出一个名叫严恽的,与杜牧交友,善为诗,其诗曾得到皮日休、陆龟蒙的赏爱。严恽有一首《落花》诗:

> 春光冉冉归何处,更向花前把一杯。尽日问花花不语,为谁零落为谁开?

相传为欧阳修所作的《蝶恋花》词"泪眼问花花不语,乱红飞过秋千去",在遣字造句上显然是受到这首诗的启发的。杜牧有一首《和严恽秀才落花》:"共惜流年留不得,且环流水醉流杯。无情红艳年年盛,不恨凋零却恨开。"(《全唐诗》卷五二四)比严恽的原作要逊色多了。但严恽却是"七上不第,卒于吴中",几致湮没无闻。无怪皮日休感叹道:"江湖间多美材,士君子苟乐退而有文才者,死无不为时惜,可胜言耶!"(《伤严子重序》,见《唐诗纪事》卷六六引。子重为严恽字。)每年应进士试而来长安的,总有千人左右,所取者不过二三十人,有百分之九十五以上的人是落第的。《通典》卷一五《选举》就说过:"其进士大抵千人,得第者百一二,明经倍之,得第者十一二。"可见中唐以前就已如此。有些人可能考了几次后终归考上,多数人则是考了一辈子而未能及第,有些名人也曾经历过久困举场的境遇。骆宾王《夏日游德州赠高四》诗自序说:"仆少负不羁,长逾虚诞,读书颇存涉猎,学剑不待穷工。进不能矫翰龙云,退不能栖神豹雾,抚循诸己,深觉劳生。而太夫人在堂,义须捧檄,因仰长安而就日,赴帝乡以望云,虽文缺三冬,而书劳十上。嗟乎! 入门自媚,谁相谓言,致使君门隔于九重,中堂远于千里。"(陈熙晋《骆临海集笺注》卷一)大约骆宾王早年也曾从事于科试,但终未能如愿,后来终于放弃科举,而为道王府属(参陈熙晋《续补唐书骆侍御传》)。岑参于天宝三载(744)进士及第,在这之前也有过多次失利,他的《感旧赋》说:"我从东山,献书西周,出入二郡,蹉跎十秋。"(《岑参集校注》卷五)他的《戏题关门》诗就是科场失意后所作:"来亦一布衣,去亦一布衣。羞见关城吏,还从旧道归。"(同上卷一)初盛唐如此,中晚唐则更是如此。如大家知道的韩愈"四举于礼部乃一得,三选于吏部卒无成";李商隐"凡为进士者五年,始为故贾相国所憎;明年,病不试;又明年,复为今崔宣州所不取"(《樊南文集详注》卷八《上崔华州书》)。我们从有些诗人的咏叹中,可以看出纷乱的年代提供给士子的是一个多么艰辛的环境,他们个人的不幸遭遇有着时代的深刻烙印,如:

> 出关愁暮一沾裳,满野蓬生古战场。孤村树色昏残雨,远寺钟声带夕阳。(《全唐诗》卷二七六卢纶《与从弟瑾同下第后出关言别》)
>
> 寂寞过朝昏,沉忧岂易论。有时空卜命,无事可酬恩。……醉里因多感,愁中欲强言。花林逢废井,战地识荒园。怅别临晴野,悲春上古原。(卢纶《落第后归山下旧居留别刘起居昆季》,同上)
>
> 不遂青云望,愁看黄鸟飞。梨花度寒食,客子未春衣。世事随时变,交情与我违。空余主人柳,相见却依依。(钱起

《钱考功集》卷四《下第题长安客舍》）

> 十载驱驰倦荷锄，三年生计鬓萧疏。辛勤几逐英雄后，
> 乙榜犹然姓氏虚。欲射狼星把弓箭，休将萤火读诗书。身贱
> 自惭贫骨相，朗啸东归学钓鱼。（《全唐诗》卷四九二殷尧藩
> 《下第东归作》）

送下第的举子，大多是慰藉劝勉，如柳宗元《送严公贶下第归
兴元觐省诗序》：“严氏之子有公贶者，退自有司，踵门而告柳子
曰：‘吾献艺不售于仪曹（引者按，指礼部）之贾，货不中度，敢逃其
咎。诘朝将行，愿闻所以去我者，其可乎哉？’余谕之曰：……撝谦
如此，其何患乎贾之不售而自薄哉！于是文行之达，若高阳齐据
者，偕赋命余序引。”（《柳宗元集》卷二三）又《送元秀才下第东归
序》：“余闻其欲退家殷墟，修志增艺，惧其沉郁伤气，怀愤而不达，
乃往送而谕焉。”（同上）柳宗元的这两篇序，是当时较典型的送人
下第的写作格局，即以同情的笔调劝慰举子，希望他们修志增艺，
再来应试，语气温润和婉，下笔中正闳达。当然，也是有“变体”
的，最出名的就是韩愈的那篇《送董邵南序》，一开始，就以迅疾错
落的文笔给人以不凡的感觉：

> 燕赵古称多感慨悲歌之士。董生举进士，连不得志于有
> 司，怀抱利器，郁郁适兹土，吾知其必有合也。董生勉乎哉！
> （《韩昌黎文集校注》卷四）

中唐以后，应举者多，而所取名额有限，这大多数读书人的出
路，是社会的一个大问题。当时士人之应各地藩镇辟召，以在其
幕府供职，是普遍的现象。在藩镇与中央政府存在矛盾的情况
下，大批士人为藩镇所用，对唐朝廷来说，也就是日益严重的“人

才外流"的问题。尤其是河北三镇,自安史乱后,长期割据,自立制度,隐然与唐朝中央政府分庭抗礼。不少失意的士人投奔到河北三镇任职,就逐渐对唐朝廷产生离心力。相传诗人李益到幽州后所作诗,就有类似心情的表露(此点可参谭优学《李益行年考》,载《唐诗人行年考》中)。韩愈的《送董邵南序》,行文虽短,但他提出了当时社会的一个严重问题,揭出河北藩镇对于知识分子的吸引力,以及知识分子与这些地方政权相"合"以后所可能引起的后果。这是一个大问题。这篇短序,因其包蕴丰富的时代意义及雄奇的气势,而闻名于世。

唐代也有不少送人下第的好诗,这里举出两首。一是李贺《送沈亚之歌》,其自序说:"文人沈亚之,元和七年,以书不中第,返归于吴江。吾悲其行,无钱酒以劳,又感沈之勤请,乃歌一解以送之。"诗云:

> 吴兴才人怨春风,桃花满陌千里红。紫丝竹断骢马小,家住钱塘东复东。白藤交穿织书笈,短策齐裁如梵夹。雄光宝矿献春卿,烟底蓦波乘一叶。春卿拾才白日下,掷置黄金解龙马。携笈归江重入门,劳劳谁是怜君者!吾闻壮夫重心骨,古人三走无摧捽。请君待旦事长鞭,他日还辕及秋律。
> (《李长吉歌诗汇解》卷一)

另一是刘商的《姑苏怀古送秀才下第归江南》,诗为七古,前半篇写吴国之兴亡,而归结于"可怜荒堞晚冥濛,麋鹿呦呦绕遗址",之后即叙送人下第而归:

> 君怀逸气还东吴,吟狂日日游姑苏。兴来下笔倒奇景,瑶盘进酒蛟人珠。大鹏矫翼翻云衢,嵩峰霁后凌天孤。海潮

秋打罗刹石，月魄夜当彭蠡湖。有时凝思家虚无，霓幢仿佛游仙都。琳琅暗戛玉华殿，天香静袅金芙蕖。君声日下闻来久，清赡何人敢敌手。我逃名迹遁西林，不得灞陵倾别酒。莫便五湖为隐沦，年年三十升仙人。（《全唐诗》卷三〇三）

李贺写上述诗时是二十三岁，沈亚之也不过二十几岁，两人虽都有落第的感叹，但毕竟还都年轻。贺诗色泽鲜艳，光彩照人，于不平的寄慨中仍不失对前途的展望。刘商是以拟蔡琰的《胡笳十八拍》而著称的，同时人武元衡序其文集，称他的诗如"珠玉缀错，清泠自飘"，又说他的歌行"皆思入窅冥，势含飞动"（《全唐文》卷五三一《刘商郎中集序》）。这几句评语用在这首送人诗上也是合适的。此诗缅怀往迹，劝勉下第东归的秀才要开阔胸襟，从历史的兴衰变动和大自然的奇观逸景中吸取振奋的力量。

中晚唐时，这类题材也还有写得好的诗句，如"堰水静连堤树绿，村桥时映野花红"（《全唐诗》卷五一四朱庆余《送崔约下第归淮南觐省》）；"鸟啼寒食雨，花落暮春风"（姚合《姚少监诗集》卷二《送马戴下第客游》）；"云峰天外出，江色草中明"（《全唐诗》卷五五八薛能《送进士许棠下第东归》），等等。但我们在这里可以发现一种文学现象，就是同时写落第，无论自咏还是送人，盛唐与中晚唐，气势、情调都有迥别。不妨举几个例子来看。如岑参有一首《送费子归武昌》诗（《岑参集校注》卷一），李嘉言先生《岑诗系年》谓当作于天宝八载（749）。这位费生"离家十年恒在边"，功名上不得意，今将归武昌故园，岑参同情其坎坷的遭遇，但仍劝其仕进。诗的后半篇写道：

　　吾观费子毛骨奇，广眉大口仍赤髭；看君失路尚如此，人生贵贱那得知！高秋八月归南楚，东门一壶聊出祖。路指凤凰山北云，衣沾鹦鹉洲边雨。莫叹蹉跎白发新，应须守道勿羞贫。男儿何必恋妻子，莫向江村老却人！

此诗慷慨激昂，读之使人振奋。就以一向被称为田园诗派的王、孟来说，其送人下第诗如：

> 疾风吹征帆，倏尔向空没。千里去俄顷，三江坐超忽。向来共欢娱，日夕成楚越。落羽更分飞，谁能不惊骨。（孟浩然《孟浩然集》卷一《送从弟邕下第后归会稽》）

> 怜君不得意，况复柳条春。为客黄金尽，还家白发新。五湖三亩宅，万里一归人。知祢不能荐，羞为献纳臣。（王维《王右丞集笺注》卷八《送丘为落第归江东》）

这两首诗意境明远，词采清丽，诗中表达了友情的深挚，使人感到诗人对现实世界执着的追求。

对自己不第的咏叹，我们试来看高适的《别韦参军》：

> 二十解书剑，西游长安城。举头望君门，屈指取公卿。国风冲融迈三五，朝廷欢乐弥寰宇。白璧皆言赐近臣，布衣不得干明主。归来洛阳无负郭，东过梁宋非吾土。兔苑为农岁不登，雁池垂钓心长苦。世人向我同众人，唯君于我最相亲。且喜百年有交态，未尝一日辞家贫。弹棋击筑白日晚，纵酒高歌杨柳春。欢娱未尽分散去，使我惆怅惊心神。丈夫不作儿女别，临歧涕泪沾衣巾。（刘开扬《高适诗集编年笺注》第10页）

这诗是高适早年未第时作，激愤之情溢于篇章，但作者把个人的失意与对社会政治的抨击结合起来,因此视野较阔大,归结于"丈夫不作儿女别",使人回肠荡气,清刚激越之气跃然纸上。

另有王维的《不遇咏》:

> 北阙献书寝不报,南山种田时不登。百人会中身不预,五侯门前心不能。身投河朔饮君酒,家在茂陵平安否。且共登山复临水,莫问春风动杨柳。今人作人多自私,我心不说君应知。济人然后拂衣去,肯作徒尔一男儿!(《王右丞集笺注》卷六)

王维个人的仕途是比较顺利的,这首《不遇咏》以第一人称写出,虽然有失意的话,但理想是明朗而坚定的,气度是磊落不凡的。

我们读了这些诗,再回过头来读中晚唐的同类题材的篇什,就会强烈感觉到诗人们的那种愁苦之音和萧索之情。如钱起《送邬三落第还乡》(《钱考功集》卷三),一开始说:"邬客文章绝世稀,常嗟时命与心违。十年失路谁知己,千里思亲独远归。"把一个孤独者的形象提供给读者,这个孤独者把自己放在与现实社会对立的地位,却缺乏足够的勇气与之抗争。诗篇的最后二句说:"名宦无媒自古迟,穷途此别不堪悲。"我们只感到作者与孤独者都陷入无希望的境地,苦于不能自拔。又如李频《送友人下第归越》,有这样的四句:

> 山阴何处去,草际片帆通。雨色春愁里,潮声晓梦中。(《全唐诗》卷五八七)

江南秀丽的自然景色已经吸引不了诗人和他的友人,他们整个儿已沉浸在落第的悲哀中,随着雨势和潮声,春愁在晓梦中萦绕。

又如罗隐《送顾云下第》，诗中说：

> 年深旅舍衣裳弊，潮打村田活计贫。百岁都来多几日，不堪相别又伤春。(《甲乙集》卷九)

这里，诗人感叹顾云的久举不第，竟认为活着也没有多大意义了。我们所举的这三个例子，作者还都是中晚唐时较为优秀的诗人，他们都写过较有现实内容的、艺术上有一定特色的作品。但即使是那个时代的值得称道的诗人，他们作品的基调也还是那样的低沉，这就更能说明问题，那就是，这不完全是作家个人的风格和才力的问题，而是时代的主旋律已经改变，纷乱破败的社会，使得即使有才能的作家也不能超越时代而奏出高亢的乐章。通过比较，可以见出时代风尚的差异给予文学风气影响的迥别。这都有助于我们对整个唐诗作深入的研究。

# 第十五章 进士试与社会风气

一

中唐诗人姚合在《送喻凫校书归毗陵》诗中说：

> 阙下科名出，乡中赋籍除。（《姚少监诗集》卷一）

这里牵涉到科举及第以后，文人享有的特权问题。

唐代前期实行租庸调法，后期实行两税法。关于租庸调法和两税法的性质以及实施情况，属于专门研究的范围，这里不作详论。简略说来，就是，凡是有户籍的农户及有土地的人丁，或者出钱，或者出人，都有对封建国家负担赋役的义务；但如果做了官，或上代有过功名，就可以按规定免去这种义务，而把负担转嫁到广大劳动者身上。根据唐朝的法令，凡是科举及第，其本人或全家就可以免除赋役。如穆宗《南郊改元德音》中说：

> 将欲化人，必先兴学，苟升名于俊造，宜甄异于乡闾。各委刺史、县令招延儒学，明加训诱，名登科第，即免征役。

（《全唐文》卷六六）

在这之后，敬宗时又重申前令：

> 天下诸色人中，有能精通一经、堪为师法者，委国子祭酒
> 访择，具以名闻奏。天下州县，各委刺史、县令，招延儒学，明
> 加训诱，名登科第，即免征徭。（《唐大诏令集》卷七〇《宝历
> 元年正月南郊赦文》）

这两道由中央朝廷颁布的命令，都明确规定，只要科举及第，就可
以免除征役；这所谓征役，也就是差役。

这是唐代中期的法令，那么在这之前怎样呢？在正式的公文
中还没有发现同样的记载，但我们可以找到一些旁证。如韩愈
《上宰相书》，说自己"名不著于农工商贾之版"（《韩昌黎文集校
注》卷三），也就是可以不同于老百姓，已能免除赋役的负担。韩
愈是贞元八年（792）登进士第的，进士登第后连续考了三次博学
宏词科，都未中第，所谓"四举于礼部乃一得，三选于吏部卒无
成"，因此于贞元十一年（795）乃有这一《上宰相书》。这是在穆
宗的《南郊改元德音》之前二十多年。我们现在所看到的唐代诏
令是不全的，由韩愈的例子，可以推想贞元或贞元之前，凡科举及
第即可享有免除赋役的特权。

《唐大诏令集》卷七二还载有僖宗《乾符二年（875）南郊赦》，
其中说：

> 州县除前资寄住、实是衣冠之外，便各将摄官文牒及军
> 职赂遗，全免科差，多是豪富之家，至若贫下。准会昌中赦，
> 家有进士及第，方免差役，其余只庇一身。就中江南富人多，

> 一武官便庇一户,致使贫者转更流亡,从今后并依百姓,一例
> 差遣。

这里说"准会昌中赦",徐松《登科记考》卷二二据《新唐书》武宗本纪会昌元年"正月辛巳,有事南郊,大赦,改元"的记载,说"疑为此年赦书节文"。但查《全唐文》卷七八有武宗《加尊号后郊天赦文》,题下注为"会昌五年正月初",文意即乾符二年赦文所指,其中说:

> 或本州百姓子弟,才沾一官,及官满后,移住邻州,兼于诸军诸使假职,便称衣冠户,广置资产,输税全轻,便免诸色差役。其本乡家业渐自典卖,以破户籍,所以正税百姓日减,州县色役渐少。从今已后,江淮百姓,非前进士及登科有名闻者,纵因官罢职,居别州寄住,亦不称为衣冠户,其差科色役并同当处百姓流例处分。

由此,则乾符二年所说的"准会昌中赦",当是这道会昌五年正月的赦文,而不是已经佚去的会昌元年正月的赦文。会昌五年和乾符二年的赦文,都牵涉到地主阶级内部的矛盾(逃避赋役及影占户口),这里不加论列。另外,唐末人杨夔《复宫阙后上执政书》,历数晚唐时的种种弊政,说:

> 盖侨寓州县者,或称前贤,或称衣冠,既是寄住,例无徭役。且敕有进士及第,许免一门差徭,其余杂科,止于免一身而已。(《全唐文》卷八六六)

韩国磐先生《科举制和衣冠户》一文,曾据这些材料,说"科举

出身者,尤其是进十科出身者才能合户享受免去差役的特权"①。

另外,五代时张允曾奏请停止童子科的考试,说:"童子每当就试,止在念书背经,则虽似精详,对卷则不能读诵,及名成贡院,身返故乡,但刻日以取官,更无心而习业,滥蠲徭役,虚占官名。"(《全唐文》卷八五五《请罢童子科奏》)童子科在科举的项目中是排列在末等的,规定年不满十岁的孩童方许应试,考试时正如张允奏中所说,只不过是"念书背经",对照书本有时就连字也不认得。但即使如此,童子科及第,还是能蠲免徭役,则其他科目当更是如此。

这就是说,一个文人,只要经礼部试及第,即使还没有通过吏部试,也即还未取得官职,已经和一般老百姓不同,他可以免除差役征徭,享有政治上、经济上一定的特权。姚合的"阙下科名出,乡中赋籍除"二句诗,写出了文人们所以向往科第的实际物质利益所在。而且,有时诗作得好,有一定的文名,虽未登第,也可以作为特例,免去差役的。《唐摭言》记载任涛:"豫章筠川人也,诗名早著。有'露团沙鹤起,人卧钓船流',他皆仿此。数举败于垂成。李常侍骘廉察江西,特与放乡里之役,盲俗互有论列。骘判曰:'江西境内,凡为诗得及涛者,即与放色役,不止一任涛耳。'"(卷十《海叙不遇》)任涛是凭他的文学才能而受到优顾的,这也进一步说明了科举得第者免去乡里之役更是当然之事,各科皆然,不独进士,当然进士是更能享受到特权的(即全家都免差役)。

进士及第既能享受一定的特权,同时它又有优越于其他科目的升迁机会,于是更成为中唐以后士人注目的所在。譬如宪、穆

①载韩国磐《隋唐五代史论集》,生活·读书·新知三联书店 1979 年 10月版。

时人李肇就说:"进士为时所尚久矣。是故俊乂实集其中,由此出者,终身为闻人。"(《国史补》卷下)敬宗开成元年(836)十月,中书门下奏,说到进士科时,说"台阁清选,莫不由兹"(《唐会要》卷七六《贡举中·进士》)。晚唐人李绰,又说当时人的议论,把进士登第比喻为"迁莺",即是用《诗经》的《伐木》诗典故:"伐木丁丁,鸟鸣嘤嘤;出自幽谷,迁于乔木。"(《尚书故实》)再加上最高统治者的倡导①,地方节镇的重视②,进士在社会一般人的心目中,已经有"白衣公卿"之称③。

让我们举一些具体的例子,来说明唐代那种驰逐于科场、争名于进士的社会风尚。

《刘宾客嘉话录》中有一则记载:

> 苗给事子缵应举次,而给事以中风语涩,而心中至切。临试,又疾亟。缵乃为状,请许入试否。给事犹能把笔,淡墨为书曰:"入!入!"其父子之情切如此。

此事又见于《太平广记》卷一八〇,及宋王谠《唐语林》卷四。既然托之于刘禹锡所述,当有一定的事实根据。作为文学性的随

---

① 如《唐语林》卷四《企羡》:"宣宗好儒,多与学士小殿从容议论。殿柱自题曰:乡贡进士李某。"又:"宣宗爱羡进士,每对朝臣,问:'登第否?'有以科名对者,必有喜,便问所赋诗赋题,并主司姓名。或有人物优而不中第者,必叹息久之。尝于禁中题:'乡贡进士李道龙。'"

② 如《唐语林》卷三《雅量》:"夏侯孜在举场,有王生者,有时名,遇孜下第,偕游京西。凤翔节度使馆之,从事有宴召焉。酒酣,以骰子祝曰:'二秀才明年但得第,当掷堂印。'……"唐代节镇及地方州府长官礼遇举子及进士得第者的例子颇多,本书前也有引及,此不详举。

③ 参见明胡震亨《唐音癸签》卷一八《诂笺》三《进士科故实》。

笔,这寥寥数语,描摹世态人情,也非常传神。这里的苗给事,名粲①。苗粲的父亲苗晋卿,唐玄宗天宝年间做过吏部侍郎,职掌考铨,后来在肃宗、代宗朝又做过几任宰相,是个老练世故的官僚②。苗粲的官没有做得像他父亲那样发达,但给事中的职位已经不低,他又曾被任为吏部侍郎、知铨事。他在德宗时颇有实权,那时曾有宰相之望的户部尚书裴延龄,为了想给儿子谋得一个官职,还曾经走过苗粲的门路③。这样一个官僚世家出身的、在官场中混了多年的人,当然懂得科举入仕是何等的事关紧要,因此即使得了中风病,连话也说不出来,但一听说儿子要进考,就急忙叫人给他一支笔,淡墨写了两个"入"字。而这位儿子,也顾不得侍奉病情紧急、随时可能出事的老父亲,赶紧入闱应试。这种情况使我们想到了《儒林外史》中描写的严监生,他临死前连灯盏里点了两根灯草也觉得费油,舍不得,但又说不出话,伸着两个指头,不肯断气。《儒林外史》所写的严监生,和《刘宾客嘉话录》所记的苗粲父子,都是具有时代特征的典型人物。

苗粲父子的思想和行动,必须放在唐代(特别是中唐以后)的社会环境中加以考察,其时代意义才能认识得更加清楚。这里,我们自然地会再一次想起韩愈的话:"今天下不由吏部而仕进者几希矣。""方闻国家之仕进者,必举于州县,然后升于礼部吏部,试之以绣绘雕琢之文,考之以声势之逆顺,章句之短长,中其程式者,然后得从下士之列。虽有化俗之方,安边之画,不由是而稍

---

① 关于苗粲,可参《新唐书》卷七五上《宰相世系表》五上,又请参考我与张忱石、许逸民合编的《唐五代人物传记资料综合索引》(中华书局1982年版)。
② 苗晋卿,见两《唐书》本传。
③ 参见《唐语林》卷三"方正"门。

进,万不有一得焉。"(《韩昌黎文集校注》卷三《上宰相书》)韩愈的这几句话,确实道出了一个现实,这个现实就是他那一时代不少地主阶级文人所谋求的道路。这也使我们想起《儒林外史》中描写的马二先生。马二先生也有一番高论,他在酒醉饭饱之余,凭他所能达到的那一点知识水平和推理能力,历数了从孔夫子到"本朝"的举业沿革,说:

> 举业二字,是从古及今人人必要做的。就如孔子生在春秋时候,那时用"言扬行举"做官,故孔子只讲得个"言寡尤,行寡悔,禄在其中",这便是孔子的举业。

他又画龙点睛地说:

> 就是夫子在而今,也要念文章,做举业,断不讲那"言寡尤,行寡悔"的话。何也? 就日日讲究"言寡尤,行寡悔",哪个给你官做? 孔子的道也就不行了。

这一席话,说得听者蘧公孙如梦方醒。为什么呢? 因为酸腐而不失诚笃的马二先生讲的确实是那时的现实。韩愈说的和马二先生说的,具体内容不同,但都是当时现实生活的反映。以唐代而论,如果单纯从数量上来看,那么由科举入仕,比起门荫入仕和以杂色入流,以及藩镇辟召等等,还只占少数,但科举入仕的社会影响远非其他入仕途径所能及,尤其是开元、天宝以后,进士出身担任中央要职的比重日益增大。中唐时人赵傪作《李奕登科记序》,叙述进士登第后的情况,就说:"于是献艺输能、擅场中的者,榜第揭出,万人观之,未浃旬而名达四方矣。近者佐使外藩,司言中禁,弹冠宪府,起草粉闱,由此与能,十恒七八。至于能登台阶、参密命者,亦繁有徒。所谓选才授爵之高科,求仕滥觞之捷径也。"(《文苑英华》卷七三七)①唐代初期一些高门大族,他们承袭北朝和梁陈余风,以门第礼法自高,还可以通过门荫让其子孙袭爵,因此对科举还不以为意。但"君子之泽,五世而斩",经过几十年的政治风波,又随着封建土地所有制的逐渐演变,任何地主已不能世代保有其土地,政治地位也由于土地所有权的不断转移,而不断地更迭,"诸达官身亡以后,子孙既失覆荫,多至贫寒"(《旧唐书》卷九六《姚崇传》)。这就使他们也转而谋求从科举中取得发展。譬如大家都知道的盛唐诗人岑参,他的曾祖岑文本,太宗时宰相;伯祖岑长倩,高宗时宰相;堂伯父岑羲,睿宗时宰相。岑参在《感旧赋》的自序中就说"国家六叶,吾门三相"。这样一个出身,如果放在六朝,毫无问题,是能"平流进取,坐致公卿"的。但在唐代却不行了,经过几次波折,到岑参一代,已经"世业沦替",不得不感叹"昔一何荣矣,今一何悴矣"。这就迫使他走科举入仕的道路。但偏偏又累考不中,他在《至大梁却寄匡城主人》一诗中,悲叹自己的不遇,几乎动了断绝进取的念头:"一从弃鱼钓,十载干明王。无由谒天阶,却欲归沧浪。"应当说,岑参的遭遇,在初盛唐时是有相当代表性的。唐末五代时人王定保曾经带有总结性地说:"三百年来,科第之设,草泽望之起家,簪绂望之继世。孤寒失之,其族馁矣;世禄失之,其族绝矣。"(《唐摭言》卷九《好及第恶登科》条)由此可见,科举制度的发展,使得争取科举及第成为获得政治地位或保持世袭门第的重要途径。

中唐诗人王建在一首送人应科举试的诗中说:

---

① 《全唐文》卷五三六作李奕《登科记序》,误,参本书第一章关于唐代登科记的考索。

> 一士登甲科,九族光彩新。(《王建诗集》卷四《送薛蔓应举》)

稍后,与韩愈同榜登第、受到韩愈器重的散文家欧阳詹,在一封书信中说:

> 慰上下之望,在乎早成名,早归宁。(《欧阳行周文集》卷八《与王式书》)

晚唐诗人李频说得更为明白:

> 一第知何日,全家待此身。(《全唐诗》卷五八九《长安感怀》)

唐朝士人为什么久试不第,但仍然孜孜白首,至于不休,杜甫在长安,"残杯与冷炙,到处潜悲辛",而仍锲而不舍,似都可以从这种时代气氛中得到解释。

唐人有所谓"五十少进士"的说法,意谓五十岁进士及第,还算年少。这绝不是夸张的话。《国史补》说,由于从进士出身者多成为名人,"故争名常切"(卷下),这就增加了登第的艰难。诗人元结于天宝十三载(754)进士登第,这时元结已三十五岁,但他自己还说是"方年少"(《文编》自序)。中唐时,崔元翰年五十始举进士(《旧唐书·于邵传》)。《唐摭言》还记载一卢某者,累举进士不第,其外兄镇南海,劝他放弃考进士,以他途入仕,但他死活不肯,年老龙钟,又出入于场屋者十多年,才算中了第(《唐摭言》卷四《节操》)。其他像晚唐诗人曹松及王希羽等,都是七十多岁才考中的(见《唐摭言》卷八《放老》)。又如李蟠,初名虬,将赴举时,做了一个梦,梦见他的名字上加了一画,成为"虬"字。醒来一想:"虬者蟥也。"索性改了名,图个吉利,据说那年果然登了第(尉迟枢《南楚新闻》)。写读书人因切盼科举及第而产生这种愚妄可笑的想法,真可以说是婉而多讽。

## 二

对于名利场中人的挖苦和讽刺,还可见之于托名温庭筠所作的《乾𦠆子》中的一则故事:

> 贞元中,萧俛新及第时,国医王彦伯住太平里,与给事郑云逵比舍住。忽患寒热,早诣彦伯求诊候,误入云逵第。会门人他适,云逵立于中门,俛前趋曰:"某前及第,有期集之役,忽患……"具说其状。逵延坐,为诊其臂,曰:"据脉候,是心家热风。云逵姓郑,若觅国医王彦伯,东邻是也。"俛赧然而去。(《萧俛》)

这里的几个人物,历史上都是实有其人的。萧俛确实是贞元中进士及第,穆宗时当过宰相,在强藩擅命的中唐时代,他一再主张削兵,是一个缺乏见识、无所作为的官僚①。这里郑云逵说他"是心家热风",是暗讽他的所谓寒热乃由躁进所致,触及萧俛的心病,故尔"赧然而去"。这可能出于小说家的随手拈合,但写新科进士的心理是十分真切的。另外,我们还可以举出晚唐诗人许棠自己的话来作印证。据南唐人刘崇远《金华子杂编》卷下载:

---

① 萧俛事见两《唐书》本传及《通鉴》的有关部分。

许棠常言于人曰：往者年渐衰暮，行卷达官门下，身疲且
　重，上马极难。自喜一第以来，筋骨轻健，揽辔升降，犹愈于
　少年时。则知一名能疗身心之疾，真人世孤进之还丹也。

据《唐才子传》（卷九），许棠于咸通十二年（871）登进士第，年已
五十岁。可见也是累困于科场的人物，每年到达官贵人门下行卷
趋候，其奔走困乏与焦躁不安是可以想见的，而一旦得第，虽已到
知命之年，却是"筋骨轻健"，登车上马，感到比年轻时还灵活了。
这使我们想起许浑咏叹及第的诗：

　　世间得意是春风，散诞经过触处通。细摇柳脸牵长带，
　慢撼桃株舞碎红。……（《及第后春情》）①

长期的失意与压抑，一旦中第，精神上的振奋与冲动会给人以异
常的刺激，吴敬梓《儒林外史》所描写的周进与范进，就是这样的，
我们从唐人的诗文中也看到了类似的情况，这都使我们增进对中
国古代社会风尚和文人生活的认识。

　　又譬如曹邺，这位来自水清山秀之乡的桂林阳朔诗人，写他
久举不第的贫困处境和痛苦心情，说："一辞桂岭猿，九泣东门月。
年年孟春时，看花不如雪。僻居城南隅，颜子须泣血。沉埋若九
泉，谁肯开口说。"（《成名后献恩门》）这是他登第后的回顾，真有
如韩愈所说的，"当时行之不觉也，今而思之，如痛定之人思当痛
之时，不知何能自处也"（《与李翱书》）。曹邺后来写得第后情绪
的细腻变化，也颇有意思，如写他出门：

———————————
①此诗见《全唐诗》卷五三六，四部丛刊本之《丁卯集》未收。

> 匆匆出九衢，僮仆颜色异。故衣未及换，尚有去年泪。
> 晴阳照花影，落絮浮野翠。对酒时忽惊，犹疑梦中事。（《杏
> 园即席上同年》）

这种喜极而疑，是对长期失意而造成的抑郁的精神世界的精细刻
画。中唐时诗人姚合，及第后，半夜惊起，犹疑似在梦中。

> 夜睡常惊起，春光属野夫。新衔添一字，旧友逊前途。
> 喜过还疑梦，狂来不似儒。……（《姚少监诗集》卷六《及第
> 后夜中书事》）

而韩偓，则更以其清俊的文笔，写及第新进士喜赴期集的洒脱
举止：

> 轻寒著背雨凄凄，九陌无尘未有泥。还是平时旧滋味，
> 慢垂鞭袖过街西。（《初赴期集》）

正因为进士及第得来不易，因此凡举子得能及第者，必有各
种庆宴，这在本书论进士的曲江、杏园等宴集时已经作过介绍。
当时把朋僚的这种慰贺，有叫做"烧尾"的。唐时的"烧尾"一词，
有好几种解释，据宋人叶梦得的《石林燕语》所记，则谓："《唐书》
言大臣初拜官，献食天子，名曰烧尾。苏瑰为相，以食贵，百姓不
足，独不进。然唐人小说所载与此不同，乃云士子初登科，及在官
者迁除，朋僚慰贺，皆盛置酒馔音乐宴之，为烧尾。"（卷四）叶石林
所谓的"唐人小说"，当是指封演的《封氏闻见记》，其书卷五有
《烧尾》条："士子初登荣进及迁除，朋僚慰贺，必盛置酒馔音乐，以
展欢宴，谓之烧尾。说者谓虎变为人，惟尾不化，须为焚除，乃得
成人。"封演的话是符合实际的，晚唐时黄滔在祝贺友人登第时就

用了"烧尾"一词：

> 今年春已到京华,天与吾曹雪怨嗟。甲乙中时公道复,
> 朝廷看处主司夸。飞离海浪从烧尾,咽却金丹定易牙。不是
> 驾前偏落羽,锦城争得杏园花。(《唐黄御史公集》卷三《喜
> 陈先辈(峤)及第》)

当时新及第进士的各种宴集,是颇有规模的。中唐时沈亚之
在《送同年任畹归蜀序》中就写了其中的一种:

> (元和)十年,新及第进士将去都,乃大宴,朝贤卿士与来
> 会乐,而都中乐工倡优女子皆坐,代人前赞,舞者奋袖出席,
> 于是堂上下匏吹弦簧大奏。(《沈下贤文集》卷八)

黄滔、沈亚之写的都是举子登进士第的喜庆活动,他们都算
是幸运儿。我们还应当看到那时举子的大部分是落第的,由于他
们是科场的失败者,有些人考了十几年、几十年,可能终于无成,
因此关于他们的情况,就很少记载,也就不大为人所知。如果我
们要全面研究唐代的科举制,全面探讨唐代的文人生活,那么较
及第者要多出好几倍的这部分士人的命运和出路,是应当加以研
究的。但是这方面的材料还不是太多,限制了我们的认识。我们
只能大略地说,有些人累举不第,有的就应藩镇和地方州府的辟
召,作为他们的幕职;有的归居田里,有的漂泊各地,有的则坎坷
困顿,以至贫病而死。这些情况,在前面有关章节中曾分别有过
介绍。这里再作一些补充。

署名为谷神子所撰的《博异志》,其中有题为《白幽求》的一
篇(采自《太平广记》卷四六),记载道:

> 唐贞元十一年,秀才白幽求,频年下第,其年失志后,乃从新罗王子过海,于大谢公岛,夜遭风,与徒侣数十人,为风所飘,南驰两日两夜,不知几千万里。

后面叙述白幽求在一山岛上的种种遭遇,过了一段时间,重又归还故里。这当然是小说家言,但从这里的描写中,可以看到,中唐时,士人屡举不第的,就有人飘海至外国另觅生计。这是一种情况。

另一种是做道士,有的则是做了几年道士后又还俗经商,发了财的。如陆龟蒙《送侯道士还太白山序》中说:"侯生尝应举,名彤,作七言诗,甚有态度。不见十年,自云载贡于有司,艺不中度,辄得黜,龃龉不与世合,去入老子法中,作道士,更名云多,居太白山。"(《唐甫里先生集》卷一六)这个侯彤,虽然诗作得好,但不合试官的要求,连考了十年都没有中,最后只得放弃科举入仕的打算,在长安西部的太白山做一名道士,了其一生。又如《太平广记》卷二四《萧静之》:"兰陵萧静之,举进士不第。性颇好道,委书策,绝粒炼气,结庐漳水之上。十余年而颜貌枯悴,齿发凋落。一旦引镜而怒,因迁居邺下,逐市人求什一之利,数年而资用丰足,乃置地葺居。"这个萧静之,最初是想走科第发迹的道路,但走不通,只好做道士,但入道却又嫌生活清苦,于是索性经商,终于发达起来。中唐以后,商业经济十分活跃,因经商而致富的很多,唐人诗篇中描写商人生活的富侈,气度的豪华,是不少的。可以想见,商业的繁荣发展,当会吸引相当数量的科第失意者加入其行列,而商贾力量的增长,当然也会相应的要求政治上的出路,唐代进士出身中,有不少即是商贾之子。我们研究唐代的文学和文人生活,是不能忽视中唐以后日益兴盛起来的城乡贸易和商业流通的。

有些落第举子则是出家为僧，如《宋高僧传》卷二六《增忍传》，记增忍原为儒家子，"数举不捷"，不得已，就"顿挂儒冠，直归释氏"。在唐朝朝野上下佞佛成风的情况下，皈依寺院也不失为一条出路，《佛祖历代通载》卷一六就记载僧徒对进京应试的儒生说："选官何如选佛。"就是因为"选佛"也是一条名利之途（关于这方面的情况，可参看李斌城《论唐代士大夫与佛教》，《魏晋隋唐史论集》第二辑，中国社会科学出版社1983年12月版）。

另外，《博异志》中还有一篇《敬元颖》，说："天宝中，有陈仲躬家居金陵，多金帛。仲躬好学，修词未成，乃携数千金，于洛阳清化里假居一宅。"此后叙述陈仲躬于宅内井中救一女鬼，名敬元颖，得其所助，移居立德场，自后乃"文战累胜，为大官"。陈仲躬是科举及第者，从这篇小说中可以看出，当时南方的一些富室，为求仕进，谋求在学业上有所长进，情愿放弃故土，携家财而移居于中原名城。可见科举制对社会生活的影响。这条材料对于研究唐代南北的人口流动也颇有价值。

科举的发展，使它的影响扩及于家庭生活，人们对一个人的社会地位的看法，人们的价值观念，以及伦理观念，都有新的变化；这应当看作是科举制对社会风气影响深刻化的表现。

譬如《南部新书》丁卷载：

> 杜羔妻刘氏，善为诗。羔累举不第，将至家，妻先寄诗与之曰："良人的的有奇才，何事年年被放回。如今妾面羞君面，君若来时近夜来。"羔见诗，即时回去。

后面又写杜羔登第后，其妻又以诗招其回家。刘氏既然是"善为诗",当是一个才女了,但这个才女却是酸腐得厉害,在她的眼中,丈夫的才奇不奇,是以科举的是否及第为标准的。真是无独有偶,这不禁使人们想起了《儒林外史》中的鲁小姐。《儒林外史》第十一回写鲁小姐自幼受父亲的教育,把八股制艺一套弄得很熟,不想招来一个女婿蘧公孙却是风流名士,不把举业放在心上。家里人见她平时"愁眉泪眼,长吁短叹",就劝她,说这位新姑爷乃是"少年名士",不想却引起了她的反驳:"自古及今,几曾看见不会中进士的人可以叫做个名士的?"鲁小姐与这位刘氏,真可以说是古今双璧,相映成趣。

如果说刘氏之羞与其夫相见,乃出于世俗之见,那么《玉泉子》所载赵琮妻子为丈夫不第而感受到屈辱,则是因为遭到社会舆论的冷酷的压力:

> 赵琮妻父为钟陵大将,琮以久随计不第,穷悴甚,妻族益相薄,虽妻父母不能不然也。一日军中高会,州郡请之春设者(按,此句颇费解,未知有误字否),大将家相率列棚以观之。其妻虽贫,不能无往,然所服故敝,众以帷隔绝之。设方酣,廉使忽驰吏呼将,将惊且惧。既至,廉使临轩,手持一书,笑曰:"赵琮得非君子婿乎?"曰然。乃告之,适报至,已及第矣。即授所持书,乃榜也。将遽以榜奔归,呼曰:"赵郎及第矣!"妻之族即撤去帷障,相与同席,竞以簪服而庆遗焉。

这里生动地描写了一个人及第与否,在人们的心目中,价值是怎样的不同。久举不第,其妻虽为节镇大将之女,也被亲族所辱,一旦榜至,则又被刮目相待。封建社会中,对于人们的身份价值与社会地位的衡量,一是看他拥有土地的多寡,二是看他官位的高低,而在一般情况下,毋宁说后者更为重要,因为对于封建社会来说,权势通常是起主导作用的,有了权,就可以仗势欺人,可以鱼肉乡里,可以霸占田产,种种不法之事都可以干出来。而从唐开始,由于实行以科举取士,科第成为通向官僚机构的阶梯,因此一个人能否在科试中获得成功,也就是衡量这个人价值的主要标准。

譬如《太平广记》卷一五一《孟君》篇,记道:"贞元中,有孟员外者,少时应进士举,久不中第,将罢举,又无所归。托于亲丈人省郎殷君宅,为殷氏贱厌,近至不容。"这位孟君,又不幸染病,丈人就索性给了他三百文钱,赶他出门。孟君后来住在一个卜相者之家,相者预言他将来必富贵,乃"又却往殷君宅,殷氏见甚薄之,亦不留连,寄宿马厩"。这里可以看出唐代富绅之家的人情势利,女婿考试不第,乃渐见厌薄,生了病,把他赶出门,又回来,就让他住马厩。这种新鲜的社会史料,是不容易在正史中找见的。可以想见,科场失利的文士,落魄到无以自存的地步,在唐代这个为人所艳称的中古盛世,一定是为数不少的,这里所写,只不过是其中的一角而已。

《北梦琐言》卷四:

> 唐进士宇文翃,虽士族子,无文藻,酷爱上科。有女及笄,真国色也,朝之令子弟求之不得。时窦璠年逾耳顺,方谋继室,其兄谏议,巨有气焰,能为人致登第。翃嫁女与璠,璠为言之元昆,果有所获。相国韦公说,即其中表,甚鄙之。

按照姓氏门第,宇文翃当是北朝沿袭下来的士族,但在晚唐,这一门第已经沦落了,他为了要取得科举上第,竟将其女儿嫁给七十老翁为继室。宇文翃的这一举动,当然会受到时人的鄙视,但我们从历史研究的角度出发,却可以看到历史发展的客观进程确是冷酷无情的:旧门第的衰落,新官僚的兴起,落魄的士族后代要谋取政治上的出路,不得不由科举入仕,而要这样做,又不得不巴结朝廷上的新贵;他们没有别的资本,只有出让自己的女儿。这就是当时上层社会的群丑图。

科举对社会风气的多方面的影响,还可以从李肇《国史补》(卷下)的一则记载中看出:

> 李直方尝第果实名如贡士之目者,以绿李为首,楞梨为副,樱桃为三,甘子为四,蒲桃为五。或荐荔枝,曰:"寄举之首。"又问:"栗如之何?"曰:"取其实事,不出八九。"始范晔以香品时辈,后侯朱虚撰《百官本草》,皆此类也。其升降义趣,直方多则而效之。

此事又见于《唐语林》卷一,《绀珠集》卷三,《类说》卷二六,《侯鲭录》卷一。可见引起知识阶层普遍的注意。这原是一件小事,但从这种生活琐事的记载中,可以见出科举考试对社会生活影响的广泛,以及引起封建士大夫们审美心理的变化,都是很有意思的。


三


关于唐代科举对社会风气、社会生活的影响,我们还可以再从避讳、相卜与倡伎等几方面来加以叙述。

避讳的风气似乎是自古有之。《左传》、《礼记》中都有避讳的记载,但作为社会风气盛行于世,则是在南北朝时,这是与那一时期豪门大族以门第相尚、高自标置分不开的。清朝有名的考据学家及文学家赵翼已经注意到这一点,他在《陔余丛考》中说:

> 六朝时最重犯讳。《南史》:谢凤之子超宗,以刘道隆问其有凤毛,辄走匿不敢对。后超宗谓王僧虔子慈曰:"卿书何如虔公书?"答曰:"如鸡比凤。"超宗狼狈而退,盖各触父讳故也。殷钧尚永兴公主,公主憎之,每召入,满壁书其父睿名,钧辄流涕而去。(卷三《觌面犯讳》)

赵翼这里讲的是六朝的情况。唐朝时门阀的经济基础和政治地位虽然已从根本上被削弱,但门第观念仍保留有较大的影响,所谓避家讳的风气依然在士大夫中间严重地存在。对于士人来说,这种避讳的习俗,更须严格注意,一不小心,触犯了私讳,就要失去成名得第的机会。南宋人洪迈记述他父亲洪皓从金国出使归来,带回流散在燕蓟一带的旧籍,其中有一部书叫《贻子录》,书中记载说:唐朝懿宗时有一个叫卢子期的人著有《初举子》一书,对科举试中应须注意的事项,记载得"细大无遗",书中特别告诫举子们在三场考试时,赋诗作文,要避皇帝的讳、宰相的讳,以及主考官的讳(洪迈《容斋随笔》卷一三《贻子录》)。《初举子》是类似于升学考试指导一类的书,它把避讳作为科场考试时需要特别注意的问题提出来,就可见这个问题确是非同一般。读书人一心想考试及第,有时把避讳弄到迷信可笑的地步,像《初举子》中所举出的事例,"士人家小子弟,忌用熨斗时把帛,虑有拽白之嫌"。拽白就是考试时一个字也答不出,交白卷。

避讳的风气在官场中更为盛行,如贾曾因为父名忠,就推辞不做中书舍人(《南部新书》甲卷)。袁德师因为父名高,重阳日朋友聚会,请吃糕,他就说:"某不敢吃,请诸公破除。"(《刘宾客嘉话录》)有一个举进士的周瞻,去拜见宰相李德裕,在门外连续等了一个多月还未能得见。后来守门人提示周瞻说:"宰相的父亲名叫吉甫,是讳'吉'字的,而你姓周,'周'字中就含有一个'吉'字。因此宰相每次见到你的名片,总是要皱眉头。"(《唐语林》卷七补遗)这种避讳的习性已到了怪癖的地步。不管这些记载可靠性如何,但可以看出唐代士大夫官僚阶层中避忌家讳的风气是何等的浓厚。只有从这样一种时代背景中,我们才能对韩愈为李贺所作的《讳辩》一文有具体深切的了解。

元和五年(810),李贺经过河南府试,被荐送到长安应进士试,当时就有人造舆论,说李贺父名晋肃,"晋"与"进"同音,李贺应进士试是犯了父讳。韩愈的《讳辩》说:

> 愈与李贺书,劝贺举进士。贺举进士有名,与贺争名者毁之曰:"贺父名晋肃,贺不举进士为是,劝之举者为非。"听者不察也,和而唱之,同然一辞。皇甫湜曰:"若不明白,子与贺且得罪。"(《韩昌黎文集校注》卷一)

现在看来是何等的小事,在当时却要如此郑重地对待,如果不放在特定的历史环境中去认识,确实是不易理解的。

唐代前期虽曾由皇帝的名义下诏,申令"二名不偏讳","临文不讳"①,但首先在统治阶级上层,不仅保存,而且助长这种风气。如唐玄宗任命苏颋为相,命中书舍人萧嵩起草制书,制文中有"国之瑰宝"四字,玄宗看了,对萧嵩说:"颋,瑰之子,朕不欲斥其父

---

① 见《全唐文》卷四太宗《二名不偏讳令》,卷一二高宗《临文不讳诏》。

名,卿为刊削之。"萧嵩听了后,"惭惧流汗,笔不能下者久之"(郑处诲《明皇杂录》卷下)。唐代考场中规定,进士入试时,如果试题中遇有家讳,"即托疾下将息状来出,云牒某,忽患心痛,请出试院将息"(《南部新书》丙卷)。此人本年的科试就算告吹了。但如果他隐瞒,一旦查出,则犯了清议,就会影响一辈子的前途。明了这些,就可以知道韩愈当时写《讳辩》一文,确实需要有相当的勇气。洪迈说:"唐人避家讳甚严,固有出于礼律之外者。……韩文公作《讳辩》论之至切,不能解众惑也。《旧唐史》至谓韩公此文为文章之纰缪者,则一时横议可知也。"(《容斋随笔》卷一一《唐人避讳》)这就是说,韩愈虽然写了这篇《讳辩》,但仍敌不过世俗之横议,而李贺也终于未能应进士试。

附带说一下,唐人的这种避讳习俗在诗文创作中也有影响,据宋人说,杜甫因为父名闲,因此整个一部杜集,没有用过一个"闲"字,宋时杜集惟独有一联云:"见愁汗马西戎逼,曾闪朱旗北斗闲。"但据宋朝杜集的校辑专家王钦臣考证,这个"闲"字,五代时的本子原是"殷"字,是宋朝人避大宋皇帝先祖的庙讳而改换的①,但他们没有想到这却使杜甫背了触犯家讳的名声。

唐人举子向达官名卿行卷,更须注意不能触犯对方的家讳,否则不但达不到荐引揄扬的目的,反而因此断送了前程。如《唐摭言》卷一一《恶分疏》载:

> 文德中,刘子长出镇浙西,行次江西;时陆威侍郎犹为郎
> 吏,亦寓于此。进士褚载缄二轴投谒,误以子长之卷面赘于
> 威。威览之,连有数字犯威家讳,威因拱而蹙然。载错愕,白

①《蔡宽夫诗话》(见郭绍虞《宋诗话辑佚》)。

以大误，寻以长笺致谢，略曰："曹兴之图画虽精，终惭误笔；殷浩之矜持太过，翻达空函。"

关于这方面的情况，本书《进士行卷与纳卷》一章已有论述，这里就不详谈了。

这种避家讳的情况，北宋初还是如此，南宋时就不那么严重了。如宋王栐《燕翼贻谋录》卷四："唐人重于避讳，国初此风尚在。刘温叟以父名岳，终身不听乐，部曲避监临家讳尤甚。"又庄季裕《鸡肋编》卷下载："绍兴中，范漴知鄂州，以父名崿辞，不听。"宋代的情况与唐代有很大的不同，于此也可看出。正如前引《鸡肋编》所说："二名偏讳，皆所不当避者，而唐世法乃听之，与今条令盖少异矣。"

看相也是唐以前就有的，汉代的严君平，就是名盛一时的相者，屡为后世文士所称道。从唐代开始，科举制兴起，看相的行业得到意外的发展。我们不妨引沈括讲北宋的情况来看一看：

> 京师卖卜者唯利举场，时举人占得失，取之各有术。有求目下之利者，凡有人问，皆曰必得。士人乐得所欲，竟往问之。有邀以后之利者，凡有人问，悉曰不得。下第者常过十分之七，皆以谓术精而言直。后举倍获，有因此著名，终身飨利者。(《梦溪笔谈》卷二二)

沈括讲的是北宋开封的情况，说开封卖卜者主要是做举场的生意，卜者揣摩举子的心理，拣其乐意听者而答之。应当说，这种情况不是从宋开始的，唐代的长安，这种行业已经很发达了。《太平广记》卷二六一"郑群玉"条(据《乾𬒈子》)云：

唐东市铁行,有范生,卜举人连中成败,每卦一缣。秀才郑群玉短于呈试,家寄海滨,颇有生涯,献赋之来,下视同辈,意在必取,仆马鲜华。遂赍缣三千,并江南所出,诣范生。范喜于异礼,卦成,乃曰:"秀才万全矣。"群玉之气益高。比入试,又多赍珍品,烹之坐享。以至继烛,见诸会赋,多有写净者,乃步于庭曰:"吾今下笔,一字不得生,铁行范生,须一打二十!"突明,竟掣白而去。

长安的东市是有名的市场,范生在市场的铁行设座卖卜,每次一缣(唐制布帛四丈为一缣),所取不可谓低了。由此可见问卜之人必多,否则就不能维持这个价格。郑群玉为海滨富室,精于人情世故的范生当然一眼就看穿他的底细,顺着他的意思,保他"万全",结果这位郑秀才却是熬了一夜,交了白卷走出考场。与此则所记类似的,还有康骈《剧谈录》的一条记载:

　　开成中,有龙复本者,无目,善听声揣骨,每言休咎,无不必中,凡有象简竹笏,以手捻之,必知官禄年寿。(卷上《龙待诏相笏》)

康骈风趣地说这位失明的相者,凡有象简竹笏,必用手捻之,然后知官禄年寿,这也无非拣官僚们所乐意听而言之罢了。因此康骈在此条之末议论说:"自咸通、乾符以来,京国察相者殊多,言事适中者甚少。"本来这种迷信行业完全靠的是编造,但他们因时代的风气,投合人们的心理,他们之所以能在社会上存在,也有其社会的原因。唐代的科举考试,本身并不完密,前面一些章节中曾经讲到,科试中之及第与落第,有不少偶然因素,再加上贵族官僚的行私纳贿,宦官等势力的从中插手,情况就更加复杂。士人之能否及第,并不完全取决于本身的才学。再加上某些士人求名心切,巴望早日跻身于官场,于是卜卦之业,就有存在和发展的基础。

这种情况,即使名人,也在所难免。如鼎鼎大名、有唯物主义思想家之称的柳宗元,在应试前也曾在长安问过卜:

> 仆之始贡于京师,著者卦之曰:是所谓望而未睹,隐而未见,瞩乎远而有荣者也。今兹岁在鹑首,若合于寿星,其果合乎?仆时悒然迟之,谓其诞慢怪迂,是将不然,然而仅置于怀耳,未克决而忘之也。后果依违迁就,四进而获,卒如其言云。噫!彼莫莫者,其有宰十人乎?不然,何其应前定若是之章明也。(《柳宗元集》卷二三《送蔡秀才下第归觐序》)

柳宗元是贞元五年(789)到长安,贞元九年(793)春进士登第,考了四回,所以说“依违迁就,四进而获”。这位蔡秀才下第归家,柳宗元用“定数”来安慰他,这当然是可以理解的,但由此也可看出,即使“俊杰廉悍”、“踔厉风发”如子厚者尚且如此,其他则更可想而知。

晚唐诗人崔涂也是“穷年羁旅”(《唐才子传》卷九)、屡举不第的,他有《问卜》一诗:

> 承家望一名,几欲问君平。自小非无志,何年即有成。岂能长失路,争忍学归耕。不拟逢昭代,悠悠过此生。(《全唐诗》卷六七九)

出身贫寒的士人,所盼者无非“承家望一名”,在多次失望的情况下,不禁起“何年即有成”之叹,问卜就是他们百无聊赖的自我慰藉罢了。

现再将科试与问卜的几条材料抄录于下,以备研讨:

> 元和中,(孟)简将试,诣日者卜之。曰:"近东门坐,即得
> 之矣。"既入,即坐西廊。迫晚,忽得疾,邻坐请与终篇,见其
> 姓,即东门也,乃擢上第。(《唐诗纪事》卷四一《孟简》)

> 张曙、崔昭纬中和初同举,相与诣日者问命。曙时自负
> 才命籍甚,以为将来状元,崔亦分居其下。日者殊不顾曙,第
> 目崔曰:"将来万全高第。"曙有愠色。日者曰:"郎君亦及第,
> 然须待崔拜相,当此时过堂。"既而曙果不终场,昭纬首
> 冠。……后七年,昭纬为相,曙方登第,果于昭纬下过堂。
> (《唐诗纪事》卷六六《张曙》)

> 李相国揆,以进士调集在京师,闻宣平坊王生善《易》筮,
> 往问之。揆时持一缣晨往,生为之开卦曰:"君非文字之选
> 乎?当得河南道一尉。"揆负才华,不宜为此,色悒忿而去。
> 王生曰:"君无怏怏。自此数月,当为左拾遗,前事固不可涯
> 也。"揆怒未解。生曰:"若果然,幸一枉驾。"揆以书判不中
> 第,补汴州陈留尉,始以王生之言有征,后诣之。(《前定
> 录》)①

近世学者注意于进士科与倡伎之关系的,据笔者所知,最早
应推陈寅恪先生。陈先生在《读莺莺传》一文中说:

> 故真字即与仙字同义,而会真即遇仙或游仙之谓也。又
> 六朝人已侈谈仙女杜兰香萼绿华之世缘,流传至于唐代,仙

---

① 此据《全唐文纪事》卷六一《征兆》。

（女性）之一名，遂多用作妖艳妇人，或风流放诞之女道士之代称，亦竟有以之目倡伎者。其例证不遑悉举，即就《全唐诗》一八（琮按，即中华书局整理本卷四九四）所收施肩吾诗言之，如《及第后夜访月仙子》云：自喜寻幽夜，新当及第年。还将天上桂，来访月中仙。及《赠仙子》云：欲令雪貌带红芳，更取金瓶泻玉浆。凤管鹤声来未足，懒眠秋月忆萧郎。即是一例。而唐代进士贡举与倡伎之密切关系，观孙棨《北里志》及韩偓《香奁集》之类，又可证知。（《元白诗笺证稿》第106页）

陈先生提出了这个问题，但他对这一问题的论述并没有展开。倡伎的问题是比较复杂的，它是剥削制度社会的产物，在这之中，女性是受害者，但倡伎制又是社会腐朽性的表现，倡伎是社会的寄生阶层。应当作具体的分析。就唐代的进士举子来说，也应当作具体分析，有些是官僚或富室的纨绔子弟，他们来到长安，寻花问柳，无非是狎客之流，仅把沦落在伎院中的女子当作玩物，如那个凭借宦官仇士良的权势取得状元的裴思谦，在登第后宿于平康里伎院中，作诗道："银缸斜背解鸣珰，小语低声贺玉郎。从此不知兰麝贵，夜来新惹桂枝香。"（《唐摭言》卷三）风格轻佻，一如其人，是完全不足取的。但也有的士人确与某些倡伎有较为真实的感情。唐代长安的倡伎，多集中居住于平康里，平康里也就成为少年进士向往的地方。这种情况自唐玄宗时即已如此。如王仁裕《开元天宝遗事》记："长安有平康坊，妓女所居之地，京都侠少萃集于此，兼每年新进士以红笺名纸游谒其中，时人谓此坊为风流薮泽。"而平康里的女子，也视进士举子为诗文雅谈之友，她们当中不少人也有较高的文化修养，如孙棨《北里志序》说：

> 诸妓居平康里。……其中诸妓多能谈吐,颇有知书言诗
> 者。自公卿以降,皆以表德呼之,其分别品流,衡尺人物,应
> 对非次,良不可及,信可辍叔孙之朝,致杨秉之惑。比常闻蜀
> 妓薛涛之才辩,必谓人过言,及睹北里二三子之徒,则薛涛远
> 有惭德矣。

孙棨对平康女子是抱同情赞美态度的,他的这部篇幅并不大的著
作《北里志》,对研究唐代中后期长安的倡伎生活及进士与倡伎的
关系,有着很可宝贵的资料。当时的一些举子与这般沦落风尘的
女子,互相爱慕,往往找机会会面,《北里志》的《海论三曲中事》
条说:"诸妓以出里(平康里)艰难,每南街保唐寺有讲席,多以月
三八日相牵率听焉,皆纳其假母一缗,然后能出于里。……故保
唐寺每三八日士极多,盖有期于诸妓也。"

韩偓也有几首写他与伎女相爱的诗,如《及第后出京别锦儿》
诗:"一尺红绡一首诗,赠君相别两相思。画眉今日空留语,解珮
他年更可期。临去莫论交颈意,清歌休着断肠词。出门何事休惆
怅,曾梦良人折桂枝。"(《玉樵山人集》)但韩偓这类的诗,体格总
嫌轻薄。现在所见记述唐代进士与伎女的事迹,当以所传欧阳詹
与太原乐籍中女子为最深切动人,今据《太平广记》卷二七四抄录
于下:

> 欧阳詹字行周,泉州晋江人。弱冠能属文,天纵浩汗。
> 贞元年登进士第,毕关试,薄游太原,于乐籍中,因有所悦,情
> 甚相得。及归,乃与之盟曰:"至都,当相迎耳。"即洒泣而别,
> 仍赠之诗曰:"驱马渐觉远,回头长路尘。高城已不见,况复
> 城中人。去意既未甘,居情谅多辛。五原东北晋,千里西南

秦。一屦不出门，一车无停轮。流萍与系瓠，早晚期相亲。"
寻除国子四门助教，居京。籍中者思之不已，经年得疾且甚，
乃危妆引髻，刃而匿之，顾谓女弟曰："吾其死矣。苟欧阳生
使至，可以是为信。"又遗之诗曰："自从别后减容光，半是思
郎半恨郎。欲识旧时云髻样，为奴开取镂金箱。"绝笔而逝。
及詹使至，女弟如言，径持归京，具白其事。詹启函阅之，又
见其诗，一恸而卒。

《全唐诗》卷四七三载孟简《咏欧阳行周事》诗，其自序有云：

> ……初抵太原，居大将军宴，席上有妓，北方之尤者，屡
> 目于生，生感悦之，留赏累月，以为燕婉之乐，尽在是矣。既
> 而南辕，妓请同行，生曰："十目所视，不可不畏。"辞焉，请待
> 至都而来迎，许之，乃去。生竟以寒连不克如约，过期，命甲
> 遣乘，密往迎妓。妓因积望成疾，不可为也，生死之夕，剪其
> 云髻，谓侍儿曰："所欢应访我，当以髻为贶。"甲至，得之，以
> 乘空归，授髻于生。生为之恸怨，涉旬而生亦殁。……

孟简序与《太平广记》所载可以互看。欧阳詹是实有其人的，他与
韩愈同年登进士第。韩愈有《欧阳生哀辞》（《韩昌黎文集校注》
卷五），未记与太原妓之事，且欧阳詹之死当在贞元之末，因此《太
平广记》所记，事之有无，尚在疑似之间。但《欧阳行周文集》卷二
确有《初发太原途中寄太原所思》诗，即《太平广记》所载者，文集
中有好几首记游太原诗，则欧阳詹登第以后确曾有太原之游。故
事是动人的，即使欧阳詹未有其事，但作为文学作品来读，也可见
出伎女的悲惨命运，欧阳詹之"一恸而卒"，比起唐人传奇中的张
生、李益来，其形象真淳多了。宋代词人秦观的著名词作《满庭

芳》，结句为"高城望断，灯火已黄昏"，有的注本即以为从欧阳詹的"高城已不见，况复城中人"化出。

关于唐代的进士科举与倡伎，还可以作进一步的研究，这里只作一些材料上的介绍，以备参资。

# 第十六章　学校与科举

　　讲唐代的科举制度,还应该讲到唐代的学校,因为从唐代起,学校就与科举紧密相连。在唐代,中央和地方学校培养出来的学生,有一部分就是作为举子而应科举考试(《新唐书·选举志》说:"唐制,取士之科,多因隋旧,然其大要有三:由学馆者曰生徒,由州县者曰乡贡……其天子自诏者曰制举")的。后来发展到明清两代,举子即是从学校中选拔。可见从唐代开始,学校教学的目的,就是为培养合格的科举应试的人才,学校成为科举的后备队,官员的养成所。

　　本书不是教育制度史,因此不准备全面讨论唐代的学校教育,只是从科举与文学的角度,谈谈有关的一些方面,以便对唐代科举与文学的社会背景,从多方面作一些探讨。

## 一

　　唐代是中国古代封建社会国力空前强盛的王朝,为适应大一统的局面,教育和学校制度也有不少特点。概括说来,一是教育行政组织较前完密,二是教育行政权进一步集中于中央,三是学校教育的内容较为广泛。下面我们作一些具体的介绍。

据《唐六典》、《新唐书·选举志》等的记载，唐代中央一级的学校，隶属国子监的有六学，这就是国子学、太学、四门学、律学、书学、算学。玄宗天宝中，又设立广文馆，同属于国子监。国子学、太学、四门学、广文馆类似于现在的综合性大学，讲授的内容主要是儒家经书，律学、书学、算学属于专科学校性质，讲授与各科专业有关的知识。国子学等六学的差别，不在于学业程度的深浅，而在于学生入学资格的高低，这所谓入学资格，指的是其家庭官阶和门荫地位。也就是说，并非国子学学生所学的课程要较太学的高深，或太学学生所学的课程要较四门学的高深，而是国子学学生的家庭出身比太学学生高，太学学生的家庭出身比四门学学生高。这也决定国子学地位比太学高，太学的地位比四门学高（琼按，《柳宗元集》卷二六《四门助教厅壁记》有云："四门学之制，掌国之上士、中士、下士凡三等，侯伯子男凡四等，其子孙之为胄子者，及庶士、庶人之子为俊士者"）。这种情况正是封建等级制在学校教育中的反映。

据《新唐书·选举志》的记载，这六学学生的人数和入学资格，是这样的：

> 国子学，生三百人，以文武三品以上子孙若从二品以上曾孙及勋官二品、县公京官四品带三品勋封之子为之；太学，生五百人，以五品以上子孙、职事官五品期亲若三品曾孙及勋官三品以上有封之子为之；四门学，生千三百人，其五百人以勋官三品以上无封、四品有封及文武七品以上子为之，八百人以庶人之俊异者为之；律学，生五十人，书学，生三十人，算学，生三十人，以八品以下子及庶人之通其学者为之。

这里我们可以看到封建社会学校教育的时代特点，就是，一、地位高的，人数少，地位低的，人数多，成为金字塔形或宝塔形。二、国子学、太学、四门学入学的品阶比律学、书学、算学高。前三者培养的目标主要是为应进士、明经之用，也就是从政人才，后三者培养的是专科人才——可见在唐代，封建教育已经是轻视技术专科人才。

除了国子监所管辖的六学（或七学，即加上广文馆）以外，还有二馆，即弘文馆，属门下省；崇文馆，属太子东宫。弘文、崇文两馆，是当时的贵族学校，学生的人数少，入学的资格要求严，据《新唐书·选举志》的记载为："凡馆二：门下省有弘文馆，生三十人；东宫有崇文馆，生二十人。以皇缌麻以上亲，皇太后、皇后大功以上亲，宰相及散官一品、功臣身食实封者、京官职事从三品、中书黄门侍郎之子为之。"就是皇室和皇后、皇太后的近亲，宰相、功臣及三品以上大官的儿子，才有入学的资格。弘文、崇文两馆也属于大学性质，应进士、明经等科试。

另有崇玄学，属祠部；医学，属太医署；小学，属秘书外省。

以上是中央系统的学校。地方系统的，府有府学，州有州学。府州学之下有县学，各县还设有乡校（或村学）。府州学的学生，学成之后可以应乡试，合格后即作为举子荐送到京城应礼部试，有些则被选拔入京都的四门学。另外，府州也有崇玄学和医学，统辖于中央的崇玄学和医学。现据以上所述，列表如下①：

---

①此表曾参考周予同《中国学校制度》一书（商务印书馆出版"师范小丛书"本）。

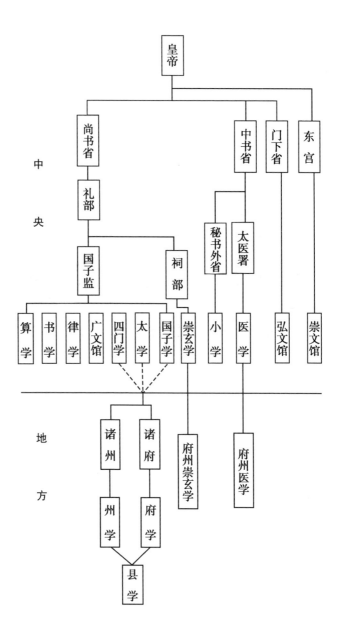

中央系统各学馆的人数,唐朝前期与后期差别很大,前期经济发展,社会安定,因此学校的规模较大,学生的人数较多;安史乱后,社会动荡,经济衰落,政府收入减少,办学的经费也相应缩减,教育得不到重视,学生的人数与前期相差很多。前面所举六学、二馆的名额,是据《唐六典》《新唐书·选举志》的记载,大致反映开元以前的情况。国子学生三百名,太学生五百名,四门学生一千三百名,律学生五十名,书、算学生各三十名,以及弘文、崇文生共五十名,合计为二千二百六十名。据有些书上记载,太宗贞观时,学生人数则又大大超过此数,如《唐摭言》说:

> 贞观五年已后,太宗数幸国学,遂增筑学舍一千二百间,增置学生凡三千二百六十员。无何,高丽、百济、新罗、高昌、吐蕃诸国酋长,亦遣子弟请入。国学之内,八千余人,国学之盛,近古未有。(卷一《两监》)

这是我国古代文化鼎盛兴旺的时期,这种情况在古代世界历史上也是少有的。

《唐摭言》这里所谓的"两监",是指西京(长安)的国子监和东都(洛阳)的国子监。东都国子监置于高宗龙朔二年(662)。《旧唐书》卷四《高宗纪》龙朔二年正月记:"丙午,东都初置国子监,并加学生等员,均分于两都教授。"①《通典》有一个记载,是连

---

① 《新唐书·选举志》亦谓:"龙朔二年,东都置国子监。"又关于贞观时国学之盛,《唐会要》也有同样的记载:"贞观五年以后,太宗数幸国学太学,遂增筑学舍一千二百间,国学、太学、四门亦增生员,其书、算等各置博士,凡三千二百六十员。其屯营、飞骑,亦给博士,授以经业。已而高丽、百济、新罗、高昌、吐蕃诸国酋长,亦遣子弟请入国学。于是国学之内,八千余人,国学之盛,近古未有。"刘禹锡《奏记丞相府论学事》也说:"伏以贞(转下页)

中央和州县学一起算的,谓:"弘文、崇文馆学生五十员,国子、太学、四门、律、书、算,凡二千六百一十员,州县学生六万七百一十员,两京崇玄馆学生二百员。"(卷一五《选举》三)这里记州县的学生有六万多人,还不包括乡校学生在内,可见唐代地方教育是比较发达的,它们不像中央学校那样有严格的品阶限制,入学的大部分是一般的中小地主、商人及自耕农的子弟。

　　唐朝中央的国学,大约以贞观时为最盛。武则天掌权,一方面崇信佛教,轻视儒学,另一方面大量从各地直接征召文士,前来洛阳应试,这样就造成学校的荒废。韦嗣立于武则天时任凤阁舍人(即中书舍人),曾上疏论事,《旧唐书》卷八八《韦嗣立传》载谓:

　　　　时学校颓废,刑法滥酷,嗣立上疏谏曰:"……国家自永淳(682—683)已来,二十余载,国学废散,胄子衰缺。时轻儒学之官,莫存章句之选。贵门后进,竞以侥幸升班;寒族常流,复因凌替弛业。考试之际,秀茂罕登,驱之临人,何以从政?……"①

这种情况大约在开元、天宝年间稍有好转(广文馆就是天宝时新设立的)。但安史乱后,中央的学校就一直不景气,从此再也不能恢复旧观。宪宗时李绛曾有《请崇国学疏》,谈到这种情况,说:"自羯胡乱华,乘舆避狄,中夏凋耗,生人流离,儒硕解散,国学毁

────────────

(接上页)观中增筑学舍千二百区,生徒三千余人。时外夷上疏,请遣子弟入附于三雍者五国。"(《刘禹锡集》卷二〇)又《唐语林》卷五《补遗》:"太学诸生三千员;新罗、日本诸国,皆遣子入朝受业。"
① 陈子昂于武后光宅元年上疏谓:"臣窃独有私恨,陛下方欲兴崇大化,而不知国家太学之废,积岁月矣,堂宇芜秽,殆无人踪,诗书礼乐,罕闻习者。"(《全唐文》卷二一三《谏政理书》)

废,生徒无鼓箧之志,博士有倚席之讥,马厩园蔬,殆恐及此。"
(《全唐文》卷六四五)

中唐以后国学的衰落,一是表现为学生人数的骤减,二是表现在入学资格的降低,前者如《新唐书·选举志》载:

> 元和二年,置东都监生一百员。然自天宝后,学校益废,生徒流散。永泰中,虽置西监生,而馆无定员。于是始定生员:西京国子馆生八十人,太学七十人,四门三百人,广文六十人,律馆二十人,书、算馆各十人;东都国子馆十人,太学十五人,四门五十人,广文十人,律馆十人,书馆三人,算馆二人而已。

就是说,元和时所定国子监的入学人数,仅及开元以前的三分之一至四分之一。后者如韩愈《请复国子监生徒状》:

> 国子监应三馆学士等,准《六典》,国子馆学生三百人,皆取文武三品已上及国公子孙从三品已上曾孙补充,太学馆学生五百人,皆取五品已上及郡县公子孙从三品已上曾孙补充,四门馆学生五百人,皆取七品已上及侯伯子男子补充。右国家典章,崇重庠序。近日趋竞,未复本源,至使公卿子孙,耻游太学,工商凡冗,或处上庠。今圣道大明,儒风复振,恐须革正,以赞鸿猷。今请国子馆并依《六典》,其太学馆量许取常参官八品已上子弟充,其四门馆亦量许取无资荫有才业人充。……(《韩昌黎文集校注》卷八)

据韩愈所说,则除了国子学入学资格仍维持原来的以外,太学与四门学的入学资格,其标准都降低了。为什么会有这样的变化呢?一方面固然与政府的财力不支有关,政府拿不出足够的钱来

建筑和修理校舍(《全唐文》卷九一载昭宗《修葺国学诏》,其中说:
"国学自朝廷丧乱已来,栋宇摧残之后,岁月斯久,榛芜可知。宜令
诸道观察使、刺史与宾幕、州县文吏等同于俸料内量力分抽,以助修
葺。"修葺国学的校舍要靠抽官员的俸料,可见政府财力的拮据已到
了何等程度),学校的物质基础大为削弱;另一方面,则与科举有关,
唐代前期,曾规定应试者须由两监出身,有时虽然没有这样明确的
规定,但人们的观念中,"进士不由两监者,深以为耻"(《唐摭言》卷
一《两监》)。但到中唐以后,科举竞争日烈,科场中的腐败现象日
益发展,贵要势门出身的子弟,依仗权势和财富,通关节,走后门,就
能取得功名,而在学校中苦读的,却不一定就能及第。国子学等入
学的贵要子弟,他们宁可走捷径,凭仗父兄的权势,直接从科场中去
达到他们的要求。唐代的学校既然为科举而设,中唐以后出现的这
种情况,当然导致学校教育的逐步荒废和衰落①。


## 二

　　国子监的地点,在京兆府东万年县的务本坊。徐松《唐两京

---

①《唐摭言》卷一《两监》:"开元以前,进士不由两监者,深以为耻。李华员外
　寄赵七侍御诗,略曰:'昔日萧邵友,四人才成童。'(注:华与赵七侍御骅、
　萧十功曹颖士、故邵十六司仓轸,未冠游太学,皆苦贫共敝。五人登科,相
　次典校。)……又郭代公、崔湜、范履冰辈,皆由太学登第。李肇舍人撰《国
　史补》,亦云天宝中袁咸用、刘长卿分为朋头。是时尚重两监。尔后物态
　浇漓,稔于世禄,以京兆为荣美,同、华为利市,莫不去实务华,弃本逐末。
　故天宝十二载敕天下举人不得言乡贡,皆须补国子及郡学生。广德二年
　制京兆府进士,并令补国子生,斯乃救压覆者耳。奈何人心既去,虽拘之
　以法,独不能胜。"

城坊考》卷二,朱雀门街东第二街、街东从北第一务本坊:"半以西国子监(监东开街若两坊,街北抵皇城,南尽一坊之地。监中有孔子庙,贞观四年立),领国子监、太学、四门、律、书、算六学。"(《唐语林》:"天宝中国学增置广文馆,在国学西北隅,与安上门相对。"按,国学之北即安上门。)可知国子监占有半坊之地,国子学、太学、四门学、律学、书学、算学及玄宗时设置的广文馆,都在这里。国子监的最高行政首脑为祭酒,相当于后来的教育部长;其上则为礼部。

中央各学的学官,据两《唐书》的《职官志》与《百官志》,大致是:

> 国子学——博士二至五人,助教一至五人,直讲四人,五
> 　　　　经博士各二人,典学四人。
>
> 太　学——博士三至六人,助教三至六人,典学四人。
>
> 四门学——博士三至六人,助教三至六人,直讲四人,典
> 　　　　学四人。
>
> 律　学——博士一至三人,助教一人,典学二人。
>
> 书　学——博士二人,助教一人,典学二人。
>
> 算　学——博士二人,助教一人,典学一人。

广文馆——博士二至四人,助教一至二人。

崇文馆——学士、直学士、文学、司直。(按,弘文馆、崇玄馆未详)

医　学——医学博士一人,医学助教一人;针博士一人,助教一人;按摩博士一人;咒禁博士一人;及医师二十人,医工百人,典药二人,针师十人,针工二十人,按摩师四人,按摩工十六人,咒禁师二人,咒禁工八人。

由此可见,唐代医学馆所设的学官、教师及辅助人员,比其他学科人数多,分工细,这是唐代医学发达的反映。唐代的中央学,还设有律学、书学,这也说明唐代学校教育的内容是相当广泛的。又,上面所载,律学无直讲,而据长安县所存的万岁通天元年(696)五月所立的《国子律学直讲仇道朗墓志铭》,则律学仍有设置直讲的,清人毛凤枝《关中金石文字存逸考》卷三,即据此论证云:"《新唐书·百官志》,国子监有律学博士三人,从八品下,助教一人,从九品下,而无直讲之名,得此可补其缺焉。"

学官除按品阶高低领取俸禄外,还收受学生所送的束脩。不过在唐代,这种束脩只有象征意义,并不占重要地位。我们不大清楚唐代前期学官的生活情况,不过在中唐时,他们已不大受到人们的重视,实际生活相当清俭艰辛。如柳宗元说:

贞元中,王化既成,经籍少间,有司命太学之官,颇以为易。专名誉、好文章者,咸耻为学官。(《柳宗元集》卷二六《四门助教厅壁记》)

韩愈的《进学解》则更惟妙惟肖地描写国子博士的贫寒生活,

这篇文章是韩愈抒愤懑之作，不无夸张，但当与实际情况相差不远：

> 先生口不绝吟于六艺之文，手不停披于百家之编。……焚膏油以继晷，恒兀兀以穷年。……冬暖而儿号寒，年丰而妻啼饥。头童齿豁，竟死何裨。（《韩昌黎文集校注》卷一）

博士在国子监中还算是高级学官，他们的生活尚且如此，等而下之，则当更甚。

生徒入学的年龄，据《新唐书·选举志》载，中央的学校，除律学为十八岁以上、二十五岁以下外，其他都为十四岁以上、十九岁以下。前引《唐摭言》卷一·《两监》条，载李华寄赵骅诗，记他们早年在太学读书的情况，也说"未冠游太学"，即在二十岁以前。这在唐人的文集中也可得到印证。如韩休《许国文宪公苏颋文集序》（《全唐文》卷二九五）："十七，游太学。"颜真卿《浪迹先生玄真子张志和碑》："年十六，游太学，以明经擢第。"（《颜鲁公文集》卷九）《唐诗纪事》卷八郭元振条："元振，魏州人。年十六，与薛稷、赵彦昭同为太学生，资雄迈。"

中央各学的目标，就是为了培养科举的人才，入国子学、太学、四门学的生员，一进学就分为举进士或是举明经（广文馆则是专为培养进士科举子的）。如杨炯《从弟去盈墓志铭》称"国子进士杨去盈"（《杨炯集》卷九），就是说，杨去盈在国子学念书，是习进士科的。又如张说《唐故左庶子赠幽州都督元府君（怀景）墓志铭》："弱冠，以国子进士高第。"（《张说之文集》卷二二）也是这样的情况。又如《酉阳杂俎》续集卷一《支诺皋》上："柳璟知举年，有国子监明经，失姓名，昼寝，梦徙倚于监门。有一人负衣囊，衣黄,访明经姓氏,明经语之,其人笑曰:'君来春及第。'……来春,明经与邻房三人梦中所访者,悉及第。"这里所记的"国子监明经",就是以后准备应明经试的学生。如果所习之业久不得第,也可改习他科。如韩愈《送陈密序》:"太学生陈密请于余曰:'密承训于先生,今将归觐其亲,不得朝夕见,愿先生赐之言,密将以为戒。密来太学,举明经,累年不获选,是弗利于是科也。今将易其业而《三礼》是习,愿先生之张之也。'"(《韩昌黎文集校注》卷四)《新唐书·选举志》又说:"即诸州贡举省试不第,愿入学者亦听。"则来京师应试的举子,礼部试落第,愿意入中央学校的,也可继续学习,准备再试(如《宣室志》卷一载:"吴郡陆颙,家于长城之东,其世以明经仕。颙自幼嗜麦面,为食愈多而质愈瘦。及长,从本郡贡于礼部,既下第,遂为生太学中")。由此可见,国子学等学馆的教育,主要目标并不是在于所谓进德修业,而是有着极其现实的目的,即应科举试。

正因如此,所以教学内容的安排,规章制度的订立,都无不与科举考试有关。如所学的儒家经书,也分大中小三种,由博士、助教教习:"凡博士、助教,分经授诸生,未终经者无易业";"凡《礼记》、《春秋左氏传》为大经,《诗》、《周礼》、《仪礼》为中经,《易》、《尚书》、《春秋公羊传》、《穀梁传》为小经。通二经者,大经、小经各一,若中经二。通三经者,大经、中经、小经各一。通五经者,大经皆通,余经各一。《孝经》、《论语》皆兼通之。"这与进士、明经等科的考试所要求的基本一致。

又如冯伉于宪宗元和初上《科处应解补学生奏》(《全唐文》卷四三八),讲到国子监学生解退(即除名)的规定,除品行上的"游处非类,樗蒲六博,酗酒喧争,凌慢有司,不修法度"等等以外,还规定:"又有文章、帖义,不及格限,频经五年,不堪申送者,亦请解退";"又准格,九年不及第者,即出监"。这就是说,在学读书,如果学业不及格,连续有五年不能向礼部荐送以应省试的①,就要解退;经过荐送,而又有九年应试落第的,也不能再入学读书(但也有例外,如韩愈《太学生何蕃传》〔《韩昌黎文集校注》卷二〕所记,何蕃入太学读书,已有二十余年,岁举进士,从太学诸生到助教、博士及至司业、祭酒,对其学业都交口赞誉,荐于礼部,但因礼部有与何蕃不合的,何蕃终于累试而不中:"太学生何蕃入太学者二十余年矣,岁举进士,学成行尊,自太学诸生推颂不敢与蕃齿,相与言于助教、博士,助教、博士以状申于司业、祭酒,司业、祭酒撰次蕃之群行焯焯者数十余事,以之升于礼部而以闻于天子,京师诸生以荐蕃名为文说者不可选纪,公卿大夫知蕃者比肩而立,莫为礼部,为礼部者率蕃所不合者,以是无成功。"大约何蕃由于为公卿大夫等所知,所以虽累试不第,还是在太学学习了二十余年而未被解退)。

其他又有放假、朝参等规定,至为琐细,因与科试的关系不甚直接,这里就不谈了②。以下再就弘文、崇文二馆,广文馆,州县乡学等,再作一些补充叙述。

---

①唐代中央学,每年冬都要向礼部荐送应试人员,如柳宗元《四门助教厅壁记》说:"其有通经力学者,必于岁之杪,升于礼部,听简试焉。"(《柳宗元集》卷二六)

②唐时国子监生员,本人还可免除差役。《通考》卷四二《学校考》二"太学",载后唐天成三年八月十一日,宰臣兼判国子祭酒崔协奏,谓国子监学生"但一身就业,不得影庇门户,兼太学书生亦依此例,不得因此便取公牒,辄免本户差役"。则后唐时国子监学生本人可免差役,在此之前也当有合户免差役的,故有此申令。

# 三

　　唐太宗于武德九年（626）八月即位，就于当年九月设立弘文馆，"精选天下文学之士虞世南、褚亮、姚思廉、欧阳询、蔡允恭、萧德言等，以本官兼学士"（《通鉴》卷一九二），又取三品以上官员的子孙为弘文馆学生。贞观十三年（639），又于太子东宫置崇文馆。

　　前面讲过，弘文、崇文二馆是贵族子弟学校，学生入学的要求极严，这所谓严，并不在于本人的学业品行，而在于家庭出身，它要求父祖的官阶不是一般的高，还要是帝室和后族的近亲。学生入学，都是"以资荫补充"（《唐会要》卷七七《贡举下·弘文崇文生举》）。贞元四年（788）正月，曾下敕令，说弘文、崇文的学生名额有限，但请求入学的很多，应当有先后次序。先后次序的根据是什么呢？敕令中举出德宗建中三年（782）十一月的一道敕令，说应以此为准，这就是：

> 先补皇缌麻已上亲，及次宰辅子孙，仍于同类之内，所用荫，先尽门地清华，履历要近者，其余据官荫高下类例处分。（《唐会要》卷七七）

这就是说，先是皇族，再其次是宰相的后代。所谓"门地清华，履历要近"，就是在唐代发迹起来的上层新贵。设置两馆的目的，就是培养这一高级统治阶层的后代，正如贞元六年（790）九月敕令中所说，"本置两馆学生，皆选勋贤胄子"（《唐会要》卷七七）。这在当时是十分明确的。

譬如高宗时赫赫有名的大官裴行俭(他曾因评王勃等初唐四杰为浅薄浮躁而在文学史上屡为人称引),据张说所作的神道碑(《张说之文集》卷一四《赠太尉裴公神道碑》),就是"以高荫为弘文生"。裴行俭的祖父是北周骠骑大将军、光汾二州刺史、琅邪郡开国公,其父也为大将军、冯翊郡守,袭封琅邪郡公。可见是北朝沿袭下来的高门士族。肃宗时的宰相房琯,他的父亲武则天时拜相,因此房琯也就"以荫补弘文生"(《新唐书》卷一三八本传)。柳宗元所作《邕州刺史李公墓志铭》(《柳宗元集》卷十),记李位"以通经入崇文馆",而这个李位原来是唐太宗的玄孙,出于废太子承乾之后。《刘禹锡集》卷三《薛公神道碑》,记薛謇曾祖为雍州司马、邠州刺史;祖绘为州刺史,"累绩至银青光禄大夫,封龙门侯";父承矩仕至大理丞,后云:"公幼承前人之覆露,补崇文生。"比较起来,薛謇的上代不是很显赫,但可能是西北地区有势力的士族。

这是以高荫入学的例子,我们还可举出相佐证的两个例子。一是《旧唐书》卷一五四《许孟容传》,记许任礼部员外郎时,"有公主之子,请补弘文、崇文馆诸生,孟容举令式不许"。于是这位公主去向皇帝申诉,皇帝命太监向礼部查问,许孟容坚持自己的主张,皇帝也没有办法。另一是《旧唐书》卷一五八《韦贯之传》,记韦任礼部员外郎时,"新罗人金忠义以机巧进,至少府监,荫其子为两馆生,贯之持其籍不与,曰:'工商之子不当仕。'忠义以艺通权幸,为请者非一,贯之持之愈坚。"一个是公主之子,一个是幸臣之子,他们都被拒于两馆的门外。这都是中唐时的情况,唐代前期当更是如此。

至于入学的年岁,则与国子学等相同,如颜真卿《朝议大夫赠

梁州都督上柱国徐府君神道碑铭》(《颜鲁公文集》卷八):"年十
五,为崇文生。"同书卷五《河南府参军赠秘书丞郭君神道碑铭》:
"年十七,崇文生。"

　　弘文、崇文两馆入学的要求虽然很高,但生员学习的成绩却
很不理想,就一般而言,他们的实际水平远比不上国子监的六学。
其根本的原因,也就在他们是贵戚子弟,仰仗父祖余荫,以门第自
负,认为功名俯拾可取,就不好好学习,结果就如武则天时吏部侍
郎魏玄同所说的那样:"课试既浅,艺能亦薄。"这"课试既浅",是
唐朝廷有明文规定的,即两馆的学生,"宜依国子监学生例帖试,
明经、进士帖经并减半,杂文及策,皆须粗通,仍永为恒式。"(《唐
会要》卷七七《贡举下·弘文崇文生举》)。这是天宝十四载
(755)。在这之前,已有人提出过意见,说是二馆的学生,由于是
"贵胄子孙,多有不专经业,便与及第"的(《唐大诏令集》卷七三
《亲祀东郊德音》),说穿了就是虽然考试不合格,也给他通过了。
这当然引起人们的不满,于是唐朝廷几次下令,命令他们要按照
规定考试,但允许他们帖经只要达到明经、进士试的一半,杂文和
时务策做到"粗通"就可以了(《唐六典》卷二《吏部·考功员外
郎》即已规定:"弘、崇生虽同明经、进士,以其资荫全高,试亦不拘
常例")。

　　天宝十四载的敕令中,虽然明文规定是"仍永为恒式",但实
际情况并没有得到改善,毋宁说是变得更坏。德宗贞元六年
(790)九月的敕文,讲到两馆的学生,就指出:"比闻此色,幸冒颇
深,或假市门资,或变易昭穆,殊愧教化之本,但长浇竞之风"(《唐
会要》卷七七《贡举下·弘文崇文生举》)。这就是说,入学学生
的门荫也有假冒的。同一敕文中还提到:"用荫既已乖实,试艺又
皆假人。"竟然考试还可以用别人来代替。虽然唐朝廷曾下过好

几次整顿纪律的敕令(又如《全唐文》卷六八敬宗《受尊号赦文》，《唐会要》所载文宗大和七年八月敕文)，都没有收到应有的效果。最主要的原因，当然是因为学生是贵胄子弟，有恃无恐。这也可见出唐代科举制与教育制的腐败的一面①。

这里可以补充的是，唐代中央学校的弊病，不独弘文、崇文二馆有，其他一些学校也是存在的。早在初唐，文学上的四杰之一王勃，就在送他的弟弟入太学时说：

> 今之游太学者多矣，咸一切欲速，百端进取，故夫肤受末学者，因利乘便；经明行修者，华存实爽。至于振骨鲠，立风标，服贤圣之言，怀远大之举，盖有之矣，未之见也。(《王子安集注》卷八《送劼赴太学序》)

对学校的批评，中唐时更有所发展。李肇曾说"国子监诸馆生，浩杂无良"(《国史补》卷中)。柳宗元则谈得更加具体了，他在《与太学诸生喜诣阙留阳城司业书》中说：

> 始仆少时，尝有意游太学，受师说，以植志持身焉。当时说者咸曰："太学生聚为朋曹，侮老慢贤，有堕窳败业而利口食者，有崇饰恶言而肆斗讼者，有凌傲长上而诟骂有司者，其退然自克，特殊于众人者无几耳。"仆闻之，悒骇怛悸，良痛其游圣人之门，而众为是嗒嗒也。遂退托乡间家塾，考厉志业，过太学之门而不敢蹅顾，尚何能仰视其学徒者哉！(《柳宗元集》卷三四)

---

① 两馆学生考试时策问的题目，我们在权德舆的文集中还可看到样式，即《权载之文集》卷四〇的《弘文崇文生策问》、《弘崇生问一道》。

太学生聚为朋曹,因争科举而竞相奔走者,我们在前面曾举过刘长卿的例子。刘长卿在天宝时就曾为太学生,当时太学生就已各分为朋,朋有朋首,刘长卿即为朋首之一。朋的作用,就是依靠各种关系,结托名公巨卿,为本朋的人员造舆论,以利于登第,同时攻击对立的那一朋,结果是互相攻讦,势同水火,这也就是柳宗元在上述文章中所说的"有崇饰恶言而肆斗讼者"。可见唐代学校的弊病,实是科试弊病的反映。

另外,中晚唐时整个政治的腐败,也反映到学校中来。如宦官当权,有权势的太监头子,不但把持政治和军事(中央禁军),还向学校伸手,如代宗时权位不可一世的宦者鱼朝恩,竟被任命为判国子监事(等于国子监的总管事),就是一例。《旧唐书》卷一八四《宦官·鱼朝恩传》记载道:"朝恩性本凡劣,恃勋自伐,靡所忌惮。时引腐儒及轻薄文士于门下,讲授经籍,作为文章,粗能把笔释义,乃大言于朝士之中,自谓有文武才干,以邀恩宠。上(代宗)优遇之,加判国子监事,光禄、鸿胪、礼宾、内飞龙、闲厩等使。赴国子监视事,特诏宰臣、百僚、六军将军送上,京兆府造食,教坊赐乐。大臣群官二百余人,皆以本官备章服充附学生,列于监之廊下,待诏给钱万贯充食本,以为附学生厨料。"这真是中唐时宦官插足学校的一幕丑剧。

# 四

广文馆设立的时间,据《历代名画记》卷九所记郑虔事迹,是在唐玄宗的开元二十五年(737),说郑虔"开元二十五年为广文馆学士"。《历代名画记》的作者张彦远是唐中后期人,距玄宗时约一百来年,时间相距并不太久,但他的这一记载恐怕是不可靠的。因为现在所见的有关材料,都是说广文馆是在天宝九载(750)或天宝中设立的。如:

> 《册府元龟》卷五九七《学校部·总序》:"天宝九年,置广文馆,领国子监进士业者,博士、助教各一人。"
>
> 《唐摭言》卷一《广文》:"天宝九年七月,诏于国子监别置广文馆,以举常修进士业者。"
>
> 《旧唐书》卷九《玄宗纪》天宝九载:"秋七月己亥,国子监置广文馆,领生徒为进士业者。"
>
> 《新唐书·选举志》:"天宝九载,置广文馆于国学,以领生徒为进士业者。"

《唐语林》卷二《文学》、卷五《补遗》,都说是天宝中置广文馆。又《新唐书》卷二〇二《文艺中·郑虔传》说郑虔天宝初为协律郎,因得罪,"坐谪十年",后还京师,玄宗爱其才,特设广文馆,以虔为博士。从这些材料看来,则广文馆之设,确应在天宝九年。

广文馆的特点,一是专门培养进士试的人才,似乎是进士考试的补习班。二是虽设在国学,但房舍破败,作为博士先生的郑虔,本人生活也是甚为落拓穷困的。《唐语林》卷二《文学》条,《新唐书·郑虔传》,都记载郑虔走马上任时,对广文馆所在何处,还十分茫然。《唐语林》卷五《补遗》记载说:

> 天宝中,国学增置广文馆,在国学西北隅,与安上门相对。廊宇粗建,会十三年秋霖一百余日,多有倒塌。主司稍稍毁撤,将充他用,而广文寄在国子馆中。寻属干戈内扰,馆宇至今不立。

广文馆最初设置时似乎就没有稍具规模的打算,只不过在国子监的西北角稍稍辟置几间房子而已,天宝十三载秋连续阴雨三个多月,房子多半倒塌,主管部门不但未予修复,而且还打算索性加以撤毁,挪作别的用处,后来安史之乱起,就更不提修建的事了。至于郑虔,他确是诗书画堪称三绝的才士,但处于这样的境地,也终于穷愁潦倒,杜甫诗里对他这段时期的生活有具体的描叙:

> 诸公衮衮登台省,广文先生官独冷。甲第纷纷厌粱肉,广文先生饭不足。……清夜沉沉动春酌,灯前细雨檐花落。但觉高歌有鬼神,焉知饿死填沟壑。(《杜诗详注》卷三《醉时歌〔赠广文馆博士郑虔〕》)
>
> 广文到官舍,系马堂阶下。醉则骑马归,颇遭官长骂。才名三十年,坐客寒无毡。赖有苏司业,时时乞酒钱。(《戏简郑广文〔虔〕兼呈苏司业〔源明〕》,同上卷三)

杜甫与郑虔是知交,杜甫本人这时也困守长安,过着"朝扣富儿门,暮随肥马尘"的生活。对于天宝后期的政治腐败,社会风气奢侈,才能之士备受压抑得不到重用,杜甫有切身的感受,因此他对郑虔充满同情,也流露忧悯的情绪。作为广文博士郑虔的生活,比韩愈《进学解》所写的还不如。无怪乎后人往往以广文称教官,表示冷官的意思①。

---

① 如赵升《朝野类要》卷二《冷官》:"凡缓慢优闲之职是也。因杜子美诗云'广文先生官独冷',后人遂专以号教官。"戴埴《鼠璞》卷下《教官称冷官》条:"唐玄宗爱郑虔之才,以不事事,为置广文馆,以虔为博士,而无曹司。杜甫诗'诸公衮衮登台省,广文先生官独冷'。非以学馆为冷,及以登台省为进用,盖言诸公日趋局,独广文无职掌耳。今以教导之职为冷官,意正相反。"

这种情况还与广文馆入学的士子有关。前面已说过，弘文、崇文二馆是最贵族化的学校，太学、国子学也是官品较高的官僚子弟才得入学，四门学的要求较低，有一部分是所谓庶人之子。据《唐摭言》卷一《广文》条所载，贞元八年（792）进士登第的欧阳詹、李观，是曾入广文馆学习的，而这两个人，上代并没有人做什么大官，也可以说是庶人之子。而正因为如此，晚唐自大中以后，由广文生而登进士第的，在等第上往往列于末等。《唐摭言》记载道："大顺二年（891），孔鲁公在相位，思矫其弊（琮按，即按常例以广文生为末等），故特置吴仁璧于蒋肱之上。明年，公得罪去职，及第者复循常而已。悲夫！"①《唐摭言》的作者王定保之所以发此感慨，就是为贫寒的士子鸣不平，于此也可见出广文馆之所以受到歧视、轻视的原因。

# 五

《旧唐书》卷五《高宗纪》，咸亨元年（670）："五月，丙戌，诏曰：'诸州县孔子庙堂及学馆有破坏并先来未造者，遂使生徒无肄业之所，先师缺奠祭之仪，久致飘露，深非敬本。宜令所司速事营造。'"这是由朝廷下命令，将各地州县的学馆作一次普遍的调查，并加以修茸。州县学内设有博士，以资教学②。

---

① 《唐诗纪事》卷五六《谭铢》条："咸通末，郑浑为苏州督邮，铢为蹉院官，钟福为院巡，皆广文生。时湖州牧李超、赵蒙为代，皆状元。时语曰：'湖接两头，苏联三尾。'"可见当时人对广文登第者常列末第的讥嘲。

② 梁肃《昆山县学记》（《全唐文》卷五一九）："先是县有文宣王庙，庙堂之后有学室。……大历九年，太原王纲以大理司直兼县令。……于庙垣之右，聚五经于其间，以邑人沈嗣宗躬履经学，俾为博士，于是遐迩学徒，或童或冠，不召而至，如归市焉。"

唐代教育的发达，除了中央各学馆有较完整的组织外，还表现在教育的普及上。有唐一代，除了州县学以外，还有为数众多的乡学。

《唐大诏令集》卷七三《亲祀东郊德音》（开元二十六年正月），其中说："宜令天下州县，每一乡之内，别各置学，仍择师资，令其教授。"①就是说，开元时期，即由朝廷下令，在州县之下，每一乡都设置学校，并由官府配备师资，教授生徒。至天宝三载（744），因令百姓读《孝经》，又下制："乡学之中，倍增教授，郡县官长，明申劝课。"（《全唐文》卷三一〇孙逖《天宝三载亲祭九宫坛大赦天下制》）德宗贞元三年（787）正月，右补阙宇文炫曾上疏："请京畿诸县乡村废寺，并为乡学。"（《唐会要》卷三五《学校》）这些都可见唐朝廷君臣对乡学的重视。

乡学一般是官府办的，在乡学之外，似还有一种村学②。这种村学，规模比乡学要小，大抵只有一个教书先生，教着一二十个村童，他的衣食之费则由村中支给。如《玄怪录》卷三《齐饶州》一篇，说湖州参军韦会，其妻因妊娠，住在娘家（妻父乃饶州刺史齐推）。不料妻却被一个已死的梁朝陈将军作祟而死。韦会赴调长安，又被黜归家，去饶州百余里，途中遇妻之魂诉冤，妻魂说她尚有二十八年命籍，现在还不至于死。于是夫妻共谋计策，其妻说："此村东数里，有草堂中田先生者，领村童教授。"说这位田先生乃

① 又见《唐会要》卷三五《学校》，《旧唐书》卷九《玄宗纪》开元二十六年正月。
② 《唐会要》卷三五《学校》，记开元二十一年（733）五月曾下敕，"许百姓任立私学，欲其寄州县受业者亦听"。这里的文字过于简略，不能确知所立私学，是乡学还是村学，但由朝廷下令许私人办学，这在封建社会中有着极大的进步性。

是奇人，可以相救。韦会便与仆人一起前去拜访，到草堂前，有学徒说："先生转食未归。"韦会只好稍等。"良久，一人戴破帽，曳木屐而来，形状丑秽之极。"韦会前谒，这位先生说："某村翁，求食于牧竖。……"这是一篇鬼怪传奇小说，但这里的细节描写却提供了唐代村学的真切材料。这是在江西饶州地区的一个村学，设在村东数里，只有一个老翁，教着十几个村童①。中午时教书先生要到村中人家"转食"，他的生活费即出自于这些村童之家（所谓"求食于牧竖"）。先生戴破帽，曳木屐，"形状丑秽之极"，确实是一个贫寒穷困的读书人形象。

《太平广记》卷二二三《窦易直》篇，有一段记述窦易直幼时在村学读书的情况："窦相易直，幼时名秘，家贫，就业村学，其教授叟有道术，而人不知。一日近暮，风雪暴至，学童悉归家不得，而宿于漏屋之中，寒争附火。唯窦公寝于榻，夜深方觉。"这里写村学，房子破败，一有风雪，村童不得归家，就争着在屋中烤火避寒。所写质朴而生动，唐代僻野地方的村学，清楚地呈现在我们的眼前。

至于村学中所教的，仍是儒家的经书，如《太平广记》卷三五八《齐推女》篇所记田先生，"时老人方与村童授经"。又《太平广记》卷三〇九《蒋琛》记："雪人蒋琛，精熟二经，常教授于乡里。"不过根据村学的实际情况，这种经学的讲授，内容大约是较为浅近的，或类似于启蒙性质，与州县学和中央诸学馆所教的经书，在程度上当有很大不同。

_____

① 《玄怪录·齐推女》篇记有村童数十人。《太平广记》卷四四《田先生》亦载此事，出《仙传拾遗》，谓田先生"元和中隐于饶州鄱亭村，作小学以教村童十数人"。似以作十数人为是。

最后，附带谈一下学校与文学的关系。由于国子学、太学、四门学中有修进士业者（广文馆则更是专门培养进士试的举子），而进士科自中唐后又特别看重诗赋，因此中央的这几个学馆，除了学习经书外，还很重视诗歌的学习和创作。如《唐摭言》卷十《海叙不遇》记长沙人李涛，颇写过一些佳句，如"水声长在耳，山色不离门"，"落日长安道，秋槐满地花"，在当时脍炙人口。李涛也就学于太学："温飞卿任太学博士，主秋试，涛与卫丹、张郃等诗赋，皆榜于都堂。"温庭筠本是诗人，他将李涛等的佳作帖于都堂，可以看出学校中以诗什争胜竞强的风气。

现存唐人诗作，也有监试诗，我们姑举喻凫的一首以见一斑：

霏霏复凄凄，飘松又洒槐。气濛蛛网槛，声叠藓花阶。古壁青灯动，深庭湿叶埋。徐垂旧鸳瓦，竞历小茅斋。冷与阴虫间，清将玉漏谐。病身唯展转，谁见此时怀。（《全唐诗》卷五四三《监试夜雨滴空阶》）

另外，刘得仁有《监试莲花峰》（《全唐诗》卷五四五），薛能有《国学试风化下》（同上卷五五八），不具引。

至于乡校村学，由于唐代诗歌的普遍发达，在这些地方小学，也往往能有名人的诗集。如皮日休儿童时在乡校，就抄写过杜牧的集子（《唐诗纪事》卷六六《严恽》条引皮日休《伤严子重序》："余为童在乡校时，简上抄杜舍人牧之集，见有与进士严恽诗……"）。又如白居易《与元九书》，叙述元和十年（815）贬江西九江的沿途见闻，说："自长安抵江西，三四千里，凡乡校、佛寺、逆旅、行舟之中，往往有题仆诗者。"元稹为白居易的集子作序（《白氏长庆集序》），记述他在浙东做官时的所见（元稹曾任浙东观察使、越州刺史,治所在今绍兴),说:"予尝于平水市中(自注:镜湖傍草市名),见村校诸童,竞习歌咏,召而问之,皆对曰:'先生教我乐天、微之诗。'"这两处所记,固然见出元、白两人诗歌在当时社会的流传之广,但也说明了乡校村学对于诗歌的传播起了重要的作用。我们今天讨论唐代诗歌的繁荣,这一点也不能不注意到。

# 第十七章　吏部铨试与科举

这是本书的最后一章。这一章读起来可能会感到枯燥一些。所谓铨试,一方面是指对未入仕者的甄录,另一方面是对已在官位者政绩的考核,这实际上包括了封建社会官僚制度的一个庞杂的体系,这个体系是如此的庞杂和繁琐,以致现存的有关材料,没有一份是叙述得既完整、准确,而又清楚、明洁的。近人的研究成果,也不是太理想。由此可见,要以一章的篇幅,来概括这样的内容,结果只能记录一些繁杂的术语和至为琐细的官场文书。写起来既吃力,读起来更无味。因此,在这一章中,我们不准备全面讨论铨试制,只是择其与科举、文人生活较有关系的几点,向读者提供一些基本的或稍能感到兴趣的材料。


一

唐人的诗文、笔记中常常提到关试,关试是什么呢? 简略说来,它是由科举而入仕的第一步。让我们先来说说关试。

唐代礼部试进士、明经,及第以后,叫做出身,就是说已经取得做官的资格。但这时还不算入仕,须要再经过吏部考试,考试及格后,才分配官职,称作释褐,就是说可以脱去粗麻布衣服,已不是一般的平民百姓,而是步入仕途了。清人王鸣盛《十七史商榷》卷八一"登第未即释褐"条说:"东莱吕氏云:'唐制,得第后不即释褐,或再应皆中,或为人论荐,然后释褐。'此条极为中肯。"就是这个意思。

礼部及第后再应吏部的释褐试,这就叫关试。

胡震亨《唐音癸签》卷一八《进士科故实》有对关试的解说:"关试,吏部试也。进士放榜敕下后,礼部始关吏部,吏部试判两节,授春关,谓之关试。始属吏部守选。"这里"礼部始关吏部"的"关",当是关白的意思,指的是古代官府之间公文的往来,《文心雕龙·书记》篇谓:"百官询事,则有关、刺、解、牒。"这就是说,礼部将及第举子的姓名及有关材料移交给吏部,吏部则试判两节,叫做关试;因为关试的时间一般是在春天,因此也叫春关。在这以后,举子就与礼部无关,而属于吏部铨试。

《唐摭言》卷三《关试》条说:"吏部员外,其日于南省试判两节。诸生谢恩。其日称门生,谓之'一日门生'。自此方属吏部矣。"

宋《蔡宽夫诗话》:"自闻喜宴后,始试制(琮按,此当作"判")两节于吏部,其名始隶曹,谓之关试,犹今之参选。"

唐代尚书省在大内之南,因此称尚书省为南省。《唐摭言》所指,即谓吏部南院。《玉海》卷一一七《选举·唐选院》载:"《六典》:吏部员外郎掌选院,谓之南曹(原注:开元十二年初定员外郎专判南曹)。《会要》:开元二十年八月,以考功贡院地置吏部南院,以悬选人文榜,或谓之选院。"吏部南院与礼部南院,都在一个坊内,即承天门街之东、第五横街之北(参见本书前第十一章《进士放榜与宴集》)。宋敏求《长安志》卷七记吏部选院云:"以在尚

书省之南,亦曰吏部南院,选人看榜名之所也。"这就是说,关试由
吏部员外郎主持,地点在吏部南院,也称南曹①。

关试只试判两节(北宋时似增为三节,《宋史》卷一五五《选
举志》一《科目》条:"登科之人,例纳朱胶绫纸之直,赴吏部南曹
试判三道,谓之关试。"这是宋仁宗端拱时情况)。所谓判,就是判
狱讼,唐人文集中保存了不少材料,比较集中的如张鷟《龙筋凤髓
判》、白居易《百道判》。这些判多用四六骈体,很多作为戏谑之
辞,无甚意义,宋人洪迈在《容斋续笔》中曾有评述:

> 唐史称张鷟早慧绝伦,以文章瑞朝廷。……今其书传于
> 世者,《朝野佥载》、《龙筋凤髓判》也。……《百判》纯是当时
> 文格,全类俳体,但知堆垛故事,而于蔽罪议法处不能深切,
> 殆是无一篇可读,一联可味。如白乐天甲乙判则读之愈多,
> 使人不厌。聊载数端于此。……若此之类,不背人情,合于
> 法意,援经引史,比喻甚明,非青钱学士所能及也。元微之有
> 百余判,亦不能工。(卷一二《龙筋凤髓判》)

洪迈极口称赞白居易的甲乙判,实际上现存的白氏诸判也有不少
是游戏之作。

---

① 关于南曹,举三条材料如下:钱易《南部新书》丙卷:"唐制,员外郎一人判
南曹,在曹选街之南,故曰南曹。"权德舆《吏部员外郎南曹厅壁记》:"初上
元中,天官赵郡李敬玄号为称职,以覆视官簿,差次裁成,端本肇末,不得
不重,乃请外郎一人,专南曹之任。其后或诏同曹郎分主之,或诏他曹郎
权居之,皆难其材而慎斯举也。"(《权载之文集》卷三一)《册府元龟》卷六
二九《铨选部·总序》:"其小铨,郎中、员外主之,谓之南曹。载初元年加
置,圣历三年省。开元三年,兵、吏部各专定人判南曹,寻又一人专判;贞元
元年又以二人同判,十二年又一人判。"

胡震亨以为礼部放榜后称"新及第进士",关试及格后称"前进士"(见前引《唐音癸签》)。《蔡宽夫诗话》也有同样的说法:"关试后始称前进士。故当时书曰:'短行书了属三铨,休把新衔献必先。从此便称前进士,好将春色待明年。'""短行"指所试之判,判词一般是不长的,不过二三百字,故曰短行。但唐人是否将"新及第进士"与"前进士"区分得那么清楚,还有可疑,此点俟考。

前面说过,关试也叫春关,春日举行,而在礼部放榜之后。唐人诗中如无可《送邵锡及第归湖州》:

> 春关鸟罢啼,归庆浙烟西。(《全唐诗》卷八一三)

黄滔《送人明经及第东归》:

> 亦从南院看新榜,旋束春关归故乡。(《唐黄御史公集》卷三)

关试之时鸟已罢啼,似在暮春。而由黄滔的诗,则知明经也须经关试,其时也在春日。曹邺有一首题为《关试前送进士姚潜下第归南阳》诗:

> 马嘶残日没残霞,二月东风便到家。莫羡长安占春者,明年始见故园花。(《曹邺诗注》)

曹邺于宣宗大中四年(850)登进士第,这首诗当即登第年作。姚潜其人不详,他于礼部试后落第南归,曹邺则还须滞留长安应关试,因此送潜以诗。诗中说到"二月东风",则放榜在二月,这时还未举行关试。

我们从李商隐的作品可以考知关试的具体日子。《上令狐相公状》五:"今月二十四日礼部放榜,某侥幸成名。"(《樊南文集补编》卷五)李商隐是文宗开成二年(837)进士登第的。《上令狐相公状》六又云:"前月七日过关试讫。伏以经年滞留,自春宴集,虽怀归苦无其长道,而适远方俟远于聚粮,即以今月二十七日东下。"(同上)又义山诗《及第东归次灞上却寄同年》有"行期未分压春期"之句,冯浩注谓"在春杪,故曰压"(《玉溪生诗集笺注》卷一)。由上述三条材料贯串起来看,则当是正月二十四日放榜,二月七日过关试,三月二十七日离京东下。

# 二

与关试性质相近而易致混淆的,是博学宏词、书判拔萃两科。这一章对此加以讨论。

唐代制举中有博学宏词科和书判拔萃科。制举的科目可见前第六章《制举》。徐松《登科记考》卷五开元五年(717)载博学宏词科,徐松按云:"按博学宏词置于开元十九年,则此犹制科也。"徐松这里的意思,似乎开元五年的博学宏词是制科,开元十九年(731)的博学宏词非制科。但《登科记考》卷七开元十九年的博学宏词科下列萧昕名。据《旧唐书》卷一四六《萧昕传》,萧昕曾于进士登第后两举博学宏词,一在开元十九年,及第后授阳武县主簿;一在天宝初,及第后授寿安县尉。这两次都算是制科。又《唐才子传》卷六张又新传,谓"初应宏词第一,又为京兆解头,元和九年礼部侍郎韦贯之下状元及第,时号为张三头。"《登科记考》卷一八元和九年引此。则是先宏词及第,又第进士。这也是不合唐代礼部试的惯例的。可见前人关于博学宏词试的记述确有混淆之处。

《通典》卷一五《选举》三谓："选人有格限未至而能试文三篇，谓之宏词，试判三条，谓之拔萃，亦曰超绝，词美者得不拘限而授职。"《新唐书·选举志》曾据此意概括为："选未满而试文三篇，谓之宏辞；试判三条，谓之拔萃。中者即授官。"

无论是《通典》和《新唐书·选举志》，似都讲得不明晰。王鸣盛《十七史商榷》稍加解释，说："此盖指登第后未得就选，故曰选未满，中宏词、拔萃即授官，此吕氏所谓再应皆中然后释褐也。"（卷八一《登第未即释褐》）这就是说，一个举子，礼部试登第，并经关试合格，但还未授官，可再应博学宏词或书判拔萃科，这两科及第，一般即授与官职。这是一种解释。但实际上，唐代也有已授官职而又应宏词、拔萃科的，如钱起《送钟评事应宏词下第东归》诗有云："世事悠扬春梦里，年光寂寞旅愁中。"（《钱考功集》卷八）这位钟评事就是已任官职而再去应宏词的。这宏词试属吏部，而不是名义上由天子亲策的制科。

博学宏词之别于制科者，就是它由吏部的官员主持。如韩愈于贞元八年（792）进士登第后曾数次应博学宏词试，都未中第，所以说"四举于礼部乃一得，三选于吏部卒无成"（《韩昌黎文集校注》卷三《上宰相书》）。韩愈又有《答崔立之书》，说得更为清楚："四举而后有成，亦未即得仕，闻吏部有以博学宏辞选者，人尤谓之才，且得美仕，就求其术。"（同上卷三）又如权德舆《唐故尚书工部员外郎赠礼部尚书王公改葬墓志铭》，记王端"以文学策名，举进士、宏词，连得儁于春官、天官之下"（《权载之文集》卷二四）。《刘宾客嘉话录》还记德宗时权臣裴延龄子裴藻应宏词举，裴延龄急切于知道其子是否能得第，乃"于吏部候消息"。这时苗粲与杜黄裳"为吏部知铨"，将出门，裴延龄就连忙迎上去，"探侦二侍郎口气"。而作为制科的博学宏词,考试官是不由吏部担任的,可详参本书论制举一章(又清沈德潜《归愚文钞》卷三《博学宏词考》,虽也引韩愈《与崔斯立书》"二试于吏部,一既得之,而又黜于中书"文,但对博学宏词何者属制科,何者属吏部铨试,也没有说清楚)。

为更明确起见,可以把《旧唐书》的《懿宗纪》和《僖宗纪》所载有关宏词试考官的文字摘录于下:

咸通二年(861)八月,"以兵部员外郎杨知远、司勋员外郎穆仁裕试吏部宏词选人"。

咸通六年(865)二月,"以吏部尚书崔慎由、吏部侍郎郑从谠、吏部侍郎王铎、兵部员外郎崔谨、张彦远等考宏词选人;金部员外郎张乂思、大理少卿董质试拔萃选人"。

咸通八年(867)十月,"以吏部侍郎卢匡、吏部侍郎李蔚、兵部员外郎薛崇、司勋员外郎崔殷梦考吏部宏词选人"。

咸通九年(868)正月,"以兵部员外郎焦渎、司勋员外郎李岳考宏词选人"。

咸通十年(869)十二月,"以吏部侍郎杨知温、吏部侍郎于德孙、李玄考官;司封员外郎卢荛、刑部侍郎杨戴考试宏词选人"。

咸通十二年(871)三月,"以吏部尚书萧邺、吏部侍郎归仁晦、李当考官;司封郎中郑绍业、兵部员外郎陆勋等考试宏词选人"。

咸通十三年(872)三月,"以吏部尚书萧邺、吏部侍郎独孤云考官;职方郎中赵蒙、驾部员外郎李超考试宏词选人"。

乾符五年(878)三月,"以吏部尚书郑从谠、吏部侍郎崔沆考宏词选人"。

乾符六年(879)三月,"以吏部侍郎崔沆、崔澹试宏词选人;驾部郎中卢蕴、刑部郎中郑顼为考官"。

从以上的记载可以看出,博学宏词试,主考官都由吏部尚书、吏部侍郎担任,具体的考试阅卷官间或可由其他部的郎官充任①。(这里还可补充一点情况,即博学宏词虽被吏部试取中,仍可被中书复审后驳下,像李商隐就是如此。李商隐《与陶进士书》:"前年乃为吏部上之中书,归自惊笑,又复懊恨。周(墀)、李(回)二学士以大德加我,夫所谓博学宏词者,岂容易哉? ……私自恐惧,忧若囚械,后幸有中书长者曰:'此人不堪,抹去之!'乃大快乐。"(《樊南文集详注》卷八)李商隐是开成二年进士登第后又试博学宏词的,张采田《玉溪生年谱会笺》开成三年条谓:"盖唐代选人应科目者,皆先试于吏部。取中后,铨曹铨拟,上之中书,以待复审。玩书语,当是宏词之试,已取中于吏部,至铨拟注官之后,始被中书驳下也。"韩愈也有这种情况,他在《答崔立之书》中说:"凡二试于吏,一既得之,而又黜于中书。"(《韩昌黎文集校注》卷三)韩愈对屡试被黜的情况是很不满的,在这期间他写了著名的《送孟东野序》,大谈物不得其平则鸣的道理,以抒发其愤懑。

《登科记考》卷二二大中九年(855)据《东观奏记》,载本年博学宏词试漏泄题目事,此事《旧唐书·宣宗纪》载于三月,《东观奏记》载正月十九日制,徐松谓当作正月为是。据《东观奏记》所载,

---

①《日知录》卷一六《制科》条谓"(宋)高宗立博学宏词科",又小注云:"沈作喆《寓简》云:予中进士科后,从石林于卞山,予时欲求试博学宏词,石林曰:'宏词不足为也,宜留心制科工夫。'据此,则宋世所谓博学宏词,非制科也。"可见南宋初之博学宏词也非制科。

可知以下几点：一、本年博学宏词试在正月，则是与本年的进士、明经等礼部试约略同时。二、主考官为吏部侍郎兼判尚书铨事裴谂，另有吏部郎中周敬、朝议郎守尚书刑部郎中唐扶、将仕郎守尚书职方员外郎裴绅。三、制词中有"昨者吏部以尔（琮按，指唐扶、裴绅）秉心精专，请委考核"，可见博学宏词试属吏部。《东观奏记》叙事中又有云："初裴谂兼上铨主试宏拔两科"，则博学宏词与书判拔萃似为同时考试，且皆属吏部。四、《东观奏记》中又记应试者，云："应宏词选前进士苗台符、杨严、薛诉、李询古、敬翊已下一十五人就试。"又："前进士柳翰，京兆尹柳熹之子也。"这几个人，薛诉、李询古、敬翊、柳翰情况未详，苗台符为大中六年（852）进士及第，杨严为会昌四年（844）进士及第，都非本年进士及第的。

《东观奏记》载大中九年博学宏词试在正月举行，前所引材料也有记二月举行的，又孙樵《唐故仓部郎中康公墓志铭》谓："自宣城来长安，三举进士登上第，是岁会昌元年也。其年冬，得博学宏词，授秘书省正字。"（《孙樵集》卷八）从现有的一些文献材料看来，博学宏词的考试时间大致在冬春两季，这也与吏部铨试是从上一年的冬天到第二年的春季这一段时间相合。

王鸣盛《十七史商榷》说博学宏词试"皆用诗赋"，说得不完全准确。应当说当时除了试诗赋外，还考论议。前面引过的《刘宾客嘉话录》，记裴延龄在试院前等候苗、杜二侍郎，想探听他儿子裴藻考得如何，说："延龄乃念藻赋头曰：'是冲仙人。'黄门顾苗给事曰：'记有此否？'苗曰：'恰似无。'延龄仰头大呼曰：'不得！不得！'"这里的记述是很生动的，由此可见这一年博学宏词考试中有试赋的。又如韩愈有《省试学生代斋郎议》（《韩昌黎文集校注》卷二），题下注云："诸本此下有'贞元十年应博学宏词试'九字。"文末又注云:"《文苑》此篇前后有'议曰'、'谨议'四字。"韩愈于贞元八年(792)应进士第,这篇《代斋郎议》当是贞元十年应博学宏词的试文。韩愈又有《省试颜子不贰过论》(同上),题下注也说"贞元十年应博学宏词科作"。则这年的宏词试,是又试议又试论。又《唐诗纪事》卷二载:"宣宗十二年,前进士陈玩等三人应博学宏辞选。所司考定名第,及诗赋论进讫,上于延英殿诏中书舍人李藩等对。上曰:'凡考试之中,重用字如何?'中书对曰:'赋即偏枯驳杂,论即褒贬是非,诗即缘题落韵。……'"可见诗、赋、论乃同时考试。李商隐对博学宏词试的范围之广及要求之高曾有一段评论,说:

> 夫所谓博学宏辞者岂容易哉?天地之灾变尽解矣,人事之兴废尽究矣,皇王之道尽识矣,圣贤之文尽知矣,而又下及虫豸、草木、鬼神、精魅,一物已上,莫不开会。此其可以当博学宏辞者邪?恐犹未也。设他日或朝廷或持权衡大臣宰相问一事诘一物,小若毛甲,而时脱有不能尽知者,则号博学宏辞者,当其罪矣。(《樊南文集详注》卷八《与陶进士书》)

李商隐的话不免有夸大,但从他的这段话中也可看出当时人对博学宏词是相当重视的。

《欧阳行周文集》卷六有《怀州应宏词试片言折狱论》。按欧阳詹与韩愈同为贞元八年进士登第,历史记载没有说他于进士及第后应博学宏词试,但韩愈于进士登第后曾数次应宏词试,恐欧阳詹也当如此。这里可以注意的是,这篇《片言折狱论》乃是在怀州应试时所作。另外,韩愈《答崔立之书》中也说道:"闻吏部有以博学宏辞选者……因又诣州府求举,凡二试于吏部,一既得之,而又黜于中书。"(《韩昌黎文集校注》卷三）则韩愈也是求州府举，再应省试的。博学宏词的考试，先要在州府举试，然后荐送到中央，这一点过去的文献材料没有明确的记载，其具体情况，还有待进一步考查。

书判拔萃科的情况较为简单，故附论于此。

《登科记考》卷四武周大足元年（701）载拔萃科崔翘登第，引《唐语林》："大足元年置拔萃，始于崔翘。"又孙逖所作其父嘉之墓志铭，说"久视初预拔萃，与邵炅、齐浣同升甲科。"（《全唐文》卷三一三《宋州司马先府君墓志铭》）而《旧唐书·文苑传》记齐浣弱冠时以制科登第。由此看来，大足元年开始设立的拔萃科尚为制科，后来衍变，遂与博学宏词同为吏部铨试选人的一个科目。如欧阳詹《上郑相公书》中说："五试于礼部，方售乡贡进士；四试于吏部，始授四门助教。"（《欧阳行周文集》卷八）其下自注云："某两应博学宏词不受，一平选被驳，又一平选授助教。"可见书判拔萃与博学宏词在此时都属于吏部①。陶翰《送王大拔萃不第归睢阳序》，说："今兹有天官之厄矣。"（《全唐文》卷三三四）则玄宗时即有以拔萃科归吏部的②。至于试判的情况，及唐人对判词的批评，见下节所述，此从略。

————————

① 王鸣盛《十七史商榷》卷八一《登第未即释褐》："欧阳詹文集第八卷《与郑相公书》，自言'五试于礼部，方售乡贡进士；四试于吏部，始授四门助教'。自注：'詹两应博学宏词不售，一平选被驳，又一平选授助教。'平选疑即应书判拔萃举。詹与昌黎同登进士第，其再举宏词不中，与昌黎同，其后昌黎盖一应平选不中，不再应，惟上书求荐，而詹则以再平选得之。"
② 陶翰于开元十八年（730）进士及第，天宝时又登宏词、拔萃两科，后仕历太常博士、礼部员外郎，见顾况所作《礼部员外郎陶氏集序》（《全唐文》卷五二八），又见陈振孙《直斋书录解题》卷一九，《唐才子传》卷二。

# 三

　　唐朝建立了空前统一的中央集权的封建国家,与此相适应,对官吏的考核和任命权,也最大限度地集中到中央。这种中央集权的情况是过去所没有的。譬如两汉时,地方上的州府长官由中央任命,但下级掾属可以由长官自行选拔。《续汉书·百官志》说公府掾史,皆自辟除。汉宣帝时,张敞任胶东相,就曾"上名尚书,调补县令者数十人"(《汉书》卷七六《张敞传》)。至于魏晋南北朝时期,豪门大族的势力大大发展,他们更控制了地方上的用人权,中央政府对地方的权限受到很大的限制。唐朝的情况有很大的变化,我们在唐人的诗集中可以经常看到送县令、县丞、县尉和外地州县参军奉调赴京的篇什,而在唐人的一些传奇小说中更可以看到有关这方面的具体描写。各地基层官员入京调选是相当频繁的,不了解这方面的情况,我们在读唐人诗文集时,就会有一定的困难。

　　李复言《续玄怪录》卷一《辛公平上仙》,记"洪州高安县尉辛公平,吉州庐陵县尉成士廉,同居泗州下邳县,于元和末偕赴调集"。他们两人冒着雨住入"洛西榆林店",后来经过一些不平常的遭遇,第二年,辛公平被授为扬州江都县簿,成士廉则授为兖州瑕丘县丞。这是江西的两个县尉入京调选,结果是一赴扬州,一赴兖州。

　　又如张读《宣室志》卷六记:"大历中,有吕生者,自会稽上虞尉调集于京师,既而侨居永崇里。"浙江偏远地区的一个县尉,为了调选,也须千里迢迢跑到长安去。这种情况不独大历中为然,初唐就已经如此,如骆宾王《送王赞府上京参选赋得鹤》诗,中有云:"振衣游紫府,飞盖背青田。"清陈熙晋《骆临海集笺注》卷二引《元和郡县志》所载"江南道处州青田县",说"此喻赞府所处之地"。赞府是唐人对县丞的别称。青田县在浙江的南部,比上虞更为偏僻,而这个地方的县丞却也是必须赴京参选的。又如唐太宗贞观年间,兖州的一位姓张的县尉,也是到期要赴长安候选的①。

牛僧孺《玄怪录》卷三《齐饶州》,记江西地方饶州刺史齐推,把女儿嫁给浙江地方的湖州参军韦会。长庆三年(823),韦会以调期将到,而其妻又快要妊娠,就将妻子送到鄱阳(饶州治所)岳父家中,自己上路去长安。后其妻死,齐推"遣健步者报韦会",而此时"韦以文籍小差为天官所黜"。由此可见,一个外州的参军,不远千里赴京调选,却为文书上的一个小小过差被贬黜②,又从关中经长途跋涉返回东南。

这些情况可以提供我们对唐代社会一个侧面的认识。当时以长安为中心,在通往四方各地的大道上,有多少来往奔波的行人、商贾不必说,应考的士子一年有几千人,还有如上面所说的,为数众多的应吏部铨试的地方上各级基层官员。至于州刺史以上大员的调动及随从人员,就更不用说了。这就是我们可以想见到的唐代驿道上的繁杂匆忙的景象。

这些外地的低级基层官员,来到长安以后,并不能立即就可由吏部进行考核并授与官职,他们往往要等待相当长的时间,得耗费不少时日。长安百物腾贵,"居大不易",而且为求得好的职务,少不得要各处打点,这就需要钱财;时间一长,钱花光了,生活

---

①《太平广记》卷二九七《兖州人》:"唐兖州邹县人姓张,忘字。曾任县尉。贞观十六年,欲诣京赴选,途经泰山,谒庙祈福。"

②《封氏闻见记》卷三《铨曹》:"选曹每年皆先立版榜,悬之南院。选人所通文书,皆依版样。一字有违,即被驳落,至有三十年不得官者。"

就难免穷困，不少人竟落到无以自存的地步。如康骈《剧谈录》卷上《郭郁见穷鬼》篇记道："通事舍人郭郁，罢栎阳县尉，久不得调，穷居京辇，委困方甚。"栎阳算是畿县，离长安很近，而候选的县尉郭郁因"久不得调"而"委困方甚"，则远地更可想而知。又如《集异记》中的《贾人妻》一篇，写江西余干县尉王立，调选入京，僦居于大宁里。"文书有误，为主司驳放"。这与前面所说《玄怪录·齐饶州》里的韦会"以文籍小差为天官（吏部）所黜"一样，可见调选的官员因不合于繁琐的文簿条例而被驳放，为数一定不少。且说王立这样一来，就"资财荡尽，仆马丧失，穷悴颇甚"。《集异记》在这一篇中就写了这一细节："每丐食于佛祠，徒行晚归。"王立已经穷到早出晚归，在佛寺中乞讨斋食的地步。当然，小说中描写王立后来遇见一个商人的遗孀，两人由渐次接近而订为夫妻，王立得到她钱财的接济，终于"小康"，那是后话。

《集异记》中还有一篇《王四郎》的故事，也很有意思。说洛阳尉王琚，有一个侄子小名四郎，四岁时其母改嫁，即随之而至后父家，"自后或十年或五年至琚家，而王氏不复录矣"。宪宗元和时，王琚赴长安调选，在洛阳城中天津桥上，忽然见一人"布衣草履，形貌山野"，跪拜于马前。王琚最初不识，四郎自报名姓，琚见他如此装束，"哀愍久之"。这四郎却说："叔今赴选，费用固多，少物奉献，以助其费"。说罢从衣兜里掏出约五两重的金子一块，"色如鸡冠"。王琚到了京都，"时物翔贵，财用颇乏"，想起四郎所赠之物，乃质之于金市张蓬子，不想此物却为奇宝，"西域商胡专此伺买，且无定价"。王琚因而大获其利。从四郎的话中，可以看出，当时官员入京调选，用途之广，所费之多，已成为一种沉重的负担。

上面几件地方基层官员调选的事例，牵涉到唐代考核和注拟官吏的时间。

据文献记载，隋代就有这种候选的制度，参加这种候选或调选的，称为"选人"。每年十一月，将选人集中于京师，进行考核和授予新职（称作注拟），至第二年春天结束。据说当时有反映这期限过于短促，考核的工作做得不够细致周到。太宗贞观初，刘林甫任吏部侍郎，就奏请"四时听选，随到注拟"（《旧唐书》卷八一《刘祥道传》，又《通鉴》卷一九二贞观元年条）。唐代初期，刚经过大乱，秩序还未充分安定，一些地主阶级知识分子对新政权还存有观望心理，不愿轻易出仕，因此各地州县以下的基层官吏相当缺乏，史称"（尚书）省符下诸州差人赴选，州府及诏使多以赤牒补官"（以上《通鉴》）。刘林甫采取四时听选，打破十一月至明春的时间上的限制，而又"随才铨叙"，正是适合贞观初期百废待兴而又缺乏必需的行政管理人才这一特殊情况，因此历史上称他的措施"甚以为便"，"时人称之"。

但是过了一些年，社会安定，封建政权机构扩充，选人也急速增加，这就给吏部的有关机构造成很大的压力。于是在贞观十九年（645），马周以中书令兼判吏部尚书时，就改变四时听选的办法，按照隋制，"始奏选人取所由文解，十月一日赴（尚书）省，三月三十日毕"（《封氏闻见记》卷三《铨曹》）①。从这以后，就成为唐

---

① 《旧唐书》卷八五《唐临传》以为贞观中改变铨曹时间的是唐皎，传载："兄皎，武德初为秦府记室，从太宗征讨，专掌书檄，深见亲待。贞观中，累转吏部侍郎。先是，选集无限，随到补职，时渐太平，选人稍众，皎始请以冬初一时大集，终季春而毕，至今行之。"唐皎这时任吏部侍郎，而马周以中书令检校吏部尚书，可能是唐皎建议而由马周决定，并奏请太宗颁行之。《通典》卷一五《选举》三也载："（贞观）十九年十一月，马周为吏部尚书，以吏部四时提衡，略无休暇，遂请取所由文解，十月一日起省，三月三十日毕。"

代铨选官吏的时间上的定格,《通典》卷一五《选举》三就说"凡选始于孟冬,终于季春"。《册府元龟》卷六二九《铨选部·条制》一也说:"唐制,凡选始于孟冬,终于季春。"①如岑参《送严诜擢第归蜀》诗中说:

> 工文能似舅,擢第去荣亲。十月天官待,应须早赴秦。
> (《岑参集校注》卷五)

严诜于春天进士登第,归蜀觐亲,岑参劝其十月再赴长安,以应吏部调集。岑参又有《送张升卿宰新淦》:"官柳叶尚小,长安春未浓。送君浔阳宰,把酒青门钟。水驿楚云冷,山城江树重。"《送张子尉南海》:"海暗三江雨,花明五岭春。"《送郑少府赴滏阳》:"春草迎袍色,晴花拂绶香。"(均见《岑参集校注》卷五)这几首诗都作于长安春日,被送者当都是这时调选得官,离京赴任的。

　唐代前期曾规定,凡选人于十月内会集于京师,但考虑到地理的远近,又规定,凡是距京师五百里之内的在十月上旬集中,五百里以外一千里以内的在十月中旬集中,一千里之外的在十月下旬集中(见《唐六典》卷二《吏部尚书》,《唐会要》卷五八《尚书省诸司·吏部尚书》)。虽然会集的时间已经考虑到地理的远近而

---

① 《册府元龟》卷六二九《铨选部·条制》一,于此句下并有小注详叙其事,可备参研:"先时五月颁格于郡县,示人科限而集之。初皆投状于本郡或故任所,述罢免之由,而上尚书省,限十月至省,乃考核资序、郡县乡里名籍、父祖官名、内外族姻、年齿形貌、优劣课最,谴负刑犯必具焉。以同流者五五为联,以京官五人为保,一人为识,皆列名结款,不得有刑家之子,工贾殊类及假名承伪、隐冒升降之徒。应选者有知诈冒而纠得三人以上者,优以授之。其试之日,搜索防援,棘篱讥察,如礼部举人之法也。"
　　又《大唐传载》:"唐皎贞观中为吏部。先时选集,四时随到即补,皎始请以冬时大集,终季春而毕,至今行之。"

有所区别,但对于幅员如此广大的帝国来说,县一级的地方官吏也须到京都来参加候选注拟,不仅增加中央有关机构的工作负担,对候选的官员以及已登第而未入仕的士子,也意味着经济上的重荷和时间上的浪费——这当然也是封建主义中央集权国家的一个弊病。《通典》中曾载洋州刺史赵匡议论科举的弊端,关于集中于京师的候选,赵匡归纳为两条,说:

> 大抵举选人以秋初就路,春末方归,休息未定,聚粮未办,即又及秋,事业不得修习,益令艺能浅薄,其弊六也。羁旅往来,糜费日甚,非惟妨缺正业,盖亦殚其旧产,未及数举,索然已空,其弊七也。(卷一七《选举》五《杂论议》中)

赵匡是就选人立论的,他所说的第六点是说秋初就得上路进京,至明年春末方得归家,休息未定,还来不及准备,即又到了秋天,又即将出发了,这使得选人没有足够的时间来进修学业。他所说的第七点系就经济而言,说来回奔波,所费甚多,有时不得不出卖"旧产",往往是经过几次候选,家产一空。这大约是当时调选中存在的普遍现象,因此赵匡作了这样的概括。

大量举子及选人于冬春时节集中于京师,也造成长安粮食供应的困难。高宗开耀元年(681)四月十一日就曾由朝廷下了一道公文:"吏部、兵部选人渐多,及其铨量,十放六七,既疲于来往,又虚费资粮。宜付尚书省集京官九品已上详议。"(《唐会要》卷七四《选部·论选事》)对这个问题要集合京官九品以上予以讨论,可见问题已经相当严重了。但会议的结果也没有好办法,如当时任尚书右仆射的刘仁轨就说,希望兵吏部的尚书、侍郎分头考核,抓紧注拟的时间,使"留放速了"、"公私无滞","应选者暂集,远近无聚粮之劳;合退者早归,京师无索米之弊"。这些只是空议论,并无补于实际。因此一碰到水旱灾害,粮食歉收,就只好停止举选,如德宗贞元十九年(803)七月就命令:"以关辅饥,罢今岁吏部选集。"(《唐会要》卷七五《选部·杂处置》)①为了此事,韩愈在当时还写了一篇奏状,反对停选,那是因为他没有考虑到粮食紧张的实际困难。

一般来说,唐代是每年举行官员的候选注拟的,但安史之乱以后,因战争及战争所造成的财政上的困难,则乾元(758—760)以后曾一度改为三年一次,到陆贽于贞元时为相(贞元八年,792),又改为每年一次。《旧唐书》卷一三九《陆贽传》记载道:

> 国朝旧制,吏部选人,每年调集,自乾元已后,属宿兵于野,岁或凶荒,遂三年一置选。由是选人停拥,其数猥多,文书不接,真伪难辨,吏缘为奸,注授乖滥,而有十年不得调者。贽奏吏部分内外官员为三分,计缺集人,每年置选,故选司之弊,十去七八,天下称之。(《新唐书》卷一五七《陆贽传》略同)

总之,唐朝中央集权的建立,把官吏的任免权最大限度地集中到中央,打破南北朝时豪门大族对政治的干涉和操纵,以适应

---

①唐时,有因米贵,在洛阳置选的,如《唐会要》卷七五《选部·东都选》,载"贞观元年,京师米贵,始分人于洛州置选";又"永徽元年,始置两都举";又载开耀元年、开元元年、元和二年、大和二年均有东都选事。至大和"三年四月敕,东都选事宜权停"。《册府元龟》卷六二九《铨选部·总序》:"其东铨(琮按,此当作东选)者,贞观元年,京师谷贵,始分人于洛州置选。至开耀元年,以关外道里迢递,河洛之邑,天下之中,始诏东西二曹两都分简留放,既毕,同赴京师,谓之东选。"

统一的国家发展的需要,这在历史上是有进步意义的。但州县以下的基层官员也须频繁地赴京都候选考核,再加上封建官僚行政上的繁琐条文以及舞弊营私,不少人往往连年不得注拟,来回奔波,公私困竭,这又是封建主义中央集权政治的带有根本性的弊病。

# 四

地方州县以下的低级基层官员之所以须到京师候选,是与唐朝政府规定的官员任命的规格有关的。唐朝规定:三品以上官的任命,称册授;五品以上的,称制授;六品以下的,称敕授。册授、制授,由宰臣进拟名单,由皇帝决定。六品至九品官员的任命,由尚书省的兵部(管武官)、吏部(管文官)担任考核,并可初步决定人选,这就叫做铨选。因此,严格说起来,所谓铨试或铨选,即是指六至九品的官员(包括流外补流内的)。当然也有例外,像员外郎、御史及起居郎、补阙、拾遗等,虽是六品以下,但因职务重要,也属敕授,不属于选司①。

至于铨试的官员,据《通典》记载是这样的:"凡吏部、兵部文武选事各分为三铨,尚书典其一,侍郎分其二。文选,旧制尚书掌六品七品选,侍郎掌八品九品选。景云初,宋璟为吏部尚书,始通其品员而合典之,遂以为常。"(卷一五《选举》三《历代制》下)"尚书典其一",称作"中铨";"侍郎分其二",即"东西铨"。这就是所

---

① 此点可参《唐六典》卷二《吏部尚书》,《通典》卷一五《选举》三《历代制》下,及《新唐书》卷一一八《李渤传》。

谓"三铨"(参《通鉴》卷二一〇景云元年十二月条并胡注)。这就是说,文官,吏部尚书掌六、七品,吏部侍郎(二员)掌八、九品,景云元年(710)宋璟为吏部尚书,打破这种分品铨试的旧规定,吏部尚书与侍郎都通铨六至九品的官员。不过《唐会要》卷五八《尚书省诸司中·吏部尚书》条载"苏氏驳议",说:"贞观二十二年二月,民部侍郎卢承庆兼检校兵部侍郎,仍知五品选事,承庆辞曰:'五品选事,职在尚书,臣今掌之,便是越局。'太宗不许,曰:'朕今信卿,卿何不自信也。'由此言之,即尚书兼知五品选事明矣。"苏氏(冕)意在说明在贞观时,就有尚书铨试五品官员事,但这只是发生在贞观年间,而且未见于诸书所载的正式规定,恐不能作为通例。

尚书与侍郎是主持者,参加铨试的还应该有其他考官。白居易于元和十五年(820)所上的《论重考科目人状》说:"伏以今年吏部科第,不置考官,唯遣尚书、侍郎二人考试。"(《白居易集》卷六〇)白居易以这一年的吏部考试只有尚书与侍郎,而不另外委派考试官员而有异议,可见按照通例,吏部试还应有其他官员的。如《旧唐书》卷七〇《岑羲传》载羲于神龙初为中书舍人,后因忤武三思,转秘书少监,再迁吏部侍郎:"时吏部侍郎崔湜、太常少卿郑愔、大理少卿李允恭分掌选事,皆以赃货闻,羲最守正,时议美之。"这里所载,则除了吏部侍郎以外,还有太常少卿、大理少卿等官员。即使主持者,有时也不一定是吏部的官员,张采田《玉溪生年谱会笺》开成三年(838)条曾云:"凡铨事吏部主之,然亦有他官兼判者,如崔龟从以户部侍郎判吏部尚书铨事,郑肃以尚书右丞权判吏部西铨事,史传中此类极多。"

吏部考试的项目有四,就是通常所说的身言书判:"其择人有四事,一曰身(取其体貌丰伟),二曰言(取其言词辨正),三曰书

(取其楷法遒美),四曰判(取其文理优长)。"(《通典》卷一五《选举》三《历代制》下)考试的程序,是先试书判,也就是书法和判案的文词,这叫试;这一关通过后,就察看身和言,看形貌是否端正丰伟,说话的言词是否清晰有条理,这叫铨。书判和身言都合格,接着询问被试者的意愿,并考虑其本身的情况,拟订出所授的官职,这叫注;最后,就集合候选者,当众宣布新职,这叫做唱。这铨试的过程就大致完毕。

由此可见,铨试的关键是书判,尤其是判。所谓判,就是考察被试者如何处理狱讼。唐代对试判的要求从一开始就是比较严的,而且从武则天时起,就实行糊名考试的办法,以示不徇私情①。但事情难免不走向反面,判的考试也是这样。关于这一点,《通典》有一概括的叙述:

> 初吏部选才,将亲其人,覆其吏事,始取州县案牍疑议,试其断割,而观其能否,此所以为判也。后日月寖久,选人猥多,案牍浅近,不足为难,乃采经籍古义,假设甲乙,令其判

①关于武则天时糊名试,有关材料如下:刘𫗧《隋唐嘉话》卷下:"武后以吏部选人多不实,乃令试日自糊其名,暗考以定等第。判之糊名,自此始也。"《通典》卷一四《选举》三《历代制》下:"武太后又以吏部选人多不实,乃令试日自糊其名,暗考以定等第,糊名自此始也。有司不能详求故实,刬革其弊。"《唐会要》卷七五《选部下·杂处置》:"天册元年十月二十二日敕:……糊名考判,立格注官,既乖委任之方,颇异铨衡之术。……其常选人自今已后,宜委所司依常例铨注,其糊名入试,及令学士考判,宜停。"又同卷:"(开元)十五年九月敕,今年吏部选人,宜依例糊名试判。"《旧唐书》卷一九〇中《文苑中·刘宪传》:"初则天时,敕吏部糊名考选人判,以求才彦,宪与王适、司马锽、梁载言相次判入第二等。"又卷一〇〇《苏晋传》:"开元十四年,迁吏部侍郎。时开府宋璟兼尚书事,晋及齐浣递于京都知选事,既糊名考判,晋独多赏拔,甚得当时之誉。"

断。既而来者益众,而通经正籍,又不足以为问,乃征僻书曲学隐伏之义问之,惟惧人之能知也。(卷一五《选举》三《历代制》下)

判的考试本来是测验一个人的实际吏治能力,因此最初考试时往往将州县中实际遇到的疑难案件拿来,让应试者对这些案件给以判决,看看是否合乎封建法律的要求,以及是否符合事件的实际情况。但后来因为应试者增多,而能授予的官职少,于是就在试题中设法提高其难度,就在古代儒家经书中找题目,后来又发展为在冷僻的书中故意找含混不清的地方发问,这就完全与原来的主意相违背了。而按照宋元之际的马端临所说,试判的文词也无非是四六骈文,这样,实际上与礼部的诗赋试也没有多大差别。马端临《文献通考》卷三七《选举考》十《举官》说:

> 吏部则试以政事,故曰身、曰言、曰书、曰判。然吏部所试四者之中,则判为尤切,盖临政治民,此为第一义,必通晓事情,谙练法律,明辨是非,发摘隐伏,皆可以此觇之。今主司之命题则取诸僻书曲学,故以所不知而出其所不备,选人之试判则务为骈四俪六,引援必故事,而组织皆浮词。然则所得者不过学问精通,文章美丽之士耳。盖虽名之曰判,而与礼部所试诗赋杂文无以异,殊不切于从政,而吏部所试为赘疣矣。

现在传世的唐人文集,以及《全唐文》中,还保存了不少判词,这些判词,有的是应试时所作,有的是试前练习之作,有的可能是任官期间的实际案判。这些判词几乎都是用骈文写成的,其中夹杂有不少经史典故(而且当时还规定,上下句中,不能以经书对经书,以史书对史书,非常繁琐)。号为作判词能手的张鷟,他留传于今的《龙筋凤髓判》,除了堆砌词藻、讲求对偶以外,大多是没有什么意思的游戏之作。又如元稹与白居易于贞元十九年(803)应吏部试,白居易以书判拔萃及第,元稹以平判入等。在试前元、白二人曾有判词的习作,也有不少是戏谑之作,如元稹有《对宴客鳖小判》(《元稹集》外集卷八),判头为:"甲飨客羞,鳖小,客怒其不敬,辞云水烦非傲。"判词为:"燕以示怀,鳖于何有?姑宜饮德,岂诮水烦?责外骨之不丰,顾裓心之奚甚?……水潦方涂,且乏大为贵者;壶飧苟备,何必长而食之。……"这些,都是格调不高的游戏文章,比起礼部所试诗赋杂文还不如。

唐代人就曾对考判的情况作过嘲笑,譬如张鷟《朝野佥载》中写道:

> 周天官选人沈子荣诵判二百道,试日不下笔。人问之,荣曰:"无非命也。今日诵判,无一相当。有一道颇同,人名又别。"至来年选,判水碨,又不下笔。人问之,曰:"我诵水碨,乃是蓝田,今问富平,如何下笔!"闻者莫不抚掌焉。(卷四)

从这则故事中,可见当时应吏部试的人在试前要背不少现成的判文,这些判文大约是社会上流传以供应试者揣摩之用。这位沈子荣也是个教条主义者,只知背现成的文章,不知变化,试题稍有不同,事先背诵的文章一句也用不上来,以至闹出了这样的笑话。由此可以推想,凡是按照这种模式考选出来的会是什么样的"人才"。《朝野佥载》就记载过另一则笑话:

> 滑州灵昌尉梁士会,官科乌翎,里正不送。举牒判曰:"官唤乌翎,何物里正,不送乌翎!"佐使曰:"公大好判,'乌

翎'太多。"会索笔曰:"官唤鸟翎,何物里正,不送雁翅!"有识之士闻而笑之。(卷二)

这位梁士会,大约也是前面一则中的沈子荣一流的角色,枵腹得可以,三句判文中,就重复了两个"鸟翎",其佐使提醒他,总算改了,想不到竟改为"雁翅",真使人绝倒。刘峣曾说:"况于书判,借人者众矣。"(《唐会要》卷七四《选部上·论选事》)这"借人者",既可理解为请人代笔,也可理解为事先背诵各种不同内容的程文,考试时依题对答就是了。可见当时一本正经的吏部试判,实际上竟是那样的一种情况。

倒是身言书判的"书",后人对它有较多的肯定,认为唐人普遍工书法,与吏部试须考楷法大有关系,如说:

> 唐以身言书判设科,故一时之士无不习书,犹有晋宋余风,今间有唐人遗迹,虽非知名之人,亦往往有可观。(朱弁《曲洧旧闻》卷九)

> 唐人书皆有楷法,今得唐碑,虽无书人姓氏,往往可观。说者以为唐以书判试选人,故人竞学书,理或然也。(赵彦卫《云麓漫钞》卷五)

> 既以书为艺,故唐人无不工楷法。(洪迈《容斋随笔》卷十《唐书判》)

# 五

唐人对铨试中的弊病,曾有过一些议论,如被誉为开元贤相的张九龄,在开元三年(715)任左拾遗时,就对"以一诗一判定其是非"的考试办法提出过异议,认为这种办法"适使贤人君子,从此遗逸","亦明代之缺政,有识之所叹息"(《通典》卷一七《选举》五《杂议论》中,又见《唐会要》卷一四《选部上·论选事》)。在这之后,天宝十二载(753),候选者刘迺也曾上书,对身言书判的一套铨试规定提出过批评,认为这种"察言于一幅之判,观行于一揖之内",不可能识拔真才(《通鉴》卷二一六;《唐会要》卷七四《选部上·论选事》系于天宝十载)。这些意见都能切中时弊,但它们远不足以概括唐代实际存在的铨试中的腐败现象与各种弊病。

唐代铨试中的最大弊病,对于吏部的官员来说,莫过于纳贿卖官,对于选者来说,则是凭钱财权势以谋取美仕要职,上下其手,弄虚作假,冒名顶替,冗官滥员,猥杂于中央和地方。

如高宗时李义府本无品鉴之才,他主持铨选时,"惟贿是利",其"母、妻、诸子卖官市狱,门如沸汤"(《新唐书》卷二二三上《奸臣上·李义府传》)。《朝野佥载》卷四还记载崔湜的一则故事:

> 唐崔湜为吏部侍郎,贪纵,兄凭弟力,父挟子威,咸受嘱求,赃污狼藉。父挹为司业,受选人钱,湜不之知也,长名放之。其人诉曰:"公亲将赂去,何为不与官?"湜曰:"所亲为谁? 吾捉取鞭杀!"曰:"鞭即遭忧!"湜大惭。

崔湜在武则天时曾参与修撰《三教珠英》,后又依附于武三思、韦后、太平公主,玄宗即位后终于在上层统治集团的内部纷争中被杀。这里所写他主铨时贪赃卖官事,是他在中宗朝任吏部侍郎之时,而短促的中宗朝廷也正是唐前期政治极端腐败的时期①。据史籍所载，崔湜典选时，因招财纳贿，滥注了不少人，不仅把本年的员缺都用光了，还预占了后两年的名额（见新旧《唐书·宋璟传》）。

《太平广记》记述有一士人李敏求，久困长安，累次应进士举都未得中，后为宪宗时受到宠信的武将伊慎的女婿，"获钱二百四十贯"。在这之前，李敏求已从其他途径取得功名，现在"仍用此钱参选，（元和）三年春，授邓州向城尉"（卷一五七《李敏求》）。这就是凭钱财和权势谋取官职的例子。又据《通鉴》卷二一一载，开元四年（716）五月，有人上书，说今年铨选太滥，所授的县令都非其才。于是玄宗命令重考，试以"理人（民）策"，结果韦济考了第一名，而其他二百多人都未及格，其中"或有不书纸者（即交白卷）"（《旧唐书》卷八八《韦嗣立传》附韦济传）。这种情况使唐朝廷很为难，只好采取妥协的办法，大多数人还是让他们赴任，只有四十五人放归，以后再考。可以想见，这二百多人中必定有不少是因贿而得官的。交白卷的情况也非开元四年所独有，如天宝二年（743）春的铨试，御史中丞张倚的儿子张奭参选，吏部侍郎苗晋

---

① 中宗时吏部铨试之弊，见于记载的有：《封氏闻见记》卷三《铨曹》："中宗景龙末，崔湜、郑愔同执铨管，数外倍留人。及注拟不尽，即用三考二百日缺。通夏不了，又用两考二百日缺。其或未能处置，即且给公验，谓之冬冬。选人得官，有二年不能上者……选司纲维紊坏，皆以崔、郑为口实。"《通典》卷一五《选举》三《历代制》下："及神龙以来，复置员外官二千余人，兼超授阉官为员外官者又千余人。时中宫用事，恩泽横出，除官有不由宰司，特敕斜封便拜，于是内外盈溢，居无廨署，时人谓之三无坐处，言宰相、御史及员外官也。时以郑愔为吏部侍郎，大纳货贿，留人过多，无缺注拟，逆用三年缺员，于是纲纪大紊。"《册府元龟》卷六二九《铨选部·条制》一："中宗神龙元年，李峤、韦嗣立同居选部，多引用权势，求取声望，因请置员外官一千余员。由是侥幸者趋进，其员外官悉恃形势与正官争事，百司纷竞，至有相殴击者。"

卿见张倚为玄宗所宠信,就将张奭拔为第一名。张奭之不才是出名的,而竟选为第一,一时舆论大哗,就有人告到安禄山那里。安禄山这时任范阳节度使,也正受到玄宗的恩宠,就将此事向玄宗报告。玄宗命令重考,并在花萼楼亲试,结果是"登第者十无一二,而奭手持试纸,竟日不下一字,时谓之'曳白'"(《旧唐书》卷一一三《苗晋卿传》)。可以想见,如果此年无人告安禄山,安禄山不上告玄宗,则张奭之流不就顺利通过而奔赴新职了吗? 开、天号称盛世,尚且如此,其他几朝就更可想而知,唐朝吏部铨试的实际于此也可想见。

穆质于贞元元年(785)应贤良方正能直言极谏科,对铨试之弊,写道:"古则为官择人,今则为财择官。"(《全唐文》卷五二四)这种情况在唐前期已有,中晚唐更甚,唐朝廷的正式文诰中也不得不承认:"脂膏之地,须因有贿而升;迁避之官,即是孤寒所受。"(《唐大诏令集》卷一〇一《厘革选人敕》)

正因为铨试中这种行贿请托之风盛行,遂使得吏部中有些较能坚持公道的官员十分苦恼,视铨选为苦事,如:

> 久视元年(700)七月,顾琮除吏部侍郎。时多权幸,好行嘱托,琮性公方,不堪其弊。尝因官斋至寺,见壁上画地狱变相,指示同行曰:"此亦称君所为,何不画天官掌选耶!"(《唐会要》卷七四《选部上·掌选善恶》)①

顾琮身为吏部侍郎,而把吏部掌选事比喻为地狱变相,可以见出他的苦恨和厌烦。

《封氏闻见记》也记有一事:

---

① 《封氏闻见记》亦记此事,载顾琮语为:"此亦至苦,何不画天官掌选乎?"

陆元方尝任天官侍郎。临终,曰:"吾年当寿,但以领选之日伤苦心神。"(卷三《铨曹》)

据《新唐书》卷一一六《陆元方传》,陆元方是在武后朝任天官(吏部)侍郎的,临终时说:"吾当寿,但领选久,耗伤吾神。"

类似的情况,唐代前后期都有。懿宗、僖宗时人孔纬为吏部侍郎时,"权要私谒至盈几",但孔纬一不开视,结果为"当路"所不悦,"改太常卿"(《新唐书》卷一六三《孔纬传》)。

五代时人牛希济对中晚唐铨试之弊,曾有过一次概括的评论,说:

以天下之大,九州之众,职官将万余员,令长簿尉,官秩至卑,理民与下最亲,朝廷轻之,委有司而已。今吏部自尚书至郎吏五人,抱案者向百余辈,桀黠诡谲,必出于是,视其官属,如弄婴儿,若啖之以利,即左右手之,不如皆舐笔署名且未之暇,焉能得其过者。抡材为官,久废其事,为人择官,殆无虚日。其稍留心者,止于诘其荫绪,循其资历,黜其升迁,求其殿犯,岂有问其为政之本,为理之道。至若试以章判,拘以棘围,鬻文之徒,偏得其便,乞怜之子,略无愧容,大为笑端,不可以取。亦有居官清苦,罢无资财,考秩既深,然后送堂。时宰视之,不成刍狗。区区风尘,殍死者众。胥吏贿赂之交,填咽街巷,聒于耳目,清资剧邑,必有主者,朝列之中,以乐为之。某官若干万钱,某邑若干束帛,公然大言,曾无畏惧,憧憧政路,指期而取。某之官也,纳贿偿债且未之能,岂复为政为理。是以生民致困,岁月凋弊,遁逃林薮,窜伏崔符,小者掠行旅,大者破井邑,天下九州,蜂飞蝟起,以至于陷

危宗社。(《全唐文》卷八四六《铨衡论》)

牛希济指出铨试中因贿得官,到任后就大肆刻剥百姓,这当然会进一步加剧官府与人民的矛盾,而逼使穷困之民,逃亡于山林,"小者掠行旅,大者破井邑"。——唐末农民大起义的威力给予封建地主阶级印象之深,于此可见。牛希济说唐朝廷就在这种自我腐蚀中灭亡,确也反映了一定的客观实际。作为词人,牛希济不算得特别突出,但作为史论家,他的议论是有一定的历史眼光和识见的。

全稿完,一九八四年十二月写毕于北京。